普通高等教育"十一五"国家级规划教材

高等院校国际经济与贸易专业系列教材

U0656311

国际商务谈判

第3版

主　编　黄卫平　董丽丽

副主编　王　杰　赵银德

参　编　李灵稚　吴绩新

主　审　郭笑文

机械工业出版社

本书全面介绍了国际商务谈判所涉及的各方面知识，既包括丰富的理论研究成果，又涵盖具体的实践技巧以及生动的谈判案例。理论部分大量借鉴商务谈判涉及的经济学、商务管理、心理学、行为学、沟通学以及社会学等多个学科的研究成果。实践部分包括谈判前的准备，开局阶段如何谋取主动权、如何探测对方意图以及防御对方的探测，磋商过程中的发盘、还盘、让步、僵局缓解以及最终如何迅速促成交易达成。除了每章均包含大量丰富的案例帮助读者理解各章节内容外，本书最后还附有九个大型综合案例，供学习者进行全方位的模拟谈判练习。

图书在版编目（CIP）数据

国际商务谈判/黄卫平，董丽丽主编. —3 版. —北京：机械工业出版社，2016.7（2021.8 重印）

普通高等教育"十一五"国家级规划教材　高等院校国际经济与贸易专业系列教材

ISBN 978 - 7 - 111 - 53979 - 7

Ⅰ. ①国… Ⅱ. ①黄…②董… Ⅲ. ①国际商务 - 商务谈判 - 高等学校 - 教材 Ⅳ. ①F740. 41

中国版本图书馆 CIP 数据核字（2016）第 126613 号

机械工业出版社（北京市百万庄大街 22 号　邮政编码 100037）
策划编辑：常爱艳　责任编辑：常爱艳　易　敏
封面设计：鞠　杨　责任校对：陈秀丽
责任印制：常天培
唐山三艺印务有限公司印刷
2021 年 8 月第 3 版·第 6 次印刷
184mm×260mm·17.5 印张·424 千字
标准书号：ISBN 978 - 7 - 111 - 53979 - 7
定价：39. 80 元

电话服务　　　　　　　　网络服务
客服电话：010 - 88361066　机　工　官　网：www. cmpbook. com
　　　　　010 - 88379833　机　工　官　博：weibo. com/cmp1952
　　　　　010 - 68326294　金　书　网：www. golden-book. com
封底无防伪标均为盗版　　机工教育服务网：www. cmpedu. com

高等院校国际经济与贸易专业系列教材

编审委员会名单

主 任 委 员：	赵春明	北京师范大学　教授　博士生导师
副主任委员：	董　瑾	北京理工大学　教授
（排名不分先后）	陈向东	北京航空航天大学　教授
	焦军普	河南财经政法大学　教授
	汪素芹	南京财经大学　教授
	陈丽珍	江苏大学　教授
	邱继洲	哈尔滨工业大学（威海）　教授
	徐　松	安徽财经大学　教授
	俞　毅	浙江工商大学　教授
	郭笑文	北京外国语大学　教授
	刘秀玲	大连民族大学　教授
	李红梅	中央民族大学　教授

委 员 单 位：	北京师范大学	北京理工大学
（排名不分先后）	北京航空航天大学	河南财经政法大学
	南京财经大学	江苏大学
	哈尔滨工业大学（威海）	安徽财经大学
	浙江工商大学	北京外国语大学
	大连民族大学	中央民族大学
	河海大学	南京理工大学
	天津工业大学	汕头大学
	浙江农林大学	绍兴文理学院
	上海应用技术学院	北华航天工业学院
	浙江外国语大学	

序

　　摆在读者面前的这套"高等院校国际经济与贸易专业系列教材"是一项凝聚了众多高校教师辛勤劳动的集体性成果。我们编写这套教材主要是基于以下两大背景。

　　1. 在经济全球化条件下，国际贸易作为一国参与经济全球化和国际分工的重要途径之一，其作用和重要性都大大加强

　　20 世纪 90 年代以来，在经济全球化浪潮的推动下，资本的国际流动得到迅猛发展。在这种情况下，有人认为国际贸易对经济增长的作用会被削弱，其实不尽然。通过以下分析可以看出，国际贸易对一国经济增长的作用不但没有被削弱，反而在加强。

　　首先，在经济全球化条件下，国际分工的日益细化不但使越来越多的消费品具有了可贸易性，而且越来越多的中间产品和劳务也进入了国际交换领域，从而使贸易的范围不断扩大。

　　其次，在经济全球化条件下，社会化生产以及市场经济的本质并未发生根本性变化，市场交换依然是扩大再生产的前提，国际贸易仍是各国在世界范围内进行交换的主要方式和彼此间经济关系的"晴雨表"。

　　最后，在经济全球化条件下，虽然国际直接投资的规模越来越大，跨国公司的作用越来越显著，但是它并不排斥国际贸易，更不能取代国际贸易；相反，资本和生产的国际化不仅为国际贸易提供了更加便利的条件，而且增添了新的贸易方式和贸易动力。因为跨国资本流动规模的扩大，特别是产业资本的国际化，不仅使国际贸易的规模和发展呈现出某些新特点，而且使国际贸易出现了内部化现象，推动以要素禀赋差异为基础的产业间贸易模式逐步向以竞争优势为基础的产业内贸易模式转变，世界范围内产业内贸易的比重不断加大。规模巨大的跨国公司在世界各地组织生产，在"全球战略"的指导下，企业内部贸易和产业内贸易发展迅速，成为世界贸易的重要组成部分。不仅如此，第二次世界大战后国际资本的流动还促使了新的贸易方式的产生，如加工贸易、补偿贸易、国际租赁业务、国际分包等。这些贸易方式是为适应资本的流动而出现的，它们与传统的商品贸易方式有很大的差别。比如补偿贸易，就是引进方首先引进国外的先进技术和设备，然后再用生产的产品直接或间接地给予技术和设备提供者补偿，这实际上已起到了国际直接投资的作用。

　　2. 我国加入世界贸易组织之后，对国际经济贸易人才的培养提出了更高的要求

　　众所周知，我国于 2001 年正式加入了世界三大经济组织之一的世界贸易组织，这标志着我国已全方位地融入到经济全球化的浪潮中。"入世"不仅给我们的社会经济生活带来了巨大的影响，而且对传统的国际经济与贸易专业教育也提出了深层次的挑战。20 世纪 80 年代，当改革开放大潮刚刚涌动之时，很多学校开设了国际经济与贸易专业，似乎只要沾上涉外的字眼，就可以"通吃天下"，但这种低层次的量的扩张在 20 世纪 90 年代中后期就遇到了"瓶颈"，许多学生毕业后找不到心仪的工作。"入世"之后，涉外色彩浓重的国际经济与贸易专业再次引起了世人的关注和青睐，但是这一次并不是上一次的简单重复，它不仅要求涉外人才量的增加，更要求涉外人才质的提升。具体来说，现在需要的涉外人才是能系统

掌握现代经济学基本原理，通晓国际经济与贸易知识及惯例，同时能熟练运用外语和计算机等现代工具的高层次的复合型人才。

经济全球化和"入世"的大背景要求我们在国际经济与贸易专业的教材编写、课程设置、人才培养等方面进行相应的变革，这套"高等院校国际经济与贸易专业系列教材"就是为响应这种变革所做的一项尝试。

目前，市场上国际经济与贸易方面的教材品种较多，其中不乏优秀之作，前人的优秀成果是我们编写这套教材的重要参考来源和写作基础。当然，相比较而言，我们这套教材无论是在内容的编写上还是在写作的体例和形式上，都具有自身的一些重要特色。

1. 在内容的编写上

过去，人们普遍注重国际经济与贸易专业的应用性特色，而相对忽视了这个专业所具有的理论性和素质培养功能。随着我国加入世界贸易组织、更深入地融入到经济全球化浪潮中，对经贸人才的需求已从简单的操作型人才转变为高素质的复合型人才，显然，传统的教学模式和方法已很难适应时代发展的要求。我们编写的这套教材在保持传统教材重视应用性和操作性的基础上，力求吸纳和反映当代国际经济与贸易领域的最新发展实践和理论成果，凸显教材的基础性、理论性和前沿性，并与时俱进，使之更加贴近我国的改革开放实践，加强为建设和完善我国社会主义市场经济体制服务的功能，挖掘各门课程对学生素质培养的潜能，从而赋予国际经济与贸易专业新的活力和意义。

2. 在写作的体例和形式上

我们借鉴国外流行教材的经验，在内容有关之处增加了为数不少的专栏，这些专栏或者是时代背景，或者是作者小传，或者是案例，或者是对有关问题的进一步阐述，有助于拓宽学生的视野，让其更深入地了解和掌握书中内容。所列复习思考题也力求灵活多样，以启发学生做进一步的思考。另外，章中所列关键术语、学习要点、小结以及荐读书目等，不仅方便学生总领教材内容，也为其做进一步研讨提供了文献参考。

当然，作为尝试性的成果，这套教材也难免有不尽如人意之处，特别是每本教材的作者均来自不同院校，因此在编写风格方面可能会存在一些差异，这些都需要我们在以后的修订过程中进一步完善，我们真诚地期待广大读者多提宝贵意见！

北京师范大学教授、博士生导师
编审委员会主任委员　　　　赵春明

第3版前言

本书 2012 年修订，至今已有四年。这四年时间里，中国经济由高歌猛进转为年增长有所下降，很多企业举步维艰，面临艰难的转型。经济困难的情况下，商务行为也变得更加复杂，争议频发，对从业人员的要求因而变得更高。

在此背景下，本书进行了再次修订。本次修订更新了部分案例，对部分内容也做了修改或更新，对措辞亦进行了再次修改和润色。

本次修订由黄卫平、董丽丽负责总的统筹和协调。具体章节分工如下：王杰（哈尔滨工业大学）负责第一、十章的修订；董丽丽（北京外国语大学）负责第二章和综合案例分析的修订；李灵稚（南京理工大学）负责第三、六、九章的修订；赵银德（浙江外国语学院）负责第四、十一章的修订；吴绩新（绍兴文理学院）负责第五、七章的修订；黄卫平（中国人民大学）负责第八章的修订。

衷心感谢使用本书并提出宝贵意见的老师和同学们！

我们为选择本书作为授课教材的老师免费提供教学电子课件（PPT）、教学大纲及课后习题答案，请填写书末"信息反馈表"并发至 changay@126.com 索取。谢谢。

编　者

第 2 版前言

从 2007 年本书第 1 版出版到现在，已经过去了近五年的时间，期间中国进出口总值从 2007 年的 2 738 亿美元增加到 2011 年的 36420.6 亿美元，对外直接投资流入金额继续稳定增长，始终保持在发展中国家第一位。与此同时，中国更作为直接投资的流出国开始受到关注，许多中国企业开始走出去，国际商务采取的方式更加多样化，涉及的内容更加广泛和综合，对从业人员也提出了更高的要求。编者针对实践的发展和在教材使用过程中收到的反馈意见，进行了此次修订。

本次修订由黄卫平、董丽丽负责总的统筹和协调，具体章节分工如下：第一、十章由王杰（哈尔滨工业大学）负责；第二章和综合案例分析由董丽丽（北京外国语大学）负责；第三、六、九章由李灵稚（南京理工大学）负责；第四、十一章由赵银德（浙江外国语学院）负责；第五、七章由吴绩新（绍兴文理学院）负责；第八章由黄卫平（中国人民大学）负责。

此次修订主要针对案例分析部分，对各章节的案例分析去旧添新，一方面在内容上进行更新，另一方面也使案例与各章节的主题更加切合。综合案例分析部分增加到九个案例，案例的主题从简单的价格谈判，到相对复杂的合同纠纷谈判，以及多边的知识产权保护谈判，内容涉及商务关系中从一开始的合同条款谈判，到合同执行过程可能发生的各种谈判情况，更加有助于学生全面了解国际商务的全过程，并在每个环节练习从课本中学习到的知识和技巧。此外，各章均在内容上做了部分调整，并对措辞进行了修改和润色。

非常感谢选用本书作为教材的各位老师，更加感谢各位老师在使用过程中提出的各项建议。由于有来自老师和同学在使用过程中不断给出的反馈意见，本次修订工作才更加有针对性，真诚希望使用本书的各位读者能够继续提出宝贵的建议！

编　者

第 1 版前言

据商务部统计，2006 年，我国进出口总值为 17606.9 亿美元，如果以平均每笔交易 100 万美元计算，则交易次数达到 170 万次，每次交易平均涉及不止一次谈判，每年涉及的谈判更是无法计数。每次谈判员在谈判桌前的表现，都将给公司、给国家带来大额的利益得失，由此可见，深入了解谈判中所涉及的理论和策略将为我们带来巨大的经济利益。

国际商务谈判是商务知识、谈判知识以及复杂语言文化背景的交叉学科，因此适应本科教育的教材对编者要求非常高。从国内外研究现状来看，国外研究者通常对谈判做一般性阐述，理论研究比较深入，对文化差异方面的研究也较早、较全面；但是迄今尚未发现对商务谈判的有针对性的研究，缺乏对具体技巧和策略的深入探讨。在我国，商务谈判一直以来是本科教育较弱的一个领域，一方面由于高校教师多缺乏这方面的实践，在这类实务课程的教学与研究上显得力不从心；另一方面也由于本科教育更多地重视理论框架的搭建，而忽视了或是缺乏充足的时间和精力培养学生的实务操作能力。因此，国内相关教材多由高等职业教育的老师们编著，针对的对象也主要是接受职业教育的学生。这类教材对策略和技巧有较全面的介绍，但是由于其针对对象的特点，很难对谈判能力在经济贸易、商务管理、营销等方面的应用有全面、深入的阐述。另一类教材则是由谈判一线的参与者总结谈判的经验教训而写成，非常生动，但是由于作者缺乏对经贸的系统研究，也不了解本科教学的安排和特点，因此类似实践中的指导手册，同样不适于本科教学使用。

针对上述实践的需求和国内外同类著作的现状以及本科教学的特点，编者编写了此教材，并且力求在以下几个方面有所创新：

一、案例分析与模拟谈判

教材中涉及实践操作部分的内容尽量采用生动的实例进行说明。

案例分析加强针对性，摒弃国外教材泛泛地对各类沟通进行分析的做法，特别针对商务谈判，使得学生能在商务知识的基础上有针对性地进行学习和训练。

模拟谈判是对实践中的各类商务谈判场景进行模拟，方便使用者根据给定条件进行实训，增强对策略和技巧的把握。

各章后均附有针对该章内容的案例分析或模拟案例，对所学知识点有针对性地进行加强；全书的最后一部分则是比较复杂的、综合性的大型模拟谈判案例（如合资、索赔、两国之间针对贸易摩擦的谈判等），供全部教学完成后组织学生进行综合性的训练。

全部案例均来自实践，并且与学生在基础学习阶段所学习的经贸、商务知识紧密联系。

二、商务谈判理论

谈判是一门实务课，但是任何实务都需要理论的指导，好的理论是从对长期实践的总结中升华而来的，对实践者有重要的指导作用，会令操作者站得更高，对问题看得更透彻，这也正是本科教育和职业教育的重要区别之一。如果说职业教育培养的是谈判手，则本科教育培养的是谈判家，乃至于谈判大师，他们更懂得取舍之道，更懂得权衡和让步的艺术。

理论部分充分借鉴国外各相关学科数十年来的研究成果，结合本教材主要编写人员长期以来的研究和实践，对谈判所涉及的利益、原则、人的需求进行透彻的阐述，为各项技巧和策略的学习奠定坚实的基础。

三、国际商务谈判中的文化差异问题

在开放的世界里，各国文化差异是每个谈判人员都必须要面对的，以往的教材对此虽有阐述，但是编写人员多缺少亲身实践，因此缺乏说服力；另外，许多内容是长期以来固有的认识，不能反映近期的变化。本教材编者长期亲身经历与各种文化背景下的人的谈判和交流，因此在这方面的认识比较全面。

这不仅保证了本教材该章节的质量，而且使得整本教材立足于目前我国经贸日益开放的现实，给使用者更广阔的视野。

本教材参编老师均长期从事商务谈判教学工作。有的老师曾经或者正在从事商务谈判实践工作，对于谈判技巧有切身的感受和独到的见解；也有的老师多次在国外从事相关研究，对于国际商务谈判所涉及的语言、文化、礼仪等问题有深入了解。本教材由黄卫平、董丽丽担任主编，并拟定提纲和进行后期的统稿、修改工作；由郭笑文（北京外国语大学国际商学院）担任主审。参编人员的分工如下：第一、十章由王杰（哈尔滨工业大学）编写；第二章由董丽丽（北京外国语大学）编写；第三、六、九章由李灵稚（南京理工大学）编写；第四、十一章由赵银德（江苏大学）编写；第五、七章由吴绩新（绍兴文理学院）编写；第八章由黄卫平（中国人民大学）编写。另外，我们为选择本书做教材的老师免费提供电子课件。

本教材在编写过程中，借鉴了国内外众多专家、学者和实际工作人员的研究成果，在此表示衷心的感谢！

由于编者水平有限，书中存在不少不足之处，恳请大家提出宝贵意见，以便修订改进。

编　者

目　　录

第一章

国际商务谈判概述

谈判是人与人交流的一种常见形式，是一种广泛而普遍的社会现象。古今中外，大到国与国之间的政治、经济、军事、外交、科教、文化的相互往来，小到企业之间、个人之间的联系与合作，都离不开谈判。在诸多不同领域的谈判中，经济领域的谈判，特别是商务谈判，在现代社会生活中扮演着越来越重要的角色。同样，国际商务谈判更是构成国际商务活动的不可或缺的重要组成部分，在国际商务活动中占据相当大的比重。本章主要概述国际商务谈判的概念与特征、国际商务谈判的构成与类型、国际商务谈判的基本程序及管理模式。

通过本章学习，达到如下目标：

(1) 弄清谈判、商务谈判、国际商务谈判的含义。

(2) 全面了解和把握国际商务谈判的特征。

(3) 了解商务谈判的基本类型。

(4) 掌握国际商务谈判的基本程序及各个阶段和环节的主要内容。

(5) 把握商务谈判的 PRAM 模式。

第一节　国际商务谈判的概念与特征

谈判有广义和狭义之分。广义的谈判，包括各种场合和各种形式下进行的交流、洽谈和协商；狭义的谈判，一般仅是指正式场合下专门安排和进行的谈判。作为研究揭示谈判实践内在规律的谈判理论是以狭义的谈判为研究对象的。

一、国际商务谈判的概念

理解国际商务谈判首先要从谈判的定义入手。

(一) 谈判

尽管给谈判下一个准确的定义是比较困难的事，但是学者们还是从多角度对谈判进行了刻画和概括。

美国谈判协会会长、著名谈判专家杰勒德 I. 尼尔伦伯格在《谈判的艺术》中认为，谈判是人们为了改变相互关系而交流意见，为了取得一致而相互磋商的一种行为。美国法学教授罗杰·费希名和谈判专家威廉·尤瑞合著的《谈判技巧》一书把谈判定义为："谈判是为形成某种协议而进行的交流。"美国谈判专家威恩·巴罗认为，谈判是一种双方都致力于说服对方接受其要求时所运用的一种交换意见的技能，其最终目的就是要达成一项对双方都有利的协议。我国的多数学者则认为，谈判是一些人为了满足各自的需求和维持各自的利益，通过协商争取达到意见一致的行为过程。

综合上述观点，谈判的含义至少应该包含如下三方面的内容：

(1) 谈判是建立在谈判双方一定需求的基础上的。当人们进行交流、沟通、协商谋求意见一致时，其协调均基于某种需求。需求是多方面的，包含的具体内容极为广泛，如物质的需求和精神的需求、初级的需求和高级的需求等。需求推动着人们进行谈判，需求越强烈，谈判的动因就越明确。而且只有各自的需求能够通过双方的行为得到满足时才产生谈判。谈判双方的需求是既统一又对立的。一方面，通过对方的行为可以满足己方的需求；另一方面，满足对方（己方）的需求又会涉及和影响己方（对方）需求的满足程度。因此谈判是一种满足双方需求的行为和过程，任何一方都不能不重视对方需求的满足。

（2）谈判是两方及以上的交际活动。谈判是一种交流与沟通的行为，因此必须有谈判对象。也就是说，谈判至少有双方参加，否则谈判活动无法进行。从销售人员一对一的谈判，到世界贸易组织（WTO）的多边谈判，都说明谈判至少有两方及以上的参加者。谈判各方通过一定的手段，借助一定的策略来实现各自的目标。

（3）谈判是协商行为趋于妥协的一种过程。任何协议的达成都是谈判双方寻求协调达到统一的结果。如果没有达成协议，则是协调活动的失败，没有达成意见统一。谈判的整个过程，始终贯穿着各自提出问题和要求，相互交流、沟通、磋商、协调，出现矛盾，再进一步交流、沟通、磋商和协调，最后趋于妥协的过程。在双方进行磋商的同时，只有各自进行让步，才能达成双方意见一致的协议。

综上所述，所谓谈判，是指谈判双方基于一定的需求，彼此之间进行交流、沟通、协商、妥协而赢得维护各自利益的行为过程。

（二）商务谈判

所谓商务谈判，是指在经济领域中，从事商务活动的双方为了满足贸易的需求，彼此间通过交流、沟通、协商、妥协而达成交易目的的行为过程。商务谈判是市场经济条件下经济领域最为广泛、最为普遍的活动，一般包括货物买卖谈判、工程承包谈判、技术转让谈判、融通资金谈判、经济合作谈判等。

商务谈判是商务活动的重要内容，是商务活动的基础和核心，贯穿于商务活动的全过程。

首先，商务谈判是商务活动的起点。不管以什么为标准的商务活动，往往都要借助于谈判开始。交易双方为了实现交易目标，必然要根据双方各自的意图，就买卖物品的内容、价格、交易时间、付款方式等交易条件进行充分的沟通、协调，达成有关协议，使买卖由潜在可能变成现实。

其次，商务谈判过程是实现商务活动目标的过程。商务活动中的诸多目标，如商品的购销、资金的融通、资产的转让，合资合作等，都需要借助于商务谈判实现。商务谈判目标的达成过程，也就是向商务活动目标的趋近过程。

再次，商务活动当事人的权利和义务主要通过商务谈判加以明确和界定。商务活动是当事人享受一定的权利、获得一定利益、满足需求的过程；同时也是履行相应义务、承担相应责任的过程。利益、权利、义务、责任的划分和分配，除法律、规章外，主要是由当事人双方通过谈判协商确定的。

最后，商务活动过程也是维护和实现商务谈判成果的过程。当事人双方通过协商、妥协达成一致。协议签署后的商务活动将围绕着谈判达成的协议展开。谈判协议为后续的商务活动提供了法律依据，可能会引发再谈判。若协议顺利进行完毕后，为继续双方之间良好的合作关系，也可能开始新一轮的商务谈判。可见商务活动离不开商务谈判。

（三）国际商务谈判

国际商务谈判是指在国际商务活动中，处于不同国家或地区的商务活动当事人为了满足一定需要，彼此通过交流、沟通、协商、妥协而达成交易目的的行为过程。简单地说，国际商务谈判就是谈判参与各方跨越了国界的商务谈判，是国内商务谈判在国际领域的延伸和发展。

综合上述不同层次或范围的谈判定义，其内涵都包括如下基本点：

（1）谈判是以某种利益需求的满足为预期目标的。

（2）谈判是处于相互独立又相互联系的双方以平等对话谋求合作、协调和改善彼此关系的交际活动。

（3）谈判是各方沟通信息、交换观点，相互磋商、相互妥协，达成共识的过程。

概括起来，可以把国际商务谈判理解为这样一个过程：不同国家或地区的贸易双方根据双方不同的需求，运用所获得的信息，就共同关心或感兴趣的问题进行交流、沟通、磋商、协调，为各自的经济利益谋求妥协，从而使双方感到是在自愿的、平等的、有利的条件下达成协议，促成交易的过程。一项谈判是否成功，就在于参加谈判的双方能否通过各种不同的讨价还价方式和策略，反复折中，最后取得妥协，达成一个双方都能接受的共赢方案。

二、国际商务谈判的特征

（一）国际商务谈判的一般性特征

国际商务谈判与国内商务谈判的本质是相同的，因此具有与国内商务谈判相同的基本特征。

1. 商务谈判以获得经济利益为目的，追求谈判的经济效益

不同的谈判者谈判的目的不一样，追求的利益目标也不相同。例如，外交谈判涉及的是国家利益；政治谈判追求的是政党、团体利益；军事谈判则主要是关系敌对双方的安全利益。虽然这些谈判都不可避免地涉及经济利益，但谈判的重点不一定是经济利益，其目的不是直接的经济利益。而商务谈判则十分明确，谈判者以获得直接经济利益为基本目标，在满足经济利益的前提下才涉及其他非经济利益。尽管在商务谈判过程中，谈判者可以调动和运用各种因素，各种非经济利益因素也会影响谈判的结果，但其最终的目标仍然是经济利益。如果离开了经济利益，商务谈判就失去了存在的价值和根基。因此商务谈判就是以直接经济利益为目的的谈判。

在商务谈判中，谈判者比较注重谈判的经济效益。因为商务谈判本来就是一次经济活动，而经济活动本身就要讲究经济效益，这是经济活动的内容要求。与其他谈判相比，商务谈判更为注重经济效益。事实上，经济效益也是评价一项商务谈判成功与否的主要指标之一。

2. 商务谈判以价格为核心，其他因素可折算为价格

商务谈判涉及的因素很多，谈判者的需求和利益往往通过众多的因素和方面表现出来，但是价格几乎成为所有商务谈判的核心内容。原因有二。第一，价格最直接地表现出谈判双方的经济利益的得失与分配。例如，谈判双方在其利益上的得与失，拥有利益的多与寡，在很多情况下都可以折算为一定的价格，通过价格的升与降得到体现。第二，商务谈判中涉及的价格以外的因素都与价格有着密切关系，并往往将其折算成为一定的价格。例如质量因

素，一件一等品的陶器售价为 800 元，同样规格型号的二等品售价为 600 元，两者的价格差就将质量差折算出来了。又如数量因素，购买 1t 牛肉要 10000 元，购买 10t 牛肉只要 9000 元/t，价格差就把数量差折算出来了。当然，并非在任何情况下都能够进行这样的折算，也就是说，谈判者并不一定接受这样的折算。例如，我们从国外引进一套设备，谈判协议规定，该设备具有 20 世纪 90 年代末的技术水平。当设备到货后发现该设备只具有 20 世纪 70 年代的水平。尽管外商提出愿意折价 50%，但是我们也不愿接受，因为技术价值太低，其技术差异已不能用价格差来补偿了。

作为商务谈判者，了解价格是商务谈判的核心、价格在一定条件下可以与其他利益因素折算这一点很重要。这就要求谈判者在谈判中，一方面坚持以价格为核心，争取自己的利益；另一方面又不能仅仅局限于价格，要善于拓宽思路，从其他因素上争取应得的利益。因为价格因素较为敏感，很难获得让步，相比较而言，在其他因素上要求对方让步更容易做到。

3. 商务谈判是参与各方"合作"与"冲突"的对立统一

在商务谈判中，谈判双方既存在利益上的联系，又存在着利益上的分歧。利益联系使双方走到了一起，通过谈判达成对双方都有利的协议，双方利益的获得是互为前提的，这是合作的一面；利益分歧则使双方需要进行积极的讨价还价，都希望以较少的让步换取尽可能多的利益，从而产生了激烈的冲突，这又体现了谈判双方相互对立的一面。正确地理解和把握商务谈判的这一特点，对于谈判者有着重要的意义。它要求谈判者在制定谈判战略方针、选择和运用谈判策略和战术时，必须注意不要损害双方的合作关系，尽可能地为本方获取最多利益。一方面谈判的双方是合作者，而不是你死我活的敌对关系，也不是你输我赢的竞赛关系，因此不能只会进攻不会妥协。应当把谈判看成是一项双方互利的合作，都应为实现共同的目标而努力。另一方面参加谈判的双方又都存在利益冲突，因此必须针锋相对地据理力争，否则已方的利益就会损失。在谈判中合作与冲突是并存的，忽视哪一方面都会导致谈判的失败或利益的损失。因此，对于谈判者来说，应提倡实行"合作的利己主义"，即在保持合作的基础上追求已方的利益最大化，在使对方通过谈判有所收获的同时，使自己收获更多。

20 世纪 60 年代初期，美欧之间发生的"肉鸡战争"的解决就是一个经典的例子。当时的美国掌握了最新的饲养技术，肉禽生产得到迅速发展，对欧共体的鸡肉出口从 1958 年的约 0.1 亿磅[⊖]猛增到 1962 年的 1.6 亿磅，欧共体极为不安。当时德国为保护欧共体的鸡肉生产，联合欧洲大陆的盟友，将对从美国进口鸡肉的从价税提高了 3 倍，即从 15% 增加到 50%。对此美国人非常气愤。他们一方面向关贸总协定（GATT）的法庭控告，对欧共体向美国出口的商品征收惩罚性税金；另一方面对欧洲出口的全鸡改为鸡块出口，并开始一年四季向欧洲出口火鸡（过去只是在复活节和圣诞节前才出口）。待欧洲对美国的切割鸡块和火鸡也征收从价税时，美国商家又改向欧洲出口加料腌制的肉禽。总之，美国人想方设法继续保持在欧共体的肉禽市场份额。与此同时，欧共体加强了在肉禽生产方面的技术研究，肉禽生产也快速发展起来，并大力向其邻国，特别是瑞士、奥地利等国销售，用补贴出口的办法挤掉了美国在其他国家的部分市场份额。美欧之间在肉鸡市场上的纷争因此愈演愈烈。但是

⊖ 1 磅 = 0.45359237kg。

美欧双方在政治上是盟友，在经济上又互有需求，保持分歧或扩大矛盾对双方都没有好处。在这种情况下，美欧双方不得不又回到了谈判桌上。在"东京回合"谈判中，经过多轮讨价还价，美国同意欧共体可对美国不加作料的整禽及加作料的肉鸡征收差价税，并以此为条件，换取欧共体对其他美国产品的让步。欧洲人则同意对美国加作料的火鸡块实行免税，同时停止对可能挤占美国在欧市场上的出口给予补贴，以此为条件，换取美国将欧洲货车、大众牌大篷车、马铃薯、淀粉和每加仑○超过 9 美元的白兰地征税恢复到 1962 年的水平。（资料来源：夏国政编写的《经贸谈判指南》，世界知识出版社，1999 年，第 20 页）

上述争端案的解决，充分体现了谈判双方通过退让，求得合作，最后实现双赢。

4. 商务谈判中双方利益追求受一定的利益界限的约束

如前所述，经济利益是商务谈判双方共同追求的目标，双方都希望以较少的成本支出，取得最大的谈判成果。但是，任何谈判都必须满足对方的最低利益要求，否则，对方就会退出谈判，从而导致谈判破裂，己方到手的利益也无法实现。利益的过度或不足都会导致谈判破裂，所以谈判双方不能突破利益界限的约束，应在相互合作中共同争取利益的最大化，实现双赢。

如果将谈判双方在交易中可获得的总体利益用一个完整的圆来表示，那么谈判双方的利益界限可用图 1-1 来说明。

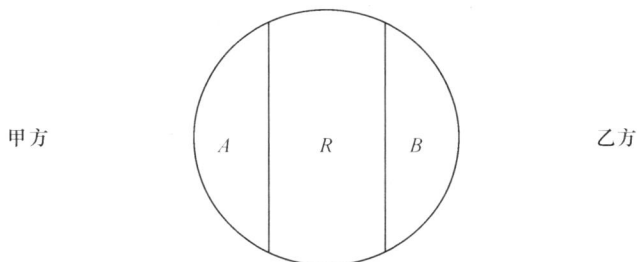

图 1-1 谈判双方的利益界限

假设谈判双方为甲、乙两方，整个圆代表总体利益，A、B 分别代表甲、乙双方在谈判中必须获得的最低利益，R 代表甲、乙双方可以通过讨价还价争取为己方所有的利益。从甲方来说，其利益界限是：$A \leq X \leq A + R$（X 代表甲方获得的利益总量）。如果该式不能成立，出现下述两种情况，都会使其中一方退出而导致谈判破裂。一种情况是 $X < A$，则甲方必然退出谈判，因为甲方的最低利益得不到保证。另一种情况是 $X > A + R$，则乙方必然退出谈判，因为乙方的最低利益因甲方利益的延伸而得不到实现。同样对乙方来说，谈判中其最低的利益界限是：$B \leq Y \leq B + R$（Y 代表乙方获得的利益总量）。如果该式不能成立，即当 $Y < B$ 或 $Y > B + R$ 时，都会导致其中一方退出谈判，双方的利益都无从实现。

了解和把握谈判的利益界限是极其重要的。在谈判中谈判各方不仅要考虑己方的利益，还要站在对方的立场上考虑对方的利益，只有将己方利益控制在对方所能接受的临界点之上（内），谈判才能成功，己方的利益才能实现。如果只注重己方的需求，而无视对方的最低

○ 1 英加仑 = 4.54609dm³。

1 美加仑 = 3.78541dm³。

需求，无限制地逼迫对方放弃利益，最终会因对方退出而使自己已经争取到的利益丧失殆尽。

美国谈判协会会长尼尔伦伯格（Gerard I. Nierenberg）对此有这样一段极其精辟的阐述：谈判者的眼光不能盯着"再多一点"，当接近临界点的时候，必须要清醒警觉，毅然决断，当止即止。

5. 商务谈判各方最终获利的大小，取决于谈判各方的实力和谈判能力

在谈判前人们可以确定目标利益，但却无法准确预计谈判的结果如何，无法根据某一规则具体计算出彼此之间最终获得的利益。在图1-1中，从理论上讲，A与B可以看作甲、乙双方的现存利益，因为如果这部分利益得不到满足，将导致谈判破裂。只有R部分是可以为双方讨价还价、积极争取的。但是R中有多少能为甲所得，又有多少能为乙争取到，则完全取决于谈判各方的经济实力和谈判能力。

谈判各方的客观经济实力主要受谈判项目对各方的重要程度、谈判所代表的经济组织的实力、谈判时的市场状况及发展趋势等因素的影响。谈判人员的素质和经验、谈判策略和技巧的运用能力、谈判班子成员之间的协作能力等，则直接影响谈判各方的谈判能力的发挥。而谈判能力的有效发挥又直接影响和左右着谈判利益的最终获得。

6. 商务谈判注重合同条款的严密性与准确性

商务谈判合同体现了双方协商一致的结果，确认了双方的权利和义务，具有法律效力，因此合同条款必须准确而严密。合同条款的准确性和严密性是保证经过艰苦谈判所获得的各种利益实现的重要前提和依据。有的谈判者虽然在谈判中花了很大力气，谈判者似乎已经取得了谈判的胜利，但却在拟订合同条款时，忽视了合同条款的完整、严密、准确、合法，结果被谈判对手在条款、措辞或表述技巧上拖入了陷阱。这样，不仅会失去既得利益，而且还会为此付出惨重的代价。例如，在一份购销合同的质量条款中规定"质量标准按产品的说明书"，这是不严密、不准确的。因为"产品说明书"有许多种，有专门说明质量的，有专门说明使用方法的，有专门介绍装配方法的。所以要根据具体情况，明确写清具体所指。又如，在合同中将产品包装质量仅写成"外观完好"，也是不准确的，因为包装质量不仅包括外观完好，还应当具有一定的防震、防潮、防腐蚀等能力。在合同执行过程中一旦出现纠纷，就会因为合同条款的不准确，双方各持己见，从而造成损失。因此在商务谈判中，谈判者要高度重视合同条款的准确性和严密性。

（二）国际商务谈判的特殊性特征

国际商务谈判除具有与国内商务谈判共有的上述一般性特征外，还具有不同于国内商务谈判的特殊性特征。

1. 跨国性

跨国性是国际商务谈判最显著的特征，也是其他特征的基础。国际商务谈判的主体是两个或两个以上的国家或地区，谈判者代表的是不同国家或地区的利益。由于国际商务谈判的结果会导致资产的跨国流动，必然要涉及国际贸易、国际核算、国际保险、国际运输等一系列问题，带有明显的国际性。因此在国际商务谈判中，必须以共同遵守国际商务法规为准则，以共同认可的国际惯例为准绳，一切事宜按国际惯例或通行做法来操作。

这一特点要求谈判人员熟悉各种国际惯例，熟悉对方所在国的法律条款，熟悉国际经济组织的各种规定和国际商法。这些是国内商务谈判不可能涉及的。

2. 政策约束性

国际商务谈判的跨国性决定了其具有较强的政策约束性。国际商务谈判参与各方处于不同国家的政治、经济环境之中，谈判双方的商务关系又是两国或两个地区之间整体经济关系的一部分，常常涉及两国之间的政治关系和外交关系，双方国家或地区政府必然常常会干预和影响谈判的进程与结果。所以国际商务谈判必须严格贯彻执行国家的外交政策和有关方针政策，执行对外贸易的一系列法律和规章制度。

这一特点要求国际商务谈判人员必须熟知本国和对方国家的相关的方针政策，注意国别政策，了解和把握对外贸易的法律和规章制度。

3. 文化差异性

国际商务谈判的双方来自于不同国家或地区，有着不同的社会文化和政治经济背景，处于不同的地理、宗教环境之中，具有不同的价值观、道德观、思维方式、行为方式，在语言表达及风俗习惯等方面也大相径庭。文化的差异性必然使国际商务谈判的难度及复杂程度远远高于国内商务谈判。

这一特点要求国际商务谈判人员注重了解和掌握双方国家的宗教文化、伦理道德及风俗习惯等，在谈判中努力尊重和协调好双方在文化宗教和伦理道德等各方面的差异。

4. 谈判人员的高素质

国际商务谈判的上述特殊性决定了谈判的复杂性和困难性，这就要求国际商务谈判人员在知识结构、语言能力、对政策法律的理解和把握、谈判策略及技巧的运用能力、防范风险能力等各方面都具有更高的水准。谈判人员必须具备广博的知识、敏锐的思维和高超的谈判技巧，不仅在谈判桌上能因人而异，运用自如，而且要在谈判前注意资料的准备、信息的收集，使谈判按预定方案顺利地进行。

第二节 国际商务谈判的构成与类型

一、国际商务谈判的构成

国际商务谈判作为一项复杂而严密的商务活动，是不同的构成要素相互作用的过程，谈判人员只有从整体上系统地认识谈判的各项构成要素，才能从全局上把握谈判的主动权，使己方在谈判的进程中做到有的放矢，攻防有度，进退自如，从而达到谈判的预期目的。

谈判的构成主要包括谈判主体、谈判客体、谈判信息、谈判时间、谈判地点五大基本要素。

(一) 谈判主体

谈判主体是指参与谈判的当事人。在商务谈判中，谈判主体是主要因素，具有主观能动性和创造性，在谈判中起着至关重要的作用。

谈判主体可以是自然人，也可以是经组合而成的一个团体；他们可以代表谈判人员的自身利益，也可以代表一个组织、一个地区或一个国家的利益。国际商务谈判的构成主体是非常广泛的。

商务谈判是双方或多方利益的较量，谈判者必须要对自己的言行举止负责，因此，对谈判主体资格的认定是十分必要的。

严格地说，谈判主体可划分为关系主体和行为主体。

1. 关系主体

谈判的关系主体是指有资格参加谈判，并能承担谈判后果的国家、组织、自然人及能够在谈判或履约中享有权利和承担义务的各种实体。关系主体的主要特征是：①关系主体必须是谈判关系的构成者；②关系主体必须具有谈判资格和行为能力；③关系主体必须能够直接承担谈判后果。

2. 行为主体

谈判的行为主体是指通过自己的行为完成谈判任务的人。行为主体的主要特征是：①行为主体必须是有行为能力的自然人，国家、经济组织或法人实体等非自然人不能成为行为主体；②行为主体受关系主体委托参与谈判时，必须正确反映关系主体的意愿，并在关系主体授权的范围内行事。

谈判的关系主体与行为主体有时是合一的，有时是分离的。只有当谈判的关系主体是自然人又亲自参加谈判时，二者才是合一的。关系主体对谈判的后果承担主要责任，而行为主体只出席谈判活动，并不承担谈判责任。从两者的区别上可以看到，两者在谈判中的地位和所负责任是不同的，因此，对谈判者进行资格审定和甄别是非常重要的。

3. 谈判主体的资格审定

谈判之前对对方主体资格的审定是避免谈判利益损失的重要前提。因为如果谈判主体不合格，即使谈判协议签订了也可能是废纸一张，甚至还会造成惨重的损失。

例如，内地某公司（以下称甲方）与我国香港特区某城建有限公司（以下称乙方）经过若干轮谈判，于 1981 年 5 月 18 日正式签约，由乙方负责某酒楼的建筑工程。合同规定：该工程总建筑面积 1140m²，预算总造价为 1247 万元。按甲方建筑工程设计图样施工，质量规格要符合在 8 级震区使用的条件。同年 9 月 25 日第一期工程完工，甲方验收时，发现已完工部分的质量不合格，甲方就工程质量问题与乙方发生严重争执，甲方被迫向当地法院起诉。法院受理此案后，经过香港某律师行的协助，对乙方的资信作了调查。结果发现：乙方确实系在香港特区政府注册的有限公司，但注册资金仅有 2000 元港币。根据法律规定，有限责任公司承担责任的能力仅限于其注册资本。这就意味着，即使甲方胜诉，乙方无论给甲方造成多大的损失，其赔偿额的最高限额也仅为 2000 元港币。甲方得知该详情后，不得不放弃赔偿要求，转而要求解除合同。最后，法院依照甲方的要求，以被告的权利能力和行为能力不足为由，终止了合同，甲方只追回了已付给乙方的全部定金，其他损失只能自己承受。从案例中可以看到，甲方受损的根本原因在于，谈判前没有查清乙方的关系主体资格，尽管合同中对工程造价、质量条款均已作出规定，也不能避免甲方的损失。（资料来源：**万成林、舒平编写的《营销商务谈判技巧》，天津大学出版社，第 345 页**。）可见，谈判前把握主体关系是很重要的。

主体资格的审定包括对关系主体和行为主体的确定。

（1）对谈判关系主体的审定应该注意：谈判关系主体必须是以自己的名称参加谈判并能够承担谈判责任。审查其是否有法人资格，以及与法人资格相应的签约、履约能力；审查注册公司的详细情况；审查公司的诚信程度等。

（2）对谈判行为主体的审定应该注意：谈判前必须核准、落实谈判行为主体是否有权参加谈判，并且能够通过自己的行为很好地完成谈判任务。行为主体的谈判行为必须严格控制在谈判关系主体所授权的范围内，不得超越。谈判关系主体在选择、委托行为主体时，要选择能够反映关系主体意志，并能保证在关系主体所授权范围内严格执行命令、品质良好、诚实可靠的行为主体。

审查对方的主体资格，可以通过直接或间接的途径。可要求对方提供谈判资格审定的有关资料、证件，如自然人的身份证、护照等，以及资信和代理权方面的证件。在国际商务谈判中，则需要外方提供各种设备、技术等证明，并对外方的履约能力进行调查。

（二）谈判客体

谈判客体即谈判议题，它是指在谈判中双方要解决的问题，是谈判者利益要求的体现。谈判议题是谈判活动的中心，没有谈判议题，谈判活动就无法进行。

在经济生活中，可以构成谈判议题的对象极为广泛，一切涉及利益的问题都可能成为谈判的议题。但是要真正作为商务谈判的客体，构成谈判的重要组成部分，还必须接受下述三个基本条件的约束：

（1）具有共同性。商务谈判的议题必然涉及双方的利益，必须是谈判双方共同关心并希望得到解决的，否则就不能成为谈判的议题。

（2）具有可谈性。对谈判双方来说时机要成熟，如果时机不成熟，即使是双方都关心并希望解决的问题，双方也不能坐到谈判桌前。例如两伊战争自 1980 年爆发，其间许多国家都呼吁双方不要诉诸武力而应采取和平谈判的方式解决争端，然而直到交战八年后，双方代表才真正坐到谈判桌前。

（3）具有合法性。谈判议题应符合有关的法律规定。有些贸易活动是各国法律明文禁止的，如走私弹药、毒品、国家保护文物等。所以，谈判的议题必须是在法律所允许的范围内的。

（三）谈判信息

信息是进行谈判决策的重要依据。离开了全面、准确、及时的信息，谈判者便无法制定谈判策略，主谈者便无法找准最佳切入点，就难以取得谈判的成功。知己知彼是任何谈判者所追求的。在谈判决策中依据的信息应该是准确的、真实的。如果信息失真，必然会导致决策的失误，所以信息的获取、分析及综合构成了谈判活动的重要组成部分，对于谈判决策具有重要作用。例如，20 世纪 90 年代初，韩国汉城（现称首尔）一家公司与美国达拉斯一家公司同时参与一项计算机项目的投标。当时两家公司的实力相当。就在正式投标之前，韩国公司搜集到美国公司的价格信息，于是及时改变了原来较高报价的投标方案，用比后者低的价格竞标，最后中标，使美国公司在这场特殊形式的谈判中不得不承认失败。

（四）谈判时间

谈判时间也是构成谈判活动的重要因素。它对谈判活动的影响可以从以下两个方面把握：

1. 谈判期限

谈判有无时间限制，对参加谈判的人员造成的心理影响是不同的。如果谈判有严格的时间限制，即要求谈判必须在短时间内完成，会给谈判人员造成很大的心理压力，影响其谈判策略和谈判结果。例如，美国 20 世纪 60 年代陷于越南战争的泥潭，在从越南撤退之前，已经与越南当局进行了不断的接触与谈判，希望找出合理的解决方法，协调彼此间的利益。美国政府用尽各种手段与越南交涉。然而越南深知美国国内厌战反战，急思撤退，时间不允许美国在谈判中有过长的拖延。于是越南当局对美国的提议毫不让步。越南不是不希望早日结束战争，但因掌握时间的先机，可以向美国摆出姿态，表示越战已经进行了一二十年，越南可以再打一二十年。直到 1972 年美国大选之前，越南才同意在巴黎举行会谈。美方即刻任命哈里曼为美方谈判代表。哈里曼在巴黎市中心租下里兹旅馆，租期以周计；而越南谈判代表却在巴黎近郊租了一栋别墅，租期两年半，准备长期谈判。结果越南的姿态无疑影响了谈判的结果。依照《巴黎和平条约》的规定，美国自越南撤兵，而越南并未作出任何使美国满意的让步。

2. 谈判时间安排

一般来说，谈判者应当以能使自己获得最佳谈判效果作为选择谈判时间的基准。例如，应避免在身心处于低潮时进行谈判，身体不适时不宜安排谈判，连续工作或过度疲倦时不宜安排谈判。大谈判家荷伯·科恩（Cohen）说过："你没法预料突然发生的谈判事件，于是你没有时间对事件进行准备和预估，就完全陷入其中。"总结这段话中的意思，就是说，疲惫之师不宜久战。荷伯先生用他的亲身经历证实了这点："我刚刚结束了整整一周的海外谈判，到了周末，我拖着疲惫的身体进了家门。可就在我不在家的时候，家人都商量好要买一台 RCA YHC 塞拉达—维森录像机和一台带遥控的 21 英寸[1]索尼彩色电视机。根据他们的表决，推荐我第二天上午选购这些东西。"

"我实在不怎么乐意这次购买活动。虽然他们也只是出于对我的谈判才能的认可，可是我对那持续了七天的恼人的谈判仍记忆犹新，实在不想再去见百货店的售货员和他们磨嘴皮子。况且，我还得马上送我的小儿子去看大学生足球赛。"

"我因为疲惫感到没信心。在看到售货员那张笑眯眯的脸时，我似乎已成了他的俘虏。确实，也许就是时间的紧迫，也许是连日来谈判造成的心理作用，我的讨价还价简直语无伦次，破绽百出；相反，那位售货员倒是滔滔不绝，抑扬顿挫。最后，在他的强大攻势下我低头认输了，因为没时间也没精力再跑第二家店，我以 1528.30 美元买下我需要的东西。但我知道，这个价码对我太不公平了。"（资料来源：马梁编写的《谈判精英》，黑龙江人民出版社，第 179 页。）

由此可见，时间也是左右谈判结果的重要因素。一方面，我们应当在谈判中有效地利用好时间原则，牢牢把握时间的主动权，控制好谈判的进程，不让对手轻易占先。另一方面，也不能轻易将我方的计划与安排泄露给对方，如果一旦让对方了解到己方的时间表，对方势必会根据形势故意延缓谈判的进程，使我方陷入不利的境地。

（五）谈判地点

谈判地点的选择会对谈判者的心理环境产生影响，因此对于谈判的效果也具有一定的影响。有利的地点、场所能够增强谈判者的谈判地位和谈判力量；不利的地点、场所则会影响谈判者的情绪和能力的发挥。所以谈判者对于这一因素应当很好地加以理解和运用。

谈判地点的确定一般有四个可选方案：主座、客座、主客座轮流和第三地。四种方案各有优缺点，在具体谈判实践中如何选择要由双方协商确定。

二、国际商务谈判的类型

国际商务谈判从本质上说是来自于不同国家或地区的商务人员协商交易条件的过程。国

---

[1] 1 英寸 = 0.0254m。

际商务活动中可以进行交易的项目、品种极为广泛，涉及的谈判内容不同，谈判的形式也就不同。根据不同的标准，可以将国际商务谈判划分为不同的类型。划分的目的在于根据不同类型的不同特征和要求组织谈判，采取有效的谈判策略，争取谈判的主动权。可以说对谈判类型的把握是获得谈判成功的起点。

（一）个体谈判和集体谈判

按参加谈判的人数划分，可以将谈判分为一对一的个体谈判和由多人参加的集体谈判。

一对一的个体谈判是指由谈判双方各派一位代表出面谈判的方式。它主要适用于非重要或非正式的场合，如简单的业务洽谈、事务性沟通等。一对一的个体谈判形式灵活自由，可在正式场合也可在非正式场合进行，因此有利于创造融洽的谈判气氛。在一对一的个体谈判中，一方面，谈判人员拥有较大的决策权力，可以根据情况独自应付出现的各种局面，这给谈判人员协调解决各种问题提供了便利。但另一方面，由于在一对一的个体谈判中谈判人员需要独当一面，所以谈判人员必须具有较强的处理商务、法律、技术等各方面的综合能力。

多人参加的集体谈判是指每一方都是由两个以上的人员参加协商的谈判形式。它适用于正式的、较大规模的谈判场合。在以多人形式进行的谈判中，参与各方主要依靠组成谈判小组来完成彼此间的协调沟通。谈判小组中，各个成员之间分工明确，各司其职：有主谈人，也有辅谈人；有专门负责商务、工程、法律事务的专家，也有专职的翻译人员。谈判小组中各成员分工合作，有助于克服一对一的个体谈判中个人能力有限、不足以应付复杂局面的弊端，在更大程度上发挥集体协作的力量。世界上较大规模的谈判活动，如世界贸易组织谈判、国与国之间的贸易谈判等，都是以谈判小组的形式来进行的。甚至在一次谈判中，一方会派出一个以上的谈判小组来合力完成己方的任务。

（二）双边谈判和多边谈判

根据参加谈判的利益主体的数量不同，可以将谈判划分为双边谈判和多边谈判。

双边谈判中参与的利益主体的数量为两个，如两国之间的贸易谈判以及两公司之间的贸易谈判等。在双边谈判中，双方的利益关系明确、具体，也比较简单，因而很容易达成一致意见。

多边谈判则是指参与的利益主体的数量在两个以上的谈判，如多国间的贸易谈判以及多个公司之间的合资、贸易谈判等。显然，在多边谈判中，各方之间的利益关系较为复杂，难以协调一致。例如，在建立中外合资企业的谈判中，参与方有中外各一家企业，那么彼此之间的利益就较容易协调。如果参与方有数家企业，那么问题就会复杂得多。这是因为中方几家参与企业之间存在利益上的不一致，需要进行协商；同样，外方的几家参与企业之间也存在利益上的矛盾，需要进行事先的沟通。而后，才能在中外企业之间进行协商谈判。这无疑大大增加了矛盾的点和面。因此在多边谈判中，某些特定的问题需要特定的方式解决，常常需要举行一些双边谈判。

（三）主场谈判、客场谈判和中立地谈判

依据谈判进行的地点，可以将谈判区分为主场谈判、客场谈判和中立地谈判三种形式。

所谓主场谈判，是指对谈判的某一方来讲谈判是在其所在地进行，它是东道主。相应地，对谈判的另一方来讲是客场谈判，它是以宾客的身份前往进行谈判的。所谓中立地谈判，是指在谈判双方所在地以外的其他地点进行谈判。在中立地进行谈判，对谈判双方来讲就无宾主之分。

对于东道主来说，主场谈判无疑占有较大的优势。首先，己方的谈判人员对于主场的环境较为熟悉，不会存在对语言、气候、饮食、文化等方面的不适应问题。其次，己方由于是主场谈判，在信息沟通方面也较为便利。例如，对于谈判出现的问题，谈判小组可以及时地向上级请示汇报并取得指示。最后，由于主场谈判的议程往往由东道主安排，因此还可以通过对己方有利的安排来掌握谈判的主动权。相反，对于客方而言，在天时、地利、人和方面完全不享有东道主的便利，因此会面临较大的困难。这就要求参加客场谈判的谈判人员具有较强的适应能力和应变能力，以处理客场谈判中出现的复杂局面。而在中立地进行谈判，对于谈判双方来说，主、客场因素也就不存在了，因而也相对公平。

不同的谈判地点使得谈判双方具有不同的地位（主、客），谈判双方在谈判地点的选择过程中要充分考虑这一因素，以便借此运用具体的谈判策略和战术来影响谈判，争取主动。

另外，在实际谈判地点的选择中，还有主、客场轮流的方式。例如，在购销谈判中，开始把谈判地点设在卖方所在地，等进入签约阶段，再将谈判地点设在买方所在地。

（四）民间谈判、官方谈判和半官半民谈判

按政府参与的程度不同，可将谈判区分为民间谈判、官方谈判和半官半民谈判。

民间谈判是指谈判各方的代表由私营企业、群众团体或组织指派。谈判活动是企业本身的业务活动，不涉及政府，交易的内容纯属两个或多个企业的经济利益的谈判。谈判达成的协议、签订的合同不代表国家，不属于1969年《维也纳条约法公约》（Vienna Convention of the law of Treaty）的调整范围。民间谈判灵活性较大，程序比较简单，所以，在特殊的情况下，有的官方谈判也以民间方式组织。

官方谈判是指谈判各方的代表是由有关政府或由有关政府下属的企、事业委派，所涉及的内容具有官方性质的谈判。负责此类谈判的可以是政府机构，也可以是国家控股企业，甚至可以是接受委托的私营企业。例如，关税与贸易总协定的各轮谈判、日美贸易谈判、中美纺织品贸易谈判等都是官方谈判。

半官半民谈判是指谈判人所负担的谈判任务涉及官方和民间两个方面的利益，或者由官方人员和民间人士共同参加的谈判，或受官方委托以民间名义组织的谈判。官方民间活动主要是涉及经济贸易的活动。这种谈判既涉及公司企业的利益，又涉及政府部门的活动。有时候为了突出政府对某项活动的支持，由有影响的政府负责人以官方机构代表的名义，或以私人身份，率领社会团体或私营企业的代表团开展对外经贸谈判；有时候为了突出非官方的形象，政府委托某个企业以私营的名义去组织某项谈判活动，而由政府代表跟踪或参与谈判活动。

（五）让步型谈判、立场型谈判和原则型谈判

根据谈判中双方所采取的态度与方针可以将谈判划分为让步型谈判（软式谈判）、立场型谈判（硬式谈判）和原则型谈判（价值型谈判）三种类型。

1. 让步型谈判

让步型谈判也称友好型谈判，谈判者在谈判中希望能够避免冲突，随时准备为达成协议而让步，希望通过谈判签订一个皆大欢喜的协议。采用让步型谈判的人员，不把对方当作敌人，而是以朋友对待。让步型谈判区别于立场型谈判的最明显之处在于让步型谈判者的主要目的是达成协议，而立场型谈判者的主要目标是获取胜利。因此在谈判中，让步型谈判者的做法是提议、让步、信任对方、保持友善以及为了避免冲突对抗而屈服于对方。显然，如果

谈判双方都采取友善的态度，那么让步型谈判有利于促进双方关系的进一步加强，并能取得较满意的成果。如果对方处于绝对强势，并是一个立场型谈判者，那么采取让步型谈判无疑是以己方利益为代价，谋求一味的妥协。

2. 立场型谈判

立场型谈判是指谈判者把谈判看作是一场意志力的竞争和搏斗，认为在这样的竞赛中，立场越强硬者，最后的收获也就越多。立场型谈判者往往在谈判开始前就会确定一个既定目标（立场），在谈判中把注意力投入到如何维护自己的立场与否定对方的立场方面，顽固地坚持自己的立场，除非谈判难以为继、迫不得已，否则绝不做出哪怕极小的松动与让步。由于立场型谈判者的注意力都集中在维护立场方面，在谈判中往往会忽视对方在谈判中的真正需要，不利于形成两全兼顾的解决方案，甚至会造成双方的激烈冲突，更甚者会导致谈判的破裂。

3. 原则型谈判

首先，原则型谈判要求谈判双方将对方作为并肩合作的同事对待，而不是作为敌人来看待。也就是说，要注意与对方的合作关系。其次，原则型谈判不像让步型谈判那样只强调双方关系的维持而忽略利益的获取。它要求谈判的双方尊重对方的基本需要，尽最大努力寻求双方利益上的共同点，从而设想出各种使双方利益都有保证的解决方案。当双方的利益发生冲突时，则坚持根据公平客观的标准来作决定，而不是演化成一场双方一决雌雄的比赛。

哈佛大学在对谈判活动进行系统研究之后首先提出了原则型谈判的思想，因此原则型谈判也被称作哈佛式谈判。从以上分析中可以看出，原则型谈判的基本思想反映了谈判活动的基本特点，即在合作的基础上进行利益分配。

原则型谈判强调四个特点：①主张谈判对事强硬，对人温和，把人和事区分开来；②主张开诚布公；③主张在谈判中既要达到目的，又要不失风度；④主张尽量保持公平、正直，同时又要让对方无法占便宜。

原则型谈判强调通过谈判所取得的价值既包括经济上的价值，又包括人际关系的价值，因而是一种既理性又富有人情味的谈判，为世界各国的谈判研究人员和实际谈判人员所推崇。

1978 年埃及和以色列在美国戴维营就西奈半岛归属问题进行的谈判就是原则型谈判的一个成功案例。1967 年的中东战争以后，以色列占领了埃及的西奈半岛。埃及对此一直耿耿于怀，十几年来通过种种手段想收复失地，但始终没有成功。1978 年埃以双方在第三国斡旋下坐下来进行谈判。谈判不可避免地涉及西奈半岛的归属问题。在开始谈判时，双方发现他们的立场是完全对立的：以色列同意归还西奈半岛，但必须保留其中的部分地区，否则就不签订合约；埃及则坚持西奈半岛是埃及的领土，每一寸土地都要回归主权国，在领土问题上不可能妥协。双方的立场处于严重的对立中。但是，如果分析一下双方的利益而不是停留在立场上，突破这种僵局是有可能的。以色列坚持必须占领西奈半岛的部分地区，是出于国家安全防卫上的需要，因为他们不想让埃及的坦克、大炮布置在邻近自己的边界地区，他们的利益是在安全上；而埃及坚持要以色列全部归还西奈半岛，是因为西奈半岛自法老王朝时代起就一直是埃及的一部分，以后被希腊人、罗马人、土耳其人、法国人和英国人占领了几个世纪，直至近代才夺回完整的主权，他们绝不能再把任何一部分主权让给另一位外国征服者，他们的利益是在主权上。经过充分沟通，双方认清了彼此的利益所在，于是当时的埃及总统萨达特与以色列总理贝京达成了一项协议，这项协议规定把西奈半岛的主权完全归还给埃及，但大部分地区必须实行非军事化，不得在埃以边界地区布置重型武器，以此保证以色列的安全。这样，埃及的国旗可以在西奈半岛上到处飘扬，实现了埃及收复失地、维护主权的需要；同时，由于规定坦克和大炮不能接近以色列边界，也实现了以色列保证国家安全的需要。双方从坚持立场、僵持不下到重视利益、各获所需，一场困难的谈判突破了僵局，达到了各自的目的。

以上三种谈判方法的比较如表 1-1 所示。

表 1-1　三种谈判方法的比较

	让 步 型	立 场 型	原 则 型
视对手	为朋友	为敌人	问题的共同解决者
目标	达成协议	赢取胜利	圆满解决问题
手段	对人和事都温和	对人和事都强硬	对人温和、对事强硬
立场	轻易改变	坚持不变	重点放在利益上而不是立场上
做法	提出建议	威胁对方	共同探究共同性利益
方案	找出对方能接受的方案	找出自己能接受的方案	规划多种方案供双方选择
结果	屈服于对方的压力	施加压力使对方屈服	屈服于原则而不是压力

（资料来源：吴显英等编写的《现代商务谈判》，哈尔滨工程大学出版社，2002 年，P12）。

除了以上五种划分方法外，还有许多种划分方法。根据谈判的内容不同可划分为货物买卖谈判、投资谈判、租赁谈判、服务贸易谈判、技术贸易谈判、损害及违约赔偿谈判；根据双方接触的方式不同，可区分为面对面的口头谈判与间接的书面谈判；依据交易地位的不同，可以区分为买方谈判、卖方谈判和代理谈判；按照谈判议题进行的方式可区分为横向谈判和纵向谈判等。这里不一一赘述。

第三节　国际商务谈判的基本程序与管理模式

一、国际商务谈判的基本程序

国际商务谈判是不同国家和地区的双方为实现某种利益进行交易、沟通、交流、妥协的过程，是双方心智和实力较量的过程；需要运用多种策略、技巧，需要一定的时间。因此不论何种类型的谈判，都有一个持续发展的阶段，即谈判过程，而人们在谈判过程中如何有计划地安排、组织、实施谈判，就是谈判程序。

由于谈判的类型不同、内容不同、谈判的复杂程度不同，谈判的持续时间有长有短，因此，谈判的程序也有所不同。但不论何种谈判，其程序都包括三个基本环节，即谈判前的准备阶段、正式谈判阶段、谈判的善后（协议的履行）阶段。

（一）谈判前的准备阶段

谈判前的准备工作是谈判策略、战术和技巧灵活运用的基础。俗话说，不打无准备之仗。准备工作做得好，可以增强自信，从容应对谈判过程中出现的各种问题，掌握主动权。尤其是在缺少经验的情况下，充分的准备能够弥补经验和技巧的不足。谈判的实践证明，谈判成功与否与谈判前的准备工作是否充足有着密切的关系。

准备阶段是商务谈判过程的初始阶段，主要包括环境的调查、信息的准备、谈判方案的制定以及其他必要的准备工作。

1. 环境的调查

谈判所处的环境条件是影响谈判的重要因素，是谈判思考不可缺少的成分，是谈判准备工作中不可忽视的重要构件。国际商务谈判是在一定的政治、经济、社会文化制度和某一特定的法律环境中进行的，这些社会环境无疑会对谈判产生直接或间接的影响。

谈判的环境因素包括谈判对手国家所有的客观因素。谈判人员必须对此进行全面、系统的调研、分析、评估，才能制定出相应的谈判方针与策略。英国谈判专家 P. D. V. 马什（Marsh，P. D. V.）所著的《合同谈判手册》中对谈判环境进行了系统的分析和归类，他认为环境因素主要包括政治状况、宗教信仰、法律制度、商业习惯、社会习俗、财政金融状况、基础设施与后勤供应状况以及气候状况等。

2. 信息的准备

在国际商务谈判中，全面、准确、及时的信息是选择和确定谈判对象的基础和前提，是谈判双方沟通的纽带，是制定谈判战略和策略的依据，是控制谈判过程、掌握主动权和确定报价水准的重要保证。谈判信息对于谈判活动的影响是极其复杂的。有的信息直接决定谈判的成败，有的信息则间接地影响谈判的成败。准确的信息能帮助己方在谈判中获得成功，不准确的信息则导致己方在谈判中被动、失利。

信息工作在谈判实践中越来越显示其特定的作用和价值，谈判的各方比以往任何时候都更加重视信息工作。随着自我信息保密意识的不断加强，辨别对方信息的真伪等工作的难度也在不断加大，这就对从事信息工作的人员和参加谈判的人员提出了更高的要求。

谈判信息的准备工作主要包括信息的搜集、信息的整理与分类、信息的分析与使用。

收集信息的渠道有很多，如报纸杂志、统计资料、内部资料、计算机网络、电波媒介、驻外机构、各种会议、公共场所及广告、名片等，都构成了信息源。重点收集对手信息（如对方的资信情况、产品状况、管理状况、人员状况等）、市场信息（如国内外市场的分布情况、市场上商品的供求信息等）、技术信息以及与政治、经济、法律环境相关的信息，除此之外还应当对己方的相关状况和信息进行全面的了解和准确的评估。

3. 谈判方案的制定

为了有效地组织和控制贸易谈判活动，使己方在把握方向的同时又能灵活地左右复杂的谈判局势，必须在谈判的准备阶段制定出一套考虑周全的谈判方案。谈判方案是指在正式谈判开始之前对谈判主题、谈判目标、谈判议程、谈判策略等预先所做的安排。谈判方案是在对信息进行全面分析、研究的基础上，根据双方的实力对比，为本次谈判制定的总体设想和具体实施步骤，是指导谈判人员行为的纲领，在整个谈判中起着非常重要的作用。

谈判方案的准备工作主要包括：确定谈判主题、明确谈判目标、制定谈判策略、安排谈判议程、规定谈判期限、组建谈判班子、进行模拟谈判等。

（1）确定谈判主题。谈判主题是谈判的基本目的，也是谈判活动的中心。整个谈判活动都要围绕这个主题进行。主题应简单明了，最好能用一句话概括，如"与德国××公司洽谈 EF—6 型机床的引进项目"，又如"以友好方式解决我出口大葱索赔一案"。

（2）明确谈判目标。谈判目标的确定是指制定方案时对所要达到的结果进行设定，是谈判者本次谈判的期望水平。谈判目标是指导贸易谈判的核心。在整个谈判过程中，从策略的选择、策略的准备到策略的实施以及贸易谈判的一系列其他工作，都是以谈判目标为依据，都是为总体目标的实现服务的。确定的谈判目标应具有实用性、合法性，留有一定的弹性空间，并要注意严格保密。一旦疏忽大意，泄露了己方的最低限度目标，就会使己方陷于被动。

谈判目标一般分为最低目标、可接受目标、最高期望目标三个层次。最低目标是谈判者在做出让步后必须保证达到的最基本目标，是谈判成功的最低界限。可接受目标是谈判者经过对各种因素进行全面分析、科学论证后确定的目标，是谈判者期望实现的目标。最高期望目标则是对谈判者最有利的理想目标，实现这一目标将最大化地满足己方的利益，也是最难实现的目标。

（3）制定谈判策略。谈判目标明确后，就要拟订实现这些目标所采取的基本途径和策略。谈判策略是指谈判者在谈判过程中，为了达到某个预定目标，人为采取的一些行动和方法。从商务谈判过程的运作来看，谈判策略很多，要根据谈判目标确定谈判过程中可能出现的情况，事先做出选择和确定，做到心中有数，以便在正式谈判中灵活运用各种策略。

（4）安排谈判议程。谈判议程的安排对谈判双方非常重要，谈判议程安排的本身就是一种谈判策略的运用，必须高度重视。谈判议程的长短决定了谈判效率的高低、谈判的顺利与否。谈判议程的安排要同正式谈判过程的几个进展阶段相结合，根据每个阶段的重要程序分配时间。

安排谈判议事日程是双方讨论合同条款的时间安排，不能单方面决定，一般是由一方提出，对方同意，或双方协商确定。需要指出的是，不论是己方提出议程要对方接受，还是对方提出议程要己方接受，都是各有利弊的。如果对方接受己方议程，会使对方陷于自卫的劣势中，己方可以充分考虑自己的要求和条件，使日程的安排有利于己方。但是也可能会过早暴露己方的立场、底线，对方可以根据己方提出的讨论要点提出异议。这又是不利的方面。所以，在提出议程和接受议程时，要避免出现上述情况。比较好的做法是：己方准备两种谈判议程，一种是通则议程，另一种是细则议程。通则议程是供双方在谈判中讨论采用的；细则议程是留给己方看的，不能泄露给对方。

在拟订议事日程时，还要注意两个问题。一是互利性，议事日程不仅要符合己方的需要，也要兼顾对方的实际利益和习惯做法。二是伸缩性，日程不能安排得太死板，如果一点儿调整的余地都没有，一旦出现问题就会手忙脚乱，陷于被动。

（5）规定谈判期限。谈判期限关系到谈判的效率，影响到谈判的成败，因此应对谈判期限作出规定。谈判期限一般来说是从确定谈判对手并着手进行各种准备开始，到谈判结束的日期。其长短主要依据谈判双方时间的宽裕程度和正常进行谈判所需要的时间来确定。

（6）组建谈判班子。在谈判准备工作中对谈判班子的组成和谈判人员的分工及配合作出恰当的安排是十分重要的。一个高效的、强有力的谈判班子，成员之间应该形成各种能力的互补，以使个人的能力和素质得到放大，并形成新的集体力量。班子成员的选择主要应根据谈判的具体内容、所需的知识与信息以及谈判人员的互补和配合来确定。

（7）进行模拟谈判。模拟谈判是商务谈判准备工作的重要组成部分。在实践中，为了保证谈判的成功，常常采取模拟谈判的方法来改进和完善谈判的准备工作，检查谈判方案可能存在的漏洞。尤其对于一些重要的、难度较大的谈判，模拟谈判更显必要。所谓模拟谈判，就是指在正式谈判开始之前组织有关人员对本场谈判进行预演的实践操练。通过模拟谈判可以启发和开阔谈判者的视野，有可能将预演中的弱点作为实际谈判中的强项。模拟谈判结束后要及时进行总结。通过总结不但可以完善己方的谈判方案，还可以在无敌意心态的条件下，站在对方的角度进行一番思考，从而将丰富己方在消除对方分歧方面的建设性思路，有助于寻找到解决双方难题的途径。

（二）正式谈判阶段

在谈判的双方做好充分准备工作后，谈判的行为主体就可以按双方约定的时间、地点进入正式谈判阶段。正式谈判是能否达成双方协议的重要阶段。国际商务谈判的正式谈判大体可分为开局摸底、磋商、成交三个阶段。

1. 开局摸底

所谓开局摸底，是指一场谈判开始时，谈判各方之间的寒暄和表达以及对谈判对手的底细进行探测，为影响、控制谈判进程奠定基础。这一阶段的重要工作是建立洽谈气氛、申明己方意图、设法探明对方意图。

俗话说，"良好的开端是成功的一半"，因此建立一种合作的、诚挚的、轻松的、积极解决问题的气氛，对于谈判可以起到十分积极和有利的作用。当然，谈判气氛不仅受开局瞬时的影响，双方谈判之前的事先接触、洽谈中的交流等都会对谈判气氛产生影响；但谈判开局瞬时的影响最为强烈，它奠定了谈判的基础。

为了营造一个有利于合作的良好气氛，谈判人员首先应做到以下两点：

（1）动作自然得体，谈吐轻松自如。由于各国、各民族文化习俗的不同，对各种动作的反应各有不同或大相径庭。例如，初次见面握手时稍微用力，有的人认为是友好的表示，产生一种亲近感；而有的人则会觉得对方是在故弄玄虚，有意谄媚，产生厌恶感。因此谈判人员事先应充分了解对方的性格、背景及爱好，区别不同情况，采取适当的做法。谈判者的姿势、状态等非语言也在传递着信息。例如，对方是信心十足、还是优柔寡断，是精力充沛、还是疲惫不堪，反映这些情况的关键部位是头部、肩部和背部。因此谈判者的行动要轻松自如，谈吐要自然流畅，不能慌张。

（2）开场白的话题要适当，能引起共鸣。有人将开场白阶段称作"破冰"阶段，"破冰"阶段是良好的谈判气氛形成的重要环节。如果掌握得当，谈判全程就会进行得比较顺利。此时可谈论些轻松的、非业务性的话题，如来访者的旅途经历、体育赛事、天气情况以及以往的共同经历等。这样的开场白可以使双方找到共同语言，为心理沟通做好准备。例如我国某彩电生产企业，准备从日本引进一条生产线，于是与日本一家公司进行了接触。双方分别派出了一个谈判小组就该问题进行谈判。谈判当天，双方谈判代表刚刚落座，中方的首席代表张经理就站了起来，兴奋地对大家说："在谈判开始前，我有一个好消息要与大家分享。我的太太昨天夜里为我生了一个大胖小子。"此话一出，中方职员纷纷站起来道贺。日方代表也纷纷起来向他贺喜。整个谈判气氛顿时高涨起来，谈判进行得非常顺利。中方企业以合理的价格引进了一条生产线。其实张经理太太并未生孩子，这只是他设计的一个谈判计谋。原来张经理从与日本企业以往的接触中发现，日本人很愿意板起面孔谈判，营造一种冰冷的谈判气氛，给对方造成一定的心理压力，从而控制整个谈判局势，进而趁机提高条件。他为了打破日本人的冰冷面孔，而想出了这个计策。通过这一特殊插曲来引发普遍存在于人们心中的情感因素，使之迸发出来，从而达到营造气氛的目的。选择适当话题营造一种利于己方的交流气氛，有助于赢得谈判。

每一场谈判都有特殊的气氛，并随着谈判进程的推进而发生变化。良好的气氛不一定都是热烈的、积极和友好的，它主要服务于己方的谈判方针、策略，服务于己方的目标。对于谈判人员来说，关键的是要根据己方的谈判目标营造对己方有利的谈判气氛。例如，通过称赞来削弱对方的心理防线，从而引发对方的谈判热情，调动对方的情绪，营造积极、和谐、融洽的气氛；或者是诱发对方产生消极情绪，致使一种低沉、严肃的气氛笼罩在谈判的开始阶段。

在建立了良好的洽谈气氛后，为了摸清对方的原则和态度，双方可作开场陈述和倡议。所谓开场陈述，即双方分别阐明自己对有关问题的观点和立场。双方都要独立地对自己的观点作一个全面的陈述，申明态度、意图，并且要给对方一个充分了解我方意图的机会，然后听取对方的全面陈述并弄清对方的意图。

在陈述己方观点时，要采取横向铺开的方法，而不是深谈某一个问题。开场陈述的内容一般包括：己方对问题的理解、己方的利益和首要利益、己方要做出的让步和做出的努力、己方的立场等。对于对方的开场陈述，一要注意倾听；二要了解所陈述的内容；三要善于归纳，把握陈述中的关键问题。

双方分别进行陈述后，需要做出一种能够把双方引向寻求共同利益的陈述，即倡议。倡议是双方提出各种设想和解决的方案，然后在设想与符合其商业标准的现实之间搭起一座通向成交的桥梁。

2. 磋商阶段

谈判的磋商阶段是实质性谈判阶段。这一阶段是指谈判开局以后到谈判终局之前，谈判双方就实质性事项进行沟通、协商、妥协的全过程，这是谈判的中心环节，也是谈判中最困难、最紧张的阶段。

谈判的磋商阶段是趋向谈判目标的实现过程。在这一阶段，首先是谈判主体间的实力、智力和技术的具体较量过程，也是双方之间求同存异、合作、谅解、让步、妥协的过程。双方根据对方在谈判中的行为，来调整己方的谈判策略，修改谈判目标，从而逐步确立谈判协议的基本框架。

国际商务谈判的磋商阶段，在程序上包括报价、讨价与还价、让步妥协三大环节。

（1）报价。在双方进行了陈述、相互了解对方的意图后，就进入了报价环节。这里的报价是广义的，不只指产品的价格，而是泛指谈判的一方向对方提出的所有要求，包括商品的质量、数量、包装、装运、支付、保险、商检、索赔、仲裁等各种要求。当然其中价格条件是核心。

在商务谈判中，由于买卖双方的地位和利益不同，卖方的要价总是希望越高越好，买方的要价总是希望越低越好。而在实践中只有被对方接受的要价才能成交。所以谈判者在报价时，不仅要考虑报价所能获得的利益，还要考虑报价能否被接受，即报价成功的概率。从理论上讲，报价决策的基本原则是：通过反复比较和权衡，设法找出报价者所得利益与该报价被接受的成功率之间的最佳结合点。在这一原则指导下的一般做法是卖方要价尽可能高，买方要价尽可能低。

在报价时应注意如下几点：①报价的态度要果断、坚决，给人以毫无保留、真诚认真的印象；②报价要非常明确，以便让对方准确了解己方期望；③报价时不必作任何解释和说明，避免让对方摸到己方的更多底细。

报价的先后会在某种程度上对谈判结果产生实际影响，所以谈判人员一般都注意报价的先后。但是，在实践中到底谁先报价谁最后报价，则应根据具体情况而定。

（2）讨价与还价。在一般情况下，当谈判一方报价后，另一方不会无条件接受对方的报价，这样，谈判自然而然地就进入了讨价与还价阶段。所谓"讨价"，是在买方对卖方的价格解释予以评价之后，提出"重新报价"或"改善报价"的要求，也可称之为"再询盘"。而在卖方听了买方的评论后，修改了报价或未修改报价，反过来向买方提出"请告诉我你希望成交的价格"，如果买方以数字或文字描述回答了卖方的要求，即视为"还价"，或还盘。讨价与还价实际上包含了"讨价"与"还价"的多次反复。在磋商阶段的讨价与还价过程中，谈判双方从各自利益出发，对一系列问题进行磋商，往往会很激烈，这一阶段是整个谈判过程中最艰难的"攻坚"阶段。

（3）让步妥协。经过反复地交锋与调整，最终找到使双方的意见趋于一致的通道，这就是让步妥协。当双方出现观点分歧时，如果谈判双方不想使谈判破裂，就必须做出适当让步。谈判中，让步的根本目的是为了获得利益，己方的让步可以带动对方让步。无谓的让步可能一无所获，因此，双方一般都不会这样做。另外，在谈判中，任何一方轻易做出较大的让步都会被对方视为软弱可欺，甚至乘胜追击，这样就达不到以己方让步换取对方更大让步的目的，因此有经验的谈判者通常不会在谈判中做出太大的让步。

在让步磋商中要坚持：有原则地让步、有步骤地让步、有方式地让步，做到以己方的让步换取对方的让步，以实现己方的利益。

3. 成交阶段

谈判在经历了上述一系列阶段和环节后，终于进入了成交阶段。谈判的成交阶段也就是正式谈判的收尾阶段。经过一番艰苦的讨价还价，谈判双方都取得了很大的进展，意见渐趋一致，但也存在着最后需要解决的一些问题。在谈判的最后阶段，更需要高度重视，善始善终，稍有松懈，可能就会功亏一篑，前功尽弃。为此这一阶段必须做好如下几方面的工作：

（1）适时放出成交信号。一项交易将要明确时，双方会处于一种即将取得胜利的兴奋状态，这种兴奋的出现，往往是由于一方发出成交信号所致。谈判成交（结束）的信号主要表现为：谈判者用很少的言辞阐明己方的立场；谈判者所提出的建议是完整的，绝对没有不明确之处；谈判者阐明己方立场完全是一种最后的决定的口吻，没有回旋的余地；回答对方的问题用词简短，只作肯定或否定回答，不阐释理由。发出这些信号的一方是试图表明自己对谈判进程的态度，目的在于推动对方不要犹豫不决、纠缠不休，使对方行动起来，达成协议。因此谈判信号发出的时机很重要。

（2）做好最后一次报价。在一方发出签约意向的信号，而对方又有同感时，谈判双方都需要作最后一次报价。对最终报价，有经验的谈判者都不会过于匆忙，但也不会拖延时机。匆忙报价会被认为是一个无谓的让步，对方认为还可以再努力争取到多一些利益。如果报价过晚，对已形成的局面所起的作用或影响很小。因此最后一次报价通常分两步走：①主要的让步部分，在最后期限前提出，刚好留给对方一定的思考时间；②次要的让步部分，留在最后时刻做出，作为最后的甜头，让对方获得最后的满足。当然不要忘了，在做出最后让步的同时，也要让对方予以相应的回报，获取己方最后的收获。

（3）整理谈判记录。每一次洽谈后，最重要的事情是就双方达成共识的议题拟一份简短的报告或纪要，并向双方公布，得到双方认可，以确保已达成的共识以后不会被推翻。这种文件具有一定的法律效力，在以后的纠纷中尤为有用。在最后阶段，双方都要检查记录，如果双方共同确定的记录正确无误，那么所记载的内容便是起草书面协议的主要依据。

（4）作最后的总结。通过最后的总结，可以明确所有谈判议题所取得的结果如何；可以明确哪些问题已达成共识，哪些问题还存在分歧。如果谈判双方针对交易条件在大局上、原则上已达成共识，即使对个别问题还存在分歧，还需要作技术处理，这时也标志着谈判进入了最后成交阶段。

（5）签订书面协议。谈判双方在交易达成后，一般都会签订书面协议（合同）。协议经双方签字后，就成为约束双方的法律性文件。

（三）谈判的善后阶段

书面协议一旦签订，人们一般就认为谈判已圆满结束。虽然协议的签订标志着本次正式谈判暂告一段落，但谈判全过程并未真正结束。对双方来说，还应继续做好谈判的善后工作，主要包括：谈判资料的整理归档；谈判小组进行经验教训的总结；做好履约的充分准备；努力维护双方业已形成的良好关系，为可能需要进行下次合作谈判工作做准备。

二、商务谈判的管理模式——PRAM模式

对商务谈判进行有效的管理，是谈判取得成功的有力保证。那么，如何对谈判活动进行管理呢？这里介绍一种谈判的PRAM模式。

PRAM由Plan、Relationship、Agreement、Maintenance这四个单词的首字母组成，它分别指计划、关系、协议和维持。

1. 制订谈判计划——P

制订谈判计划就是根据谈判前的决策分析，对己方在谈判中的具体行动做出明确的安排。谈判计划的内容包括具体的谈判目标、谈判的期限安排、谈判的议程安排、谈判的人员安排等。谈判计划一般采用书面形式，内容可长可短，但应当做到扼要、具体和灵活。谈判计划可以使参加谈判的人员心中有数、方向明确、打有准备之仗。

2. 建立关系——R

建立关系是指在谈判各方之间建立起一种有意识形成的，使谈判双方的当事者在协商过程中都能够感受到舒畅、开放、融洽的关系，这种关系有利于谈判各方达成互惠互利的谈判成果。

谈判最重要的特征就是合作。谈判各方彼此间建立起良好的关系，是合作顺利进行的重要保证。人们一般不会向自己不了解、不信任的人下保证、与其签订合同。在与一个不熟悉的人进行交易时，人们往往会有较高的警惕性，层层设防，在谈判中也不轻易许诺。显然在此种情况下，双方无法做到以诚相待，在谈判中要想取得有利于双方的结果也较为困难。相反，如果与一个已经相互了解、建立了一定程度的信任关系的人进行交易，双方的坦诚度都会大大提高，有利于达成互惠互利的协议。

3. 达成协议——A

达成协议就是指谈判各方就谈判中各项议题取得一致意见后，以书面的形式将其加以表述，使谈判成果现实化。达成谈判协议标志着谈判工作阶段暂告一段落，谈判各方对主要议题已取得了基本一致。但是需要注意的是，谈判协议的达成并不是整个谈判活动的终结，相

反它是谈判活动中的下一个环节——协议履行与关系维持的开始。

4. 协议履行与关系维持——M

在谈判中，人们最容易犯的错误之一就是：一旦达成了令自己满意的协议就认为万事大吉，就鼓掌欢呼谈判的结束，就以为对方会毫不犹豫地履行其义务和责任。其实协议的达成与协议的履行是两回事。协议只是以书面的形式明确了双方的利益分配，而利益的最终获取需要通过对协议的履行来实现。

因此，签订协议很重要，但维持和确保协议的履行更加重要。如果协议不能确实履行，就成了废纸一张。所以协议的履行在 PRAM 模式中是最重要的一环。作为一个有责任感的谈判者应当充分尊重协议的效力，并在协议签订后切实地履行协议。在自己认真履行协议的同时，要以适当的、友好的方式敦促对方认真履约，确保协议得到贯彻实施。

通过努力，确保了协议能够被认真地履行，一项具体的交易谈判就可以画上一个圆满的句号，但对于双方的长期合作而言，并没有完结。从长远发展的角度考虑，对于在本次交易协商中开发出来的与对方的关系，应该给予维护，以利于今后的继续合作。

维护与对方关系的基本做法是保持与对方的接触和联络，主要是个人之间的接触。PRAM 模式的绝妙之处，不仅在于经过四个步骤取得某一具体交易谈判的成功，更重要的在于它为今后与对方再次成功地进行交易谈判奠定了基础。这四个步骤相互联系，周而复始，构成了一个不断循环的流程，如图 1-2 所示。

PRAM 模式提示我们：应当把谈判看成是一个连续不断的过程，此次谈判的结束应意味着下次谈判的开始，本次成功的谈判会导致今后交易的不断成功。

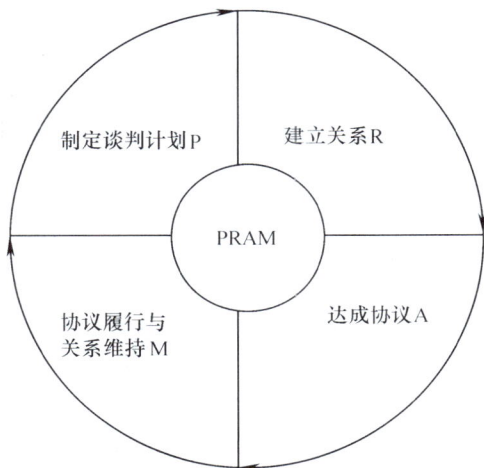

图 1-2　PRAM 模式

案　例　分　析

"谈判圣手" 实战记

这是一份中、美两家企业高层领导人的谈判记录。被誉为"谈判圣手"的北京船坞国际股份有限公司总经理方万谋及其同事运用"知己知彼"的原理，单刀直入，一鼓作气，仅用一个小时就攻破了谈判对手的心理防线，堪称中外谈判史上的经典。

谈判时间：1994 年 8 月 8 日上午 9 时。

谈判地点：中国国际贸易中心八楼高级会议室。

谈判双方：

甲方——中国北京船坞国际股份有限公司（简称：北船）

乙方——美国史密斯国际船业有限公司（简称：SIS）

甲方代表：

首席代表——有"谈判圣手"之称的北船总经理方万谋；

陪同代表——北船总工程师兼生产副总经理张科哲、北船总会计师郑燕青（女）、律师汪洋。

乙方代表：

首席代表——SIS 常务董事兼总裁 P. 史密斯；

陪同代表——SIS 东方事务部主任 J. 亨利、生产技术总监 T. 威廉姆。

谈判主题：关于北船与 SIS 合资成立北京京美船务有限公司的过程中，美方转让 12V—400ZC 型和 12V—600ZC 型中速船用主机全部技术机密和技术资料的转让年限、转让金额和转让提成等关键问题。（中间略去了中英文翻译部分）

方万谋：史密斯先生，亨利先生，威廉姆先生，前几次的谈判我们已经就合资成立京美公司的经营范围、投资总额和双方责任等问题达成了一致意见，但对于技术转让等一些关键问题，尚未达成一致意见，不知贵方是否已有明确条件。（单刀直入，直达谈判核心，畅快淋漓，很对美国人脾气；而且要美国人先摊底牌，我方静以待变）

史密斯：方先生真是快人快语，还是让威廉姆来回答你的问题吧。

威廉姆：我们双方都清楚，技术机密的转让，是合营企业的核心问题。在技术机密的转让问题上，我们本着诚实守信的原则，负责向合资成立的京美公司提供完整、准确的全部技术资料；但是，正如你们所了解的一样，我们的技术是 SIS 公司投入巨额开发费用，历时八年而成的，在国际上处于领先地位，目前受《保护工业产权巴黎公约》的保护，只有为数极少的几家公司运用此类技术生产出高品位的船用主机。所以，经董事会批准，我们提出如下转让条件：①将生产 12V—400ZC 型和 12V—600ZC 型中速船用主机技术机密的工业产权和制造工艺专利费作价 1500 万美元，作为我方投入资金的一部分；②技术转让协议期限为八年，只有在该项技术正式投产持续八年后，你们才能以合资的名义向任何第三方转让该项技术；③技术转让费以提成方式支付，提成率为产品利润的 30%，提成费期限为技术转让协议期限即八年。（好精明的美国人！有恃无恐，言之凿凿，一开始就"将"中国人一"军"）

郑燕青：按照贵方的条件，你们除按 50% 的投资股份拿到 50% 的纯利润外，还要拿走作为技术转让费的 30% 的利润，这意味着在八年时间内，你们将拿走 80% 的利润，我们却只拿 20% 的纯利，世界上恐怕还没有这样的合资企业吧。（笑）（一语破的，揭穿美方的堂皇面孔，所用武器是：同股同利）

史密斯：你们连续八年拿 20% 的利润，看起来是吃亏了。首先，你们不需要投入巨额的科技开发费用，不需要承担科研开发失败的风险，就可以在八年以后完全拥有我们的先进技术，你们所牺牲的只是短期利润，你们所付出的仅仅是廉价的劳动力，以及闲置的土地和陈旧的厂房；其次，你们所学到的，还有国际化的管理经验和开拓国际市场的本领，这是你们获得的无形利润；最后，你们先用我们的生产技术、生产标准和生产管理方法组织生产经营，八年以后，你们将拥有自己的名牌商标和稳定的市场份额，这也同样是不可估量的商业利润。（到底是世界级的谈判高手，对中国谈判对手的弱点了解得非常清楚，如此一来，倒好像是美国人让中国人占尽了便宜似的）

方万谋：诚然，中国是一个发展中国家，我们的技术水平，尤其是应用技术的水平，与国际水平还有很大一段距离，我们的管理水平也落后于国际水准，这都是我们的弱点。否则，我们就用不着与你们合作了。**（坦率承认自己的弱点，为后面的谈判扫清障碍）** 但是，中国是一个发展很迅速的国家，它有着前景广阔的市场，有着相对廉价的劳动力，任何熟知国际贸易发展规律的企业家，都不会轻视中国的广大市场、低劳动成本和低土地成本，否则，你们也不会与我们合作了。**（劣势的反面是优势，此话足以破除美国人"大公无私"的形象）**

亨利：先生言之有理，言之有理，互利方能合作嘛。**（美国人开始点头了）**

方万谋：用中国目前一句流行的话来说，我们与你们的合作是"以市场换技术，以劳力换管理"。**（点明合作的基础）** 这种合作是互惠互利、平等真挚的。**（点明合作的前提）** 我们之间合作，对贵方也是大有好处的。贵方的传统销售市场是西欧和中欧，以及你们的北美洲市场。但是欧洲市场因为欧盟的贸易壁垒而变得前景黯淡，以至于你们在欧洲市场的占有率由 1985 年的 76.8%，下降到 1993 的 19.2%，这一下降的趋势目前仍在继续；你们的北美市场也趋于饱和。**（知己知彼，百战百胜，确实如此。抓住了对方的致命弱点，就掌握了谈判主动权）** 你们也许曾经想过将技术投资到东亚、东南亚的一些新兴国家，如韩国、新加坡和泰国等，但它们一是市场有限，只有依赖于转口贸易；二是劳动力成本也有刚性上升趋势。**（堵死对方的退路）** 目前，世界上只有一个国家既有广大的国内市场为依托，又有廉价劳动力为保证，那就是中国。还是让我公司总工程师张科哲先生来用一些数据说明问题吧。

张科哲：中速船用主机在中国有广阔的销售前景。据估计，建成投产当年就能销售 3000 台左右，销售额稳定增长 20% 左右，一年半时间就可收回全部 6000 万美元的投资，这是一个十分诱人的前景。按照我方与贵方的约定，合资企业的产品 60% 在中国国内销售，只有 40% 在国外销售，这已经是我们和我国政府所作出的最大让步了。**（用数据说话，增强无可辩驳的说服力）**

郑燕青：顺便补充一点，我国目前劳动力价格之低，是举世公认的。我国台湾省劳动力的价格是每小时 5.3 美元。东南亚国家是 3.5 美元，而我国大陆仅为每小时 0.25 美元左右，一个 500 人左右的工厂，一年就可少支出 800 万美元，这笔账想必贵方也算过吧。

亨利：确实，从市场和劳动力成本两方面而言，你们占有很大优势。

方万谋：我们觉得，贵方所提出的技术机密转让的三项条件有不合理的地方。**（说到这里，稍微停顿，目视史密斯先生）**

史密斯：**（含笑）** 方先生有话尽管讲。

方万谋：第一，贵方所提的技术转让协议期限定为八年，时间太长。任何产品都有生命周期，八年之后，该项技术专利早已过了保护期限。届时如果有换代产品出现，我方所获得的技术专利就毫无利益可言。**（针锋相对，据理力争）**

汪洋：对，《保护工业产权巴黎公约》对该项技术的保护于 2002 年 1 月结束。

方万谋：第二，你们将技术机密作价 1500 万美元入股，几乎相当于你方投资总额的 50%，产品投产后又要提成纯利的 30% 作为技术转让费，这种技术要价也太高了！据我们掌握的数据，前几年日本向韩国船业转让类似技术时，一次性技术转让费也只要价 1600 万美元。**（略作停顿，观察史密斯等人的反应）**

史密斯：那么，方先生有什么条件呢？**（美国人开始讨价还价了）**

方万谋：技术作为一个重要的资产，是一个企业发展成败的关键。我们同意贵方所提出的将技术作价 1500 万美元入股的建议。但是，综合考虑国际的通行做法和双方的利益，我方认为可将贵方技术转让协议期限定为三年，每年提成 10% 纯利作为技术转让费。**（简明而坚定地阐明己方立场，此处点睛）**

史密斯：三年，20%，如何？**（关键阶段）**

方万谋：三年，10%。

史密斯：OK。

1994 年 8 月 8 日上午 10 时，北船总经理方万谋与 SIS 公司董事长 M. 史密斯签署了技术机密作价 1500 万美元、技术转让协议期限三年、期限内美方每年提成 10% 纯利作为技术转让费的技术转让合同；同时，北京京美船务有限公司宣告成立。

思 考 题

1. 何谓谈判？何谓商务谈判？何谓国际商务谈判？
2. 简述国际商务谈判的特点及特殊性。
3. 商务谈判的主要分类有哪些？
4. 简述国际商务谈判的基本程序。

第二章

国际商务谈判理论

好理论就好在其实用性（There is nothing so practical as a good theory）。

——库尔特·勒温（Kurt Lewin）

很多人认为商务谈判领域的理论研究缺乏实践意义。人们更崇尚行动："Let's just do it"，不断地尝试，不断地犯错误；而不愿探寻深层的原因：为什么我们选择以某种方式表述一些事情，而不是以其他的方式。如果缺乏可靠理论的指导，谈判就像是丛林中的狼，试图捕捉狡猾的、难以捉摸的走兽。相反，如果能充分了解为什么我们会做出某些选择，其他人会如何反应，为什么如此反应，就会大大增进彼此的相互理解，有助于达成积极的结果。但是，如果采用了不合适的理论，则有可能导致更严重的抵触和不希望看到的反应。

从某种意义上来说，理论像是一幅地图，是行动的指南，它指引行动者朝向某些目标，采取某些行动，而避免某些不当的行为，从而远离不希望看到的结果。理论通常以相似情形下的经验为基础，如果缺乏应对某种情况的经验，也有可能选择依赖其他场合下的经验总结，虽然后者不像前者那么有效，但是，其成功概率仍远远高于盲目地尝试。

从另一个角度来说，理论使得谈判者能够从更高层次，以更宏观、更全面的眼光看待谈判的多重利益选择，理解谈判中发生的各种情形，从而做出更加有利于整体利益、长远利益的选择。

人们在谈判过程中对措辞和策略的选择反映了对对方做出了何种预期。深入了解相关理论将有助于更好地理解要如何说，怎样去做，以及其他人会作何种反应。不幸的是，对谈判学的研究经历了 20 多年的发展，迄今尚未形成公认的谈判理论。孟克尔·米都（Menkel Meadow）认为："谈判总是发生在特定的背景下，涉及各种各样不同的主题、参与方、讨价还价的能力、相互关系、目标、意图、历史等。谈判学研究者的自身背景经常成为他所能阐述的理论和方法的基准。"

因此，法学、经济学、沟通学、商务管理以及社会学等领域专家均采用不同的理论来支持他们对于谈判过程的认识。尽管如此，我们相信，某些理论原则适用于大多数谈判场景。

本章将从以下几个方面阐述适用于谈判的理论和原则：

（1）谈判的经济学理论基础（Economic Theory）。

（2）谈判的心理学理论基础（Psychological Theory）。

（3）整合性谈判模式与双赢原则（Integrative Approach and Win-win Principle）。

（4）诚信原则与博弈论（Principle of Good Faith and Game Theory）。

（5）身份理论（Identity Theory）。

（6）社会作用理论（Social Interaction Theory）。

（7）场理论（Field Theory）。

（8）理性选择理论（Rational Choice Theory）。

（9）转化理论（Transformation Theory）。

第一节　商务谈判的经济学理论基础

人们谈论贸易价格确定时，经常用比较利益学说模型和相互需求理论模型进行探讨。贸易理论模型主要阐述贸易为什么会发生，贸易发生后利益是如何分配的，在这种分配中利益是平衡的还是有多有少。在这一交易活动中，贸易参与者的行为用很简明的一句话概括，即"两利相权取其重，两弊相衡取其轻"。换言之，如果一方在劳动生产率上处于绝对劣势，另一方处于绝对优势，但只要双方的劳动生产率的差距不是在每一种产品上都一样，处于劣势的一方进行贸易也能有利可图，但比较利益学说并未明确价格该如何确定。

相关情况请参看表 2-1、图 2-1。

表 2-1　比 较 优 势

	X	Y
A	10	15
B	10	20

表 2-1 中，有两个生产者，例如 A 国与 B 国，生产两种产品 X、Y，用单位时间所生产产品的不同数量的差异来表示劳动生产率的不同。即 A 国单位时间如果全部用于 X 产品的生产，能够生产 10 单位的 X 产品，如果全部用于 Y 产品的生产，则可以生产 15 单位的 Y 产品；而 B 国单位时间能够生产 10 单位的 X 产品，或者 20 单位的 Y 产品。

按照表 2-1 的假设，A 国和 B 国在生产 X 产品上，具有相同的劳动生产率。而在 Y 产品的生产上，则是 B 国的生产效率比较高。

另外，自表中数据还可以得出，在 A 国国内，两种产品等价交换的原则为 10 单位 X 产品换取 15 单位 Y 产品，因为这么多数量的产品在 A 国需要付出相同的劳动，因此它们价值相同。类似地，在 B 国国内，两种产品交换比率则为 10X：20Y。

按照比较优势原理，A 国在生产 X 产品上具有比较优势，而 B 国在生产 Y 产品上具有比较优势。因此两国如果开放市场，进行贸易，则 A 国应该生产并且出口 X 产品，进口 Y 产品；而 B 国则应该生产并且出口 Y 产品，进口 X 产品。

那么，两国在进行贸易时，X 产品与 Y 产品的交换比例会是多少呢？

先考虑 A 国。A 国国内同样的资源可以生产 10 单位的 X 产品，或者 15 单位的 Y 产品，因此如果在与 B 国的贸易中，A 国生产的 10 单位的 X 产品所换取的 Y 产品少于 15 单位，对 A 国来说，选择贸易不如选择在国内进行生产，因此对 A 国来说，最低交换比例是 10X：15Y。对 A 国而言，只要 10 单位 X 产品可以交换的 Y 产品超过 15 单位，如 16 单位、17 单位、18 单位、19 单位的 Y 产品，那么 A 国就有了进入国际市场的动力。

相应地，B 国在贸易中以自己生产的 Y 产品换取 A 国生产的 X 产品，如果要使贸易比在本国生产更有利，则最低交换比例是 20Y：10X。对 B 国，它能用少于 20 单位的 Y 产品换得 10 单位的 X 产品，如 18 单位、19 单位的 Y 产品；或者用 20 单位的 Y 产品来换取更多的 X 产品，如 11 单位、12 单位的 X 产品，它就有兴趣进入国际市场。

因此，A 国的利益是自下而上，B 国的利益是自上而下的，但都有边界，A 国虽然希望 10 单位的 X 产品能换取更多的 Y 产品，但其界限是 10X：20Y，因为一旦达到 10X：20Y，B

国就会退出交易，因其在国内生产更有利。反过来，B 国也是如此，尽管希望用更少的 Y 产品来换取同量的 X 产品，但其界限是 10X∶15Y，一旦达到这样的比例，A 国就会退出交易。

如图 2-1 所示，横轴表示 X 产品、纵轴表示 Y 产品，两条射线分别表示 A 国、B 国国内的交换比率，贴近横轴的是 A 国国内的交换比率，为 10X∶15Y，贴近纵轴的是 B 国国内的交换比率，为 10X∶20Y。从图 2-1 可以发现，在 A 国国内交换比率线以下部分的区域是 A 国的不贸易区，因为在这个区域内 10 单位的 X 产品换取少于 15 单位的 Y 产品，A 国没有必要进行国际贸易，不如在国内进行生产和交易。同理，在 B 国国内交换比率线的左边，更贴近纵轴的区域是 B 国的不贸易区，在这个区域里，B 国需要用多于 20 单位的 Y 产品才能换取 10 单位的 X 产品，这样还不如在 B 国国内生产和交易。此外，两国国内交换比率线之间的区域是双方的贸易区。交易价格就是通过原点引出的一条射线，而在这个区域内，可以从原点引出无数条任意的射线。因此大卫·李嘉图的比较优势学说能够确定双方的交易界限，但是不能确定这条价格线究竟应落在什么位置。

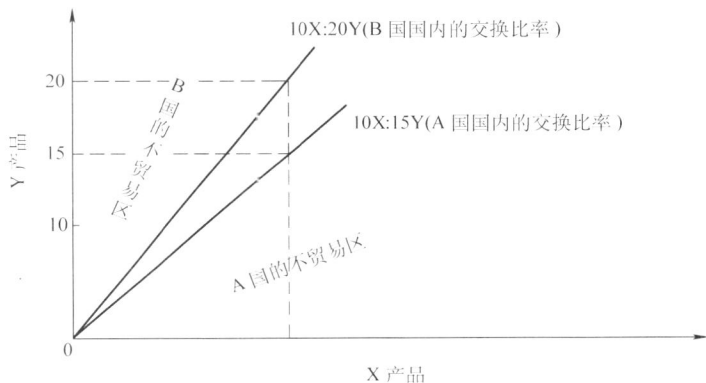

图 2-1　交换比率

要确定这条价格线，需要用相互需求理论予以解释。与国内经济活动一样，国际经贸活动中的价格确定也由供求关系来决定，但这种供求与国内有很大区别，请看图 2-2。

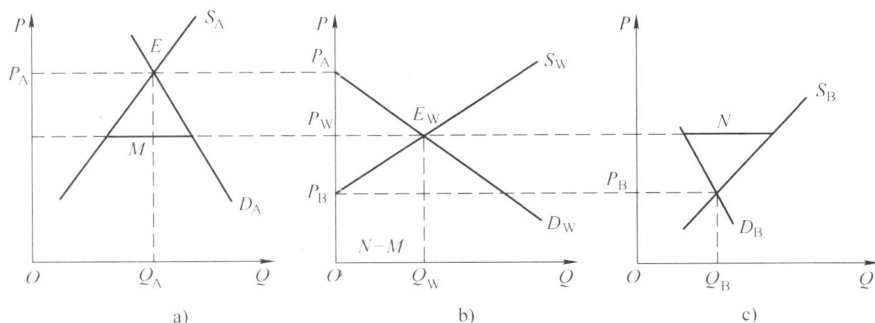

图 2-2　市场供求情况
a）A 国　b）世界市场　c）B 国

图 2-2a 是 A 国的供求基本情况图，图 2-2c 是 B 国的供求基本情况图，图 2-2b 是世界市场供求基本情况图。

图 2-2a 是一个局部均衡图，横轴是产品数量 Q，纵轴是价格 P，在均衡点 E 上可找到相应的均衡数量和均衡价格。E 点是供给曲线 S_A、需求曲线 D_A 的交点。同样在图 2-2c 中，也能找到相应的均衡点。从图中可看出，A 国生产这种产品时，单位产品价格远高于 B 国。假设世界市场由 A、B 两国组成，即 A 国和 B 国构成了整个世界市场。在这种情况下，商品就会从价格低的国家流向价格高的国家（当然也有一个前提：国与国之间没有贸易障碍），获取更多的利润，这样的流动过程从图 2-2b 中可以找到。从图中可以明显看出，A 国制造这种产品的价格高于 B 国，因而 B 国的这种产品就会流入 A 国，从而获得更多利润。

下面再从图例角度来分析一下这个过程。从 P_A 出发，向图 2-2b 平行画一条虚线，在图 2-2b 的纵轴上找到一点 P_A；同理，从 P_B 引一条平行的虚线，在图 2-2b 的纵轴找到一点 P_B。P_A 与 P_B 分别是两个国家的均衡价格，也是世界市场上的价格上限与下限。要找到图 2-2b 中的 P_W，即世界价格均衡点，需要找到一个平衡线，在这个平衡线水平上，图 2-2a 中供给曲线与需求曲线之间的 M 段，恰恰与图 2-2c 中供给曲线与需求曲线之间的 N 段长度相等，这样世界市场上 B 国的出口供给刚好满足 A 国的进口需求，P_W 就是世界市场的均衡价格。

如果两国市场的供求关系发生变化，那么价格与均衡数量会发生变化，这时世界市场的均衡价格和数量也会发生变化。如果不是需求偏好发生变化，而是价格本身产生波动，那么就会有一个自动调节机制，价格会自动回归到均衡点上。从理论上讲，世界市场中的价格就是由供求关系的不断变化来调节的。而在现实生活中，除了供与求的关系外，还有许多其他因素会影响价格，如双方的政治关系、经济实力、国内经济状况等，因此，A、B 两国之间存在很大的价格差异。

从长远的角度讲，价格停留在均衡点上是必然的趋势。但是双方运用谈判技巧，也有可能使现实的价格偏离均衡价格，使得谈判双方在交易中获得的利益有大有小，这就是谈判的力量所在。

第二节　商务谈判的心理学理论基础

谈判的心理原则是指在谈判中谈判者要利用对方的心理活动因素，因势利导，促成交易。

由于心理活动对于谈判有着重要影响，当今对于谈判心理学的研究越来越深入，对于谈判中心理活动的分析，正逐渐发展为一门新的心理学分支学科。卡耐基曾经讲过，要想让别人去尝试，天下只有一条路，那就是调动其欲望。因此，他经常所做的是用客户的名字来命名自己的工厂，然后向同名人去推销，人们怎么会拒绝与自己同名的产品呢？

【案例 2-1】

一位年轻的谈判者因为失去了一笔大生意而垂头丧气。在向经理汇报时，经理批评了他，年轻人并不服气，小声嘟囔道："我可以把马牵到河边，但没有办法强迫它喝水。"经理说："你的工作不是强迫它喝水，而是让它感觉到渴！"这就是谈判心理学。

一、不同需求层次的人有着不同的心理活动

不同需求层次的人群，要求满足的需求水平也就不同。因此，在商务活动中，针对谈判

对手所处的需求层次给予相应的满足，就比较容易因势利导，促成交易的达成。

马斯洛在 1954 年发表的代表作《动机与个性》中提出了人类的需求层次理论，他把人类的需要分为七个层次：

（1）生理需要：吃、穿、住和行。

（2）安全保障：人身安全、地位安全。

（3）爱与归属感：爱情、友情、亲情、隶属关系。

（4）受人尊重：对身份地位的尊重，对学识能力的尊重。

（5）自我实现。

（6）被人理解。

（7）追求美感。

该理论认为，被不同需求驱动的人将采取各种各样的行动以满足自己的需求。由此可以了解到，在谈判过程中做出金钱和资源上的让步固然重要，表现出对对方的尊重、建立起和谐的关系、充分肯定对方的名誉和声望等也同样重要。例如，在家庭关系中，各家庭成员学会倾听和尊重他人，将有利于缓解紧张关系，从而进行有建设性的对话。又如，在公司组织中，工人们会为了保障职位的安全性而自愿接受削减薪水。

充分关注人类需求的谈判者应首先探寻谈判方案所隐含的价值观和需求，通过信息交流了解对方的需求。最终的谈判解决方案必须同时满足物质的和非物质的需求，才有可能达成满意的协议。如果不能准确把握对方真正的需求，很有可能导致相反的结果。举一个简单的例子，对于一个公司年轻有为的高层管理人员，如果采用物质利益相诱，不仅起不到积极的作用，反而会被认为轻视对方、低估对方的物质基础和精神素质，导致谈判破裂。换句话说，这个人处于心理需求的第四、五层次上，希望受人尊重，实现自我价值，而对方仍然把他的心理需求放在最低层次上，当然会使他产生极度的反感。

由于心理因素导致的谈判破裂，谈判手通常不会直接给出真正的原因，而是会找一个冠冕堂皇的理由解释交易失败的原因，如价格、支付方式、市场变化等。另一方根据对方给出的原因作进一步的努力，也就毫无效果。因此，心理因素在谈判中非常重要，一旦由此导致失败，就很难弥补。

二、贯彻心理原则的措施

心理原则即善于利用对方的心理因素，因势利导地促成交易。贯彻该原则，有以下若干措施：

（一）从对方的需要入手，为对方着想

如仅从己方的需要着手考虑，在谈判中会引起对方的反感。尤其当只考虑己方的需要、完全不考虑对方的需要，在语言中不加任何修饰地把自己的需要赤裸裸地表现出来时，极易引起对方的反感。

不可否认的是，大多数人比较容易接受看起来符合自己利益的提议。因此，谈判中的提议应该尽可能地考虑到对方的需要，这样双方更有可能达成一致。

【案例 2-2】

米开朗基罗的雕塑作品《大卫》举世闻名，是他花费了三年心血，用一块完整的大理石制作的 5.5m 高的男性裸体雕像。大卫左手拿着浴巾，右手握着肥皂，注视着前方。全身

健壮有力的肌肉，象征着勇士战斗前的勇气和力量；炯炯有神的眼睛，闪烁着克敌制胜的决心。这尊雕像是意大利的"鲜花之城"佛罗伦萨的标志之一。

关于这尊雕像还有一个故事。据说雕像完成之日，市政厅长官对雕像的鼻子不满意，要求艺术家进行修改。米开朗基罗答应了长官的要求，爬到雕像的头部，随后石头碎屑纷纷落下，市政厅长官终于点头认可。而事实上，米开朗基罗爬上去的时候，手里就握了一把碎屑，他在上面只是做出雕凿的动作，却丝毫没有碰到雕像的鼻子。

很显然，市政厅长官的需求层次是面子，是受人尊重，对米开朗基罗来说，必须对长官的意见表现出充分的尊重，才能使自己的雕像得以完整保存而又能屹立在市中心的西尼奥列广场上。由此可见，从对方的需要出发最终满足自己的需要，是一个很好的贯彻心理因素的措施。

(二) 让对方从它自己的利益出发，最终促成交易，满足己方的需要

如果从对方的利益出发，满足对方的需要，比较容易达到促成交易的目的。但如果对方曲解，可能不仅不能达到目的，还产生相反的结果或效果。那么如果能引导对方从其自身的利益出发，从而认识到交易带来的益处，达成一致意见的可能性会大大提高。

【案例 2-3】

在日常问题的解决中，这样的技巧极其有效。

有这样一个小男孩。一天，有小朋友到他家里玩，晚上，大人与小男孩商量能否让小朋友在他们家过夜。他非常喜欢这个小朋友，可是他非常不喜欢别人睡在他的床上。可小男孩没这么说，却提出了好几个问题来提醒小朋友在他家过夜的不便之处：你会不会想家啊？睡在这么小的床上你会不会不舒服？住在这里，明天你上学会不会太远了？后来小朋友一想，他说得还挺对，于是回自己家了。

【案例 2-4】

奥地利有一家玻璃厂，技术先进，质量上乘，可是在纳粹统治期间为希特勒服务过，所以第二次世界大战后面临被没收的危险。一家美国公司此时出面，让玻璃厂老板从自己的角度出发考虑一下后果：如果被没收，他什么也得不到，而如果把专卖权交给美国人，那么可免除被没收的惩罚。两害相权取其轻，最后玻璃厂老板把专卖权给了美国人，这家美国公司由此获得高额利润。

在谈判中，能够从对方的利益出发提出建议固然是好，不过，人们常说"无商不奸"，因此在谈判中自然而然会对对方的提议多想一下，会努力探寻其中有没有对己方不利的因素。而如果能引导对方自己提出解决的方案，无疑成交的可能性会加大。

(三) 兼顾双方的需要

在谈判中，要兼顾双方的需要，这样对方不至于反感，愿意合作，从而完成交易过程。既能照顾自己，又能照顾对方，谈判自然比较容易达成协议。许多对谈判的研究都强调谈判双方的沟通是利益的交叉，双方在妥协基础上确定商务机会。兼顾双方利益就是从自己和对方的需要和利益角度出发。例如分比萨饼，一个人持刀来切，另一个人先挑，这种情况既考虑了双方都有第一需要，同时这也是具有可操作性的做法。

(四) 抛弃自己的需要，满足别人的需要

在商务交往中，这种情况有时也会出现。例如为了满足老客户的加急订单，不计成本地高价买进原材料，安排加班生产，紧急订舱运输，而且并不在其他方面（价格等）要求相

应补偿。表面上看起来，是完全不顾己方利益，一心满足对方要求，但是这么做的目的只有一个，就是加强双方的友好合作，为今后关系的进一步发展奠定基础。此所谓舍眼前小利、顾长远大局也。

因此，在商务关系中，我们认为本质上不存在这种舍己为人的选择。

（五）不顾对方的需要，仅考虑自己的需要

这也是某种贯彻心理原则的做法，尽管会引起别人反感，但也可能出现，尤其是在谈判一方处于非常强势的地位的情况下。强势一方依靠自己的有利地位，想要在交易中得到尽可能多的利益，而给对方留的余地非常小。

这样的做法显然会对双方今后的再次合作造成障碍。

（六）不顾自己与对方的需要，一意孤行地去做任何事情，从而达到某种目的

这也是贯彻心理原则的一种做法，谈判一方采取这样的态度，事实上是认为某些因素比从谈判中获取的物质利益更重要。这种做法在立场型谈判中最为常见。

例如，工会组织有时会为了自己的地位，不顾业主、不顾雇员的利益而举行无限期罢工，既损害业主获取生产利润的利益，也损害了雇员取得收入的利益，实属一意孤行。

三、谈判中需要注意的一些心理因素

在谈判中如果能够认识到人们普遍具有的某些心理因素，并且有意识地进行观察，加以利用，相应调整己方的谈判策略，会给谈判带来诸多积极影响：

（1）对商品大加赞美的人未必就是买主，而对商品百般挑剔的倒极有可能是潜在的客户，也就是中国人所说的"挑剔是买主"。

（2）当潜在的客户对商品的性能、质量、规格等频频发问并仔细而热心地探讨的时候，就意味着交易机会的到来。

（3）如果潜在的客户详细询问商品的售前、售后服务，那表示其可能确实有了购买的打算，交易达成的机会就会来临。

（4）卖方在售卖过程中的主要任务是激发买方的购买欲望，减轻其付款时的心理负效应。而买方则应该明了想要购买的商品的基本功能，理性对待商品的附加功能，以最小的投入获得最大的效用满足。

（5）在生活中，很多商品的买回之时也是其被束之高阁之期。因此要理性地对待卖方的花言巧语，避免买回自己并不真正需要的商品。

（6）一旦确定交易达成，可以不用理会买方或者卖方要求减价或加价的最后努力。因为这只是买方和卖方的侥幸心理而已，对交易本身已经没有绝对的影响。

心理学对商务谈判的影响越来越重要，这一点从教学实践和学术研究的成果来看也非常明显，很多世界知名大学的谈判学都是由具备心理学基础的教授来担任的。我们通常认为在商务谈判中，谈判双方争取的是公司的物质利益，然而，进行谈判的不是抽象的"公司法人"，而是代表公司利益的"人"。表面上谈判手是为了公司利益在谈判，事实上，掩藏在公司利益背后的是谈判手个人的心理满足感，这种满足感包括：被人尊重和重视，为公司争取到更大利益的成就感，谈判过程中满足了某种个人需求，建立起个人的社会关系网络等。这些需求有时候是与公司利益一致的，而有的时候则未必。举例来说，"被人尊重和重视"就未必与物质利益相关；而"为公司争取到更大利益的成就感"也并非等同于真的"为公司争取到更大利益"，可以通过其他方式建立这种成就感。

因此，从某种意义上来说，谈判是通过满足双方谈判手的心理需求，而最终取得圆满成功。这就是心理学研究在谈判的理论研究和实践中日益重要的根源所在。

第三节　整合性谈判模式与双赢原则

当谈判关系到双方的切身利益时，双方一定会为自己的利益而据理力争。因此，在任何影视和平面媒体的宣传中，谈判场面不是剑拔弩张，就是钩心斗角，给人的印象往往不是很好，最终形成零和游戏。

一、整合性谈判模式

长期以来，西方著作对谈判双方的输赢关系作了非常深入而系统的探讨，将谈判分为分配性谈判（Distributive Approach）与整合性谈判（Integrative Approach）。

简单来说，分配性谈判将冲突视为一场竞赛，双方利益呈完全负相关关系，亦即增加一方的获利必然同时减少另一方的获利，"彼之所得即我之所失"。而整合性谈判则假设当事者间的冲突经常只是一种认知上的错觉，尽管双方表面上存在冲突，但事实上双方的根本利益是相容或互补的。

1. 分配性谈判

在分配性谈判中，谈判方认为双方的目标和利益彼此相斥，一方想获得尽量多的利益，对方必须付出代价。也就是说，一方所获得的每一个美元恰恰是对方所失去的，结果必然是一赢一输。Keltner 认为在此类谈判中，双方显然是竞争对手关系，谈判的目标是赢取胜利，一方要求对方必须做出让步才能维持商务关系。他们苛求对方，不信任对方，坚持己见，使用威胁性的语言，努力隐藏己方底线或者误导对方做出错误的理解。

Bazerman 与 Neale 认为，在这种谈判模式下，谈判方试图分取一个想象中的、大小固定的馅饼。双方都想要得到超过一半的份额，因此努力竞争、争论以获取自己的份额。这种谈判模式的最大缺陷在于，争论中失败的那一方将久久不能忘怀此次失利，因此如果双方必须再次合作，协商将更加困难。

分配性谈判的典型行为包括：争吵和辩论、过分的要求、勉强做出的让步、不愿意倾听、立场式声明以及有争议性的手段。在国家间谈判、劳资谈判、离婚纠纷、体育谈判中经常使用这一模式。

2. 整合性谈判

整合性谈判则建立在对问题的共同理解上，并且试图整合谈判各方的需求，认为各方的目标彼此可以兼容，问题的解决给双方都带来利益，即所谓的双赢（Win-win）。整合性谈判的典型行为包括：与对方坦诚相见、分享信息、信任对方、以各自看重的利益进行交换、进行利益为基础的讨论。通过整合性谈判，双方能够为各方创造更多的利益，从而把利益的"馅饼"做大。

在整合性谈判模式中，谈判不是零和游戏，它是一种妥协，是一种沟通，是双方技巧的对抗和运用。分析可知，由于谈判关乎双方的利益，因此谈判的最高境界是可以做到兼顾双方利益的，也就是做到双赢。谈判双方之所以能够坐到谈判桌前，耗费人力、物力探讨可能达成的协议，就是因为基于一种信念，即双方合作达成协议，与无法达成协议相比，能给合作双方带来更大的利益。

【案例2-5】

例如我国"入世"这一事件，尽管经历了长达15年的唇枪舌剑、锱铢必较，但是结果达成后，在美国媒体的报道中，认为中国广阔的市场空间就此向美国产品开放，美国赢了；中国从此获得公平的贸易地位，获得对各项规则制定的参与权，中国赢了；WTO作为世界性的贸易管理组织，终于迎来了世界第一大发展中经济体的加入，毫无疑问提高了其在世界贸易中的代表性和影响力，因此WTO也赢了。这是一个多赢的结果。

表2-2总结了分配性谈判与整合性谈判的主要区别。

表2-2　分配性谈判与整合性谈判的主要区别

分配性谈判	整合性谈判
（1）隐藏信息	（1）坦诚相见、分享信息
（2）要求获取利益	（2）以看重的利益进行交换
（3）立场性讨论	（3）利益为基础的讨论
（4）协商解决问题	（4）强迫对方接受方案
（5）争论	（5）解释
（6）牺牲合作关系	（6）建设合作关系
（7）针对人	（7）只针对问题
（8）只关注私己目标，冲突当事者的目标是最大化自己的利益（或将损失降至最低）	（8）关注共同目标，假定谈判者同时关切自己的利益和对方的利益
（9）将可分配的资源视为固定不变	（9）假定可提供给双方进行分配的资源并非固定不变
（10）冲突的当事者采取竞争战术，追求自己分到最大的利益	（10）共同努力探求彼此可以接受的冲突解决方案，亦即达成足以调和双方的冲突利益并给双方提供高联合利润的整合性协议

在很多问题中，采取整合性谈判方式，意味着各方在存在差异的基础上进行合作，这就有助于找出商务关系中存在的问题，提出解决方案，更深入地了解对方，使得问题的解决和转化变得更加可能。

Walton与McKersie指出，实践中双赢和一赢一输两个极端之间存在着很多潜在的可能，通过权衡交易，参与方可能在某些方面获得利益，而在其他一些方面则失去利益。谈判各方的利益在某些方面是一致的，在某些方面相互冲突，在其他方面则有可能相互补充。这种复杂的情况意味着谈判者一方面要合作以创造共同价值，另一方面也要竞争。共同价值可能涉及经济利益与社会心理利益的交换。例如，谈判一方愿意放弃某些有价值的资源而获得对决策过程更大的发言权，另一方则可能愿意放弃权利而获得经济利益。双赢的达成事实上是由于各方对每项利益的看重程度不一。

Deutsch则指出，谈判双方获得利益的多少对他们合作意愿强烈与否有非常大的影响。他解释说："通常情况下，人们不会为了相对比较低的回报而采取竞争性的行为，相对比较高的回报容易激励竞争性的、侵犯性的行为。"这解释了为什么在汽车购买、房屋购买、劳资关系、运动与体育组织的交易谈判以及离婚纠纷谈判中，尽管参与方非常愿意进行合作，但极易发生争论，原因就是事关重大利益的得失。

学者们对分配性谈判模式与整合性谈判模式一直有着不同的见解，并呈现多元化。第一，分配性谈判模式较整合性谈判模式的发展早，而整合性谈判模式的出现主要是因为分配性谈判模式较为简单且不切实际；但学者都认为以上两种模式各有利弊，应该依冲突情境的特性来选择适用的模式。第二，越来越多的学者主张上述两种模式所探讨的冲突解决过程其实是冲突解决过程的一体两面，两者之间存在一种互相依存的关系。

比较符合实践的看法是，实际的冲突解决过程，应该是两种模式的混合体。冲突当事者一方面必须采取积极的、创意的合作行为来解决问题，创造尽量多的可供分配的资源；另一方面也必须采取必要的竞争手段，以确保自己最后获利。

需要强调的一点是，在争取自己利益的过程中，即便是在实力相差悬殊的谈判中，占优势的一方也不能企图把所有利益占为己有。当取得这次胜利的时候，也就牺牲掉了客户和未来的利益。所以，双方在谈判中至少应该是合作的利己主义，双方都获得利益才是谈判所应该达到的最高境界。

分配性谈判模式所注重的竞争手段，正是多数谈判者所习惯的思维方式。下面重点谈谈商务谈判中兼顾双方利益，也就是整合性谈判所强调的双赢原则的几个问题。

二、双赢原则

（一）双赢中"赢"的概念（成本效益分析）

如果谈判者抱定了双赢的思路来进行谈判，那么在谈判中就会注重合作，注重互惠，在自己的利益得到满足的同时尽量让对方也有所收获。要使双赢原则在实践中得以体现，谈判者首先应该明了谈判中的效益和成本问题。

1. 谈判的效益

谈判的效益是指谈判中目标实现的程度，或者谈判者预期目的的完成程度。谈判的效益可以从谈判的远期目标的实现、商务关系的维系与发展以及眼前的财务目标的实现这三个方面来加以考虑。

在某些时候，近期的财务利益和远期的商务关系，或者长期的目标是吻合的，但很多时候三者之间也会产生矛盾。这就需要在近期的财务目标和远期的商务目标之间达成妥协，寻找一个交叉点。

2. 谈判的成本

谈判的成本包括以下三方面内容：

（1）谈判中所做的让步，即预期目标与实际实现目标之间的差距。

（2）商务谈判中所涉及的人、财、物等资源的耗费。

（3）谈判中所占用资源的机会成本，即所占用的资源用于其他用途所能够创造出的最大收益。这一点在实际中很重要，但往往为人们所忽视。

在所涉及的成本效益分析中，有一些谈判成本和效益是很明显的，如在谈判中的财务收益和人、财、物所发生的实际耗费。但是效益中的商务关系的开发与维系成本、成本中的机会成本，往往为人们所忽略。

因此，从商务谈判的角度，应充分考虑到商务关系的发展与维系对于己方未来利益的重要作用，同时也应该考虑到这种商务关系的维系除了在未来可能带来直接的利益之外，还可能透过这层商务关系发展出与其他方的商务关系，从而形成一个商业网络。这种谈判所带来的网络关系在很多情况下比谈判本身还要重要。

在实际中，由于机会成本本身不是很明确，所以很多人就认定它比在谈判中所耗费的人、财、物的绝对值要小，甚至可忽略其存在，这是十分错误的。在重视人、财、物占用的实际值的时候，要对机会成本本身进行充分的考虑，要考虑除了谈判自身之外，还可能发生的情况。

在谈判的过程中兼顾了成本和效益双方面的问题，就能够使谈判在比较高的层次上开展，也就比较容易达到双赢的状态。

（二）兼顾双方利益的做法和策略

国内外许多谈判专家都认真研究达到双赢的方法和途径，概括来说在谈判中要遵循以下几项原则：

（1）如果无法达成协议，可能的备选方案是什么？会产生什么影响？对此要进行充分的评估。

（2）将重点放在利益、需求和合作上，而不是过多强调各自的立场。

（3）就利益背后的信息和逻辑进行充分沟通，以便增强彼此的理解。

（4）评价利益分配是否合理以及协议条款是否可以接受，应采用双方均认可的标准。

（5）应该建立一个机制，在某些选择方案失败或者情势变迁时，双方有机会重新探讨协议。

具体的做法包括：

1. 避开利益冲突

尽量做大利益，避开利益冲突，在做大的基础上进行利益分割；分散目标，制造多层次的需要，从而避开利益冲突。

谈判的最高境界是双赢，即双方均要有利益的获得和满足。从分析中会发现：对于利益的理解，谈判双方可能一致，也可能不一致。换句话说，双方在谈判中发自内心的利益追求可能重合，也可能有差异。经过进一步分析可知，如果双方所追求的利益目标重合，即利益冲突较大，那么谈判很可能会陷入一种竞争状态。如果双方的利益目标存在差异，那么竞争会减弱，合作求得双方利益最大化的愿望就可能强劲一些。因此如何区分谈判双方追求的利益，有多大程度的重合，有多大程度的差异，如何制造多层次的需要，要利益不要冲突，就成为追求双赢的一个重要命题。

在谈判中，利益的重合本身可能就是造成双方竞争的基础。所谓利益的重合部分就是双方都想得到的利益，随之产生利益分割的问题，这样就会造成双方对既定利益总量的竞争。如果双方追求的利益是有差异的，这种差异本身就给了双方合作的基础。双方的利益都可能得到满足，同时还能避免对抗，产生以双赢为基础的合作。

【案例2-6】

一对姐妹争抢一个橘子，母亲询问后得知，姐姐希望拿到橘子皮烘烤面包，妹妹希望吃到橘子瓣。聪明的母亲就把橘子皮分给姐姐去烘烤面包，把橘子瓣给妹妹食用。这样双方的要求都得以满足，双方没有任何的矛盾。

【案例2-7】

20世纪40年代，美国著名女明星珍·拉塞尔和制片商休斯签订了一部影片的商业合同，片酬约定 100 万美元。影片上映后大获成功，但是休斯却无力马上兑现 100 万美元的现金片酬。拉塞尔几番交涉后仍然无法拿到钱，于是决定诉诸法律。这时一位著名谈判学家建议拉塞尔：由于休斯现在的确无力支付 100 万美元的现金，而他又是一个以诉讼闻名的制片商，官司不一定能够打赢；即使打赢了，要真正拿到钱也很困难。作为演员，很难每年都有 100 万美元的稳定片酬收入。如果最终休斯一次性支付全部片酬，根据美国法律，政府则会收取高额的所得税。所以不如再签订一个合约，让休斯分期支付片酬，附带利息。拉塞尔听从了这个建议，与休斯签订了一个 20 年付款的新合约。这样，休斯有了周转的机会，不用一次性支付 100 万美元的现金，减轻了巨大的财务负担；而拉塞尔也获得了一个为期 20 年的稳定收入，同时又避免了一次性向联邦政府缴纳巨额的税款。谈判学家的介入使得双方获得了一个双赢的结果。

【案例 2-8】

在某合资企业的谈判中，合资双方都想要控股新成立的合资企业，表面上看起来矛盾不可调和，而事实上，双方在进行了深入的沟通后发现，一方希望借助自己对当地市场的了解和在该行业长期的经营经验，进行生产管理；另一方则因为拥有矿山，因此希望确保己方与新建合资企业之间的原料供应关系。至此，双方的利益点出现差异，那么就不难找出令双方满意的解决方案。

【案例 2-9】

有一对新婚夫妇，刚买了房子，要装修，找到设计师，两个人却提出了完全不相容的要求：女主人要求墙面必须是红色，而男主人却要求是白色。这两种选择表面上看来无论如何都不可调和，于是有人建议，交叉使用两种颜色，竖条或横条间隔；或某一面墙用一种颜色，其他用另一种。可是这些方案都无法满足客户的要求，遭到了两个人的一致反对。而事实上，设计师问了两个人一个简单的问题就把这个矛盾圆满解决了，装修方案让两个人都很满意。

是什么问题呢？很简单："为什么喜欢这种颜色呢？"经过与两个人进一步交流发现，男女主人要不同的颜色，是因为心理上的不同需求，女主人希望热烈、浪漫的感觉，男主人希望洁净、大的空间感，而这些需求并不一定用颜色来满足，完全可以通过其他手段，这对专业设计师来说真是小菜一碟。

以上几个例子都说明，在现实生活中，利益的差异总是存在，因此，合作的可能也总是存在的，关键在于如何去发现和利用。利益有差异，而差异促成合作，合作又产生新的利益，最终达到一个双赢的结果。

2. 为对方着想，最终达到自己的目的

要想追求利益，就必须给他人以利益，如果把他人的利益全部占为己有，那么当对方被迫退出谈判的时候，自己所应该获得的利益也随之全部丧失。这也是辩证法的道理所在：只有同时照顾到了别人的利益，才能获得最大的利益。

站在对方的立场，从对方的角度设身处地地考虑问题，就能够充分体现一方的谈判诚意。在十分友好的谈判气氛中一方提出的设想和方案就能够比较顺利地被采纳，从而达到谈判的目的。这一点也是贯彻兼顾双方利益、实现双方利益共享原则的要求。

3. 消除对立

谈判中如果双方情绪对立，语言将趋于激烈，此时很难判定双方的利益所在，面子上的小损失可能导致利益上的大损失。合作的利益总大于对抗的利益，所以，应该消除对立，寻求合作。

4. 求同存异，缩小不同点

谈判中，在双方利益重合之处容易产生争执，在双方利益差异之处则比较容易达成协议。有差异性的利益使得双方可从不同的角度获得各自利益的满足，从而产生双方的利益共同之处。需要强调的是，利益的共同之处和利益的重合之处是两个不同的概念。利益的共同之处是指双方均能获得各自不同的利益，双方都满意，从而达到双赢的结果的那部分利益；利益的重合之处是指双方都想得到，从而产生争执的那部分利益。

因此，所谓的求同存异是指在利益的共同之处求同，在利益的重合之处存异，尽量做大共同的利益"蛋糕"，这样谈判就能够顺利进行，双赢的局面才有可能产生。

5. 分中求合

分中求合是指为了共同的利益，必须有分有合。在日常的商务谈判中，运用分中求合方法要注意：不能抱着害人的心态，但是也不能一点儿都不设防。这样，就能较好地做到分中求合，有分有合。

在这里，分是手段，合是目的。当然，从更大的范围来讲，从谈判的总体来看，合作就不是目的了，合作变成了手段，利益才是真正的目的。这是一个层次高低的问题，不同的层次要有不同的做法，要遵循不同的原则。

第四节　诚信原则与博弈论

一、商务谈判中的诚信原则

1. "诚"偏向于内在，偏向于生命主题

在谈判中，"诚"主要是指谈判动机要诚，因而在此，"诚"含有以下两个方面相互联系的内容：

（1）"光明正大"。这即不能怀着不可告人的目的。在各国及国际组织有关商业的法律及守则中对诚实均有明确的规定，并且从动机的真诚可信与诚实叙述事实两个方面加以限制。

（2）"诚心诚意"。也就是对谈判的双方而言，对于在谈判中出现的分歧，双方应抱着真诚合作的态度与对方磋商，以期结果的达成。

2. "信"偏向于外在，偏向于行为表现

在谈判中，"信"主要是指谈判人员在谈判中要言而有信，出口有据，言必信、行必果。这是"信"在谈判中最突出的表现。

在谈判中，如果立场摇摆不定，信口开河，说了不算，这很可能使对方对谈判的诚意产生怀疑，从而可能导致双方谈判的中止或终止。

在谈判中，对于自己的失言，最好的挽救办法就是承认错误，这也是谈判的技巧之一。通过承认错误，使双方能重新坐到谈判桌前，继续已经中止的谈判，以使双方都获得期望获得的利益。

二、博弈论在诚信问题中的应用

博弈论是从棋弈、扑克和战争等带有竞赛、对抗与决策性质的问题中借用的术语。其准确的定义是：一些个人、团队或其他组织，面对一定的环境条件，在一定的规则约束下，依靠所掌握的信息，同时或先后，一次或多次，从各自允许选择的行为或策略中进行选择并加以实施，并从中各自取得相应结果或收益的过程。

要了解博弈论在商务中的应用，首先要了解博弈论的基本模型"囚徒困境"。

（一）"囚徒困境"

警方对同一案件的两个犯罪嫌疑人进行隔离审讯，每个犯罪嫌疑人只有坦白和抵赖两种策略可供选择。当两个犯罪嫌疑人共同坦白时，他们将分别被判处 5 年徒刑；如果一方坦白，而另一方抵赖，坦白者将被判处 1 年徒刑，而抵赖者将被判处 10 年徒刑；如果双方都抵赖，双方则会因法庭证据不足而被同时判处 2 年徒刑，如表 2-3 所示。

表 2-3 囚徒困境

嫌疑人乙 / 嫌疑人甲	抵　　赖	坦　　白
抵　　赖	2，2	10，1
坦　　白	1，10	5，5

在这个模型中，最终两人选择的策略都是坦白。因为对甲而言，如果乙坦白，甲坦白或抵赖时入狱时间分别为 5 或 10 年，坦白比较好；如果乙抵赖，甲坦白或抵赖时入狱时间分别为 1 或 2 年，还是坦白的策略比较好。所以，坦白是甲的最优策略。同理，坦白也是乙的最优策略。两人采取的策略是相同的，所付出的代价也是同等程度的，都被判处 5 年徒刑。

但是，在表 2-3 中明显能够看到，存在另一种对双方都有利的策略：抵赖。这种策略会有更有利的结局：分别被判处 2 年徒刑。

"囚徒困境"有着广泛而深刻的意义。个人理性与集体理性的冲突，各人追求利己行为而导致的最终结局是一个"纳什均衡"（这一结果以其研究者数学家纳什命名），也是对所有人都不利的结局。甲、乙两人都是在坦白与抵赖策略上首先想到自己，这样他们必然要服较长的刑期。只有当甲、乙都首先替对方着想时，或者相互合谋（串供）时，才可以得到最短时间的监禁的结果。

这一结果首先对亚当·斯密的"看不见的手"的原理提出了挑战。按照亚当·斯密的理论，在市场经济中，每一个人都从利己的目的出发，而最终全社会达到利他的效果。亚当·斯密在《国民财富的性质和原因的研究》（《国富论》）中提出："通过追求（个人的）自身利益，他常常会比其实际上想做的那样更有效地促进社会利益。"而人们从"纳什均衡"引出了"看不见的手"的原理的一个悖论：从利己目的出发，结果损人不利己，既不利己也不利他。两个囚徒的命运就是如此。从这个意义上说，"纳什均衡"提出的悖论实际上动摇了西方经济学的基石。

因此，从"纳什均衡"中还可以悟出一条真理：合作是有利的"利己策略"。也就是人们说的"己所不欲，勿施于人"。另外，"纳什均衡"是一种非合作博弈均衡，在现实中商务伙伴之间非合作的情况要比合作情况普遍，因此对非合作博弈的研究更具有现实意义。

（二）"囚徒困境"模型对商务谈判的启示

在商务谈判中，采取何种谈判策略有时类似于"囚徒困境"模型中囚徒的选择。谈判双方都有诚信和欺诈两种策略，一方欺诈另一方诚信时，能够给欺骗方带来额外利益（见表2-4）。

表2-4　诚信困境

公司乙 / 公司甲	诚　信	欺　诈
诚信	3，3	-3，9
欺诈	9，-3	-1，-1

表2-4中的数字代表两家公司的交易结果：获得收益或者是遭受损失，第一个数字是甲的结果，第二个数字是乙的结果。例如，当甲公司诚信而乙公司采取欺诈手段时，甲公司将遭受3单位的损失，而乙公司则获得9单位的收益。

依据前面对"囚徒困境"的分析，很容易得出：这个模型的"纳什均衡"是双方都欺诈，结果双方都遭受损失。但是这显然不是最有利于双方的结果，也不是我们所提倡的在商务交往中应该遵循的诚信原则。事实上，商务交易与"囚徒困境"最根本的区别在于："囚徒困境"模型对双方来说都是一次性的；而现实中的商务交易，则大多不是一次性的。

纳什之后的数学家阿克塞尔罗德（R. Axelrod）对多次博弈进行了研究，根据其研究成果，可以将谈判双方的交易分为以下四种不同类型：

1. 双方的合作是一次性的

在这种情况下，由于不考虑长期商务关系的维系，理性的谈判者都是从私利的角度出发谋取最大的利益，合作的可能性几乎为零。因此，类似于"囚徒困境"模型中双方都选择坦白，谈判双方所采取的最佳策略是相互欺诈。这时双方都会认为自己在这种策略下的损失不会比对方大，甚至可以获得额外的利益。

这种情况多出现在谈判双方还没有建立起相互信任，社会还没有强烈的商业信用观念的时候。在一次性的商务谈判中，为谋取最大的私利，欺诈就成为了最佳的选择。但是这一类的商务往来达成交易的可能性非常低。

2. 双方有有限次的商务往来

在一般情况下，在谈判的最初阶段，由于考虑到以后的商务往来，双方都会尽量避免欺诈而寻求合作，但是随着双方的往来进入后期，欺诈的可能性就逐渐增大。

3. 双方有长期无限次的商务往来

由于谈判双方的商务往来是长期的，所以双方都清楚如果欺诈了对方，那么将来必然会遭到对方同样的欺诈。同样是从私利出发，双方就有可能避免欺诈，而采取合作的态度以争取最大的谈判利益。此时就类似于"囚徒困境"模型中双方串供的情况。双方商务往来的时间越长，合作的可能性就越大。

4. 双方的商务往来期限不明确

这种情况也比较常见。由于不知道合作的期限，因此双方也都知道如果欺诈一次，未来会为此付出代价，所以双方采取合作的态度更符合双方的利益。

由此可见，商务往来的期限和谈判的轮次决定了双方在谈判中所采取的态度。而由于多数商务往来的期限是不明确的，因此，诚信是最符合企业自身利益的策略。

香港著名实业家李嘉诚曾经说过："一笔生意，诚信可以赚十万元，欺诈可以赚一百万元。眼前利益看起来似乎是欺诈更有利，事实上从企业长期经营来看，诚信更有利"。"每次欺诈都在自己身边竖起了一面墙，今后再也没有合作的可能性，随着欺诈次数的增多，将在现代商业社会举步维艰。"我国许多民营企业经营不超过两年，部分原因就是只图眼前利益，缺乏诚信经营理念。

【案例2-10】

如何建立商业交易中的诚信？

马路上一个小伙子卖保暖内衣，价钱便宜得简直令人不敢相信：30元一套！

顾客问："你的保暖内衣卖得这么便宜，是不是真的？"

小伙子回答："假的你可以退给我。"

顾客接着问："退货？到哪里去找你呀？"

小伙子回答："我每天都在这里卖，跑不了。"

相信这看似平常的生活场景大家都很熟悉。这里有一个问题：为什么我们要关注一次交易结束后还能不能再找到对方？

按理说，买卖完成了，交易双方可以"大路通天，各走一边"了，但为什么在许多时候，我们都关心能不能再找到对方呢？

博弈理论可以很好地解释这一点。这种理论认为，交易双方达成某种契约，但未必能保证契约得到遵守。当其中任何一方觉得首先毁约能给自己带来更大的收益时，他就会选择毁约。例如，卖保暖内衣的人，按理说，他事实上已经与顾客达成了这样的契约：其所卖的保暖内衣质量没有问题。但如果他觉得通过降低质量，甚至通过使用黑心棉来降低成本，而顾客又不知情，而且即便事后知情了，也没有办法再施加惩罚，他就会卖黑心棉。这就是经济学中的基本假设：每个人都是自私自利的，在条件合适的情况下，会采取机会主义行为。因此，必须找到某种办法使交易双方能守约。

这种办法就是要能使一次博弈变成多次博弈。当双方不再是一次性交易，而是可以多次做交易时，如果在第一次交易过程中欺骗了对方，那么，对方可以在第二次或以后的交易中增加你的成本。例如，你卖了黑心棉的保暖内衣给对方，对方可以要求退货，并且要求加倍补偿；你如果不同意，对方可以去法庭起诉；还可以在媒体上披露你的行为。这样不仅造成了你的赔付成本，而且还造成了你的声誉成本。总之，只要以后双方还有交易的可能，任何一方都不敢擅自毁约。

而要将一次博弈变成多次博弈，当然至少要保证彼此能找到对方。这正是我们在交易时总关心事后能不能找到对方的原因。

那么，相应的第二个问题是：如何在交易中让对方放心？

在交易中让对方放心的一个很好的办法，就是要让对方随时能找到自己，使得继续交易（多次博弈）变得可能。

要让顾客可以放心地而且低成本地找到售者，最好的"信号"是售者在离顾客住处不远的地方有固定的店面，而且通常情况下，店面越大，顾客越放心。

由此论开去，就产生了我们所涉及的最后一个问题：在商业社会中守信用的道德规范从何而来？

卖保暖内衣的不敢用黑心棉，正规商店不敢卖掺沙大米……为什么？并非他们天生就讲信用，相反，只要有可能，他们甚至也会通过"作假"这样的损人行为赚更多的钱。但一方面他们害怕一旦"卖假"后，在以后的"打交道"中会付出更大的成本，得不偿失；另一方面他们也想通过"卖真"后长期"打交道"，使自己获得更长期的稳定的利润。因而他们终于不敢造假，变得讲信用了。

从更广泛的范围来看，商业社会中守信用的道德规范正是在这种反复博弈中逐渐形成的。正因为市场交易具有重复性，某个交易者在某一时刻可能会有欺诈行为，但他不可能在同一地点另一时刻再欺诈同一个交易对象。

亚当·斯密举例说："经常每天和人签订 20 个合同的人，绝对不可能因欺骗附近的人而得到大好处。他的奸诈面目一旦被人识破，失败便无可避免。"所以，为了自我利益最大化并长期化，交易者自然而然养成了一种重信誉的习惯。

由此看来，道德并非一种超越式的外生于市场经济的力量，市场经济中的道德要求，尤其是诚实、敬业、守信，更主要地是在市场主体反复博弈中形成的，即在市场经济中内生出来的。

第五节　其 他 理 论

谈判作为一门综合学科，涉及多个领域，因此，各个领域的专家都尝试以自己的研究背景为基础对谈判做出解释，这些理论源于对其他学科的研究，但是都对谈判具有重要的指导意义。

一、身份理论

身份理论（Identity Theory）尝试解释社会身份如何影响个人行为。个人从其所扮演的社会角色形成个人的身份定位，如父母、配偶、男性、女性、雇员、上司等，还包括资历、归属的群体以及通过生活经历获得的知识。忠诚于自己的社会身份对人们一生的影响可能比其他许多因素都要强烈。

身份理论在谈判中的应用可以解释为人们需要被认可，需要安全感，需要能够控制局面等。一个谈判者如果具有很强烈的身份需求，他可能会从以下角度来考虑问题："如果我同意你的建议，别人会怎么看我呢？"

许多谈判表面上看起来是有关利益的冲突，实际上可能涉及与谈判者身份相联系的意图、期望、行为。例如，一个雇员要求与上级经理谈谈自己的工作职责，经理很有可能会把这一要求看作是在挑战其在工作分配上的权威，即身份问题。雇员的意图本来是要修改工作职责，但是，除非他能够消除经理的权威被质疑这种印象，否则这一要求不会得到解决。在这场谈判中，表面上看起来是岗位职责的分歧，而问题的重点根本不在职责的分配是否合理，而在于雇员是否充分尊重经理的身份定位。

反映出身份问题的谈论包括：

（1）你在质疑我的判断能力吗？

（2）我做这一行 20 年了，我很熟悉这个问题。

（3）你以为你在跟谁说话？

谈话者出现上述谈话时，表示谈判对手对谈话者身份的认识已经出现问题。要缓解紧张气氛，谈判对手应该认真倾听谈话者的谈话，要充分肯定谈话者的专业知识水平，并且充分表现出对谈话者所重视的身份的尊重，而后再回到争论的问题本身。

如果谈判对手感觉自己的身份没有得到足够的尊重，或者专业能力被质疑，那么接下来本能的反应就是反对对方的观点以维护自己的权威。这时候，谈判的成败、公司的利益都不再重要，在谈判对手心中最重要的是，必须维护自身的形象，否则将会影响到自己在公司甚至业界的地位，或者影响到未来在这个领域里能否服众。

二、社会作用理论

虽然莫顿·多伊奇 Morton Deutsch（1920—2009）因冲突管理研究方面的贡献而为人们所熟悉，但是他的许多观点在谈判中同样可以得到非常好的应用。莫顿·多伊奇认为，人们在解决问题中所涉及的一系列理解、预期、技巧与其社会背景紧密联系，即社会作用理论（Social Interaction Theory）。如果目标是想要改变现实环境，首先必须改变人们对于环境的理解。莫顿·多伊奇提出在解决问题时双方彼此的相互作用有以下特点：

（1）社会作用发生在一定的社会环境中，环境的参与者认可同样的规则和价值观，这些会影响社会作用。

（2）相互作用的每一方都会对其他人的行为形成某种预期，预期会影响该参与方。

（3）每一方对其他人所作出的反应都以对其他人的理解为基础，而这种理解或许与对方的实际想法一致，也或许不一致。

（4）社会作用由动机引起，会产生新的动机，改变旧的动机。例如，在谈判中澄清双方对于问题的理解会使谈判更加有效。交流不充分、态度带有敌意或者对差异过于敏感，这些都是竞争的常见现象，会导致观点扭曲，从而强化冲突，甚至导致冲突永久化。相反，如果能够在谈判时澄清己方的期望、相互作用的规则以及与问题有关的价值，将会影响谈判中所传达的信息。

另外，将冲突定义为"需要通过共同努力来解决的共同问题"，会有助于谈判获得成功。谈判各方使用"我们的问题""我们的解决方案"这一类语言，有助于强化对共同利益的追求。虽然各方不太可能达成自己所希望的所有成果，但是，可以进行有益的对话，更好地理解双方的需求，这将有助于未来对问题的解决。

如何进行增进理解的沟通呢？方法之一是确立有助于合作关系的规则。对此莫顿·多伊奇给出的建议包括：

（1）当意见出现不一致时，努力从对方的角度来理解其观点。

（2）充分肯定对方想法的价值。

（3）强调对方积极的、正面的因素，尽量少表达消极的、负面的感受。

（4）对对方的合理要求做出积极响应。

（5）恳请对方提出看法，专心倾听，积极响应，分享信息，从而促进双方合作性的交流。

（6）表现出诚实、道德、关注他人、正直的品质。

总结莫顿·多伊奇的观点：沟通和语言是协调行动的核心，是一种渠道，连接谈判各方。人们以语言来进行争论，因此应该重塑语言，减少其威胁性，使其尽量平和，更加有利于合作。

三、场理论

在物理学中，我们知道原子的运动受到许多更小的粒子（如质子和电子）的影响，质子和电子又受到更小的粒子（如夸克、介子、轻子、重子）的影响。虽然我们看不到这些潜在的力量，但是，它们影响生活中的所有运动。

正如物理世界中发挥作用的亚原子力，社会力量在人类交往中也发挥着作用。夫妻关系会受到亲戚的影响，公司决策会受到市场力量的影响，社团组织会受到亚文化的影响。许多力量是可见的，但有些力量则是无形的。

库尔特·勒温（Kurt Lewin）认为，个人行为不能独立于社会背景，每一种组织或社会背景都形成系统力，造成心理环境，从而影响人们的思维和行动方式，即场理论（Field Theory）。

库尔特·勒温认为这些力量具有以下特征：

"要正确地认识心理场的特征，必须考虑以下具体问题，如特定的目标、激励因素、需求、社会关系，以及气氛（如友好的、紧张的或者敌对的气氛），或摩擦程度。"

气氛用来描述整体的背景特征，经常被定义为"热烈而安全"或者"冷淡而紧张"。在谈判中，气氛可能是合作的或是竞争性的。

心理气氛形成谈判的背景，会支持或者阻碍双方形成信任的态度、进行开诚布公的沟通，影响人们讨论和解决歧义的方式。佛尔吉（Tim Folger）、Poole 和 Stutman 认为：冲突环境的主流气氛会影响彼此相互的看法，从而鼓励某种行为方式，并且再反过来强化环境气氛。

例如，一位咨询师为一家大型金融公司讲授两天的谈判课程。在授课中间，有几名参与者告诉他："这个公司的文化缺乏领导力，多数雇员不信任上级经理。"对气氛的评价在课堂讨论中也得到体现，参与者们相互竞争，彼此不信任，在课堂练习和讨论中拒绝分享信息。这些感觉形成一种气氛，这种气氛笼罩着整个团体，影响各方计划自己的行为和猜测对方的反应，影响冲突的发生、发展和解决。一个具体的事件是否会导致冲突很大程度上取决于团体内部的紧张水平和社会气氛。

场理论揭示了在谈判中，许多潜在的力量会影响谈判人员对措辞的选择、情绪反应、压力以及技巧的选择。在谈判中的语言和沟通受到所属文化群体的影响。例如，一名工会代表如何理解资方经理所说的话，以及在谈判中选择什么样的策略，会受到其所在工会对其期望的影响。

谈判人员必须对这些潜在的力量保持敏感，并且相应调整谈判策略以应对、甚或有效利用这些力量的影响。

四、理性选择理论

理性选择理论（Rational Choice Theory）把人们在冲突中的行为描述为一系列的选择，冲突各方为了收益最大化或损失最小化而做出一系列行动和反应行动。该理论认为人们受自我利益的驱动，因此在做出选择时所依据的偏好相对比较稳定。从这个角度出发的谈判者通常会从收益、损失或者结果衡量的角度来理解语言和事件，经常会考虑："这会给我带来什么？"

该理论表明认知标准的重要性。标准确立了参考点，低于该标准，交易不能补偿成本；高于该标准，交易才是值得的。虽然这些标准可能是主观的判断，但是它们决定着谈判中什么是重要的，对风险/损失的衡量具有显著影响。丹尼尔·卡内曼（Daniel Kahneman）指出人们厌恶损失，避免损失的想法对谈判的影响与获得收益至少同样重要，前者甚至更甚。

博弈论是理性选择的一个例子，实验者们试图通过模拟来了解行动、反应行动，了解人们为了最大化自己的利益和达成目标会做出何种选择。阿克塞尔罗德使用"囚徒困境"模型进行研究，用以测试竞争性和合作性行为。在模型设置中，62 位来自 8 个学科和 12 个国家的测试对象参与竞争，以求确定在混合动机场景下（多数谈判都是如此）能够带来最大回报的行为方式。通过多轮实验，来自多伦多大学的 Anatol Rapport 采取的针锋相对（Tit for Tat）策略最终获胜。阿克塞尔罗德总结了实施该策略的四项原则：

(1) 正直待人，不要先于对方采取欺诈行为（试图以他人的损失换取己方的利益）。

(2) 如果对方欺诈，则采取惩罚行动。

(3) 采取惩罚性的欺诈行动后，应该原谅对方，要避免对抗升级。

(4) 不要聪明过头，过分"聪明"的策略会使其他人作出错误的推断。

Tidwell 认为博弈论的最重要的贡献之一在于揭示了"推理"在谈判中发挥的作用。谈判各方可能非常希望结束冲突，但是却没有那么做，是因为他们"推理"对方有意引起冲突。这个因素表明谈判者的行为模式的重要性，不同的行为会引起对方不同的理解，不当的行为可能被理解为升级冲突或阻止和解的达成。

通过谈判解决冲突就是为问题的解决提供便利的过程。通过谈判，人们作出判断，认为没有必要再使冲突升级，或者认识到社会体制对利益的分配方式是可以接受的。争论各方如果认为谈判过程是公平的、恰当的，那就更有可能找到各方接受的解决方案。只要游戏规则看起来公平，各方认为交易符合他们的最大利益，就会达成协议。

五、转化理论

克里斯伯格（Louris Kriesberg）认为，冲突转化是一个过程，在这一过程中，长久的争斗通过冲突管理和谈判发生了根本性的、持久的变化。冲突各方可能从抗拒到开始认可对方的主张，他们开始认为各自的目标是相容的而不是相互冲突的，他们以新的、不同于以往的方式来看待彼此的关系，探讨存在的问题，他们对于冲突的看法从只是关心自己这一方的问题，转换到把冲突看成是更大的背景中的一部分，即转化理论（Transformation Theory）。当双方改变自己的行为时，对于彼此的感受、态度和看法，以及冲突的问题本身都会发生变化。谈判能够改变人们看待和谈论问题的方式，从而使冲突发生转化。

学者们认为要使冲突发生转化，必须具备以下要素：

(1) 转化要求各方认可对方要求的合理性。

(2) 各方开始相信妥协能够改变冲突。

(3) 各方认为目标可能是相容的。

(4) 各方停止阻碍达成协议的行为。

克里斯伯格认为转化需要经历四个阶段：

第一个阶段是试探性的。各方发现长久的争斗成本过高，因此会提出建议来缓解冲突、促进和解，也就是说，一方会尝试性地伸出和平的触角，测试一下另一方是否会接受这一建议，作为冲突解决的一部分。

第二个阶段涉及公开的姿态或行动，显示出一方愿意为和平解决冲突而努力。在谈判中，这可能涉及让步、公开声明表示支持或者暂停敌对行为。

就某些具体细节达成协议预示着第三个阶段的到来，这为相互理解和更大的进步提供动力。

最后阶段包括协议的实施和监督。协议、合同、条约的备忘录是最终协议的主要构成部分。

Coser 认为，双方进行谈判以弥合差异或管理冲突，能够产生新的规则或者新的制度。在这种情况下，协议可能只是一个副产品，而规则所发生的变化会更加深入和持久。

很多人认为，谈判是一门需要实践的学问，理论知识没有任何帮助。事实上，理论是在总结多次类似场景的实践基础上提出来的，很多需要长期实践，甚至付出高昂代价才能了解的规律能够在相关理论中找到答案。正确理解相关理论为谈判者节约了成长的时间成本，减少甚至避免实践中出现低级错误所导致的损失。成功的谈判要求谈判者：

（1）对于谈判对手的身份和角色需求，应充分理解并且给予足够的尊重，这种需求有可能会使得谈判人员不能专心于谈判的关键问题。

（2）意识到社会力量、环境力量对人们的行为产生影响。

（3）明晰哪些心理、社会、生理基本需求会增加人们达成协议的愿望。

（4）了解行为选择、推动或者抑制力量和结果之间的关系。

（5）清楚谈判过程中彼此关系、角色和意识所发生的变化。

在谈判中对本章中提及的理论和原则善加利用，将会有效提高谈判的成功率，改善谈判的结果。

案 例 分 析

【案例分析1】

根据谈判对手选择谈判策略

一家实验设备生产企业，与某大学研究所谈一笔买卖合同。该研究所的主要负责人虽然出身贫寒，但是他依靠自己的努力接受了良好的教育，在美国取得了博士学位，回国后领导自己的科研小组，在科研上又取得了突出成就，得到学校领导的赏识，三十几岁就身居要职，可以说年纪轻轻就已经功成名就。

他就是这次谈判的最后决策者。根据谈判的心理学原则，对这样一位年轻气盛的谈判对手，在谈判中应该考虑哪些心理因素？采取什么样的策略比较容易达成交易并且为企业争取最大利益？

【案例分析2】

关于宗教圣地的冲突

1989 年，圣芳济各会的修道士购买了一片 400 英亩①的森林，那片土地在纽约州哈得逊

---

①　1 英亩 = 4046.856m²。

河边，加里森阿巴拉契亚小径从其中穿过。在那里，130 名牧师和教会的兄弟姐妹们为无家可归者、徒步旅行者以及患有健康问题的人们提供了一处静修的场所。修道士们把那片土地描述为圣洁之山、幽静之地。

1995 年，美国国家森林服务署担心修道士对阿巴拉契亚小径的逐步侵蚀，请求修道士们在这片土地上提供一条 50 英尺①宽、占地 57 英亩的通行区。经过双方友好协商，修道士们同意美国政府支付 116500 美元获得暂时的道路通行权。双方都认为该临时协议还算令人满意。到 2000 年，森林服务署开始担心修道士们在通行区域所安装的输送和排污管道，有些人还担心修道士们会出售土地，使其用于房屋开发，这将会进一步破坏沿小径的土地。到 2000 年 5 月份，双方还是无法达成协议，森林服务署开始启动法律程序，要通过政府征用权获得另外的 18 英亩土地。修道士们争论说，政府无权仅仅因为"担心"土地会被出售而拿走那片土地，并且，如果政府现在征用 18 英亩土地，以后又将征用多少？他们通过美国国会议员、内务部长以及参议院委员会反对启动政府征用程序。他们不想为了这件事闹上法庭。

8 月份，森林服务署和修道士代表再次举行会谈，最终认识到双方有着共同的利益：保存这片土地的原始状态，避免双方冲突进一步升级，要努力协商达成协议而不是上法庭。双方都承认对方的权利，代表们一起到现场转了一圈，都理解了对方所真正看重的内容。双方达成协议，通过土地交换建立新的通行区，修道士们同意在协议中加上一条：不向开发商出售土地，而森林服务署则同意修道士们有权在土地边界内做出适当改变，以适应其生活所需。

【案例分析3】

分配性谈判模式导致各方皆输

Bill 和 Ann 是一家小型生物科技公司的研究人员，过去的一年半时间里，他们在一起工作还算和谐，尽管这种和谐关系不怎么稳固。大概 6 个月以前，他们的研究项目开始趋近成功，两人之间的紧张关系也开始升级。Ann 跟其他同事说，她相信 Bill 私下里计划以他的名字作为一篇发表文章的第一作者，她还确信 Bill 有意暴露她的不足。她指责 Bill 污染她的实验试管或者整夜对她的实验不管不问，试图以此来破坏她的工作。

分配性谈判就此上演。Bill 指责 Ann 自私自利，在同事关系中表现得不够专业，捏造证据对他进行毁谤。终于有一天 Ann 在大厅里大喊："Bill 谎话连篇，毫无能力。"Ann 拒绝工作，除非 Bill 被解雇。她到一位经理 Ron 的办公室说："应该调查一下 Bill 为什么会从原来的工作离职。"Ron 同意了并且开始打电话。Bill 则到另一位经理 Brian 那儿要求将 Ann 降级为技术员，并且必须警告她停止向其他同事抱怨 Bill。Brian 说他不能那么做，但是会考虑批评 Ann 的行为。

Bill 和 Ann 会见首席执行官讨论他们俩的工作关系问题，大家建议其中一个人从他们共同的办公室搬走，把实验室一分为二，Bill 要保证不会越线到 Ann 的那一半区域，两个人可以采用弹性工作制，这样他们就不必见到彼此，而且还要隔离出一个封闭的区域，这样就没人能破坏 Ann 的设备。Ann 答复说："不行，除非 Bill 离开公司，否则我不会回去工作。"大

① 1 英尺 = 0.3048m。

家请 Bill 改一下他对待 Ann 的方式，他的回答是："不行，是她引发了这一切麻烦，她应该改改对我的方式。"

经过多次商讨，双方都不愿让步，Brian 和 Ron 要求 Bill 努力改善他跟 Ann 的关系，结果 Bill 辞去了工作。尽管 Ann 曾经说如果 Bill 离职她就回来工作，现在她却说受够了这种对感情的伤害，因此不想再回来了。

请分析：

你认为如何做能够将这种分配式谈判转变为整合式谈判？案例中两败俱伤的结果能够避免吗？

思　考　题

1. "谈判是实践技巧，理论学习是纸上谈兵，没什么用。"你赞成这种说法吗？为什么？

2. 什么是分配性谈判模式？什么是整合性谈判模式？你在日常谈判中比较习惯哪一种模式？

3. 回想一下你最近经历过的谈判，例如买卖，又如与爸爸妈妈、老师、同学等人进行相关沟通，举出一项成功或者失败的例子，并且与老师和同学共同探讨成败的原因，看看这些原因是否能用课文中谈到的理论进行解释？或者是否有其他领域的理论可以用来对此进行解释？

第三章

商务谈判的准备

常言道："知己知彼，百战不殆"，"凡事预则立，不预则废"。预，就是指在某一行为实施之前的策划和准备。一场谈判能否成功，不仅要看谈判桌上的策略、战术和技巧的灵活应用，还有赖于谈判前的准备工作。谈判前的准备工作做得充分可靠，可以使己方增强自信，从容地应对谈判过程中出现的各种问题，掌握主动权，尤其是在缺少经验的情况下，充分的准备能弥补经验和技巧的不足。谈判实践也证明，大部分重要谈判的成功都是与充分的准备工作分不开的。一般来说，商务谈判的准备工作包括：资料准备、策略准备、人员准备、其他准备等项任务。

第一节 资料准备

谈判展开前的准备工作容不得半点儿疏忽，而资料搜集和整理是准备工作中极为重要的一项。只有在谈判前收集了有关的信息和资料，才能采用相应的谈判策略、方法，有针对性地制定相应的谈判方案和计划。否则，对对方的情况一无所知，或者知之不多，就会造成盲目谈判。这样即使不是"每谈必败"，至少也是"每谈获利甚少，甚至无利可获"。

一、收集资料的内容

（一）与环境因素有关的资料

国际商务谈判是在一定的政治、经济、社会文化制度和某一特定的法律环境中进行的。这些社会环境会对谈判产生直接或间接的影响。所以谈判所处的环境条件是影响谈判的重要因素，是谈判思维不可缺少的成分，是组成谈判的不可忽视的构件。

谈判的环境因素包括谈判对方国家的所有客观因素，谈判人员必须对此进行全面、系统的调研与分析评估，才能制定出相应的谈判方针和策略。英国谈判专家 P. D. V. 马什在其所著的《合同谈判手册》中对谈判环境作了系统的分析与归类，他认为环境因素主要包括政治状况、宗教信仰、法律制度、商业习惯、社会习俗、财政金融状况、基础设施与后勤供应状况以及气候状况等。

1. 政治状况

一个国家或地区与商务谈判有关的政治状况主要有：

（1）谈判对方国家的政治背景。谈判对方对谈判项目是否有政治目的？程度如何？哪些领导人较为关注？他们的权力如何？在一般情况下，商务谈判是纯经济目的的，但是有时候可能会有政府和政党的政治目的掺杂其中，如果是这样，谈判的最终结果则主要取决于政治因素的影响，而不是商务和技术方面的因素。尤其是那些涉及国家大局的重要贸易项目或涉及影响两国外交的敏感性强的贸易项目，都会受到政治因素的影响。一般来说，交易双方所在国若属友好国家，谈判的后顾之忧就少些，谈判中碰到困难可以借助国家干预来解决，谈判可能会比较顺利，成交的可能性就大，谈判合同的可靠性也高；若属敌对国家，受到的限制就多，交易双方受到的政府干预就多，谈判中的障碍就多，签约以后履行的难度也大。

（2）谈判对方国家对企业的管理程度。这主要涉及企业自主权的大小问题。如果国家对企业管理的程度较高，那么政府就会干预谈判内容及进程，一般关键性问题要由政府部门作出决定；谈判的成效不取决于企业自身，而主要取决于政府有关部门。相反，如果国家对企业的管理程度较低，企业就有较大的自主权，谈判的成败则取决于企业自身。

（3）谈判对方国家的经济体制。如果对方国家实行的是计划经济体制，只有列入国家计划的交易项目才有计划指标，这样的项目才能谈判；如果对方国家是市场经济体制，那么企业就有较大的自主权，企业就可以自主决定交易的内容。

（4）谈判对方国家政局的稳定程度。谈判对方国家政局的稳定程度对谈判有着重大影响。如果政局发生骚乱，就会使正在谈判的项目被迫中止，或者使已达成的协议变成废纸，合同不能被履行，造成重大损失。因此，必须事先了解清楚对方国家的政局。诸如，政局是否会发生变动？总统大选是否与所谈项目有关？谈判对方与邻国的关系如何，是否处于紧张的敌对状态？有无战争爆发的可能？

（5）政治制度与政府的政策倾向的影响。政府的政策倾向包括：改革开放还是保守封闭，紧缩还是扩张，对某一产业或项目是支持还是限制等。

2. 宗教信仰

一个国家或地区与商务谈判有关的宗教信仰因素有：

（1）该国占主导地位的宗教信仰。世界上存在多种宗教信仰，宗教信仰对人们的思想行为有着直接的影响。因此，应首先弄清楚该国家或地区占主导地位的宗教信仰是什么，然后还要研究占主导地位的宗教信仰对谈判者的思想行为的约束。

（2）宗教信仰对一国政治、法律、国别政策等方面的影响。首先，要了解宗教信仰对法律制度的影响。在某些宗教影响较大的国家，法律往往是根据宗教教义来制定的。人们的行为是否被认可，要看是否符合这个宗教的精神，而不是根据是否符合法律原则与规定来判断。在这些国家，宗教往往超越法律。其次，要了解宗教信仰对社会交往与个人行为的影响，不同的宗教信仰对社会交往的影响也是很大的。最后，要了解宗教信仰对节假日和工作时间的影响，这会影响到具体的谈判计划及谈判议程的安排。

3. 法律制度

一个国家或地区与商务谈判有关的法律制度因素主要有：

（1）该国法律制度的状况。该国是依据何种法律体系制定的法律？是属于英美法系（判例法）还是大陆法系（成文法）？

（2）该国在现实中法律执行的情况。法律执行情况的不同将直接影响到谈判成果是否受到保护。在现实中，有的国家法律制度不健全，会出现无法可依的情况；有的国家法律较为健全，但执行中不完全依法办事。这些将会使谈判的结果受到侵犯。

（3）该国法院与司法部门是否独立，司法部门对业务洽谈的影响程度。

（4）该国法院受理案件时间的长短。法院受理案件时间的长短会直接影响洽谈双方的经济利益。谈判双方在执行合同中往往会发生争议，一旦诉诸法律就要由法院来审理。如果法院受理案件的速度很快，那对双方的利益影响不大；如果时间长，那对双方来讲都是人力、物力的极大耗费。

（5）该国对执行国外的法律仲裁判决需要的程序。国际商务谈判活动一旦发生纠纷，并诉诸法律，就自然会涉及不同国家之间的法律适用问题。因此必须弄清楚，在某国的裁决拿到对方国家是否具有同等效力？如果不具备同等法律效力，那么需要什么样的条件和程序才会生效？

4. 商业习惯

一个国家或地区与商务谈判有关的商业习惯主要有：

（1）企业的决策程序。美国企业的决策程序是只要高级主管拍板即可；而日本企业的决策必须经上下左右沟通，达成一致意见后再由主管拍板。因此，必须弄清楚谈判对手所在国家企业的决策程序的差异。

（2）该国文字的重要性。该国在谈判中双方的承诺是否必须见诸文字？文字协议的约束力如何？有的国家很严格，要求必须以文字为准；但有的国家习惯上以几个人的信誉与承诺为准。这是必须要了解的。

（3）该国律师在洽谈和签约过程中的作用。是否在洽谈和签约过程中必须有律师出场，由律师来全面审核整个合同的合法性，并在审核后签字才能生效？还是仅仅起到一种辅助作用？

（4）该国商务谈判中常用的语种。如果对方在谈判中使用当地的语言，己方有没有可靠的翻译？合同文件是否用两国文字表示？两国语言是否具有同等的法律效力？如果有的话，其方式如何？

（5）在商务往来中是否存在贿赂现象。在某些国家，交易中行贿和受贿是要受到法律严厉追究的；但在有些国家，交易中的行贿、受贿属正常现象。对此一定要弄清楚，以便采取对策，防止己方人员陷入圈套，使公司蒙受损失。

（6）在商务往来中，该国有没有商业间谍活动？商业活动的习惯是什么？如果确信该国在业务洽谈的同时有商业间谍活动，则应该研究如何保存机密文件以及其他防范措施。

（7）谈判是与进口代理商进行，还是直接与生产商进行？

5. 社会习俗

谈判者要了解该国或地区的社会风俗习惯，这些风俗习惯能在一定程度上影响谈判活动。例如，该国家或地区对业务洽谈的时间有没有固定要求？业余时间谈业务对方会不会反感？该国家或地区人们在称呼和衣着方面有什么规范标准？社交场合是否携带妻子？赠送礼物以及赠送方式有哪些习俗？在社会活动中妇女是否同男子具有同等的权利？人们如何看待荣誉、名声等问题？

6. 财政金融状况

（1）该国的外汇储备情况。一般来说，一国外汇储备的多少会直接影响到对外支付能力。如果外汇储备较多，则表明该国有较强的对外支付能力。相反，如果外汇储备较少，则说明该国的对外支付存在困难。另外，还要看该国出口产品的结构如何，考虑该国的外汇主要依靠出口哪些商品赚取的。

（2）该国的货币是否可以自由兑换？如果是可自由兑换的货币，自由兑换的幅度有多大？汇率变动情况如何？如果不能自由兑换，有什么条件限制？需要选择什么样的币种来实现支付？这些问题都是交易双方的敏感话题。

（3）该国在国际支付方面的信誉。该国是否有延期支付的情况？能否开出在出口国保兑的信用证？要想取得该国的外汇付款，需要经过哪些手续和环节？

（4）该国适用的税法。该国是依据什么法规征税的？征税的种类和方式如何？有否签订过避免双重征税的协议？如果签订过，是与哪些国家？这些问题都会直接影响到双方的最终实际获利大小。

（二）与谈判对手有关的资料

对谈判对手的调查是谈判准备工作最关键的一环，如果事先毫不了解谈判对手，就会给谈判造成极大的困难，甚至会冒很大的风险。谈判对手的情况是复杂多样的，这里从了解贸易客商的类型入手，着重阐述对谈判对方的资信情况的调查。

1. 客商身份调查

首先应该对谈判对手的类型进行了解，避免错误估计对方，使自己失误甚至上当受骗。目前，贸易界的客商基本上可以归纳为以下几种情况（见表3-1）：

表3-1 谈判客商的类别

客 商 类 别	特 征
在世界上享有一定声望和信誉的跨国公司	资本雄厚，有财团做后台，机构健全，聘有法律顾问，有专门研究市场行情以及进行技术论证的机构
享有一定知名度的客商	资本比较雄厚，产品在国内外有一定的销售量，通过引进技术创新发展，在国际上有一定的竞争力
没有任何知名度的客商	没有任何知名度，但却可提供完备的法人证明，具备竞争条件
专门从事交易中介的客商	俗称中间商，无法人资格，无权签署合同，只是为了收取佣金而为交易双方牵线搭桥
知名母公司下属的子公司	资本比较薄弱，是独立的法人，实行独立核算，在未获授权许可前，无权代表母公司
知名母公司总部外的分公司	无法律和经济上的独立性，不具有独立法人资格，公司资产属于母公司
利用本人身份进行非其所在公司业务的客商	在某公司任职的个人，打着公司的招牌从事个人买卖活动，牟取暴利或巨额佣金
骗子客商	无固定职业，专门通过欺骗从事交易，以拉关系、行贿等手段实施欺骗活动

（1）对待在世界上享有一定声望和信誉的跨国公司，己方应提供准确、完整的各种数据、令人信服的信誉证明，谈判前要做好充分准备，谈判中要求有较高超的谈判技巧，要有充足的自信心，不能一味为迎合对方条件而损害自己的根本利益。这类公司是很好的贸易伙伴。

（2）对待享有一定知名度的客商，要看到对方比较讲信誉，占领我国市场的心情比较迫切，技术服务和培训工作比较好，对己方在技术方面和合作生产的条件比较易于接受，是较好的贸易伙伴。

（3）对待没有任何知名度的客商，只要确认其身份地位，深入了解其资产、技术、产品、服务等方面的情况，它们也是很好的合作伙伴。因为其知名度不高，所提的谈判条件一般也不会太苛刻，它们也希望多与中国合作以提高品牌知名度。

（4）对待专门从事交易中介的客商，要认真了解它们所介绍的客商的资信，防止它们打着中介的旗号实施欺骗行为。

（5）对待"借树乘凉"的客商，不要被其母公司的光环所迷惑，对其应持慎重态度。如果是子公司，要求其出示其母公司准予以母公司的名义洽谈业务、并承担子公司一切风险的授权书。母公司拥有的资产、商誉并不意味着子公司也拥有，要警惕子公司打着母公司招牌虚报资产的行为。一个分公司如果不具备独立的法人资格，那么公司资产属于母公司，它无权独自签约。

（6）对待各种骗子客商，一定要调查清楚其真实面目，谨防上当，尤其不要被对方虚假的招牌、优惠的条件、给个人的好处所迷惑，误入圈套。

2. 对谈判对手资信的调查

对谈判对手的资信状况进行调查研究，是谈判前准备工作中极其重要的一步。缺少必要的资信状况分析，谈判对手的主体资格不合格或不具备与合同要求基本相当的履约能力，那么所签订的协议就是无效协议或者是没有履行保障的协议。

对谈判对手资信情况的调查包括：对谈判对手合法资格的审查，对谈判对手资本、信用及履约能力的审查等。

（1）对谈判对手合法资格的审查。参加商务谈判的企业组织必须具有法人资格。从法律上讲，法人应具备三个条件。一是法人必须有自己的组织机构、名称与固定的营业场所，组织机构是决定和执行法人各项事务的主体。二是法人必须有自己的财产，这是法人参加经济活动的物质基础和保证。三是法人必须具有权利能力和行为能力。所谓权利能力是指法人可以享受权利和承担义务，而行为能力则是指法人通过自己的行为享有权利和承担义务。企业组织满足了这三方面的条件后，在某个国家进行注册登记，即成为该国的法人。

对对方法人资格的审查，可以要求对方提供有关条件，如法人成立地注册登记证明、法人所属资格证明、营业执照的经营范围，详细掌握对方的企业名称、法定地址、成立时间、注册资本、经营范围等。还要弄清楚对方法人的组织性质，是有限公司还是无限责任公司，是母公司还是子公司或分公司。因为公司组织的性质不同，其承担的责任也不一样。还要确定其法人的国籍，即它应受哪一国的法律管辖。对对方提供的证明文件首先要通过一定的手段和途径进行验证。

对谈判对手合法资格的审查还应包括：对前来谈判的谈判对手的代表资格或签约资格进行审查；在对方当事人找到保证人时，还应对保证人进行调查，了解其是否具有担保资格和能力；在对方委托第三者谈判或签约时，应对代理人的情况加以了解，了解其是否具有足够权力和资格代表委托人参加谈判。

（2）对谈判对手资本、信用及履约能力的审查。对谈判对手资本的审查主要是审查对方的注册资本、资产负债表、收支状况、销售状况、资金状况等有关事项。对方具备了法律意义上的主体资格，但并不一定具备很强的行为能力。因此，应该通过公共会计组织审计的年度报告以及银行、资信征询机构出具的证明来核实。

对谈判对手信用及履约能力的审查，主要是调查该公司的经营历史、经营作风、产品的市场声誉、财务状况，以及在以往的商务活动中是否具有良好的商业信誉。要走出下列这些在国际商务活动对风险和信用（资信）认识上的误区："外商是我们的老客户，信用应该没问题""客户是朋友的朋友，怎么能不信任""对方商号是大公司，跟他们做生意，放心"等。"对老客户的资信状况也要定期调查，特别是当它突然下大订单或有异常举措时，千万不要掉以轻心""防人之心不可无。无论是何方来的大老板，打交道前先摸摸底细，资信好的大公司不能保证其属下的公司也有良好的资信"。

3. 了解对方的谈判时限

谈判时限与谈判任务量、谈判策略、谈判结果都有重要关系。谈判者需要在一定的时间内完成特定的谈判任务，可供谈判的时间长短与谈判者的技能发挥状况成正比。时间越短，对谈判者而言，用以完成谈判任务的选择机会就越少。可供谈判的时间越长，谈判人员就拥有越大的主动权。了解对方的谈判时限，就可以了解对方在谈判中会采取何种态度、何种策略，我方就可制定相应的策略。因此，要注意搜集对手的谈判时限信息，辨别表面现象和真实意图，做到心中有数，针对对方的谈判时限制定谈判策略。

4. 了解对方谈判人员的权限

在谈判中要切记一个原则：在任何时候、任何情况下也不要与一个没有任何决定权的人谈判，否则只会浪费时间。弄清楚对方谈判人员的权限有多大，对谈判获得实质性结果的多少有重要影响。一般来说，对方参加谈判人员的规格越高，权限也就越大；如果对方参加谈判的人员规格较低，我们就应该了解对方参加谈判的人员是否得到授权？对方参谈人员在多大程度上能独立做出决定？有没有决定是否让步的权力？

5. 了解对方谈判人员的其他情况

要从多方面搜集对方信息，以便全面掌握谈判对手。例如，谈判对手谈判班子的组成情况，即主谈人背景、谈判班子内部的相互关系、谈判班子成员的个人情况（包括谈判成员的资历、能力、信念、性格、心理类型、个人作风、爱好与禁忌等）；谈判对手的谈判目标，即所追求的中心利益和特殊利益；谈判对手对己方的信任程度，包括对己方经营与财务状况、付款能力、谈判能力等多种因素的评价和信任程度等。

（三）与谈判者自身相关的资料

古人云："欲胜人者，必先自胜；欲论人者，必先自论；欲知人者，必先自知。"没有对自身的客观评估，就不会客观地认定对方的实力。所以在谈判前的准备工作中，不仅要调查分析谈判对手的情况，还应该了解和评估谈判者自身的情况。谈判者自身的情况是指谈判者所代表的组织及己方谈判人员的相关信息，主要包括：

（1）己方经济实力的评价。己方经济实力主要包括：己方产品及服务的市场定位、财务状况、销售情况、企业有形资产和无形资产的价值、企业经营管理的水平及决策的成败记录等。

（2）己方贸易谈判人员的实力评价。这方面内容包括：己方参加谈判人员的知识结构、人际交往及谈判的能力、心理素质、成员之间的熟悉及配合水平、士气状况、以往参加谈判的经验及成败记录等。

（3）谈判项目的可行性分析。进行项目可行性分析需要对项目涉及的资金、原材料、技术、管理、销售前景及其对企业综合实力的影响进行全面的评估。

（4）己方贸易谈判的目标定位及相应的策略定位。谈判的目标定位包括最低目标定位和最高目标定位，即预先设定贸易谈判的界限点和争取点。对己方的谈判方案及相应策略的谋划也需要进行可行性分析。

（5）己方所拥有的各种相关资料的准备状况。这方面内容包括拥有相关资料的齐全程度，特别是对核心情报的把握程度；以及己方谈判人员对资料的熟悉程度，哪些资料可以在谈判中作为背景资料提供给对方，哪些资料将在关键场合发挥独特的作用等。此外，了解己方在谈判中所拥有的时间已是相当重要的。

通过以上对谈判双方情况的综合分析，就可以对双方的实力加以判定，便可制定和策划己方的谈判策略，使谈判朝着有利于己方的方向发展。

二、收集资料的方法和渠道

（一）收集资料的方法

【案例3-1】

分 享 秘 密

有人认为，收集情报资料是一件神秘而困难的事，只有经过专门训练的特工才能胜任。特工的职责当然是收集那些高机密、作用重大的情报，但收集情报并非只有特工才能胜任。有的情报是公开的，得来全不费工夫，但需要细心，留意观察周围的一切。

在希特勒发动罪恶战争前的积极备军时期，有位作家伯尔托尔德·雅各布写了一本小册子。这本小册子描述了希特勒新军的组成情况，包括德军的组织结构、参谋部人员布置、部队指挥官的名字、各个军区的情况，甚至谈及了最新成立的装甲师里的步兵分队。小册子列举了168名指挥官的姓名、职务和简历。这些属于德国军事机密的资料居然汇集在一起，简直要命。希特勒勃然大怒，派人逮捕了雅各布。

在审讯室里，负责此案的尼古拉上校严厉地盘问："雅各布先生，大作中的资料是从哪里得来的？谁是你的内线？"

雅各布坦然答道："上校先生，我书中的资料全部是从公开的报道中得来的，瞧——"他拿出一份纽伦堡的报纸，报上有一个讣告。讣告说新近调驻在纽伦堡的第17师团指挥官哈济将军也曾参加葬礼。雅各布接着说："我书中曾提到驻马尔姆的15师团第36连队指挥官是菲罗夫上校。马尔姆的报纸曾大肆渲染他女儿同史太梅尔少校订婚的事。从斯图加特赶来祝贺的沙勒上校，报上说他是当地师团指挥官……"

具体来说，收集资料的方法主要有以下几种：

1. 观察法

观察法又称实地观察法，是指资料收集者亲临现场，通过仔细查看而取得信息资料的方法。它的特点在于被调查者感觉不到正在被调查。观察法可采用多种方式。观察者可以参与被观察者的活动进行观察，也可以不参与活动以旁观者的身份进行观察；可以在自然状态下对被观察者进行观察，也可以在有意制造的人为情景下进行观察；可以事先设计内容统一、结构规范、要求具体的观察提纲进行观察，也可以不作具体规定，随意观察。在一般情况下，使用观察法最好是在被观察对象没有任何察觉的情况下进行，因为只有这样才能收集到比较真实、客观的信息。但是这种方法也有局限性，例如，受交通条件限制有些现场不能亲自去观察；受观察者自身条件限制，观察难免不全面，也难免受主观意识的影响而带有偏见。

2. 询问法

询问法是指资料收集者通过提问请对方作答来获取信息资料的方法。询问法按其所采用的方式或手段，可分为面谈、电话、书面等。按其有无确定格式和是否公开意图，还可以分为以下四种方式：①有确定的询问格式，意图公开；②有确定的询问格式，意图不公开；③无确定的询问格式，意图公开；④无固定的询问格式，意图不公开。此外，还可以根据接受访谈的人数多少区分为个体询问和集体询问。这种方法具有直接性和灵活性的特点，能够根据谈判对手的具体情况进行深入的询问，从而获得较多的第一手资料，并可与观察法结合实施。其缺点是时间长，费用高，对调查者的素质要求较高。

【案例 3-2】

一次，中国外贸人员同英国裘皮商人谈判。休息时，英商凑到陪谈人员身边递烟搭讪："今年狼皮比去年好吧？"中方人员随意应了一声："不错。"英商紧跟一句："如果我想买 15 万~20 万张不成问题吧？"谈判人员仍不经意地回答："没问题。"一支烟未抽完，英国商人已经在不知不觉中摸到中方重要情报并设下圈套。

在随后的谈判中，英商主动向中方人员递出 5 万张黄狼皮的稳盘，价格比原方案高 5%。中方谈判人员没料到这是花招，仅认为他要抢买，在其他竞争者面前先出高价挤垮别人以达到垄断货源之目的。为此，中方为卖得理想的价格而沾沾自喜。

可是两天之后，就有客户向中方反映，有人按低于中方的价格在英国市场抛售中国黄狼皮。直到此刻，中方谈判人员冷静分析了业务谈判的前前后后，方才恍然大悟，原来该商人有意递出价高 5% 的稳盘，稳住中方，因为他给的价高，其他商人便难以问津了。同时在中国黄狼皮高牌价下，他则在英国市场上按原价大量抛售几十万张存货，以微小的代价先于中方出售。这样他积压的货倾销出去了，而中国向其他国家报出的价格却被全部顶回来了。

商务谈判与其说是利益的抗衡，不如说是智慧的较量。谁掌握着谈判对方的底细，谁就掌握着主动权，利益的天平就会向谁倾斜。

3. 问卷法

问卷法是指由资料收集者向对方提供问卷，并请其对提出的问题做出回答，从而获取信息资料的方法。问卷一般是一份经过精心设计的问题表格，根据不同标准可以区分为不同类型。按问卷的填写人员不同，可区分为自填问卷和访问问卷两种。按问卷的设计方式不同，可区分为封闭式问卷和开放式问卷。按问卷的发送方式不同，还可分为邮寄问卷和送达问卷。

问卷法的优点是：可以节省时间、经费和人力；被调查者不必填写姓名，比较容易收集到真实的信息；得到的信息资料便于定量处理和分析；可以避免信息收集者的主观偏见，减少人为的误差。其缺点主要是：回收率难以保证，尤其是邮寄问卷，被调查者必须具有一定的文化程度，否则难以作答。问卷法的不同类型各有特点，只有根据具体情况选择应用，才能取得比较好的资料搜集效果。

4. 检索法

检索法是指从已经储存的信息资料中选择并索取有关信息资料的方法。"检索"是信息情报工作的常用术语，指的是按一定程序，从计算机储存库中挑选、索取所需要的资料。而这里所说的"检索"，包括对电子信息的检索和对印刷信息的检索，在一定意义上，也包括对自己头脑中记忆信息的检索。

印刷信息检索主要是通过查阅相关文献的目录、索引、文摘和年鉴、手册、百科全书等来进行。电子信息检索是通过计算机终端从信息库中查找已经存储的相关资料。用以上两种方式，有时可能直接检索到所需的具体信息，有时可以从中发现所需资料的线索，进而查找到需要的具体信息。

5. 归纳法

这是一种综合的分析方法，是通过平时对各种资料（有声的、无声的信息）的收集，进行整理归类、研究、分析、去伪存真，然后推断出自己需要的信息。这种调查方法要求调查人员有较好的综合能力，头脑灵活，应变力强。

【案例3-3】

1959年9月26日，我国在黑龙江省松嫩平原打出第一口油井，取名大庆油田。然而，由于当时国际环境复杂多变，我国并没有向外界公布大庆油田的地理位置和产量。到了20世纪70年代，随着中日关系的正常化，日本商家极想与我国达成有关石油设备的贸易协议。日本深知我国开发石油需要大量的石油设备，却又苦于信息不足。善于收集资料的日本人广泛地收集了我国的有关报纸、杂志，进行了一系列的分析研究。他们从刊登在《人民画报》封面上的"大庆创业者王铁人"的照片进行分析，依据王铁人身穿的大棉袄和漫天大雪的背景，判断大庆油田必定在中国东北地区；从《王进喜到了马家窑》的报道推断大庆油田所在的大体方位；从《创业》电影分析出大庆油田附近有铁路且道路泥泞；根据《人民日报》刊登的一副钻井机的照片推断出油井直径的大小，又根据我国《政府工作报告》计算出了油田的大致产量；将王进喜的照片放大至与本人1:1的比例（通过王进喜与毛泽东、周恩来等国家领导人的合影），判断其身高，然后对照片中王进喜身后的井架进行分析，推断出井架的高度、井架间的密度，据此进一步推测我国对石油设备的需求量。日本人把这些陆陆续续收集到的信息进行综合整理、分析之后，勾勒出我国石油开采的发展势头，及对设备、技术的必然需求，并着手进行各种必要的设计和生产的准备工作。后来果真谈判成功，给日本有关公司带来了丰厚的利润。

6. 网络法

网络法就是通过计算机联网或其他先进的通信设备，将在各地设立的办事处、信息站、分公司、连锁店等的反馈信息及时收集起来而获取信息的方法。这种方法已经被广泛地应用。现代社会已经进入全球经济一体化的时代，某种产品或服务往往遍布于世界的四面八方。在如此广泛的区域，如果组织人员进行访谈调查或者观察信息，往往是行不通的。因此，运用网络法来收集和传输各种信息，就成了成功决策与竞争制胜的法宝。

（二）收集资料的渠道

1. 活字媒介

活字媒介是指报纸、杂志、内部刊物和专业书籍、图片等。这是资料收集的主要渠道，也是最宽的渠道。这些媒介均会不时刊登相关资料，因此作为外向型企业，应尽可能多地订购相关报纸杂志，并由专人保管和收集、整理资料，及时向有关人员汇报。

2. 电波媒介

电波媒介就是广播电台、电视台播放的有关国际新闻、经济新闻、金融动态、市场动态、各类记者招待会乃至各类广告。电波媒介作为重要的信息资料收集渠道，比活字媒介要迅速和准确。

3. 从国内外有关单位或部门搜集资料和信息

可能提供这方面资料和信息的单位有：中国国际贸易促进委员会及其各地分支机构；中国银行及国内其他金融机构的分支机构；我国驻外国的使领馆、商务代办处；本行业集团或本行业在国外开设的营业、分支机构；各大企业或公司驻外商务机构及其他民间机构和地方贸易团体等。

4. 知情人员

通过老朋友、老客户、留学生、华侨、外籍华人、外国友好人士以及出国访问者、参加考察者等知情人士去了解所需要的资料。这些人对要了解的对象有直接的认识，所以资料较可靠。当然被委托的人员要可靠、负责，否则适得其反。

5. 会议

参加各种会议，诸如各类商品交易会、展览会、订货会、博览会等，以及有关可以直接进行商务活动的会议和商务报告会、讨论会等。在这些会议上，可以有的放矢地调查商品的生产、流通、消费乃至市场趋势和竞争现状及发展前景等，这是收集资料和了解商情的最好渠道。

6. 从公共机构提供的已出版和未出版的资料中获取信息

这些公共机构可能是官方的，也可能是私营的。他们提供资料的目的，有的是作为政府的一项工作，有的则是为了盈利，也有的是为了满足自身的长远利益需要。因此，应该熟悉这些公共机构，甚至要熟悉在这些机构里的工作人员，同时还要熟悉其提供资料的种类及发行途径。

现列举几种资料来源：

（1）国家统计机关公布的统计资料。这类资料如工业普查资料、统计资料汇编、商业地图等。

（2）行业协会发布的行业资料。这些资料是同行企业资料的宝贵来源。

（3）图书馆里保存的大量商情资料。这类资料如贸易统计数字、有关市场的基本经济资料、各种产品交易情况统计以及各类买卖机构的翔实资料等。

（4）出版社提供的书籍、文献、报刊等。这类资料包括出版社出版的工商企业名录、商业评论、统计丛书、产业研究报告等。目前，许多报刊为了吸引读者，也经常刊登一些市场行情及其分析报道。

（5）专业组织提供的调查报告。随着市场经济的发展，出现了许多专业性组织，如消费者组织、质量监督机构、股票交易所等，它们也会发表相关统计资料和分析报告。

（6）研究机构提供的调查报告。许多研究所和从事商情调研的组织除了单独委托他人完成研究工作以外，为了提高自身的知名度，还经常发表市场报告和行业研究论文等。这些都是收集资料和信息的很好途径。

7. 函电、名片、广告

函电不但是贸易洽谈的主要形式之一，还是日常商品市场调研的工具，通过其可以获取销售信息、生产信息、价格信息等；名片也是收集资料的重要渠道，往往可以通过名片的媒介作用扩大商务、结交朋友、获取资料；广告中有时会载明商品的产地、厂家、电话以及产品的性能乃至销售价格，有些广告册还登有商品的照片和简单说明书等情况，收集广告信息往往能得到一些意想不到的资料。

第二节　策略准备

一场谈判成功与否，与策略准备密切相关。如果策略准备充分、翔实，谈判就可能成功，从而获得较好的经济效益，并能使谈判双方均感满意；否则，谈判会失败。

商务谈判策略准备的内容主要有：确定谈判目标和拟订谈判方案。目标是谈判的前提，只有在明确、具体、可行的目标指引下，谈判才能处于主动地位。正确地制定谈判目标，拟订谈判方案，对于整个谈判具有决定性的意义。

一、商务谈判目标的确立

谈判的目标就是要在谈判过程中解决的实质性问题，任何一种谈判都应当以既定目标的实现为导向。谈判人员在进行一系列谈判行为的决策时，其首要的工作就是确定谈判的目标。

谈判目标的内容依谈判类别、谈判各方需求的不同而不同。如果谈判是为了获得资金，那么就以可能获得的资金数额作为本次谈判的目标；如果谈判是为了推销产品，那么就以产品的销售量、交货日期作为谈判追求的目标。还有一些谈判，是以价格的高低、双方关系的改善、争议矛盾的解决程度作为谈判人员心中的把握目标。由于谈判目标是一种预测性和决策性的指南，参加谈判的各方只有根据自身利益的需求、他人利益的需求和谈判桌内外的各种因素，正确制定出谈判的目标和设置出谈判的目标层次，谈判目标才能实现。

（一）最高期望目标

最高期望目标也称理想目标，是对谈判者最有利的一种理想目标，它是指在满足某方的实际利益之外，还有一个"额外的增加值"。然而在实际的谈判活动中，谈判某方的最高期望目标一般是单方面的可望而不可即的理想点，很少有实现的可能性。因为谈判是各方利益互相兼顾和重新分配的过程，没有谈判者会心甘情愿地拱手把全部利益让渡给他人。同样，任何一个谈判者也不可能指望在每个场合的谈判中都能独占鳌头。这种最高期望目标，又被谈判行家称为"乐于达成的目标"，有经验的谈判者在必要时会放弃这一目标。

当然，这丝毫也不意味着最高期望目标在谈判桌上没有积极作用，最高期望目标往往是谈判进程开始时的话题。如果一个诚实的谈判者一开始就将他实际想要达到的目标全盘托出，由于谈判人员的心态和谈判双方的利益要求不同，该谈判者往往不能达到其理想的谈判目标。美国谈判大师卡洛斯（Chester L. karrass）向2000多名谈判人员进行的实际调查表明，一个好的谈判者必须坚持"喊价要狠"的原则。在讨价还价的谈判过程中，倘若卖主喊价较高，则往往能以较高的价格成交；倘若买主出价较低，则往往也能以较低的价格成交。所以在谈判桌上，卖方喊价高或买方还价低的时候，都会带来对自己有利的谈判结果。

（二）可接受目标

可接受目标也称立意目标，是指谈判人员根据各种主客观因素，考察种种具体情况，经过科学论证、预测和核算之后所确定的谈判目标。对于参与谈判的代表来说，必须采取现实的态度，树立只要能得到部分利益就是成功的谈判思想观念。可接受目标是一个区间或范围，是己方可努力争取或做出让步的范围，谈判中的讨价还价就是在争取实现可接受目标，所以可接受目标的实现往往意味着谈判取得成功。

（三）最低限度目标

最低限度目标也称现实目标，是指人们从事谈判活动必须达到的目标。对于一般的谈判者来说，这类必须达成的目标毫无讨价还价的余地，宁愿谈判破裂也不能放弃。在谈判桌上，最低限度目标与最高期望目标之间有着必然的内在联系，在谈判过程中，表面上看谈判者一开始要价就很高，往往提出己方的最高期望目标。实际上这是一种谈判策略，目的是为了保护最低限度目标或可接受目标，这样做的实际效果是往往超出谈判者的最低限度的要求，然后通过谈判双方反复来回地讨价还价，最终可能在最低限度目标与最高期望目标之间选择一个中间值，即可接受目标。

在谈判桌上，一味追求高标准的最高期望目标，放弃己方的最低限度目标，往往会造成谈判气氛僵化、死板，不利于谈判的正常进行。谈判当事人期望值过高，容易滋长盲目乐观情绪，往往对谈判过程中出现的千变万化的现象和突发事件缺乏足够的思想准备，缺少应变措施，茫然不知所措。最低限度目标是谈判者根据自身主观和客观的多种因素合理制定的最低利益，必须经过多方论证。而最低限度目标的确定，不仅可以为谈判者创造良好的应变心理环境和思想准备，还为谈判双方提供了可供选择的突破方案与成功契机。

在谈判决策活动中，不论是在谈判前的准备工作中还是在谈判的实施过程中，围绕着谈判目标的最终确认，必须注意以下几个问题：

（1）应当遵循实用性、合理性和合法性的要求来确定谈判的各个目标层次。实用性是指谈判双方要根据自身的实力与条件来制定切实可行的谈判目标。例如一个企业通过谈判获得了一项先进的技术装备，但由于该单位存在员工文化素质低、经营管理水平低和技术人员缺乏等问题，该项技术装备的效能就无法充分发挥出来。合理性则包括谈判目标的时间合理性与空间合理性，谈判主体应当对自身的利益目标在时间上、空间上进行全方位的分析、考察。合法性是指谈判目标的制定必须符合一定的法律准则与道德规范。在贸易中对当事人行贿受贿，利用对方产品积压、销售不畅的压力而强迫对方让步、妥协，提供伪劣产品、过时技术和虚假信息，对谈判对手进行坑蒙敲诈，这些行为都是不可取的。

（2）分清谈判目标的不同内涵，区别掌握，灵活应对。谈判目标中，一类是限定目标，如在价格方面，谈判者根据各自情况确定价格限度，从买方来说高于这个价格便不会购进，从卖方来说低于这个价格限度便不愿出售。另一类是弹性目标，即规定一个可以自由浮动的浮动界域，最高争取达到多少，最低不能少于什么基数。弹性目标具有机动变化的余地，可由谈判者灵活掌握。当对方的谈判条件有所变化时，如提供原材料规格高低、付款时间的提前或拖后等，谈判的弹性目标也会随之变动。

谈判的弹性目标必须经过细致分析与再三斟酌。在谈判桌上，假使谈判目标毫无弹性，成功的机会就可能变得微小；与此相反，如果谈判目标富有弹性，谈判者就能随机应变，获胜的可能性就较大。因此，对于谈判目标，要事先商定好弹性目标的上限、中限和下限。以常见的贸易谈判为例，对于买方来说，最高期望目标即为弹性目标的下限，最低限度目标即为弹性目标的上限（见图3-1）；而对于卖方来说，最高期望目标即为弹性目标的上限，最低限度目标即为弹性目标的下限，可接受目标即为弹性目标的中限（见图3-2）。

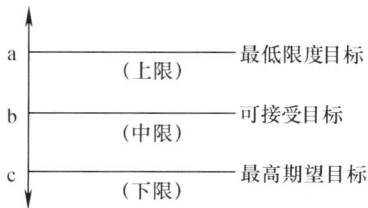

图 3-1　买方谈判的弹性目标　　　　　　　　图 3-2　卖方谈判的弹性目标

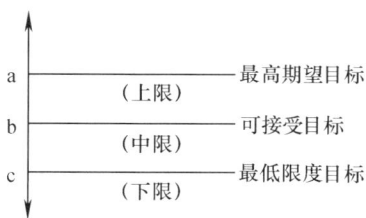

（3）谈判目标的底线与死线要严格保密，除了参加谈判的己方有关人员之外，绝对不能透露给其他人。在一些重要的谈判场合，有的国外谈判者不惜花费重金聘请商业间谍刺探对方的底牌，摸清对方的底细，做到知己知彼。我国有些谈判者却对此重视不够，有的事先没有深入研究，心中没底；有的随意将自己的谈判底牌透露出去，造成不应有的损失。一旦谈判目标有重大的修改，己方要经过全面讨论商定。没有授权的谈判者要向有关单位及领导请示，即便是具有决定权的谈判者也应与参加谈判的有关人员协调沟通，大家取得一致意见后再加以变更。

预定谈判目标和在谈判桌上提出的利益要求是否一致，这要根据不同的具体情况来加以确定。不同的谈判人员有不同的谈判风格，有多种多样的谈判技法和谈判手段。日本著名企业家松下幸之助在创业初期的谈判实践中，按照成本再加10%左右的利润来确定向谈判对手的报价，一般要价后不轻易做出让步，而是直截了当地告诉对手，己方和对方一样，也要获得一定量的利润，请谈判对手谅解。这样做使谈判对手觉得己方是诚实可信的，谈判常常因此而达成协议。

二、商务谈判方案的拟订

为了有效地组织和控制商务谈判的过程，使其既有方向，又能灵活地左右复杂的谈判局势，必须在谈判的准备阶段制定出一套考虑周全的谈判方案。谈判方案是指在谈判开始以前对谈判目标、议程、谈判策略预先所做的安排，是在对谈判信息进行全面分析、研究的基础上，根据双方的实力对比为本次谈判制定的总体设想和具体实施步骤，是指导谈判人员行动的纲领，在整个谈判中起着非常重要的作用。

（一）商务谈判方案制定的原则

从形式上看，谈判方案应该是书面的，篇幅可长可短，一般应满足以下基本要求：简明扼要、突出重点、灵活机动。

1. 简明扼要

所谓简明扼要，是指以高度概括的文字加以叙述，要尽量使谈判人员对谈判问题留下深刻的印象，能较容易地记住其主要内容与基本原则，在谈判中能随时根据方案要求与对方周旋。

2. 突出重点

谈判方案以谈判的内容为基础，具有可操作性。谈判的总目标应该细化成若干分目标或子目标，即从高处着眼，从低处着手，形成环环相扣、层层相接、首尾呼应的目标体系和策略体系。运用组合策略的优点在于每一步的推进看似简单，不施花招，但一旦整体合成起来，却是玄机妙藏，疏而不漏。

3. 灵活机动

谈判过程中会发生很多突然的变化，要让谈判人员在复杂多变的情况下取得比较理想的结果，就必须使谈判方案具有一定的灵活性。谈判人员在不违背谈判原则的情况下，视情况变化，在权限允许的范围内可灵活处理有关问题。因为谈判方案只是主观设想或各方简单磋商的产物，不可能把影响谈判过程的各种随机因素都估计在内，所以在制定谈判方案时，对可控因素和常规事宜可安排得详细些，对无规律可循的事项可安排得粗略些，便于谈判人员在谈判过程中灵活、机动地掌握。例如，谈判目标可以有几个供选择的目标，谈判指标有上下浮动的余地；如果情况变动比较大，原方案不适应，可以实施另一种备用的方案。

（二）制定可供选择的谈判方案

谈判方案是决定谈判成败的关键。谈判人员必须结合主观与客观因素，寻找合理的谈判方案。

1. 合理谈判方案的现实标准

（1）所谓合理只是相对合理，而不是绝对合理。现实中任何一个可行方案都难以达到绝对合理的要求。这是由于制定计划前所掌握的资料和各类信息不可能绝对准确和全面，对社会环境、经济环境、谈判对手的评价和预测不可能绝对正确，谈判过程中会发生偶然因素的影响，会出现意外的变化，谈判人员思想水平、认识能力都有一定的局限性。所以很难制定出一个绝对合理的谈判计划，所谓谈判计划的合理性只能是一个相对概念。

（2）合理谈判方案是一个应从理性角度加以把握的概念。商务谈判实践告诉人们，谈判不能以最理想的方案为目标，而只能以相对来讲足够好的目标为标准。所谓足够好的谈判方案，就是指符合国家方针、政策和法令，满足谈判计划要求，能够在确保可接受的最低限度的基础上实现期望目标值的方案。

（3）合理是谈判双方都能接受的合理。谈判计划虽然是制定给己方人员看的，但是这个计划应该是和对方进行过多次接触和交流之后，双方在一些关键性问题达成共识之后制定的，因此它的合理性已经渗入了对方的意愿。而且计划目标能否实现，谈判策略能否奏效，让步幅度是否合适等，这些必然会受到对方态度的影响。只顾己方利益和条件而不考虑对方的各种因素的计划，其合理性是没有可靠保证的。

2. 谈判方案的内容

在通常情况下，谈判方案一般包括以下内容：

（1）确定谈判的基本策略。基本策略的确定建立在对双方的谈判实力及其影响因素进行细致而认真的研究、分析的基础之上，通常可分三步来确定：

1）要分析对方在本次谈判中的目标，包括最低限度目标、可接受目标和最高期望目标。通过分析对手的目标层次，了解对手最想得到什么，对手可能在哪些方面做出让步，对手实现目标最有利的支持因素是什么，不利于对手的因素有哪些。通过了解对手的这些情况，可以促使对方为了得到最想要的东西而付出更多，也可避其有利而攻其不利。总之，分析对方的谈判目标，可以帮助己方判断对方的谈判实力，以便有针对性地提出己方的谈判目标，并在谈判中把握好利益界限，采取正确的进攻方式，取得最佳的谈判效果。

2）要分析在己方争取最需要的利益时，将会遇到对方的哪些阻碍，对方会提出什么样的交易条件。

3）要确定对策，明确己方可以在哪些条款上让步，哪些不能让步。对于坚决不让步的条款，如果对方也不肯让步，应该采取什么对策来解决问题。如此这样一些问题，在结合具体业务谈判时应落到实处，将对策制定得有理有据。

（2）合同条款或交易方面的内容。在制定谈判方案时，关键的问题就是要对交易条件或合同条款逐字逐句地分析和研究。在研究和分析时，应从政策、法律、经济效益等不同的角度进行估量，彻底弄清楚其含义，从而分辨出哪些条款是可以接受的，哪些是经过双方协商来决定的，哪些是必须按己方意愿来改变的。区分出这三种情况后，己方再提出具体的修改或改动意见，以便在谈判中予以贯彻和实施，力争实现。

（3）价格谈判的幅度问题。商务谈判的核心内容往往是价格问题。价格是谈判的中心环节，也是争论最多的问题。在拟订谈判方案时，要对价格掌握的幅度有明确的看法和意见，并要设计出争取最佳结果的策略和具体措施。同时，对于能够支持己方意见的材料，应该广泛地收集，以便在洽谈中做到有理、有利、有节，使对方心服口服，从而收到良好的效果。

（三）商务谈判的期限

谈判期限关系到谈判的效率，因此谈判方案中应对谈判期限作出规定。谈判期限一般来说是从确定谈判对手并着手进行各种准备开始，至谈判结束的日期。时间的长短主要依据谈判双方时间的充裕程度和正常进行所需要的时间来定。

商务谈判的议题时效性很强，特别是时令性商品和季节性产品，如果超过了规定的期限就要受到损失。因此买卖双方在谈判前对谈判的时间要做出精确的计算和安排。

需要注意的是，千万别将己方实际的谈判期限泄露给对方，否则，会造成不必要的被动局面。

（四）商务谈判的议程

谈判议程的安排对谈判双方非常重要，谈判议程安排的本身就是一种谈判策略，必须高度重视这项工作。谈判议程一般要说明谈判时间的安排和谈判议题的确定。谈判议程包括通则议程和细则议程。通则议程由谈判双方共同使用，细则议程供己方使用。

1. 时间的安排

时间安排即确定谈判在什么时间举行、时间的长短，如果谈判需要分阶段，还要确定分为几个阶段、每个阶段所花费的大约时间等。谈判时间的安排是议程中的重要环节。

在谈判的准备过程中，有无时间限制，对参加谈判的人员造成的心理影响是不同的。如果谈判有严格的时间限制，即要求谈判必须在某段时间内完成，这就会给谈判人员造成很大的心理压力，那么他们就要针对紧张的谈判时间限制来安排谈判人员，选择谈判策略；如果时间安排得很仓促，准备不充分，仓促上阵，会使己方心浮气躁、乱了方寸，在谈判中不能沉着、冷静地实施各种策略；如果时间安排得较拖沓，不仅会耗费时间和精力，还会增加谈判成本，而且随着时间的推延，市场和各种环境因素都会发生变化，可能错过一些重要的机遇。谈判中的时间因素还有另一个重要的含义，即谈判者对时机的选择与把握。常有人会感叹：来得早不如来得巧。时机选择得当，有利于在谈判中把握主动权；相反，时机选择不当，则会丧失原有的优势，甚至会在有一手好牌的情况下最后落得败局。

2. 确定谈判议题

谈判议题就是指谈判双方提出和讨论的各种问题。确定谈判议题首先要明确己方要提出的问题、要讨论的问题。要把所有问题进行全盘比较和分析：哪些问题是主要议题，需要列入重点讨论范围；哪些问题是非重点问题，列入其次；哪些问题可以忽略，这些问题之间是什么关系，在逻辑上有什么联系；还要预测对方要提出的问题，明确需要己方必须认真对待、全力以赴去解决的问题，明确可以根据情况做出让步的或不予讨论的问题。

3. 通则议程与细则议程的内容

（1）通则议程。通则议程是谈判双方共同遵照使用的日程安排，可由一方准备，也可由双方协商确定，一般要经过双方协商同意后方能正式生效。它包括双方所谈事项的次序和主要方式。在通则议程中，通常应确定以下一些内容：双方谈判讨论的中心议题，尤其是第一阶段谈判的安排；列入谈判范围的各种问题以及问题讨论的先后顺序；谈判总体时间及各阶段时间的安排；谈判中各种人员的细节安排；谈判地点及招待事宜等。

（2）细则议程。细则议程是己方根据通则议程拟订的对谈判事项涉及的细节安排，供己方自己使用，是己方谈判方案的具体体现，具有保密性。其内容一般包括以下几个方面：对外谈判中口径的统一，如文件资料说明、发言观点、证明材料、提供的证据等；对谈判过程中可能出现的各种情况的对策安排；己方发言的策略，包括何时提出问题、提什么问题、向何人提问、谁来提问、谁来补充、谁来回答等一系列问题；谈判人员更换的预先安排；己方谈判时间的策略安排、谈判时间期限等。

第三节　人　员　准　备

选择谈判人员，组织好谈判队伍，是商务谈判准备阶段不容忽视的工作，谈判人员是谈判的一个重要构成要素。由具有坚实的谈判理论和丰富的谈判实践经验的人组成的队伍，是取得谈判胜利的一个最重要的保证。选择什么样的人员参加谈判、组成谈判队伍呢？显然，谈判人员的选择以及队伍的组织形式、规模等，都取决于谈判议题、标的重要程度、技术的复杂状况、谈判内容的多寡、谈判规格的高低、谈判规模的大小等因素。

一、商务谈判人员的素质

（一）谈判人员的基本素质

素质是指个体完成一定活动和任务应具备的基本条件和基本特点，是行为的基础与基本因素。人的个体素质包括生理素质和心理素质两个方面。生理素质是指人体组织及器官等的生物性特征和机能，如人体组织及器官的健康程度、人体器官之间的协调一致性、人体器官的耐久性及适应性等方面的特征。生理素质好的人，组织器官正常、身体健康、体力充沛、精力旺盛，有较强的环境适应能力。心理素质是指人心理活动的思维品质及所拥有的知识观念特征。人的心理素质涉及人的思维的深刻性、广阔性、灵活性、独立性、敏捷性、逻辑性、持久性等方面，同时，与人所拥有的知识和形成的观念密切相关。

下面具体介绍四种基本素质：

1. 政治素质

在国际商务谈判中，谈判人员应具有爱国心，坚决维护国家利益、企业利益，不能损公肥私，甚至与外商合伙损害国家、企业利益；谈判人员应为人正直、廉洁奉公、不谋私利、尊重他人、平等待人，具有谦虚、协作、敢于承担责任的品德；谈判人员应以维护国家和组织的利益为荣，具有高度的原则性、责任感和纪律性，有对事业的献身精神；谈判人员应该具有较强的法律意识，遵守法律和社会公德。

2. 文化素质

商务谈判不仅是一门艺术，也是一门科学。它涉及的知识范围极为广阔，因而要求谈判人员既要有较为广阔的基础知识，又要有相当精深的专业知识。谈判人员应注重以文化艺术陶冶自己的情操，注重礼仪和形象。

3. 业务素质

业务素质主要是指商务谈判人员所应具备的其所从事的工作业务方面的素质及谈判素

质。商务谈判者应当具备较高的学历和相当广泛的阅历，有较强的求知欲和获取新知识的能力；谈判人员应具备相关的专业知识，熟悉本专业领域的科学、技术及经营管理的知识，能够担当专业性较强的谈判任务；谈判人员应能够熟练运用口头、书面、动作等语言和非语言表达方式，准确地向对手表明自己的意图，达到说服和感染对方的目的；谈判人员应善于观察对手，及时捕捉对方信息，发掘其价值，冷静地预见谈判前景，适时地调整己方的谈判策略，促使谈判成功。

4. 心理素质

美国谈判大师卡洛斯说："谈判乃是一个人所做的事情里最困难的一项。一个谈判人员需要有商业上或专门职业里所不常见的特质——谈判人员除了需要良好的商业判断能力之外，还必须对人性有深刻的认识。会议桌犹如一座舞台，专门上演剧情紧张的戏剧，商场上还有什么地方能在短短的时间内便聚集了各种经济上的动机、组织的压力、权力和一连串的舌战于一堂，而潜在的利益又如此多？"因此，成熟而稳定的心理品质是谈判人员综合素质的重要内容，是谈判人员在利益角逐和智慧较量中对付压力、处理僵局、正常甚至超常发挥自身能力的精神保障，它能够赋予谈判人员以力量、智慧和灵感，使其临危不惧、遇事不惊，顺利不自满、挫折不气馁。

（二）知识结构

古人云："非学无以广才，非学无以明智。"对于谈判人员来说，知识素养尤为重要。因为在谈判过程中，只有具有广博知识的谈判人员，才能应对各种可能出现的情况，做出正确的理解、分析、判断和决策。

谈判作为一种直接与人打交道的双向沟通活动，要求谈判人员在竞智竞力的过程中，必须以一种合理的知识结构作为强而有力的实力后盾。

所谓"合理的知识结构"，是指谈判人员在知识结构的组合上，将自然科学的精确性、逻辑性与社会科学的实用价值结合起来，既要有广博的基础知识，又要有精深的专业知识。

在知识结构问题上，谈判人员要做到不偏不颇，避免片面主观。这主要从以下两方面着手：

1. 将基础知识与专业知识结合起来

基础知识是谈判人员智慧和才能的基石，是决定谈判人员在谈判活动中的修养和风度的重要因素。基础知识的涵盖面非常广阔，涉及语言学、谋略学、逻辑学、社会学、心理学、行为学等领域。此外，天文、地理、历史、文学等也在其中。谈判人员拥有的基础知识能产生潜移默化的作用，它使得谈判人员在谈判中充满自信，具有一种化腐朽为神奇的影响力。

专业知识决定了谈判人员知识的深度和从事本职工作的能力，是涉及谈判实务方面的知识。其内容主要包括管理学、决策学、法学、技术资料处理等。在商务谈判中所涉及的专业知识种类则更多，涉及面更广，包括商业业务、财务、国际贸易、国际金融、进出口业务、技术转让、市场营销、运输与保险、国际结算、商务法律等方面的知识。

一个优秀的谈判人员，之所以能够在具体操作中应付自如，在于他能够将专业知识的"精"与基础知识的"博"结合起来，并加以互补运用。

2. 将自然科学知识和社会科学知识和谐统一起来

谈判人员在谈判中，在以严谨而缜密的科学思维对待错综复杂的谈判问题时，不但需要自然科学所赋予的精确性、逻辑性，也需要社会科学的实用价值。所以，要将自然科学和社会科学知识有效地统一起来。

这里所说的将专业知识与基础知识结合起来，将自然科学知识和社会科学知识和谐统一起来，并不意味着任何一个谈判人员都必须对基础学科样样精通，而是有所兼顾，不可偏颇。事实上，在浩如烟海的现代科技知识海洋中，任何人都不可能成为"万能博士"。据美国国家研究委员会和联合国教科文组织的统计，当代基础学科的主要专业已有 500 个以上；而一个专业人才，仅精通一门专业就要花去毕生的精力。一个优秀的谈判人员，在实际运用中应最大限度地发掘自己的知识潜能，让各种知识互补，触类旁通，同时运用科学的思维方法，把事实判断与价值判断结合起来，形成较为准确的结论，促成谈判的顺利进行。

（三）能力特征

谈判人员除应具备基本的知识结构，还要能将知识转换成能力，具备较强的运用知识的能力。

1. 洞察力

在商务谈判中，谈判者的洞察力主要表现为能够迅速地根据掌握的信息和对手的言谈举止，对对手掩盖的真实意图进行综合分析，从而做出合理的判断；能够与谈判桌上能力相当的对手交锋，根据需要而灵活多变。

2. 思维与应变能力

《朱子语录》中说："事变无穷，难以预料，随机应变，不可预定。"在谈判中，情况往往是瞬息万变的，时而高潮迭起，时而陷入僵局；时而山穷水尽，时而柳暗花明；时而顺水行舟，时而又身处逆境。这些局面常常令谈判人员眼花缭乱，不知所措。所以具备沉着、机智、灵活的应变能力，是控制局势、化劣势为优势的关键。谈判人员应能够因人、因事做出灵活多变的反应。

3. 表达能力

谈判人员应能够运用语言准确无误地将自己的思想、需求和愿望传达给对方，从而沟通双方的思想。同时要精通与谈判相关的各种公文、协议合同、报告书的写作，以及计算机技术。

4. 社交能力

社交能力作为一种艺术，对于一名谈判人员来说，不只是一般的应酬能力，而是在与人的交际过程中，掌握谈判对手的心理、性格、态度、意向、策略、风格以及经验等的能力，能够争取谈判的主动权。例如，在谈判中，如何克服谈判人员之间的疑心，创造信任感，就是经常会遇到的问题。因此，在谈判活动中要想实现成功的人际交往，首先要充满自信、谦虚、谨慎；其次，对他人要坦诚、守信、宽容，要尊重他人，切不可自以为是，盛气凌人。正如英国哲学家培根所说："从来最有能力的人，都有坦白直率的行为，信实不欺的名誉。"

5. 协调能力

谈判是一项需要密切配合的集体活动，要求每个成员在发挥出自己作用的同时还要相互协调关系，从而把个人的力量凝结起来，以形成更大的战斗力。这主要表现在两个方面：一是在谈判中协调己方谈判代表的分歧，实现统一思想，化解矛盾，一致对外；二是通过一定的策略、方法协调己方与对方在谈判中的分歧，克服障碍，达成一致。协调能力是人际关系能力、表达能力、分析和综合能力的综合体现，它需要多种知识和才能。

6. 创新能力

谈判人员应有丰富的想象力，勇于开拓、创新、拓展商务谈判的新思路、新模式，创造性地提高谈判工作的水平。

二、商务谈判组织的构成

在现代社会中，一场商务谈判往往比较复杂，涉及的知识范围较广。就涉及的知识而言，包括产品、技术、市场、金融、运输、保险和法律等许多方面。若是国际商务谈判，还涉及海关条例、外语等知识。这些知识绝非个人能胜任。所以，商务谈判除了一对一的单人谈判外，更多情况下是在谈判团体、谈判小组之间进行。这个谈判团体或小组就是商务谈判组织，它是指为实现一定的谈判目标，依照某种方式结合的集体。商务谈判组织放大了个人力量，并且形成一种新的力量。这种新的力量同个体的力量有着本质的差别。它是组织的总体效应，仅仅依附于组织而存在。组织力量的来源，一方面是组织成员的个人素质和能力，另一方面是组织成员之间的协调能力。

（一）谈判小组人员构成的原则

1. 知识具有互补性

知识互补包含两层意思：一是谈判人员各自具备自己专长的知识，都是处理不同问题的专家，在知识方面互相补充，形成整体的优势；二是谈判人员理论知识与工作经验的知识互补。谈判小组中既要有高学历的青年知识学者，也要有身经百战、具有丰富实践经验的谈判老手。高学历学者专家可以发挥理论知识和专业技术特长，有实践经验的人可以发挥见多识广、成熟老练的优势，这样知识与经验互补，才能提高谈判小组的整体战斗力。

2. 性格具有互补性

谈判小组中的谈判人员要互补、协调，将不同性格的优势发挥出来，互相弥补其不足，才能发挥出整体队伍的最大优势。性格活泼开朗的人，善于表达、反应敏捷、处事果断；但是性情可能比较急躁，看待问题也可能不够深刻，甚至会疏忽大意。性格稳重沉静的人，办事认真细致，说话比较谨慎，原则性强，看问题比较深刻，善于观察和思考，理性思维比较明显；但是他们不够热情，不善于表达，反应相对比较迟钝，处理问题不够果断，灵活性较差。如果将这两类性格的人组合在一起，分别担任不同的角色，就可以发挥出各自的性格特长，优势互补，协调合作。

3. 分工明确

谈判小组中每个人都要有明确的分工，担任不同的角色。每个人都有自己特殊的任务，不能工作越位，角色混淆。争论时不能七嘴八舌，要逐一发言，要分清主角和配角、中心和外围、台上和台下。谈判小组要分工明确、纪律严明。当然，分工明确的同时要注意所有人员都要为一个共同的目标而通力合作，协同作战。

（二）谈判小组的人员构成

这是一个如何搭配班子的问题。要使谈判小组高效率地工作，一方面，参加谈判的人员都应具有良好的专业基础知识，并且能够迅速、有效地解决随时可能出现的各种问题；另一方面，参加谈判的人员必须关系融洽，能求同存异。谈判小组的人员应专家齐备，否则将影响谈判的质量。一般来说，谈判小组应由以下人员构成：

1. 谈判首席代表

谈判首席代表是谈判小组的全权负责人，是关系谈判成功与否的关键人员。谈判首席代表应对谈判小组成员具有较强的影响、协调能力，熟悉谈判班子成员的学习及商务经历，清楚谈判成员间的相互需要及个人需要。其主要职责是：负责挑选谈判小组成员，组成谈判班子；合理分派谈判成员的职责，协调各成员的关系及言行，调动人员的积极性；负责制定谈判计划、谈判目标及谈判策略；以全权代表的身份与对方谈判，签订各项谈判合同和协议；负责请示和传递上级主管部门或负责人的指示，引导谈判小组工作；落实谈判情况及谈判结束时的总结汇报工作等。

2. 商务人员

商务人员由熟悉商业贸易、市场行情、价格形势的贸易专家担任，要负责合同价格的谈判，帮助整理出合同文本，负责经济贸易的对外联络工作。

3. 技术人员

技术人员由熟悉生产技术、产品标准和科学发展动态的工程师担任，在谈判中负责对有关生产技术、产品性能、质量标准、产品验收、技术服务等问题的谈判，也可为商务谈判中的价格决策作技术顾问。

4. 财务人员

财务人员由熟悉财务会计业务和金融知识，具有较强的财务核算能力的人员担任。其主要职责是对谈判中的价格核算、支付条件、支付方式、结算货币等与财务有关的问题把关。

5. 法律人员

法律人员由精通与经济贸易相关的各种法律条款，以及法律执行事宜的专职律师、法律顾问或本企业熟悉法律的人员担任。其职责是做好合同条款的合法性、完整性、严谨性的把关工作，也负责涉及法律方面的谈判。

6. 翻译人员

翻译人员由精通外语、熟悉业务的专职或兼职翻译担任，主要负责口头与文字翻译工作，沟通双方意图，运用语言策略配合谈判。在涉外商务谈判中，翻译的水平将直接影响到谈判双方沟通和磋商的有效性。

除了以上几类人员之外，还可配备其他一些辅助人员。但是人员数量要适当，要与谈判规模、谈判内容相适应，尽量避免不必要的人员设置。

（三）谈判班子内部人员的分工与配合

在挑选了合适的人员组成谈判班子之后，要对谈判成员进行分工及配合。

1. 主谈人与辅谈人配合

要在谈判班子中确定不同情况下主谈人和辅谈人的位置、责任与配合关系。主谈人是指在谈判的某一阶段或针对某方面议题的主要发言人，也称谈判首席代表。除主谈人以外的小组成员处于配合的位置，称辅谈人，也称助手。

主谈人的责任是将己方确定的谈判目标和谈判策略在谈判中得以实现。在谈判中，己方一切重要的观点和意见都应主要由主谈人表达，尤其是一些关键的评价和结论更得由主谈人表达。辅谈人必须与之一致，要配合主谈人，起到参谋和支持的作用。主谈人和辅谈人的密切配合是非常重要的。例如，在主谈人发言时，辅谈人自始至终都要从口头语气上或身体语言上表示赞同，并随时为主谈人的观点提供有力的说明。当谈判对方设局使主谈人陷入困境时，辅谈人应设法使主谈人摆脱困境，以加强主谈人的谈判实力。当主谈人需要修改已表述的观点而无法开口时，辅谈人可作为过错的承担者，维护主谈人的声誉。辅谈人还可以作为难言之言的代言人，帮助主谈人渡过难关等。另外，随着科技的发展，辅谈人的概念已超出了人的范畴，如计算机越来越经常地充当辅谈人。

2. 台上、台下人员的配合

在比较重要的谈判中，为了提高谈判的效果，可组织台下班子进行配合。台下班子不直接参加谈判，而是为台上谈判人员出谋划策或准备各种必需的资料或证据。台下人员可以是负责该项谈判业务的主管领导，可以指导和监督台上人员按既定目标和准则行事，以维护己方利益；也可以是具有专业水平的各种参谋，如各种专家，可以针对不同的问题提供专业方面的建议。但是台下人员不宜过多，不能干扰台上人员的工作。台下人员要发挥应有的作用，协助台上人员实现己方目标。

第四节　其他准备

一、商务谈判地点的选择

谈判地点的选择，往往是涉及谈判的环境心理因素的问题，它对于谈判效果具有一定的影响。有利的场所能增加己方的谈判地位和谈判力量。

商务谈判地点的选择一般有四种方案：一是在己方国家或公司所在地谈判，二是在对方所在国或公司所在地谈判，三是在双方所在地交叉谈判，四是在谈判双方之外的国家或地点谈判。不同方案均有其优点和缺点，需要谈判者充分利用地点的优势，促使谈判成功。

（一）在己方国家或公司所在地谈判

美国心理学家泰勒尔和他的助手兰尼做过一次有趣的实验，证明许多人在自己的客厅里谈话，比在别人的客厅里更能说服对方。因为人们有一种心理状况：在自己所属的领域内交谈，无须分心于熟悉环境或适应环境；有较好的心理态势，自信心比较足。谈判者可集中精力用于谈判；在谈判中，台上人员与台下人员的沟通比较方便，可以随时向高层领导和有关专家请教，获取所需要的资料和指示；可以利用东道主的身份，通过安排谈判之余的各种活动来掌握谈判进程，从文化习惯上、心理上对对方产生潜移默化的影响，处理各类谈判事务比较主动；谈判人员免除舟车劳顿，可以精神饱满和体力充沛地去参加谈判，并可以节省去外地谈判的差旅费用和旅途时间，降低谈判成本，提高经济效益。所以在一些决定性的谈判中，若能在自己选择的地点内进行，则较为理想。

在己方国家或公司所在地谈判也有不利因素，表现在：不易与公司工作彻底脱钩，谈判人员会经常由于公司事务而分散注意力；离高层领导近，联系方便，谈判人员会产生依赖心理，一些问题不能自主决断，频繁地请示领导，这也会造成失误和被动；作为东道主，己方要负责安排谈判会场以及谈判中的各项事宜，要负责对客方人员的接待工作，安排宴请、游览等活动，所以经济负担心理负担比较重。

（二）在对方所在国或公司所在地谈判

在对方所在国或公司所在地谈判，对己方的有利因素表现在：己方谈判人员远离本土，可以全身心投入谈判，避免主场谈判时来自工作单位和家庭事务等方面的干扰；在高层领导规定的范围内，更有利于发挥谈判人员的主观能动性，减少谈判人员的依赖性；可以实地考察一下对方公司的产品情况，获取直接信息资料；省去了作为东道主所必须承担的招待宾客、布置场所、安排活动等事务性的工作。

在对方所在国或公司所在地谈判，对己方的不利因素表现在：与公司本部相距遥远，信息的传递、资料的获取相对比较困难，某些重要问题也不易及时磋商；谈判人员对当地环境、气候、风俗、饮食等方面会出现不适应，再加上旅途劳累、时差不适应等因素，会使谈判人员的身体状况受到不利影响；在谈判场所的安排、谈判日程的安排等方面处于被动地位；己方也要防止对方过多地安排旅游景点等活动而消磨谈判人员的时间和精力。

到对方所在国或公司所在地去谈判，必须做好充分的准备，要摸清领导的意图，明确谈判目标，准备充足的信息资料，组织好谈判班子等。经验表明，人们在自己的"辖区"内谈判，一般很容易进入状态，发挥出应有的水准；在不熟悉的环境中，往往无所适从，感到拘束。

【案例3-4】

日本的钢铁和煤炭资源短缺，而澳大利亚却储量丰富。日本希望从澳大利亚购进煤和铁矿石，但澳大利亚的煤铁资源却如皇帝女儿不愁嫁，多一个买主少一个买主无所谓。

虽然日本的谈判地位不如澳大利亚，但是聪明的日本人将澳大利亚的谈判代表请到了日本去谈生意。澳大利亚的代表从南半球来到北半球，从基督教文化国家到儒家文化国度。到了日本，他们一般都比较谨慎，讲究礼仪，以免冒犯这个礼仪之邦的文化传统。日本代表则游刃有余，根本用不着忌讳什么。澳大利亚人到了日本，使双方在谈判桌上的地位发生了显著的变化。

澳大利亚的代表过惯了富裕、悠闲的生活，到一个生活习惯与本国迥然不同的国家，很不适应。才到日本，就萌生了回家的念头，他们想念故乡别墅的游泳池、高尔夫球场，急于回到妻儿的身边，所以，他们在谈判桌上常常流露出急躁的情绪。而日本代表则不慌不忙，悠然自得地讨价还价。他们甚至软硬兼施，完全控制了谈判桌上的主动权。

结果，日方仅花费了少量的招待费，就钓到了"大鱼"，最终还以低廉的价格购进了煤和铁矿石。

（三）在双方所在地交叉谈判

有些多轮大型谈判可在双方所在地交叉谈判。这种谈判的好处是对双方都较公平，方便各自考察对方的实际情况。各自都担当东道主和客人的角色，对增进双方的相互了解、融洽感情是有好处的。它的缺点是谈判时间长、费用大、精力耗费大，如果不是大型的谈判或是必需，应少用这种方法谈判。

（四）在谈判双方之外的国家或地点谈判

在谈判双方之外的国家或地点谈判对双方的有利因素表现在：在双方所在地之外的地点谈判，对双方来讲是平等的，不存在偏向，双方均无东道主优势，也无作客他乡的劣势，策略运用的条件相当。

其不利因素表现在：双方首先要为谈判地点的确定而谈判，而且地点的确定要使双方都满意也不是一件容易的事，在这方面要花费不少时间和精力。

这种方案通常被相互关系不融洽、信任程度不高的谈判双方所选用。

二、商务谈判场地的选择与布置

谈判场地的选择和布置对谈判有很大的影响，选择和布置得当的场地可以提高谈判的效率。特别是谈判场地布置的好坏，可以直接影响谈判者才智的发挥。

（一）谈判场地的选择

谈判场地的选择应该满足以下几方面要求：

（1）适宜的灯光、温度、通风及隔音设备。

（2）起码的装饰、摆设、座位。

（3）使谈判者有良好的视觉效果。

（4）保证谈判者的行动安全和交通、通信的方便。

（5）周围环境肃静、幽雅，使人心情舒畅。

（6）必备的办公设施（如计算机、打字机、投影仪、录像设备等），便于双方人员及时办理有关事务。

（二）商务谈判场所的布置

较为正规的商务谈判活动，通常安排有三类房间：一是主谈室，二是密谈室，三是休息室。

1. 主谈室的布置

主谈室的布置很关键。应以宽大舒适、光线充足、色调柔和、空气流通、温度适宜为原则，谈判桌居于房间中间，可以是长方形的，也可以是椭圆形的。主谈室一般不宜装设电话，以免干扰谈判进程，泄漏有关秘密。另外，主谈室一般不设有录音设备，当然，如果双方协商后确定需要录音，也可配备。经验证明，录音设备对业务洽谈的双方往往产生副作用，因为在使用录音设备时，人们由于信息因素的影响，往往会本能地难以畅所欲言，影响谈判的正常进行。

2. 密谈室的布置

密谈室是供双方使用的单独房间。它最好靠近主谈室，有较好的隔音性能，室内应配有黑板、笔记本、笔、桌子以及比较舒适的椅子。有时，某一方成员需要私下里讨论问题，就可以使用密谈室。绝不允许在密谈室安装微型录音设施偷录对方密谈的信息，在对方的场所谈判使用密谈室时，一定要提高警惕。

3. 休息室的布置

休息室是供谈判双方在紧张的谈判间隙休息用的。休息室应该布置得轻松、舒适，以便能使双方放松一下紧张的神经。室内最好布置一些鲜花，播放一些轻柔的音乐，准备一些茶点，以便于调节心情，舒缓气氛。

（三）商务谈判双方座位的安排

谈判双方座位的安排对谈判气氛、对内部人员之间的交流等都有重要的影响。谈判座位的安排也要遵循国际惯例，讲究礼节。通常可以安排以下三种方式就座：

1. 长方形或椭圆形

双边谈判一般采用长方形或椭圆形谈判桌。通常主方、客方各坐一边，若谈判桌横放，则正面对门为上座，应属于客方；背面对门为下座，应属于主方。这种座位安排方法适用于比较正规、比较严肃的谈判。它的好处是双方相对而坐，中间有桌子相隔，有利于己方信息的保密；各方谈判人员相互接近，便于商谈和交流意见，也可形成心理上的安全感和凝聚力。它的不利之处在于人为地造成对立，容易形成紧张的谈判气氛，对融洽双方关系有不利的影响，需要运用语言、表情等手段缓和气氛。谈判桌横放的情况如图3-3所示，谈判桌竖放的情况如图3-4所示。

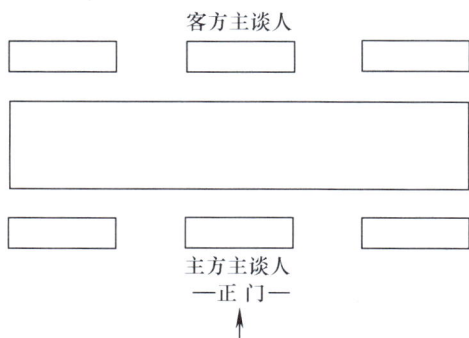

图3-3　横放

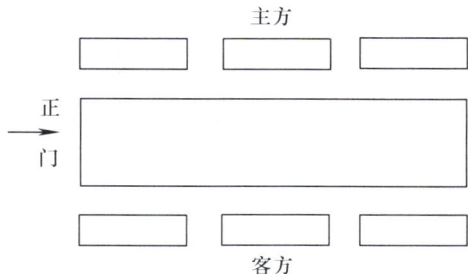

图3-4　竖放

2. 圆形

多边谈判一般采用圆形谈判桌，国际惯例上称为"圆桌会议"。采用圆桌谈判，谈判各方围桌交叉而坐，尊卑界限被淡化了，气氛较为和谐、融洽，容易达成共识。其不利之处是双方人员被分开，每个成员有一种被分割、被孤立的感觉；同时也不利于己方谈判人员之间协商和保密。

【案例3-5】

规矩与方圆

不以规矩，不能成方圆；反过来，方圆又象征着规矩。在谈判中，桌子的形状体现着谈判各方的地位。谈判桌有圆形、椭圆形、方形、多边形、"T"字形等不同形状。

1969年，在巴黎举行结束越南战争的四方和谈。与会各方在座位安排上意见有分歧。因为参加会谈的四方代表的座位象征了各自的地位，谁也不愿意居于末席。预备会上，各方吵得不可开交，火药味很浓，都有不达目的誓不罢休的架势。最后，组织者决定采用椭圆形谈判桌，各方代表才勉强同意。

《水浒传》中，梁山英雄排座次，实际上就是确定其地位高低、权力大小。而椭圆形或圆形的谈判桌，消除了彼此间的顺序差异，没有首席，也没有末席。这种形式适合于多边谈判。长方形谈判桌便适合双边谈判。

如果桌子方方正正，双方谈判人员觉得空气都凝固了，有一种压抑、沉闷的感觉，不妨换成圆桌试试，也许会有全新的感觉，如图3-5所示。

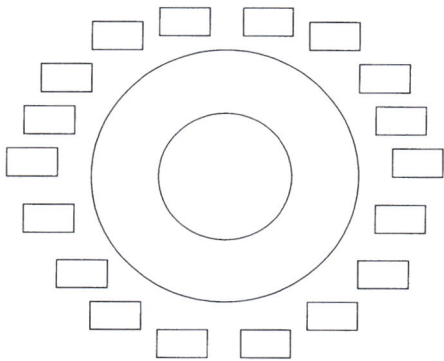

图3-5　圆形

3. 马蹄形

小型谈判也可不设谈判桌，直接在会客沙发上进行，双方主谈人在中间长沙发就座，"主左客右"，译员在主谈人后面，双方其余人员分坐两边，呈马蹄形，这样双方交谈比较随和、友好，如图 3-6 所示。较正式的谈判不宜采用这种形式。

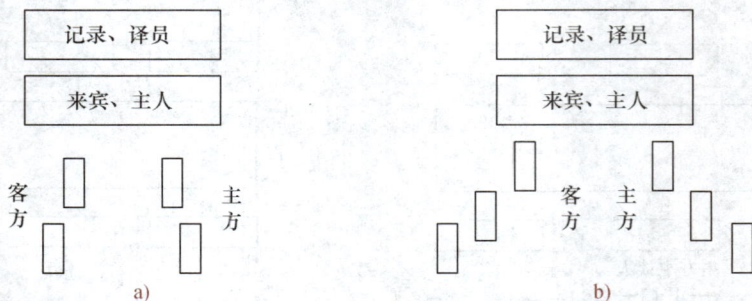

图 3-6 马蹄形

三、食宿安排

谈判是一种艰苦复杂、耗费体力及精力的交际活动，因此用膳、住宿安排也是会谈的内容。东道国一方对来访人员的食宿安排应周到细致、方便舒适，但不一定要豪华、阔气，按照国内或当地的标准招待即可。许多外国商人，特别是发达国家的客商十分讲究时间、效率，反倒不喜欢烦琐冗长的招待仪式。但是，适当组织客人参观游览、参加文体娱乐活动也是十分有益的。它不仅可以调节客人的旅行生活，也是增进双方私下接触、融洽双方关系的有利形式，有助于谈判的进行。

四、模拟谈判

模拟谈判是正式谈判前的"彩排"。它是将谈判班子的全体成员分成两部分，一部分人员扮演对方角色，模拟对方的立场、观点和风格，与另一部分己方人员对阵，预演谈判过程。模拟谈判可以帮助己方谈判人员从中发现问题，对既定的谈判计划进行修改和加以完善，使谈判计划更为实用和有效。同时，有助于谈判人员获得谈判经验，锻炼谈判能力，从而提高谈判的成功率。模拟谈判的原则有四：一要善于假设，提出各种可能出现的问题；二是要尽量提高仿真程度，假戏真做；三要把促使对方做出己方希望的决定作为模拟谈判目标；四要认真总结经验，进行必要的反思。模拟谈判的形式，除现场彩排演练以外，还可根据谈判的实际需要，采用列表回答、提问辩论等方式。

案 例 分 析

【案例分析1】

收集信息的重要性

在美国东北部的一个城市，有位叫菲利普·哈奈特的先生，拥有一家中等规模的工程信息咨询公司。在他的公司十分景气的岁月里，他与本地的一家银行保持着良好的业务关系。

但"天有不测风云，人有旦夕祸福"，对企业来说也是如此。有一段时间，由于市场变化和公司经营的问题，哈奈特的公司业绩一落千丈，负债累累，已濒临破产。这时，那家一直向他提供贷款的银行除了急于收回到期债务以外，已不愿再向他提供贷款了。这不难理解，银行出于自身的利益考虑，向来倾向于"锦上添花"，而不是"雪中送炭"。

为了重整旗鼓，东山再起，哈奈特先生只能寄希望于银行再贷款给他。但是，对一个濒临破产的企业，要想博得银行的同情，取得贷款，简直比虎口拔牙还难。为此，哈奈特只能另辟蹊径。他决定从收集银行的信息着手。哈奈特指示公司的财务部门，整理所有与银行往来的账目、记录等，千方百计地搜寻银行的过错。最后，他根据财务部门的整理结果拟出一场抗议案，其内容包括：银行的办事能力差，办手续所需时间过长，致使哈奈特的公司购买一项产品的计划被耽误，从而蒙受了重大损失；在领款时，作为银行的老客户居然也要在柜台前"排长龙"。而最严重的抗议事项则是，该银行职员一时的疏忽使得一笔原本应该汇入哈奈特公司账户的款项，竟阴差阳错地存入了另一家公司的账户。另外，还有几条"罪状"也同时以严肃的口吻列入了抗议案中，一并送往银行，要求银行解释。

该银行由于对此项抗议案措手不及，于是首先由一位部门经理打电话道歉。接电话的财务部门的冷淡态度使得银行更感紧张，以为哈奈特公司已从其他银行取得了贷款，不需要他们的帮助了。在银行业竞争激烈的今天，信誉是至关重要的，因此，该银行非常担心这件事使自己的信誉受到损坏。于是，该银行经理主动与哈奈特取得联系。出乎这位经理的预料，哈奈特先生在电话中闭口不提抗议的事，反而以轻松的语气问道："对两年以上的私人贷款，如何计算利息呢？"

那位经理原来一直猜想会受到怎样的猛烈攻击，想不到对方却提了这样一个问题，而且语气显得十分友好。在吃惊之余，也大大松了一口气。于是便耐心地把利息的计算方法告诉对方。

"这样的利息是不是现在市面上最优惠的？"

"当然！据我所知，这是目前最优惠的一种贷款条件。"

这时，哈奈特先生才进一步说明他想通过最优惠的方式从该银行获得一笔贷款，并表达了希望与该银行加强往来的愿望。结果，这位经理满足了他的要求。

这个事例充分表明了收集、处理对方信息的重要性。只有了解掌握对手的信息，才能使自己采取的策略有的放矢，逐步实现自己的目标。

【案例分析2】

风采各异的谈判地

1991年10月，举世瞩目的中东和会开幕式在西班牙首都马德里的王宫圆柱大厅举行。两个一直处于敌对状态的民族第一次坐下来商谈和平进程。这无疑具有深远影响。中东和会开幕式的地点为何选在马德里？值得深究。

中东和会正式开始前，阿拉伯国家和以色列之间多次接触，就谈判地点进行磋商。双方达成共识，和会开幕式必须在有三种宗教信仰（基督教、伊斯兰教和犹太教）的国家举行。显然，会谈承办国还需与以阿双方有较好的关系。根据这两个标准，马德里无疑最为适合。西班牙符合第一个条件——有三种宗教信仰并存，马德里是欧洲共同体与巴解组织之间的"沟通渠道"。1986年以来，西班牙和以色列的关系明显改善。

"没有理由不让西班牙在中东和平进程中发挥重要作用。"以色列总统哈伊姆·赫尔佐克如是说。西班牙外交部官员也表示:"有关各方一致选择了马德里,这证明西班牙被看成是一个可靠的负责对话者。"

为了使中东和会顺利进行,西班牙政府决定,将国王卡洛斯三世1764年修建的皇宫作为会议场所。皇宫大厅中央放了一张"T"形谈判桌。会议开始后,会议的主办者美国、前苏联两国的代表在"T"形顶端就座,与会各国代表分坐两旁,埃及、以色列、黎巴嫩在右,欧洲共同体、约旦、巴勒斯坦、叙利亚在左。坐位的安排也用心良苦,因为敌对情绪强烈的国家不能坐在一起,还要照顾远近亲疏,兼顾大局。

中东和会的环境选择颇费周折,包括大环境(西班牙马德里)和小环境(王宫大厅),都经过与会各方的再三考虑。

韩国、朝鲜和美国谈判的场所一直是朝鲜半岛上北纬38°线上的板门店。板门店有一间小屋,北纬38°线横穿小屋中央,双方代表分列这条停火线的两边。具有象征意义的38°线让双方代表清醒地意识到,这是领土之争。在过去的历次谈判中,双方寸步不让,寸土必争。

1986年,里根和戈尔巴乔夫在冰岛举行会谈,有关方面把这次会谈安排在霍克雅维克郊外的一座木房里。这一具有异国情调的环境,意在缓和双方的气氛,可谓用心良苦;但事与愿违,戈尔巴乔夫不愿放弃他对里根战略防御计划的强硬立场。

在波兰和苏俄边境附近的苏俄境内,有一座名叫布列斯特的小镇。镇上有所其貌不扬却名声在外的山林小屋。在小屋里,苏俄和德国最高司令部曾签订过一项协议,根据协议,新生的苏维埃政权得以退出第一次世界大战。这一决定是双方代表离开谈判桌、进入盥洗室时做出的。几十年后,在同一个地方,处于多事之秋的前苏联加盟共和国俄罗斯、乌克兰和白俄罗斯的最高决策者在这里确立了"独立国家联合体"这一战略关系。

1991年,参加西方七国首脑会议的各国首脑在伦敦塔共进晚餐。这是英国首相梅杰特意安排的。七国首脑进餐的房间曾是英王亨利八世的第二个妻子安妮王后待决的囚牢,安妮在房间外的草坪上被斩首。在这间充满恐怖气氛的屋子里,七国首脑一边品尝着鲑鱼和牛肉,一边随意交谈。这是不是对远道而来的朋友的下马威呢?不得而知。

谈判环境的选择标准只有一个,若与会各方皆满意,便能够促进谈判的顺利进行。更有甚者,桌子的形状、地毯的颜色、房间的灯光色调都是精心设计的。尽管前人选择的谈判地点千奇百怪,风格迥异,但目的只有一个——实现谈判目标。

思 考 题

1. 国际商务谈判的准备工作包括哪些内容?
2. 国际商务谈判资料收集主要有哪些方法?它们各有什么优缺点?
3. 拟订商务谈判议程中,应该注意哪些方面?
4. 谈判人员应具有哪些基本素质?

第四章

开 局 技 巧

开局是谈判双方第一次亮相,是整个商务谈判的起点。开局好坏在很大程度上决定着整个谈判的走向和发展趋势,关系到双方谈判的诚意和积极性。因此,良好的开局将为谈判成功奠定坚实的基础。谈判开局就是指一场谈判开始时,谈判各方间的寒暄和表态以及对谈判对手的底细进行探测,从而为影响、控制谈判进程奠定基础。谈判开局阶段的具体目标是在建立轻松、诚挚气氛的基础上,力求继续巩固和发展已经建立起来的和谐气氛,并在进入实质性谈判前,双方就谈判程序及态度、意图等取得一致或交换意见。此外,开局阶段还要弄清楚对方的真正需要,尽快掌握对方有关谈判的经验、技巧、谈判作风方面的信息,以及使用的谈判谋略等,特别应注意弄清楚对方对要成交买卖的大致期望,做到心中有数。

第一节 开局阶段的控制策略

开局阶段的控制策略是谈判者为谋求谈判开局中的有利地位和实现对谈判开局的控制而采取的策略,包括开局目标的设计、开局目标的表达和开局气氛的营造。

一、开局目标的设计

所谓开局目标,是一种与终极目标紧密相连而又相互区别的初级目标。在谈判中,双方一经接触,谈判气氛的好坏事关整个谈判的成败与否。因此,谈判者所面临的问题是如何营造出一种适宜于谈判的气氛,而这种谈判气氛就是开局的目标。对各种各样谈判气氛的设想、选择就是对开局目标的设计。每一项具体的谈判,由于谈判双方经济实力不同,谈判人员能力不同,谈判双方的要求和态度也不同,所以对开局目标的设计也会有所不同。究竟何时何地采用何种策略来设计开局目标,应具体情况具体分析。一般地,开局目标的设计需要考虑双方企业之间的关系、双方谈判人员之间的个人关系以及双方的谈判实力。

(一) 谈判双方企业之间的关系

根据谈判双方企业之间的关系来决定建立怎样的开局气势、采用怎样的语言及内容进行交谈,以及何种交谈姿态。具体可分以下四种情况:

1. 双方企业过去有过业务往来,且关系很好

这种友好关系应该作为双方谈判的基础。在这种情况下,开局阶段的气氛应该热烈、友好、真诚、轻松愉快。开局时,本方谈判人员在语言上应该热情洋溢;内容上可以畅谈双方过去的友好合作关系或两企业之间的人员交往,也可适当地称赞对方企业的进步与发展;在姿态上应该比较自由、放松、亲切。这样可以较快地将话题引入实质性谈判。

2. 双方企业过去有过业务往来,但关系一般

开局目标仍然是要争取营造一个比较友好、随和的气氛。但是,本方在语言的热情程度上应该有所控制;在内容上,可以简单地聊一聊双方过去的业务往来及人员交往,也可说一

说双方人员在日常生活中的兴趣和爱好；在姿态上，可以随和自然。在适当的时候，自然地将话题引入实质性谈判。

3. 双方企业过去有过业务往来，但本企业对对方企业的印象不佳

开局阶段的气氛应该严肃、凝重。在语言上，在注意讲礼貌的同时，应该较为严谨；在内容上，可以对过去双方的业务关系表示出不满意、遗憾，以及希望本次交易磋商能够改变这种状况，也可谈论途中见闻、体育比赛等中性话题；在姿态上，应该是充满正气并注意与对方保持一定的距离。在适当的时候，可以慎重地将话题引入实质性谈判。

4. 双方企业在过去没有任何业务往来，本次为第一次业务接触

在开局阶段，应力争营造一个友好、真诚的气氛，以淡化和消除双方的陌生感，以及由此带来的防备甚至略含敌对的心理，为实质性谈判奠定良好的基础。因此，在语言上，应该表现得礼貌、友好，但又不失身份；在内容上，多以途中见闻、个人在公司的任职情况、负责的范围、专业经历等进行一般性的询问和交谈；在姿态上，应该是不卑不亢，沉稳中不失热情，自信但不骄傲。在适当的时候，可以巧妙地将话题引入实质性谈判。

（二）双方谈判人员之间的个人关系

谈判是人们相互之间交流思想的一种行为，谈判人员个人之间的感情会对交流的过程和效果产生很大的影响。如果双方谈判人员过去有过接触，并且还结下了一定的友谊，那么，在开局阶段即可畅谈友谊地久天长。同时，也可回忆过去交往的情景，或讲述离别后的经历，还可以询问对方家庭的情况，以增进双方之间的个人感情。实践证明，一旦双方谈判人员之间发展了良好的私人感情，那么，提出要求、做出让步、达成协议就不是一件太困难的事。通常还可降低成本，提高谈判效率。

（三）双方的谈判实力

就双方的谈判实力而言，不外乎以下三种情况：

（1）谈判双方的经济实力与谈判能力相当，双方又都有良好的主观愿望，态度认真坦诚，表现出求大同存小异的意向或承诺，坚持不让小事破坏根本决策或改变大局等，那么，要力求营造一个友好、轻松、和谐的气氛。己方谈判人员在语言和姿态上要做到轻松而不失严谨、礼貌而不失自信、热情而不失沉稳。谈判者应当把营造和谐的谈判气氛作为己方的开局目标。

（2）如果双方经济实力、谈判能力悬殊，且对方企图先发制人、以强凌弱，那么，为了不使对方在气势上占上风，从而影响后面的实质性谈判，开局阶段，在语言和姿态上，一方面要表示出友好，积极合作；另一方面也要充满自信，举止沉稳、谈吐大方，使对方不至于轻视己方，即作为弱者的己方应把"先追求平等对话，后营造友好气氛"当作开局目标。

（3）如果双方经济实力、谈判能力相差悬殊，作为弱者的对方态度又不卑不亢，那么作为强者的己方就应把营造平等坦诚、互谅互让的气氛作为一种开局目标。同时，为了使对方能够清醒地意识到己方谈判实力明显强于对方，在谈判中不抱过高的期望值，既能对其产生威慑作用，又不至于将对方吓跑，在语言和姿态上，己方既要表现得礼貌、友好，又要充分显示出自信和气势。

二、开局目标的表达

开局目标的表达是指谈判者为了实现开局目标、营造良好的谈判气氛而运用的各种策略

或方式。常见的表达开局目标的策略有一致式开局策略、保留式开局策略、慎重式开局策略、坦诚式开局策略、进攻式开局策略和挑剔式开局策略。

（一）一致式开局策略

一致式开局策略是指以协商、肯定的语言进行陈述，使对方对己方产生好感，产生双方对谈判的理解充满"一致性"的感觉，从而使谈判双方在友好、愉快的气氛中展开谈判工作。一致式开局策略的目的在于创造取得谈判成功的条件。

一致式开局策略比较适用于谈判双方实力比较接近，双方过去没有商务往来的情况。第一次接触，双方都希望有一个好的开端，因此，要多用外交礼节性语言、中性话题，使双方在平等、合作的气氛中开局。例如，谈判一方先以协商的口吻来征求谈判对手的意见，然后对对方的意见表示赞同或认可，双方达成共识。值得注意的是，征求对手意见的问题应该是无关紧要的问题，对手对该问题的意见不会影响己方的利益。另外，要表示充分尊重对方意见的态度，语言要友好礼貌，但又不刻意奉承。姿态上应该是不卑不亢，沉稳中不失热情，自信但不自傲，把握住适当的分寸，顺利打开局面。

一致式开局策略还有一种重要途径，就是在谈判开始时以问询方式或者补充方式诱使对手走入己方的既定安排，从而使双方达成一致和共识。所谓问询方式，是指将答案设计成问题来询问对方，例如，"你看我们把价格和付款方式问题放到后面讨论怎么样？"所谓补充方式，是指借以对对方意见的补充，使自己的意见变成对方的意见。

【案例 4-1】

1972 年 2 月，美国总统尼克松访华，中美双方将要展开一场具有重大历史意义的国际谈判。为了营造一种融洽、和谐的谈判环境和气氛，我国在周恩来总理的亲自领导下，对谈判过程中的各种环境都做了精心而又周密的准备和安排，甚至对宴会上要演奏的中美两国民间乐曲都进行了精心的挑选。在欢迎尼克松一行的国宴上，当军乐队熟练地演奏起由周总理亲自选定的《美丽的亚美利加》时，尼克松总统简直听呆了，他绝没有想到能在中国的北京听到他如此熟悉的乐曲，因为这是他平生最喜爱的并且指定在他的就职典礼上演奏的家乡乐曲。敬酒时，他特地到乐队前表示感谢，此时，国宴达到了高潮，而融洽而热烈的气氛也同时感染了美国客人。一个小小的精心安排，赢得了和谐、融洽的谈判气氛，这不能不说是一种高超的谈判艺术。美国总统杰弗逊曾经针对谈判气氛说过这样一句意味深长的话："在不舒适的气氛下，人们可能会违背本意，言不由衷。"英国政界领袖欧内斯特·贝文则说，根据他平生参加的各种会谈的经验，他发现，在舒适明朗、色彩悦目的房间内举行的会谈，大多比较成功。

（二）保留式开局策略

保留式开局策略是指在谈判开始时，对谈判对手提出的关键性问题不作彻底的、确切的回答，而是有所保留，从而给对手造成神秘感，以吸引对手步入谈判。

应注意的是，在采取保留式开局策略时不要违反商务谈判的道德原则，即以诚信为本，向对方传递的信息可以是模糊信息，但不能是虚假信息；否则，会将自己陷于非常难堪的局面之中。

【案例 4-2】

国内某工艺雕刻厂原是一家濒临倒闭的小厂，经过几年的努力，其产品打入了日本市场，战胜了其他国家在日本经营多年的厂家，被誉为"天下第一雕刻"。有一年，日本三家株式会社的老板同一天接踵而至，到该厂订货。其中一家资本雄厚的大商社，要求原价包销该厂的佛坛产品。这虽说是好消息，但该厂想到，这几家原来都是经销韩国、中国台湾地区产品的商社，为什么争先恐后、不约而同到本厂来订货呢？他们查阅了日本市场的资料，得出的结论是本厂的木材质量上乘、技艺高超，这是吸引外商订货的主要原因。于是该厂采用了"待价而沽""欲擒故纵"的谈判策略。先不理会那家大商社，而是积极抓住两家小商社求货心切的心理，把佛坛的梁、柱等分别与其他国家的产品作比较。在此基础上，该厂将产品当全条一样争价钱、论成色，使其价格达到理想的高度。首先与小商社拍板成交，造成那家大客商产生失去货源的危机感。那家大客商不但更急于订货，而且想垄断货源，于是大批订货，以致订货数量超过该厂现有生产能力的几倍。

本案例中该厂谋略成功的关键在于其策略不是盲目的、消极的。第一，该厂产品确实好，而几家客商求货心切，在货比货后让客商折服。第二，巧于审势布阵。先与小客商谈，并非疏远大客商，而是牵制大客商，促其产生失去货源的危机感。这样，订货数量和价格才有大幅增加。

（三）慎重式开局策略

慎重式开局策略是指以严谨、凝重的语言进行陈述，表达出对谈判的高度重视和鲜明的态度，目的在于使对方放弃某些不适当的意图，以达到把握谈判的目的。

慎重式开局策略适用于谈判双方过去有过商务往来，但对方曾有过不太令人满意的表现的情况。己方要通过严谨、慎重的态度，引起对方对某些问题的重视。例如，可以对过去双方业务关系中对方的不妥之处表示遗憾，并希望通过本次合作改变这种状况。可以用一些礼节性的提问来考察对方的态度、想法，不急于拉近关系，注意与对方保持一定的距离。这种策略也适用于己方对谈判对手的某些情况存在疑问，需要经过简短的接触摸底的情况。当然慎重并不等于没有谈判诚意，也不等于冷漠和猜疑，这种策略正是为了寻求更有效的谈判成果。

（四）坦诚式开局策略

坦诚式开局策略是指以开诚布公的方式向谈判对手陈述己方的观点或意愿，尽快打开谈判局面。

坦诚式开局策略比较适合双方过去有过商务往来，而且关系很好、互相了解较深的情况。可以将这种友好关系作为谈判的基础。在陈述中可以真诚、热情地畅谈双方过去的友好合作关系，适当地称赞对方在商务往来中的良好信誉。由于双方关系比较密切，可以省去一些礼节性的外交辞令，坦率地陈述己方的观点以及对对方的期望，使对方产生信任感。采用这种策略时，要综合考虑多种因素，如自己的身份、与对方的关系、当时的谈判形势等。

坦诚式开局策略有时也适用于实力不如对方的谈判者。己方实力弱于对方，这是双方都了解的事实，因此没有必要掩盖。坦率地表明己方存在的弱点，使对方理智地考虑谈判目标。这种坦诚也表达出实力较弱的一方不惧怕对手的压力，充满自信和实事求是的精神，这比"打肿脸充胖子"大唱高调掩饰自己的弱点要好得多。

【案例4-3】

某地一位党委书记在同外商谈判时，发现对方对自己的身份持有强烈的戒备心理。这种心理妨碍了谈判的进行。于是，这位党委书记当机立断，站起来对对方说道："我是党委书记，但也懂经济、搞经济，并且拥有决策权。我们摊子小，并且实力不大，但人实在，愿意真诚与贵方合作。咱们谈得成也好，谈不成也好，至少你这个外来的'洋'先生可以交一个我这样的'土'朋友。"寥寥几句肺腑之言，打消了对方的疑惑，使谈判顺利地向纵深发展。

（五）进攻式开局策略

进攻式开局策略是指通过语言或行为来表达己方强硬的姿态，从而获得谈判对手必要的尊重，并借以制造心理优势，使谈判顺利进行下去。

采用进攻式开局策略一定要谨慎，因为在谈判开局阶段就设法显示自己的实力，使谈判开局就处于剑拔弩张的气氛中，对谈判的进展极为不利，也可能使谈判一开始就陷入僵局。

进攻式开局策略只在特殊情况下使用。例如发现谈判对手居高临下，以某种气势压人，有某种不尊重己方的倾向，如果任其发展下去，对己方是不利的，因此要变被动为主动，不能被对方的气势压倒，采取以攻为守的策略，捍卫己方的尊严和正当权益，使双方站在平等的地位上进行谈判。进攻式开局策略要运用得当，必须注意有理、有利、有节，不能使谈判一开始就陷入僵局。要切中问题要害，对事不对人，既表现出己方的自尊、自信和认真的态度，又不能过于咄咄逼人，使谈判气氛过于紧张。一旦问题表达清楚，对方的态度也有所改变，就应及时调节一下气氛，重新建立起一种友好、轻松的谈判气氛。

【案例 4-4】

日本一家著名的汽车公司在美国刚刚"登陆"时，急需找一家美国代理商来为其销售产品，以弥补他们不了解美国市场的缺陷。当该公司准备与美国的一家公司就此问题进行谈判时，日本公司的谈判代表因塞车迟到了。美国公司的代表抓住这件事紧紧不放，想要以此为手段获取更多的优惠条件。日本公司的代表发现无路可退，于是站起来说："我们十分抱歉耽误了你的时间，但是这绝非我们的本意，我们对美国的交通状况了解不足，所以导致了这个不愉快的结果，我希望我们不要再为这个无所谓的问题耽误宝贵的时间了，如果因为这件事怀疑到我们合作的诚意，那么，我们只好结束这次谈判。我认为，我们所提出的优惠代理条件不会在美国找不到合作伙伴。"日本代表的一席话说得美国代理商哑口无言，美国人也不想失去这次赚钱的机会，于是谈判顺利地进行下去。

本案例中，日本谈判代表采取进攻式开局策略，阻止了美方的企图。

（六）挑剔式开局策略

挑剔式开局策略是指开局时，对对手的某项错误或礼仪失误严加指责，使其感到内疚，从而达到营造低调气氛、迫使对方让步的目的。

【案例 4-5】

巴西一家公司到美国去采购成套设备。巴西谈判小组成员因为上街购物耽误了时间，当他们到达谈判地点时，比预定时间晚了 45min。美方代表对此极为不满，花了很长时间来指责巴西代表不遵守时间，没有信用，如果这样下去的话，以后很多工作很难合作，浪费时间就是浪费资源、浪费金钱。对此巴西代表感到理亏，只好不停地向美方代表道歉。谈判开始以后，美方似乎还对巴西代表来迟一事耿耿于怀，一时间弄得巴西代表手足无措，说话处处被动，无心与美方代表讨价还价，对美方提出的许多要求也无法静下心来认真考虑，匆匆忙忙就签订了合同。等到合同签订以后，巴西代表平静下来，头脑不再发热时才发现自己吃了大亏，上了美方的当，但为时已晚。

本案例中美国谈判代表成功地运用挑剔式开局策略，迫使巴西谈判代表自觉理亏，在来不及认真思考的情况下匆忙签下对美方有利的合同。

三、开局气氛的营造

开局气氛的营造应该服务于谈判的方针和策略，服务于谈判各阶段的任务。政治形势、经济形势、市场变化、文化氛围、实力差距及谈判的场所、天气、时间、突发事件等都会对谈判气氛产生影响，因此，需要在谈判准备阶段作有利于实现谈判目标的准备。谈判气氛在不同的谈判中是不一样的，即使在同一项谈判的过程中，影响谈判气氛的因素发生变化，也会使谈判气氛发生微妙的变化。谈判开局气氛的营造非常关键，因为这一阶段的气氛会直接影响到双方是否有一个良好的开端。

（一）开局气氛的特点

1. 礼貌尊重

谈判双方在开局阶段要营造出一种尊重对方、彬彬有礼的气氛。在谈判的开局阶段可以有高层领导出席，以示对对方的尊重。谈判人员的服饰仪表要整洁大方，无论是表情、动作还是说话语气都应该表现出尊重、礼貌，不能流露出轻视对方、以势压人的态度，不能以武断、蔑视、指责的语气讲话，使双方能够在文明礼貌、相互尊重的气氛中开始谈判。

2. 自然轻松

开局初期常被称为"破冰"期。谈判双方抱着各自的立场和目标坐到一起谈判，极易出现冲突和僵持的局面。如果一开局气氛就非常紧张和僵硬，有可能会过早地造成谈判双方的情绪激动和对立，使谈判陷入泥坑。这种局面还会使谈判者的思维偏激、固执和僵化，不利于细心分析对方的观点，不利于灵活地运用谈判策略。所以，谈判人员在开局阶段首先要营造一种平和、自然、轻松的气氛。例如，随意谈一些题外的轻松话题，松弛一下紧绷着的神经，不要过早与对方发生争论；语气要自然平和，表情要轻松亲切；尽量谈论中性话题，不要过早刺激对方。

3. 友好合作

开局阶段要使双方有一种"有缘相知"的感觉，使双方都愿意友好合作，都愿意在合作中共同受益。因此谈判双方实质上不是"对手"，而是"伙伴"。基于这一点，营造友好合作的气氛并不仅仅是出于谈判策略的需要，更重要的是双方长期合作的需要。尽管随着谈判的进行会出现激烈的争辩或者矛盾冲突，但是双方是在友好合作的气氛中争辩，不是越辩越远，而是越辩越近。因此，要求谈判者真诚地表达对对方的友好愿望和对合作成功的期望；此外，热情的握手、热烈的掌声、信任的目光、自然的微笑都是营造友好合作气氛的手段。

4. 积极进取

谈判毕竟不是社交沙龙，谈判者都肩负着重要的使命，要付出巨大的努力去完成各项重要任务，双方都应该在积极进取的气氛中认真工作。谈判者要准时到达谈判场所，仪表端庄整洁，精力要充沛，充满自信，坐姿要端正，发言要响亮有力，要表现出追求进取、追求效率、追求成功的决心，不论有多大分歧，有多少困难，相信一定会获得使双方都满意的结果。谈判要在这样一种积极进取、紧张有序、追求效率的气氛中开始。

（二）营造开局气氛的意义

在国际商务谈判中，由于谈判开局是双方刚开始接触的阶段，是谈判的开端，谈判者之间彼此不了解，对谈判尚无实际的感性认识，各项工作又千头万绪，往往拿不准该谈些什么，容易出现停顿和冷场，双方都感到有点紧张。这时最好通过双方的寒暄来缓解紧张的气氛，从而为控制整个谈判打下良好的基础。

国际商务谈判的开局气氛是由参与谈判的所有谈判者的情绪、态度与行为共同营造的，任何谈判个体的情绪、态度与行为都可以影响或改变谈判开局气氛；与此同时，任何谈判个体的情绪、思维都要受到谈判开局气氛的影响，呈现出不同的状态。可以说，如果控制了谈判开局的气氛，那么在某种程度上就等于控制了谈判对手。

每一次谈判都因谈判内容、形式、地点的不同，而有其独特的气氛。有的谈判气氛冷淡、对立；有的谈判气氛松弛、缓慢、旷日持久；有的谈判气氛积极、友好；也有的谈判气氛平静、严肃、拘谨。不同的谈判气氛对谈判会有不同的影响。在热烈、积极、友好的气氛中，双方抱着互利互让、通过共同努力而签订一个皆大欢喜的协议、使双方的需要都能得到满足的态度来参加谈判，谈判便成为一件轻松愉快的事情；而在冷淡、对立、紧张的气氛中，双方抱着寸土不让、寸利必夺、尽可能签订一个使自己的利益最大化的协议的态度来参加谈判，就很有可能把谈判变成一场没有硝烟的战争。

（三）影响开局气氛的因素

万事开头难，开局形成的第一印象影响着谈判全过程的谈判气氛。良好的气氛一般在谈判开始的瞬间就形成了。国际商务谈判开局的气氛主要受无声因素和有声因素的影响。

1. 无声因素

无声因素主要是指国际商务谈判人员的仪表、仪态和各种无声语言表达出的风度和气质，具体包括服饰、目光、动作和手势等因素。

服饰因素是指不同的谈判场合由于谈判人员穿着的服饰不同，关系到与整个环境是否匹配，从而影响着谈判的气氛。在服饰仪表上，要求谈判人员塑造符合自己身份的形象。与正规谈判场合不协调的衣着服饰不仅会破坏严肃的谈判气氛，还会使谈判者受到轻视。因此，谈判人员的服饰应该做到美观、大方、整洁。但由于经济状况和文化习俗的差异，各国、各地区、各民族的衡量标准也不尽相同，也应视具体情况而定。

一个人对谈判气氛的形成所产生的影响并非一定表现为明显的言与行。一个眼神，一束目光，一个微小的动作，都可能反映出本质的内容。如果谈判者进入会场时比较大方，并以开诚布公、善意友好的姿态出现在对方面前，特别是目光非常可信、可亲和自信，那么就会向谈判对手传递出诚挚、合作、轻松、认真的信号，消除与对手之间无形的隔阂，建立一种融洽的气氛。西方心理学家认为谈判双方第一次的目光对接交流意义最大，对手是活泼还是凝重、是诚实还是狡猾，一眼就可以看出来。谈判者由此所获取的信息必然会对谈判气氛产生深刻影响。

谈判是人们进行人际交往、相互交流和相互沟通的形式，是谈判双方相互传递某种信息的过程。谈判开始，双方走进洽谈室，礼节、仪表、手势、坐姿等都在传递着某种特定信息，从而使谈判者产生某种预感：可能成功、可能失败、可能很棘手。这种预感是人受到外界信号的刺激而由潜意识接受下来并进行"翻译"的。这种"翻译"的结果可能是正确的，也可能是错误的。因此，谈判人员应对传递不同信号的身体语言事先有所研究，掌握它们对谈判气氛产生的影响，而不能轻举妄动。

2. 有声因素

有声因素是指谈判双方见面后相互介绍、寒暄、交谈一些题外话时向对方所传递的信息，这也是影响谈判气氛的一个重要方面。

有经验的谈判人员在与对方见面之初，通常都会抓住时机，通过双方相互介绍、彼此寒暄，交流感情，营造良好的气氛。语言传递的效果是不一样的，为什么同一句话出自不同人的效果不一样，给人留下不同的感觉？原因就在于言谈者的语气、语调。一般来讲，去声让人感到生硬、不快；平声使人感到和蔼亲切。因此，若双方要营造一个良好的、和谐的气氛，就要注意语气、语调。通过语言的交流使对方感到亲切、自然、确有诚意，这样有助于缩短双方的距离。

谈判双方在彼此介绍、寒暄之后，一般也不是马上进入谈判正题。经验丰富的谈判人员总是选择一些与正题不相干的中性话题，如讨论当天的天气情况、最近的体育新闻、文娱消息或者谈及当今世界大事和社会新闻，也有人谈论个人爱好或双方共有的经历。但要注意不要涉及个人的隐私，应努力寻找共同语言，为下一步切入谈判主题做好充分的准备。

由于谈判结果不可预测、谈判过程错综复杂，谈判双方见面之初往往怀着谨慎的心理，从各个角度观察对手。从见面一开始，要对对手发出的信息作分析、评价和判断。这样做的目的很明确，就是试图通过沟通感情，来营造融洽、和谐的会谈气氛。如果双方感情尚未沟通、气氛尚未融洽，就贸然进入正题，必然会使对方感到过于严肃，防范心理油然而生，气氛势必紧张起来，结果往往是针锋相对，互不相让，开始时的友好气氛也会化为乌有。因此，谈判人员需要在这些方面多花费一些时间，利用有声、无声信息的传递来影响谈判气氛，促使谈判气氛朝着有利于己方的方向发展。

【案例4-6】

东南亚某国的一家华人企业要为日本一著名电子公司在当地做代理商。双方几次磋商均未达成协议。在最后一次谈判中，华人企业的谈判代表发现对方代表喝茶及取放茶杯的姿势十分特别，于是他就说："从××君（日方的谈判代表）喝茶的姿势来看，您十分精通茶道，能否为我们介绍一下？"这句话正好点中了日方代表的兴趣所在，于是他滔滔不绝地讲述起来。结果，后面的谈判进行得非常顺利，那家华人企业终于拿到了地区代理权。

在该案例中，华人企业代表选择了对方最引以为豪并希望别人注意的目标作为突破口，从而成功营造了积极、和谐、融洽的谈判气氛，最终水到渠成，圆满完成了谈判任务。

（四）开局气氛的类型

在国际商务谈判的实践中，开局气氛各具特色，主要类型有：①积极、友好、和谐、融洽的谈判气氛；②平静、严肃、拘谨的谈判气氛；③冷淡、对立、紧张的谈判气氛；④松弛、缓慢、旷日持久的谈判气氛。

不同的洽谈气氛对于谈判效果的影响是不言而喻的。一种谈判气氛可以在不知不觉中把谈判朝某个方向推进，热烈的、积极的、合作的气氛会把谈判朝着达成一致的协议方向推动；而冷淡的、对立的、紧张的气氛会把谈判推向更为严峻的境地。气氛会影响谈判人员的心理、情绪和感觉，从而引起谈判人员做出相应的反应去适应它。如果不加以调整和改变，就会增强这种气氛。因此，在谈判一开始，建立起一种合作的、诚挚的、轻松的、认真的和解决问题的气氛，对谈判可以起到十分积极的作用。谈判人员应很好地研究、分析谈判气氛类型的特点，并结合己方的谈判目标加以灵活运用。

（五）营造开局气氛的要点

谈判人员是谈判的主体，应该在营造开局气氛的过程中发挥主观能动作用，积极主动地去营造和谐的气氛。为此，应该做到以下几点：

1. 节奏适当的开场白

应该清楚，开场白阶段实际上是过渡阶段，有人将这个阶段称之为"破冰"阶段。"破冰"阶段是良好谈判气氛形成的重要环节，如果掌握得好，谈判全过程就会进行得比较顺利。"破冰"阶段谈论的应是有利于谈判顺利进行的话题。

由于正式谈判即将举行，在开局时双方都会感到紧张，闲聊可以调整双方关系，营造融洽、和谐的气氛。开场白阶段不要冷场或停顿，从而减缓随之而来的谈判速度。同时，开场白不宜讲得太快、慌慌张张或是滔滔不绝，因为那样都是不妙的开端。谈判需要的是既轻松又高效率的谈判速度。

2. 自然得体的动作，恰当的表情语言

由于各国、各民族文化习俗不同，谈判人员对各种动作的反应或见仁见智或大相径庭。谈判人员应事先了解对方的背景与性格特点，区别不同的情况，采取不同的做法。

谈判人员应该径直步入会场，以开诚布公的友好态度出现在对方面前。肩膀要放松，目光的接触要表现出诚恳、可亲和自信。心理学家认为，谈判人员心理的微妙变化都会通过目光表现出来。谈判人员是信心十足还是满腹狐疑，是轻松愉快还是紧张呆滞，这都可以通过表情流露出来。是诚实还是狡猾，是活泼还是凝重也可以通过眼神表示出来。谈判人员应该时刻留意自己的表情，通过表情和眼神表示出友好、合作的愿望。

谈判人员的行为和话语都要轻松自如，不要慌慌张张，可适当谈论些轻松的、非业务性的中间问题以及来访者旅途的经历、体育表演或文娱消息、天气情况、私人问候以及以往的共同经历和取得的成功等。此时的谈话应不带任何威胁的语调，不要涉及个人的隐私，使双方找到共同语言，为心理沟通做好准备。

谈判人员要注意手势和触碰行为。双方见面时，谈判者应毫不迟疑地伸出右手与对方相握。握手虽然是一个相当简单的动作，但却可以反映出对方为人的类型：是强硬的，还是温和的，或是理智的。在西方，一个人如果在右手与对方握手的同时，又把左手搭在对方的肩上，说明此人精力过于充沛或权力欲很强，对方会认为"这个人太精明了，我得小心一点"。同时，要注意最忌讳的莫过于放下领带、解开衬衫纽扣、卷起衣袖等动作，因为这将给他人留下精疲力竭、厌烦等印象。

3. 破题引人入胜

如果说开局是形成谈判气氛的关键阶段，那么，破题可以算作关键中的关键因素。开局阶段的任务并不仅仅是为以后的会谈营造良好的气氛，还应该通过对对方的观察，了解对方的性格、态度、意向、风格、经验等。了解对方的目的在于制定相应的策略，为进一步谈判创造有利条件。例如，一位谈判人员在开局之初或是瞻前顾后、优柔寡断，或是锋芒毕露、赤膊上阵，可以断定这是一个初出茅庐者。相反，如果对方在开局期间或是从容自若，侃侃而谈，设法调动我方的谈判兴趣，消除我方疑虑，或是旁敲侧击，想方设法探测我方实力、意向，那么，可以断定这是一位行家里手。双方都要通过破题来表明自己的观点和立场，也都要通过破题来了解对方。由于谈判即将开始，难免有些心情紧张，因此容易出现张口结

舌、言不由衷或盲目迎合对方的现象，这对后面的正式交谈是十分不利的。为了避免这种现象发生，事先应该做好充分准备，才能做到从容不迫、游刃有余。

每一场谈判都有其特殊的气氛，同时会随着谈判进程的推进而发生变化。良好的气氛不一定是热烈的、积极的、友好的，它主要服务于己方的谈判方针、策略，服务于己方的目标。对于谈判人员来说，关键是要根据己方的谈判目标去营造对己方有利的谈判气氛。例如，通过称赞对方来削弱对方的心理防线，从而激发出对方的谈判热情，调动对方的情绪，营造积极、和谐和融洽的气氛；或者是诱发对方产生消极情感，致使一种低沉、严肃的气氛笼罩在谈判开始阶段。

此外，谈判开始前，谈判人员应安静下来再一次设想谈判对手和行将见面的情况，假设一下谈判对方是什么样的人。诸如，他的工作和个人生活有什么特点？他需要什么？他在企业中处于什么地位？他属于哪种类型的人？心胸开阔、慷慨大方、小心谨慎、墨守成规、不守信用、妄自尊大、盛气凌人……将这些问题在脑海中整理一遍，有助于调整自己的心理状况。

第二节　确定谈判议程策略

在谈判中，在没有固定议程的情况下工作最浪费时间和金钱。由于去目标国谈判花费较多，所以有必要认真拟订谈判议程。在许多国家的商务文化中，因为固定议程与其社会的时间观相悖，主人有可能不愿意按固定议程来工作，而有些主人则喜欢采用"磨时间"的方式来迫使对方让步。很显然，带着一个考虑周全的议程来到目标国谈判是有利的。

议程是程序、次序、进度，更是效率。谈判必须安排议程。谈判议程本身就是一种谈判战术，谁先安排议程，谁就掌握主动权。因此，谈判高手都很重视谈判议程工作。谈判议程涉及谈判时间的安排、谈判议题的确定和谈判程序的选择。

一、谈判议程的内容

谈判议程一般都要说明谈判时间的安排和谈判主题、目的及议题的确定。所安排的谈判议程应能避己所短，扬己所长。

（一）谈判的时间安排

谈判的时间安排是指确定谈判在何时举行，为时多久。倘若是分阶段的谈判，还需确定分为几个阶段、每个阶段所需的时间等。

（1）对于双方意见分歧不太大的议题应尽量在较短的时间内解决，以避免无谓的争辩和时间浪费。

（2）对于主要的议题或争执较大的焦点问题，可将其安排在整个谈判的后半程加以讨论；如果把焦点性问题放在谈判进行到总时间 3/5 的前两个小时之内提出来，那么就会更有利于问题的解决。

（3）文娱活动的安排要恰到好处。在枯燥的谈判过程中适当安排一些文娱活动，既可活跃气氛、增进友谊，又可松弛神经、消除疲劳，往往非常必要。但是文娱活动的安排也不能过多，如果谈判进行一周，安排一至两次文娱活动就可以了，且最好安排在谈判的第二天以及商谈焦点性问题的当天。此外，安排的活动内容不要重复，要尽量丰富一些，特别要注意的是不能让文娱活动成为谈判对手借此疲劳我方、实现其谈判目标或达到其他目的的手段。

（4）在进行时间安排时，要考虑到意外情况的发生而留出适当的机动时间。不过，机动时间的安排也不能太多，否则会使谈判进程过于松弛，节奏过于缓慢。

一般地，在安排谈判时间时，要考虑以下几方面因素：①谈判准备的充分程度；②谈判人员的身体和情绪状况；③谈判的紧张程度；④谈判议题的需要程度；⑤谈判对手的情况。

（二）确定谈判的主题、目标、议题和议程

1. 确定谈判主题

谈判主题就是参加谈判的目的，对谈判的期望值和期望水平。不同内容和类型的谈判，有不同的主题。但在实践中，一次谈判一般只为一个主题服务，因此，在制定谈判方案时，也多以此主题为中心。

为保证全体谈判人员牢记谈判的主题，在表述主题的方式上不可赘述，而应言简意赅，尽量用一句话来进行概括，如"以最优惠的条件达成某项交易"或"达成一笔交易"等。至于什么是最优惠条件和如何达成这笔交易就非谈判主题的问题了。另外，谈判议程中的主题，应是己方可以公开的观点，不必过于机密。

2. 确定谈判目标

在谈判的主题确定后，接下来的工作就是对这一主题进行具体化，即制定出具体的谈判目标。所谓谈判目标，就是谈判主题的具体化。正如第三章所讨论的那样，谈判目标分为最高期望目标、可接受目标、最低限度目标三个层次。因此，谈判人员应充分发挥个人才智，在最低限度目标和最高期望目标之间争取尽可能多的利益。假设某公司在一次谈判中以出售价格为谈判目标，则以上三个目标可这样表述：①最高期望目标是每台售价1400元；②最低限度目标是每台售价800元；③可以接受并争取的价格在800～1400元。

值得注意的是，除价格之外，谈判一般存在着多个目标，这就有必要考虑谈判目标的优先顺序，根据其重要性加以排序，确定是否所有的目标都要达到，哪些目标可以舍弃，哪些目标可以争取达到，而哪些目标又是万万不能降低要求的。与此同时，还应考虑长期目标和短期目标的问题。

【案例4-7】

某商家想采购某种商品进行销售，可以作如下考虑：①只考虑价格，牺牲质量以低价进货；②只考虑质量，以高价购入高质量商品，期望能以高价销售保证利润；③将质量与价格相结合加以考虑；④得到免费的广告宣传；⑤将价格、质量和免费的广告宣传三个因素结合起来加以考虑。

在上述五种可能的目标中，不难看出，价格和质量问题是基本目标，若这两个问题不加以解决，谈判就不可能取得成果。

3. 确定谈判议题

谈判议题是双方讨论的对象。凡是与谈判有关的、需要双方展开讨论的问题，就是谈判的议题。确定谈判议题的第一步是把与本谈判有关的所有问题罗列出来，尽可能不遗漏。第二步是根据对己方利益是否有利的标准，将所列出的问题进行分类。第三步是尽可能将对己方有利和对己方危害不大的问题列入谈判的议题，而将对己方不利或危害大的问题排除在谈判的议题之外，从而有助于己方在谈判中处于主动地位。例如，在技术转让谈判中，转让方如果把接受方在技术的使用、产品的销售与技术转让费的支付方面的问题——列入谈判议题，把接受方的责任和义务列举明确，显然对转让方是有利的；但同时转让方却竭力避免将

其应承担的责任，如不愿将技术保证条款列入谈判的议题，目的是在谈判中逃避责任。

4. 确定谈判议程

谈判议程包括通则议程与细则议程。通则议程是谈判双方共同遵照使用的日程安排。细则议程具有保密性，它是对己方参加谈判的具体策略的具体安排，供己方使用。具体内容参见本书第三章。

二、谈判议程的顺序安排

一般地，谈判议程的安排应遵守以下原则：依据己方的具体情况，在程序上能避己所短，扬己所长；议程的安排和布局要为己方出其不意地运用谈判手段埋下伏笔，对一个谈判者来说，是不应放过利用拟订谈判议程的机会来运筹谋略的；谈判议程的内容要能够体现己方谈判的总体方案；议程的安排也要考虑对方的利益和习惯，内容要简洁。

谈判议程有三种安排顺序：先易后难、先难后易和混合型安排，可根据具体情况加以选择。先易后难顺序法也称良好气氛初始法，即先讨论容易解决的问题，以营造良好的洽谈气氛，为讨论困难的问题打好基础，适合初次接触的谈判。先难后易顺序法也称重点突出法，是指先集中精力和时间讨论重要的问题，待重要的问题得以解决之后，再以主带次，推动其他问题的解决，适合与熟悉的谈判对手谈判。混合型顺序法是指不分主次先后，把所有要解决的问题都提出来进行讨论，经过一段时间以后，再把所有要讨论的问题归纳起来，对统一的意见予以明确，对尚未解决的问题进行再讨论，以求取得一致的意见。

三、谈判议程安排中的其他问题

（一）己方安排谈判议程的利弊

己方安排谈判议程有许多优势，己方可根据自己的需要适当安排。例如，可根据自己的习惯来安排谈判时间，按自己偏好的谈判方式安排讨论问题的先后。如果己方认为先就一般原则进行讨论，细节放在后面，就可以把主要领导人物的会谈放在前面；如果己方认为，小问题容易达成协议，而大的原则问题上会存在争议，就可把细节问题放在前面先行讨论。

但是谈判议程由己方安排也有不利之处。例如，己方安排的议事日程往往透露了己方的某些意图，对方可能会从中揣摩出一些很有价值的信息，这就对己方不利。另外，对方可以在谈判前有意不对己方的议事日程提出异议，在实际谈判中才突然提出要求修改某些议程，这样很容易使己方陷入被动，甚至使谈判破裂。

（二）对方对己方议程安排的反应

在议程的安排上总有一方处于主导位置，通常是承担风险较大的一方。无论哪一方提出议程安排，都要对对方的反应做好准备，要事先准备好应急措施并为议程安排的调整留出足够的空间。

1. 完全同意

对对方的这种反应应引起高度怀疑。这可能是所谓的"外围控制"的开场戏，可以以增加或减少议程从而引起争论的方式来试探对方。如果对方毫无争议地同意这些更改，则应准备好应付"外围控制"战略。对方也许只是希望由于我方受到结果的约束，以致我方在后来的谈判进程中不会拒绝让步。

对方同意也可能是因为对方是谈判新手，很容易被我方的专业水平所折服。这时，最好也用易引发争论的变更来试探对方，通常对方会加以反对。

对方对草拟的议程表示完全同意有时也可能表明对方来自发展中国家，其无意阻碍成交，只是希望检测一下自己和外国团队进行谈判的技能。他们把谈判过程看作是学习经验的过程，是在其他生意中获取更大利益的准备过程。我方若对这一点表示任何怀疑，会得到对方这样一种反应，即向我方征求意见并以某种方式表示诚意。通过将议程中重要的阶段目标的实施日程提前也是试探对方动机的一种方法。

2. 完全不同意

就像完全同意一样，完全不同意也很令人怀疑。极其傲慢的买方/东道主可能会出现这种反应，因为他们希望全面控制形势。在这种情形下，应当以一种请对方准备议程的方式作为回复。其结果常常是对方制定的议程与我方最初的建议并无显著的不同。这样在谈判初期就会发现，自我主义是对方战略中很重要的成分。可以利用这一点转化成我方的优势。被暴露的自我主义将会是失败的自我主义。

完全不同意也可能表明对方是由一个正在摸索方法的新手组成的谈判团队。可以把他们反对议程的观点中的一部分加入到原始提案中去，如果这样他们仍然不接受，尤其当他们是卖方来访者时，那么他们可能处于政府的监视下，可能仅仅是稚嫩的谈判者。在这一阶段，不合情理的表现通常表明未来的谈判是无效的。也许这时该取消谈判。

（三） 利用中间人来安排谈判议程

在有介绍信的情况下，第三方经常可以参与谈判开局阶段的议程安排。当贸易牵涉到敏感商品或当投资必须要受到政治监督方面的检查时，中间人可以成为一个中立方。贸易机构官员在这方面通常是很受欢迎的。具有成功国际商务经历但与商务利益无关的管理人员也可以成为中间人的首要候选人。

只有在最敏感的场合，如长期禁运之后贸易的重新开放时，才从一开始就应采用中间人。在开始寻求第三方帮助之前，通常的做法最好是等一等，看一看是否在议程表中存在主要的"停滞点"。

第三节 谋取谈判主动权策略

在商务谈判中，主动权总是握在实力最强的一方手里，对于稳操胜券的主动方来说，"一步主动则步步主动"。所以，不仅商业合作要占主动，商业竞争中要占主动，就是在商务谈判中同样要占主动。在谈判开局阶段，谈判方可以通过己方所占的信息优势、时间优势和权力优势来谋取谈判主动权。此外，还可以通过熟练运用一些谈判技巧来谋取谈判主动权。

一、谋取谈判主动权的信息优势策略

在这里，信息是指彼此掌握的谈判对方的需要、意图等情况的总称。信息优势就是使我方获得的有关对方的需要、意图的信息，比对方掌握的我方的需要、意图的信息要多、要早、要准确。

商务谈判如同军事斗争一样，胜利不只是依赖强劲的实力，更依赖于对整个战局的准确分析与判断，知己更要知彼。缺乏足够的信息活动能力，没有尽可能准确、全面地掌握对方的谈判信息，即使对方不是处于最有利形势下的最机敏的竞争者，而是处于劣势下的竞争对

手，自己也会一筹莫展。因此，为了驾驭谈判的全局，为谈判的成功奠定良好的基础，谈判者要创造信息优势来谋取谈判主动权。创造信息优势通常所采用的策略是把自己真正的利益、需要和优先考虑的问题尽量藏匿起来。因为信息就是无形资本，就是实力，当还没有完全信任对方时，情况更是如此。这反过来也告诉我们，要从有经验的谈判对手那里获取所需信息总是极为困难的。

那么，怎样才能从对方那里获得所需要的有关信息资料呢？汇集国内外有关这一问题的见解，较好的方法是尽可能在谈判的前期运筹工作中就开始信息收集活动。要获取对方的有关信息资料，一般是以对方的同事或竞争者为搜集对象，通过与他们直接交谈或向他们提供信息等手段以实现反馈。值得注意的是，通过秘密手段使对方泄露其机密的做法，如果最终结果不是利大于弊，则一般不要采用。不仅如此，在双方相互交流信息的过程中，也应注意不断强化友好气氛，适时地提及双方的共同点或已取得一致意见的内容。此外，为取得符合双方利益的积极成果，要尽情地张开想象的翅膀，相互启发，尽可能多又尽可能快地搜集到各种可能或可行的契机，以供双方合作。总之，创造信息优势的策略是一种在公开中藏匿自己、在对方藏匿中探测对方的策略。

二、谋取谈判主动权的时间优势策略

（一）休会的积极意义与作用

商务谈判在进行了一定时间以后，可以休息一二十分钟，这有不可忽视的重要作用：① 双方可以离开谈判会场，回顾一下谈判的进展情况，重新考虑己方在谈判中的地位；② 可以转换一下气氛，或者清醒一下头脑，再进入谈判；③ 双方有机会进行短暂的内部磋商，或与"家里"联系，从而可以以新计划甚至提出新的设想和方案来打破僵局，双方坐到一起，精力和注意力再次集中起来。所以，在一般情况下，休息的建议多会得到双方的积极响应。休息不仅有利于己方，而且对双方的合作也是十分有利的。

（二）适时、适度休会是一种策略

休会有积极的一面，但如时机选择不当，也会产生负作用，例如，丧失对己方有利的谈判势头，使良好的、有效的谈判气氛受到干扰，或者会给对方改变策略方针的机会等。因此，创造时间优势的关键在于选择时机。

一般地，人们会把以下时机作为选择休会的参考：

（1）在每个阶段性谈判结束时。

（2）在确定议题之前。此时，如果有疑问，可以安排休会，推迟确定议题的时间，用这段时间回顾一下己方的方针是否得当。

（3）对立出现之前。如果在谈判中，双方就某个问题发生了争执，使谈判难以顺利进行，这时较为合适的办法是在对立形成之前即刻休会。否则，双方为了保护自己的既定原则不得不互相对抗。宝贵的几分钟休会时间，就会成为双方寻找解决谈判中问题的最佳时机。在休会的时间里，双方人员不是分开而是融合在一起。双方辅助谈判的各类专业技术人员，可以自由结成小群闲聊，谋求双方调整立场以取得某些积极成果的可能性。

（4）当谈判人员尤其是己方人员需要恢复精力时。在谈判人员注意力出现分散时，有必要使谈判暂停，使谈判人员的精力再集中起来。

此外，休会作为一种时间优势采用，应安排好有利于己方的休息程序。此时，应注意：

①要向对方说明休息的必要性；②确定休息时间；③简单总结一下刚才谈判的进展情况，提出复会后讨论问题的建议；④避免提出新议题，如果对方想提出新的议题来讨论，可要求其在休息后再说，利用短暂的休息时间，避免对方产生讨论新议题的激情。

总之，制造和利用休息时间是一个有潜在影响的策略，适当地运用这一策略技巧，可以帮助谈判者谋取谈判主动权。

（三）要具备选择时间策略的意识

对于商务谈判者来说，具备选择时间策略的意识极为重要。

（1）选择恰当的机会，提出一项使人意外的好主意，将会使对方深信己方的"诚意"，从而积极响应。例如，突然的价格让步会使对方认为，这笔生意有利可图，机不可失，时不再来。在这种情况下，己方的首次报盘就会成为最后报盘。而且为了加深印象，掌握以价格让步而换来的时间优势，可同时规定一个截止时间："这是我方的一次牺牲，但请贵方务必在24小时内予以考虑，决定取舍。"这样便有可能避免洽谈中漫长的磋商过程，取得成功。这样，谈判的压力就会更大程度地作用于对方。

（2）为了在谈判过程中获得主动权，必须时刻注意利用机会，掌握加速或缓速的节奏。有时需要推动，使事情向前发展；有时则相反，延缓时间对己方会更有利。例如，知道对方急于求成，则适当拖延一下，力量的杠杆就偏向我方。谈判力量常常随着时间的变化而变化。许多谈判形势开始时是基于某些假定条件，而结束时的交易和原来的设想全然不同，主要原因是一方正确地制造和利用了时间优势，使整个谈判环境发生了某些变化。

（四）正确运用谈判截止时间确定的优势

开局时，一般都会明确规定每轮谈判的结束时间。但在协商结束时间时，一方的反应取决于另一方提出问题的方式。例如一方声明"我们已经订好后天11时30分的车票"或"如果在十四日以前双方还不能达成协议，那么，我们奉命将同××公司开谈"，这样的单方面宣布常常被看作是一种威胁，会引起对方的不满和反驳。

如果谈判结束时间由双方共同商定，则谈判气氛由此变得更加和谐。同样是上述内容，如果一方提出："希望我们能按时结束这次会谈，使我们能赶上后天11时30分的火车，我们将非常感谢，让我们尽量在此之前结束会议，你们认为怎样？"这就给对方不同的感受，增加合作协商气氛。

规定一个明确的谈判截止时间有积极作用。人们不可能长久保持旺盛的精力。随着谈判时间的继续，人的精力会不断下降，而在谈判即将结束之际，又会出现一次高潮。截止时间一经确定，谈判人员就会振作精神，提出建议性的解决方法并做出积极的让步。如果没有一个明确的截止时间，双方就可能会无休止地往后拖延，甚至会以无结果而告终。

三、谋取谈判主动权的权力优势策略

（一）利用权力强化己方的谈判地位

在对等谈判中，任何一方的个人权力地位只能起到间接的影响作用。例如，如果己方经理、厂长亲自参加，则可以给对方一个信息："他们十分重视本次谈判"或"该小组是有权威性的"，从而造成对己方有利的心理因素。但一方的个人权力不可能直接令对方唯命是从。不过，在开局阶段，当一方提出谈判主题的基本条件时，如能引证双方共同的（或己方的）上级部门的有关政策、规定，用以说明己方所开条件是合理、合法、言出有据的，那么就可能形成有利于己方的权力优势。

在何种情况下需要权力优势策略以及如何运用权力优势策略，必须灵活掌握。在一般情况下，如果己方实力已经很强大，就不必再追加权力，否则就会引起对方的不满，对方会采取防御手段，权力制造者就会把谈判引向争斗的方向，这不是谈判高手所使用的方法。具有较强谈判能力的人，都极力注意观察对方对其行为的反应，并且注意在给对方施加压力后能使对方心悦诚服地接受，从而避免弄巧成拙。

同样地，在对方施加压力时，富有经验的谈判人员应不露声色，先鼓励对方，然后逐渐降低对方的声望，但要谨慎从事，以免打草惊蛇，使对方撤出谈判。因为对方也需从谈判中有所得。一名精明强干的谈判者会在对方非常想得到的项目上拼命争斗，施加权力优势，当对方精疲力尽时，马上做出一定的让步。

（二）发挥主持人的主导作用

开局时的主持人地位有可能影响整个谈判格局，使之朝着为共同利益而"谋求一致"的方向努力。主持人可以利用他的有限权力，采用提建议的形式，发挥主导作用，如对开局的时间、地点、环境和程序作精心安排。主持人通过施加影响而坚持"谋求一致"，需要高超而娴熟的技巧，如制造一个愉快的开局气氛，在制订开局计划时使双方达成一致意见；准备工作要扎实，开局目标要十分明确；在实施技巧以谋得己方利益的同时，应尽量多给对方一些满足等。

此外，主持人需要有善于应变的口才，能在开局不太顺利的情形下，机智、冷静地缓解或扭转局面，使对方逐渐产生好感。同时，好的口才，也可以使自己由被动变主动。在开局不顺的时候，如果能言善辩、据理力争、调动对方，就可以变被动为主动。主持人还要善于察言观色，应认真分辨对方的语言，哪些是真诚可靠的，哪些又是虚伪有诈的；另外还得从多角度、多个侧面观察对方的各种姿势、动作、面部表情的变化。

（三）创造权力有限的优势

如前所述，利用权力地位乃至个人威望，是有效的策略；但同时，运用"权力有限"推托性盾牌，也是一种有效策略。

权力有限策略是指当谈判者发现他正在被迫做出远非他能接受的让步时，他会声明没有被授予达成这种协议的权力。这种策略常常是谈判者抵抗到最后时刻而使出的"王牌"。只要一方是委婉地说的，就不会使谈判破裂。

权力有限策略之所以能发挥作用，是因为：当一个谈判者的权力受到限制以后，反而能够经常处于较有利的地位，他的立场可以坚定些，他可以很自信地拒绝对方。因为这不是他个人的事，他必须为上级或其他事情着想。而所谓其他事情可能是某项程序以及公司政策、预算、价格标准，或者无法更改的政府法令。一位未经授权的卖主，就无权答应赊账、降价、打折扣以及负责运送等条件。他无法在这些范围内让步，因为他根本没有这个权力或者是有意不要这个权力。根据相同的理由，如果一个买主提出现在的方案使其超出预算购买，或购买超出预算的价格，或接受未达标准的产品等，则他也是一个很难商谈的对手。

不过，如果用简单、草率的方式使用"权力有限"这个优势，也是很危险的。因为，要使谈判顺利进行，就需要双方共同以最大的诚意朝着预期的方向努力，要求共同交换条件，共同得到满足，共同做出让步。如果一方言称在这一方面没有足够的权力，那么，另一方会认为面临着这样的可能性：无论与对方达成何种谅解，都不会被他们的公司认可。其结果是一方不得不做出这样的决策：让步或让谈判"搁浅"。

在谈判过程中，一方如果担心对方使出权力有限策略，最好在开局时就弄清楚。在谈判的目标、计划和进度已经明确，摸底阶段即将完成，谈判人员的个性已初步掌握以后，可首先弄清对方是否有拍板定案的权力，以便决定是争取在权力有限的范围内使谈判获得成功，还是中止谈判，免得劳而无功。

四、谋取谈判主动权的谈判技巧优势

有时，谈判者可利用所掌握的相对谈判技巧优势来谋取谈判主动权，包括：主动谈判措施和谈判回答技巧。

（一）主动谈判措施

主动谈判措施包括：

（1）充分暴露对方商品的缺点，借以达到杀价的目的。

（2）如果对方为卖主而急于脱手时，要采用拖延战术。不妨提出同类商品廉价出售的资料，使卖主对自己所开高价失去信心。

（3）尽量利用第三方出面与卖主洽谈，采取迂回战术，或让多人分别杀价，将所杀价结果进行比较得出卖主所愿意出售的价格。

（4）欲擒故纵，对于所看的商品，明明中意，仍然表示不喜欢的种种理由，借此杀价。

（5）可采用合伙战术。告诉卖主己方有合伙人拟共同投资，须与合伙人协商，而且所出价格需经合伙人同意才能成交。

（二）谈判回答技巧

在谈判中，谈判者对其所回答的每一句话都负有责任，都会被对方理所当然地认为是一种承诺。这便给回答问题的人带来了一定的精神负担和压力。因此，一个人谈判水平的高低，很大程度上取决于其答复问题的水平。

答复问题实质上就是叙述，因此，叙述技巧对于回答问题通常很重要。在一般情况下，谈判时应当针对对方的提问实事求是地正面回答。但是，由于商务谈判中的提问往往千奇百怪，而且都是对方处心积虑、精心构思之后提出的，其中有谋略、有圈套、有难测之心，如果对所有的问题都正确提供答案，并不一定是最好的答复，所以，答复问题也必须运用一定的技巧。

1. 不要彻底答复对方的提问

答复者应将提问者的问题范围缩小，或者在不作正面答复的前提下加以修饰和说明。例如，对方询问我方产品质量如何，我方不必详细介绍产品的所有质量指标，只需回答其中的几个主要指标，从而造成质量很好的印象即可。

2. 针对提问者的真实心理进行答复

有时，提问者为获得非分的效果，有意识地含糊其辞，所提问题模棱两可。此时如果答复者没有摸清提问者的真实心理，就可能在答复中出现漏洞，使对方有机可乘。因此答复者在遇到这种情况时，一定要先进行认真分析，探明对方的真实心理，然后，针对对方的心理作答。此时，不可自作聪明，按自己的心理假设答复。

3. 不要确切答复对方的提问

在谈判中，有时会遇到一些很难答复或者不便确切答复的问题，不妨以含糊其辞、模棱两可的方法作答，也可以把重点推移。这样，既可避开提问者的锋芒，又能给自己留下了一定的余地，实为一箭双雕。

4. 降低提问者追问的兴致

提问者如果发现答复者的漏洞，往往会刨根问底地追问下去。所以，答复问题时要特别注意不让对方抓住某一点继续发问。假如在答复问题时真的出现漏洞，也要设法降低对方追问的兴致。例如，可用这样的答复堵住对方的口："这个问题很容易解决，但现在还不是时候。""现在讨论这个问题为时还早，不会有什么结果。"

5. 让自己获得充分的思考时间

在一般情况下，谈判者答复的好坏与思考的时间成正比。正因为如此，有些提问者会不断地催问，迫使对方在对问题没有充分思考的情况下仓促回答。在这种情况下，作为答复者一定要保持清醒的头脑，沉着稳健，谨慎从事，不慕所谓"对答如流"的虚荣，也不必顾忌谈判对方的催问，而是转告对方：己方必须进行认真思考，因而需要充分的时间。

6. 礼貌地拒绝不值得答复的问题

谈判者有回答问题的义务，但并不等于必须回答对方所提出的每一个问题，特别是对某些不值得回答的问题，可以礼貌地加以拒绝。

7. 找借口拖延答复

在谈判中，当对方提出问题而己方尚未思考出满意答案并且对方又追问不止的时候，可以用资料不全或需要请示等借口来拖延。例如，你可以这样回答："对您所提的问题，我没有第一手资料来做答复，我想你是希望我作圆满并详尽的答复的，但这需要时间，你说对吗？"不过拖延答复并不是拒绝答复，因此谈判者要进一步思考如何来回答问题。

案 例 分 析

【案例分析1】

日本式"寒暄"

在国际贸易中，与其说只会说英语是个缺点，不如说会说两种语言具有较大优势。"寒暄"是日本高层经理会面或正式招呼的方式，观察一下一家日本销售公司总裁和一家美国机械制造企业的销售副总裁之间的寒暄，颇具启发性。两家公司正要达成协议，在日本结成长期的合作伙伴关系。

双方交换了名片，进行了正式介绍。尽管日本公司的总裁既能说也听得懂英语，但他还是让下属为他进行翻译。各位就座，翻译坐在两位谈判者之间。谈判双方友善但却并不客气，谈判期间上了茶和一种日本橙汁饮料。

日本公司总裁完全控制着双方的反应，通过翻译向美方询问问题。所有参加者的注意力依次转移到每一位发言者身上。在与每一位美国人打过招呼之后，日本公司总裁于是把注意力集中到与美方副总裁的交谈上。在此过程中，形成了一种有趣的非语言行为模式。日本公司总裁首先用日语询问，翻译然后把这一问题翻译给美国公司副总裁听。轮到翻译说话时，美国公司副总裁的注意力（目光）集中到翻译身上，而日本公司总裁却盯着美国人。这样，日本公司总裁就能够仔细却又不易察觉地观察美国人的非语言反应。相反，轮到美国人说话时，日本公司总裁却有双倍的应答时间，因为他懂英语，在翻译人员翻译的过程中，他可以想好如何应答。

在战略性会谈中，这额外的应答时间有什么价值？想一想在高风险的贸易会谈中，假如你能够仔细观察主要谈判对手的非语言反应，那会有什么样的价值？

（资料来源：菲利普 R 凯特奥拉，约翰 L 格雷厄姆. 国际市场营销学. 12 版. 周祖城，等译. 北京：机械工业出版社，2005：P396～397。）

【案例分析 2】

尊重印度的传统

丽莎·亨德里克（Lisa Hendrick）轻快地走过底楼，她的脚步声被地毯所掩盖。她面带笑容，伸出手问候自己的顾客——巴布·贾吉文（Babu Jagjivan）。巴布·贾吉文穿着一件长长的卡其布棉衬衫，腿上缠着一圈圈白色布条。他轻握了一下她的手并示意她坐下。亨德里克在最近的椅子上坐下，双腿交叉。在她的一位讲北印度语的翻译的帮助下，她准备与对方商讨价格。然而，巴布·贾吉文似乎并不着急谈生意。相反，他拍掌唤来一位小伙子。这位小伙子立即送上了两铁壶热气腾腾的茶。当时是炎热的夏季，温度高达华氏100°，于是亨德里克谢绝了饮茶。此后巴布·贾吉文变得极其不愿意说话，更别提谈生意了。亨德里克感到迷惑不解。她本来以为自己已经很好地适应了印度，就在昨天，她还和印度南部大城市班加罗尔（Bangalore）的拉吉先生（Mr. Rajan）谈成了一笔大生意。不过，在这里，在坎普尔（印度北部的一座主要城市），她却做得不怎么成功。亨德里克纳闷，不知出了什么问题。

在印度，你会遇到各种各样的顾客，其中既有拉吉先生一样西化的、世故的都市生意人，也有像巴布·贾吉文一样非常传统的顾客。尽管人们谈生意时力求取得最大经济利益，但是在谈判中必须充分重视社会习俗。对于与女性打交道，巴布·贾吉文本来就很不自在。在印度注重传统的地区，人们并没有和女性握手的习惯——传统的做法是双手在胸前交叉致意。最正确、稳妥的做法是让顾客尽地主之谊，接受饮茶的邀请并在商业谈判正式开始前谈一些生活趣事。与其他地区的生意人一样，印度的销售人员也会去鉴别客户并让自己适应对方。因此，在印度的城市地区，最普遍的商务语言是英语，这样，顾客也更易于习惯西方的礼仪。在一些较小的城镇，顾客更偏向于使用当地语言（印度有 15 种官方语言）。如果销售人员不注意尊重他人的传统习俗，他就得不到他人的信任。一周中的某些日子被认为是签约的吉日（通常是周五），尽管这种日子常常因地区而异。例如，印度南方的很多商人不会在周二新开商号，但在印度北方却不是这样。

（资料来源：查尔斯 M 富特雷尔. 销售学基础. 9 版. 赵银德，译. 北京：机械工业出版社，2006：P436。）

思　考　题

1. 如何掌握好开局时间？
2. 制定谈判计划时该考虑哪些因素？
3. 如何开局才能收到良好的效果？

第五章

谈判中的探测技巧

商务谈判探测是指谈判人员依据谈判任务寻找、了解交易对象的活动。商务谈判人员在商务谈判中，探测对方的战略及战术意图，从与对方谈判人员的交流中捕捉信息，从而能够掌握对方的意图，做到知己知彼。在探测中如何更加艺术地掌握对方的意图？在探测阶段，谈判应实现什么目标？如何做？遵循什么原则？在谈判中对方欲探测我方的战略意图时，我方如何防御其探测策略，做到以防守战略来抵制对方的探测？这是本章要探讨的内容。

第一节　谈判中对对方意图的探测策略

在商务谈判中，对方的底价、时限、权限及最基本的交易条件等内容，均属机密。谁掌握了对方的这些底牌，谁就会赢得谈判的主动。因此，在谈判初期，双方都会围绕这些内容施展各自的探测技巧。在谈判中，应该把握主动，努力探测对方的谈判意图、底价、时限等，在有限的时间里积极掌握对方的第一手信息，做到边谈判边收集情报。

一、熟悉谈判对手

为了顺利地进行谈判，要充分分析和研究对方的谈判目标，然后再将它们与己方的目标进行比较和权衡。随后就要研究对手可能采取的战略，来获得其所需求的东西。这就涉及分析对手的强项和弱项的问题。只有做到这一点，才能在谈判桌上有效地反击对手的论点，同时，还可以避免在谈判开始以后出现由于没有充分的准备而措手不及的现象。

1. 熟悉对手

在与谈判对手谈判时，最好对对方有一个大致的了解，再找与谈判双方共同的话题。对手的民族、性格、文化程度以及爱好都是要了解的内容。每个人都有自己的特点和文化背景，可以根据对手的特点进行一系列的探测，从其最易着手的地方进行谈判，使对方能够自然地接收己方的谈判话题。例如对手曾经当过兵，而己方恰恰也在部队待过，那么从当兵这个话题谈起一定能吸引对方，也容易在双方的交谈中引起共鸣，加深双方的感情。在谈判桌上请记住这一点，不论面对什么样的谈判对手，无论是多么难斗的角色，熟悉对手是己方的锐利"武器"。

【案例 5-1】

奥佛史其教授在他那本启发性的《影响人类的行为》一书中说："行动出自我们基本上的渴望……而我所能给予想劝导他人的人——不论是在商业界、家庭中、学校里、政治上——最好的一个忠告是：首先，撩起对方的急切欲望。能够做到这点的人，就可掌握世界；不能的人，将孤独一生。"在这里"撩起对方的急切欲望"就是要了解对方，了解对方的急切欲望，这样才能使对方沿着己方的话题进行谈判。

有一天，爱默生和他的儿子要把一头小牛赶入牛棚，但他们犯了一个一般人常犯的错误

——只想到他们所要得到的：爱默生在后面推，他儿子在前面拉。但那头小牛紧蹬双腿，顽固地不肯离开原地。当爱尔兰女仆看到了他们的尴尬时，她虽不会著书立说，但是至少在这方面她比爱默生懂得更多的关于牛马的知识。她十分熟悉那头小牛的习性，因此她把自己的拇指放入小牛的口中，让小牛吮着手指，同时轻轻地把它引入牛棚。

2. 熟悉对手的利益

在谈判过程中，有多少人了解对方的利益呢？大家总是强调自己的利益，而忽视了对方的利益。要知道只有当双方的利益相重合时，谈判才可能进行下去。在谈判中，双方的利益是不同的，卖方想卖高价，而买方则正好相反。那么买卖双方是否就没有共同的利益？

【案例5-2】

卡耐基曾亲身经历过这样一件事。他曾向纽约某家饭店租用大舞厅，每一季度用20个晚上，举办一系列的讲座。在某一季度开始的时候，他突然接到通知，说他必须付出几乎比以前高出三倍的租金。卡耐基得到这个通知的时候，入场券已经印好，发出去了，而且所有的通告都已经公布了。当然，卡耐基不想付这笔增加的租金，可是与饭店的人谈论不应该这么做是没有什么用的，饭店只对他们的利润感兴趣。因此，几天之后，他去见饭店的经理。"收到你的信，我有点吃惊"，卡耐基说，"但是我根本不怪你。如果我是你，我也可能发一封类似的信。你身为饭店的经理，有责任尽可能多地增加利润。如果你不这样做，你将会丢掉现在的职位。现在，我们拿出一张纸来，把你可能得到的利弊列出来，如果你坚持要增加租金的话。"

然后，卡耐基取出一张信纸，在中间画一条线，一边写着"利"，另一边写着"弊"。他在"利"这边的下面写下这些字："舞厅空下来"。接着说："你有把舞厅租给别人开舞会或开大会的好处，这是一个很大的好处，因为像这类的活动，比租给人家当讲课场能增加不少收入。如果我把你的舞厅占用20个晚上来讲课，对你当然是一笔不小的损失。""现在，我们来考虑坏处方面。第一，你不但不能从我这儿增加收入，反而会减少你的收入。事实上，你将一点收入也没有，因为我无法支付你所要求的租金，我只好被逼到别的地方去开这些课。""第二，这些课程吸引了不少受过教育、修养高的群众到你的饭店来。这对你是一个很好的宣传，不是吗？事实上，如果你花费5000美元在报上登广告的话，也无法像我的这些课程能吸引这么多的人来看看你的饭店。这对一家饭店来讲，不是价值很大吗？"

卡耐基一面说，一面把这两项坏处写在"弊"的下面，然后把纸递给饭店的经理，说："我希望你好好考虑你可能得到的利弊，然后告诉我你的最后决定。"第二天卡耐基收到一封信，通知他租金只涨50%，而不是300%。

在这一则案例中，我们可以看到卡耐基的战略是寻找他与饭店的共同利益所在，他不想付未来的300%的涨价，而饭店方则希望增加较多的利润。从表面上看双方没有什么共同的利益，但是在深层次上双方还是存在着共同的利益的。共同的利益就是卡耐基的讲座可以为饭店吸引更多的高素质顾客，可以为饭店赢得更多的商业机会，这可能要比表面上的饭店租金能赢得更多的利益。找到了共同的利益，那么，双方就能够在这个基础上达到"双赢"的目的。

3. 捕捉对手的信息

信息对于谈判的双方都是很重要的。掌握了对方的信息就可以很好地了解对方的战略、战术，对方的价格底线，这对于己方来说是极其重要的。在谈判中，谈判双方都极力保守自己的商业秘密，不轻易在对方面前透露。然而，在谈话过程中任何人都在有意无意透露自己的信息，例如，自己企业的状况、生产的规模、所需的原材料、自己的爱好等，这些在一般人看来无关紧要的信息，在有心人眼里就是重要的情报，从中可以掌握对方企业、领导人的信息，以便我方在谈判桌上掌握主动。而如何在谈判桌上了解对方的信息是需要学习的。一般的企业经理、律师和其他的谈判者经常在无意中打断对方的回答，从而失去了连贯地从对方谈话里掌握信息的机会。当对方愿意流露更多的信息时，要让对方多提供一些信息，而不是把对方的谈话打断或引导其到过于狭窄的话题，从而中断了解信息的渠道。

谈判人员对谈判对象的心理应有所认识，经过实践锻炼，可以通过观察、分析谈判对手的言谈举止，揣摩并弄清谈判对手的心理活动状态，如其个性、心理追求、心理动机、情绪状态等。谈判人员在谈判过程中，要仔细倾听对方的发言，观察其神态表情，留心其举止，包括细微的动作，以了解谈判对手心理，了解其深藏于背后的实质意图、想法，识别其计谋或攻心术。人的心理与行为是相联系的，心理引导行为，而心理是可诱导的，通过对人的心理诱导，可引导人的行为。

英国哲学家弗朗西斯·培根在他写的《谈判论》中指出："与人谋事，则需知其习性，以引导之；明其目的，以劝诱之；谙其弱点，以威吓之；察其优势，以钳制之。"培根此言至今对于从事商务谈判的人仍有裨益。

了解谈判对手心理，可以针对对手不同的心理状况采用不同的策略。了解对方人员的谈判思维特点、对谈判问题的态度等，可以开展有针对性的谈判准备和采取相应的对策，把握谈判的主动权，使谈判向有利于我方的方向转化。例如，需要是人的兴趣产生和发展的基础，谈判人员可以观察对方在谈判中的兴趣表现分析了解其需要所在；相反地，也可以根据对手的需要进行心理的诱导，激发其对某一事物的兴趣，促成商务谈判的成功。

从对方的谈话中捕捉到有用的信息，这不是很难的事情。从电视节目"猜职业"的趣味节目中可以看出，只要不断地提问，对方只要回答"是"或者"不是"，那么一般人都可以从这些回答中猜出对方的职业；那么也可以从对方的谈判话语中发现一些有用的信息，然后充分利用其中可利用的信息。在谈判中或谈判外的谈话中，也可以掌握对方不经意而流露出的信息，对方在这些不经意的话语中可能就暗藏着十分有用的信息，而他们可能都没有意识到，只要仔细分析，从中可以探出对方的大致意图和可能的目标。

二、耐心倾听对方的叙述

在商务谈判中如何探测对方的意图，最好的办法就是倾听对方的陈述，看是否能从对方的陈述中掌握一些有用的情报。缺乏经验的谈判者的最大弱点就是不能耐心地倾听对方发言，认为自己的任务就是谈自己的情况、说自己想说的话和反驳对方的意见。因此，在谈判中，总在心里想下面该说的话，不注意听对方发言，许多宝贵信息就这样失去了，甚至错误地认为优秀的谈判员是因为说得多才掌握了谈判的主动权。其实成功的谈判员在谈判时把50%以上的时间用来倾听。他们边听、边想、边分析，并不断向对方提出问题，以确保自己完全正确地理解对方。他们仔细听对方说的每一句话，而不仅是他们认为重要的、或想听的话，因此获得大量宝贵信息，增加了谈判的筹码。"谈"是任务，而"听"则是一种能力，甚至可以说是一种天赋。"会听"是任何一个成功的谈判者都必须具备的条件。在谈判中，要尽量鼓励对方多说，并提问题请对方回答，使对方多谈其情况，以达到尽量了解对方的目的。

【案例5-3】

　　日本某公司与美国某公司谈判购买设备，日本不断地派出谈判小组来美国谈判，一连派出了三个谈判代表团，每次都是只记录、提问，而只字不提购买设备的事情。美国人起初则滔滔不绝地介绍他们的产品，连续到第三次时，美国人都快没有信心了。然而就在第三批代表团要结束谈判时，日本人突然提出决定购买设备，结果让美国人措手不及，连日本公司的底细还一点儿都不知道呢！自然，日本公司大获全胜，以最小的代价取得了最大的胜利。可见，学会倾听也是一项非常重要的能力。

1. 倾听对方的"弦外之音"

　　在倾听对方的谈话时，不但要努力地听对方的语言信息，还要仔细地听对方语言信息之外的其他信息，如果对方的语言信息之外的信息和他所要表达的意思相反，那么说明对方语言想要表达的意思并不是对方的本意，而是出于某种考虑采取了一种暂时、隐讳的表达方式，这可能才是他所要表达的真实意思。

　　在倾听对方表达其语言的意思外，还要积极地观察对方的肢体语言。人们在表达思想时，可以用语言来掩盖真实意思，但是却无法掩饰他的眼神，他的面部表情。在倾听对方的话语时，要仔细观察对方的眼睛、面部表情和肢体语言。观察语言信息和肢体语言信息是否相同，他的眼神里是否有虚假的信息。所以在倾听对方的时候应该观察对方，从他的神态中察觉真实的想法。

2. 探测对方的信息

　　在谈判开局以后，接下来就是双方的互相摸底、相互了解阶段。在这一阶段，能探测到多少对方的信息关系到下一个阶段讨价还价中能拥有多少筹码。因此，探测到的信息越多越好。探测对方的信息有两种方法。

　　第一种方法是直接发问，即直接向对方提一个特定的问题，要求对方坦率地回答。对方的回答可能会有三种，第一种是诚实回答，这可能有违其公司的标准，但这正是我们所要的；第二种是给一个模棱两可的回答，但是这样会让提问者更进一步地提问；第三种是给提问者一个相反的回答，但是这样做要受到良心的谴责，从其眼神里、肢体语言里可以发现矛盾的地方。在三种回答中，被提问的人总是处于一种被动的境地，可以通过其回答和回答的语气、肢体语言发现一些蛛丝马迹。

　　第二种方法是用间接法探测对方的信息。

【案例5-4】

　　1960年，一架美国飞机进入苏联领空进行间谍活动，被苏联的导弹击中坠毁，驾驶员鲍里斯被活捉。美国想用间接法来探测苏联的反应。于是，由中央情报局起草了一份声明：一架U-2气象侦察飞机的驾驶员在土耳其上空由于机上氧气出了故障，此后就失踪了。这项声明由美国总统艾森豪威尔批准、由国家航空与航天局发布。于是，苏联马上对此做出了反应。赫鲁晓夫在最高苏维埃会议上宣布U-2飞机已经被苏联击落，并强烈谴责美国的侵略活动。当天晚上，美国大使在莫斯科出席埃塞俄比亚大使馆举行的招待会，席间瑞典大使问苏联副外长马利克，苏联将依据《联合国宪章》的哪几项，在联合国会议上提出飞机事件？马利克说还不知道，他们还在审讯飞行员。马利克的失言使美国大使获得了其国内急需知道的信息。显然，在这次飞机事件中，美国处于不利的地位，但美国用间接法不断地探寻信息，最后成功地探测到了对方的机密情况。

第二节　对对方窥测己方意图的防御策略

在己方力图探测对方的战略意图时，对方也在试图探测己方的战略、战术意图。己方谈判人员要能够在不失礼节的前提下，既清楚表述己方的立场，又避免泄露商业机密，用各种战术避免己方意图的泄露，从而使谈判向着有利于己方的方向发展。

一、战略防御策略

在商务谈判中，由于谈判内容关系重大，战略上的考虑就至关重要。战略意图的成功运用往往可以为以后的谈判打下良好的基础。弄清楚对方的战略意图，从而制定己方的战略，是谈判胜利的重要环节。

1. 把握对方提问的目的和动机

谈判者在谈判桌上的提问是多种多样的，动机也是复杂的。如果不深思熟虑，弄清其动机和意图，按常规来回答问题，往往会产生不佳的后果。如果经过思考，判断清楚对方的意图，便可以做出一个独辟蹊径的、巧妙的回答。这又往往使对方深感佩服。艾伦是英国的著名诗人，在一次宴会上，他问中国作家一个怪问题，并请中国作家回答："把一只五斤①重的鸡装进一个只能装一斤的瓶子里，用什么方法把它拿出来？"中国作家略为思考后说："您怎么放进去的我就会怎么拿出来。您用嘴一说就把鸡装进了瓶子，那么我就用语言这个工具把鸡拿出来。"这个回答可谓是经典回答的典范。英国诗人的问题是考问中国作家的智慧，而并非要问他如何把鸡拿出来，那么以其"矛"来攻其"盾"，可谓是恰好不过了。

2. 以退为进

在商战中，往往己方对对方的意图并不十分清楚，而对方也在窥视己方的意图，如何在这种情形下进行防御呢？采取以退为进的策略比较好。先让对方讲出其意图，或激发对方的表达意愿，促使对方首先表达自己的想法，如果对方的意图非常适合己方的意图，而且可能非常接近己方的意图，还有可能大大超过己方的预料，这是最合适不过的了。

【案例5-5】

美国著名发明家爱迪生在某公司当电气技师时，他的一项发明获得了专利。公司经理向他表示愿意购买这项专利权，并问他要多少钱。当时，爱迪生想只要能卖到5000美元就很不错了，但他没有说出来，只是督促经理说："您一定知道我的这项发明专利权对公司的价值了，所以，价钱还是请您自己说一说吧！"经理报价道："40万美元，怎么样？"还能怎么样呢？谈判当然是没费周折就顺利结束了。爱迪生因此而获得了意想不到的巨款，为日后的发明创造提供了资金。

谈判中的先声夺人和后发制人都各有利弊。谈判中是决定先声夺人，还是选择后发制人，一定要根据不同的情况灵活处理。

二、运用语言表达能力

语言是人类传达信息、交流思想的主导工具。谈判从信息角度讲是收集、处理信息的过

---

① 1斤＝0.5kg。

程，信息的传递必须借助于语言来完成。因此，运用语言表达的技能是谈判者必须具备的能力之一。在谈判中，语言的运用可以表达谈判者的明确意图，也可以运用语言的"巧妙"方式表达含蓄的意义。谈判中当对方探测己方意图时，运用语言的力量可以"模糊"己方的意图，达到防御的目的。

1. 运用模糊语言

在谈判中可能欲躲避对方的窥探，可能不愿或是不便把己方的真实思想暴露给对方，这时，就可以把输出的语言模糊化，以便既不伤害别人，又不使自己难堪。在谈判中，对方可能问："你的产品好还是上海的产品好？"可以模糊地说："各家都有自己的优点。"又如，对方问："你们这个产品的质量是否降低了？"可以回答："这个我看不出来，我认为两个产品没有什么区别。"

【案例5-6】

赫伯的邻居是一位医生，在一个暴风雨的夜里，他的房屋受到了损坏。邻居由于知道赫伯是一位谈判高手，且自己不精于此道，故请赫伯代他与保险公司理赔员谈判。赫伯爽快地答应了，并问他希望保险公司赔多少钱能使他满意。邻居希望能获得300元的赔偿。赫伯问他如果能获得350元的赔偿呢？邻居回答说那更是出乎他意料了。

赫伯和理赔员坐下来谈判时，理赔员表示保险公司只能赔付100元，赫伯听后表情严肃起来，根据理赔员的经验，无论其提出什么条件，赫伯都会不满意。事情正如理赔员预料的，赫伯仍以不能接受的表情看着他。理赔员沉不住气了，说愿意加到200元。赫伯这回冷漠地说仍然无法接受他的价格。理赔员不断地加价，赫伯仍不断含糊地表示不同意："嗯，这样的，我不知道。"就这样反复好几次，理赔员把价格一直加到了950元，此时，赫伯才高兴地与理赔员达成了协议。可见有时用"模糊语言"更加有力量。

2. 运用反语

我国有句古语叫作"将欲取之，必先予之"。在谈判中有时为了防御对方对己方意图的探测，故意说一些反话，使得对方弄不清楚我方的意图，从而达到隐藏意图的目的。

【案例5-7】

在《三国演义》中，诸葛亮为了不让司马懿攻进空城，便打开大门，频频招呼司马懿："来、来、来，请上城来听我抚琴吧！"诸葛亮的这一句反话，倒让司马懿疑心大增，不由地退兵。这是诸葛亮利用司马懿多疑的性格，达到退敌的目的。其中诸葛亮反语的运用也是匠心独运，达到了最佳的效果。

3. 委婉表达异议

在谈判过程中，如果对方欲对己方采取窥探战术，己方应该尽力避免，可以委婉地表达己方对这个问题的态度。态度要委婉一些，语言要软化一些，也许谈判对手就能既从理智上、又在情感上愉快地接受己方的意见。尽量使用一些如"吗""啊""吧""嘛"这样的语气，使对方感到己方讲话的口气不是那么生硬。在拒绝对方的话语中，也可以把"我认为你这种说法不对"，改为"我不认为你这种说法是对的"，把"我觉得这样不好"，改为"我并不觉得这样好"。这些话听起来就不那么咄咄逼人了。在对方极力要窥探己方的意图时，己方也可以推脱到一些其他原因，例如说："这个事情我不太清楚""这个问题我想和本谈判没有什么关系""这个问题可能和运输方面有关"。这样既回答了对方的问题，又可以避免直接拒绝给对方带来的伤害，把拒绝用最委婉的话语表达出来。

4. 运用幽默避开话题

幽默的语言总是受到人们的喜欢，进而幽默的人也为大家所喜欢。幽默的人有着极大的人格魅力，他甚至能影响对方看问题的视角，改变人们对分歧的看法。

在实际交往过程中，幽默使语言增添了特殊的审美情趣，是人们所共同认可的。所以培根说："善谈必幽默"。言语幽默是指在谈吐中，利用语言条件对事物表达诙谐、风趣的情趣。幽默是一种语言艺术，它给人们带来欢乐和愉悦，引导人们走向健康，把人们带入一种美好的精神境界。幽默也是一种品质，它体现了一个人的修养、智慧、能力和情趣，它是个人素质的综合反映。幽默使人们振作精神，增强信心，奋发向上，它也可以让人们从不愉快或尴尬的处境中摆脱出来，保持良好的心态。总之，幽默作为一种奇异的力量，它可以渗透到言语交际的每一个角落。

幽默感是人们智慧的表现，是智慧、教养和道德上优越感的表现，是一种健康心态在语言及行为中的表现；在谈判中，幽默可以是谈判必不可缺少的"润滑剂"。在初次谈判中，开始交谈时双方彼此都少不了要寒暄一番，如果这时谈判者适当地运用一些幽默的语言，可以使双方的关系更加融洽。特别是有一些民族的人们较开朗，他们对适当的幽默很感兴趣，这时运用幽默的语言往往能加深感情，推进谈判。

在谈判中少不了要讨价还价，少不了对方对己方意图的窥探，或是直接提问，而己方又不便说出己方的意图，如果直接说出会伤害对方，引起对方的不快而影响谈判的进程。在这种情况下运用幽默的话语就可以避免。例如一位丈夫对妻子抱怨说："我就这么一点儿吸烟的爱好，你也反对？"妻子答道："哪里，吸烟可以扩大内需支援经济建设；吸烟的人整夜咳嗽，防止小偷进屋偷窃；吸烟可以以毒攻毒，杀死体内的细菌，使你健康长寿。有这么多的好处，我怎么会反对呢？"妻子的话表面列举了一大堆"好处"，实际上却正是吸烟的害处。丈夫听完，马上会悟出妻子幽默的话语中隐含对自己的关怀，而被深深地感动了。

由于种种原因，在谈判桌上会出现令某一方或各方都感到尴尬或为难的情况。幽默的语言可以避免和消除尴尬，缓和不自然的气氛。

【案例 5-8】

一位家庭主妇打电话给水管工，要求他立即来帮助修理漏水的水管。可是五个小时后，水管工才赶到，他抱歉地说："对不起，我来晚了。"主妇答道："没关系，我的孩子们正在屋里游泳呢。"主妇用夸张的幽默手段表达了自己的不满，比起"你怎么才来？我的家已经变成海了。"要巧妙、委婉得多。而水管工从主妇的幽默中更感愧疚，从而更迅速地把工作做好。

当然，可以在谈判中的很多场合应用幽默的语言，如运用反问法、易色法、仿拟法等，这些幽默的方法都能使谈吐更加风趣、诙谐，具有很强的感染力。在谈判桌上幽默可增加语言的魅力，增进谈判伙伴之间的友情。但幽默也不是可随心所欲、随处乱用的。漫无边际、不分对象、不分场合、不分形式的幽默，只会适得其反。所以幽默的运用也受到一定条件的制约。第一，使用幽默语言时要有平和、友善的态度。语气过重往往会使幽默变成刻薄的嘲讽或不满情绪的宣泄，伤人伤己。第二，要根据不同的对象使用不同的表达方法。人的身份、性格、心情、文化程度不同，对幽默的理解与承受力也各不相同。因此，运用幽默必须看对象。第三，要分清场合。任何幽默的效果与环境背景和气氛等因素都是紧密相连的，因而幽默的运用要适合一定的场合。只有做到这些，幽默的语言才能真正营造一个良好的谈判氛围，为商务的成功增添良好的"润滑剂"。

三、运用规避策略

谈判中往往运用避实就虚的策略来避开对方的探测，这是防御的最好方式。商务谈判也如同战场争斗，充满着火药味，用针锋相对的谈判语言必然将谈判引向死胡同，而采用避实就虚的方式则可以把谈判婉转地进行下去。

1. 以现象代替本质

在商务谈判中，以现象代替本质的谈判战术屡见不鲜。这种战术就是强调问题的表现形式，虚张无关的利害关系，以掩盖自己的真实意图。

有些问题如果正面回答，不仅说不清楚，反而会越描越黑，还不如侧面回答好。1988年美国总统竞选，民主党在选民中造成了布什毫无独立主张的第一印象。他们称"布什是里根的影子。"民主党设计了一个广告，挖苦布什："布什在哪里？"布什和他的竞选班子如果从正面回答，就会陷入对方的语言圈套，不能自拔。为此布什的竞选班子为布什设计了一套反击用语："布什在家里，同夫人芭芭拉在一起。"这个回答既没有回答本质问题，又有力地回击了对方的挑战，用"布什在家里"这种现象代替了对方的本质问题，巧妙又富有人情味，深得美国选民的好感，布什的人气大大提升。

2. 有限权力策略

谈判人员往往会使用权力的有限性。谈判专家认为，受到限制的权力是非常有力量的权力，这是因为一个受了限制的谈判者要比大权独揽的谈判者处于更有利的地位。

当谈判双方就某个问题进行协商时，一方提出某种要求企图让对方让步，另一方反击的策略就是运用有限的权力——无权向对方做出这样的让步，或无法更改既成事实，这样既维护了己方的利益，又给了对方面子。因为权力有限，对方的选择只能是或者根据谈判者的权限考虑这笔生意，或者是认为谈判者无法满足其要求，而找己方权力更大的上司去谈。但这样又需要重新建立关系，甚至会破坏双方的关系，或是终止双方的谈判而使交易告吹，这样投入的人力、物力、财力和时间都会付诸东流。采用这种策略可以迫使对方让步，在权力有限的条件下达成协议。

一个优秀的谈判人员必须学会利用有限的权力作为谈判的筹码，巧妙地与对方讨价还价。

【案例 5-9】

在埃及和以色列冲突持续不断的 20 世纪 70 年代，为了调解两国的争端，苏联与美国一直不停地出面斡旋。1973 年 10 月，埃及的第三军团被以色列包围，随时都有被歼灭的危险。苏联领导人急电美国总统尼克松，建议美国国务卿基辛格博士速到莫斯科，作为总统授权的全权代表与苏方谈判、调停战事。

尼克松立即将谈判的重任委任给基辛格。但是基辛格却不急于到达莫斯科，并要求苏联必须明确他是在苏方的邀请下前往莫斯科的。正当基辛格在策划外交手腕的同时，尼克松向苏共总书记发了一封电报，大意是他将授予基辛格"全权"，其所做出的承诺将得到尼克松的支持。基辛格得知电文的内容后，十分恼火，立即急电华盛顿，拒绝授予全权，"因授予全权，就会使我无能为力"。

第三节　如何应对对方的直接探测

在谈判中，如果对方直接询问一些己方不愿意告知的重要信息，该如何应对呢？对于对方的直接探问，一种方式是欺骗，另一种方式是据实相告。欺骗的方式有：当对方问己方是否是因为需要资金才降的价，还是因为卖主很多时，明明是资金较紧张，而说资金很宽松；明明只有一个卖主却说卖主很多。这种方法的不足之处就在于可能对方是在试探，对己方的话也不是完全相信，一旦其中的某个环节被对方识破，则大为不妙，因为对方会认为己方没有合作的诚意，也可能导致对方的攻击，使己方处于不利的境地，甚至导致谈判的破裂。如果真实的情况有利于己方，不如淡淡地告诉对方，千万不要加以论证，这样反而更具可信性。如果真实的情况不利于己方，当然不能据实相告。在具体的谈判中，应对对方的直接探问，最好采取迂回的办法，顾左右而言他，这样，既回答了对方的问题，照顾了对方的面子，又防御了对方的窥探，避免了回答不当给己方带来的不利形势。

【案例5-10】

甲先生想卖掉他的房子，而乙女士很想买这所房子。甲先生报价为200万元，他希望至少可以卖到185万元。而乙女士希望以175万元成交，最高可以付出195万元，她的回价是150万元。甲先生对乙女士的出价嗤之以鼻，表示离谱太远。乙女士僵持不住，主动把价格抬高到195万元，甲先生仍然不为所动，虽然她的报价比他的心理价位还高10万元。

在双方举棋不定的时候，乙女士可以直接发问，窥探甲先生的心理底价。她可以问："你急需卖房子的钱来找新房子吗？""还有其他人愿意买你的这所房子吗？"对待这种窥探型的问话，甲先生可以回答："你难道不觉得对你这样的希望住家和诊所在一起的医生来说，这房子的确很适合你吗？"对于乙女士是否找到新房子的问题，甲先生可以回答："我总会住在某个地方，我总不会流浪街头吧？"这样委婉的回答不会使乙女士感到很难堪，而这样的回答又对对方提出的问题一带而过，不会产生什么负作用，而且一般对方听后也不会再追问。因此，谈判者在谈判过程中要善于运用这种迂回的策略，以应付对方的直接探测。

1. 逃避对方窥测意图

有时对方有明显的窥测己方意图的问话、问题，己方很难直接从正面回答，但有时又不能拒绝回答，这时谈判高手往往用避正答偏的办法来回答，即在回答这类问题时，故意避开问题的实质，而将话题引向歧路。例如，讲一些与此问题既有联系又无关系的问题，东拉西扯，不着边际。说了一大堆的话，看上去在回答问题，实际上和主题并没有多少关系。经验丰富的谈判人员往往在谈判中运用这一方法，看上去糊里糊涂，思维混乱，其实这种人谈判手法很高明，对方拿他也没有办法。

2. 所答非所问

在商务谈判中，对于一些己方不能回答的问题，或者是不愿意回答的问题，可以答非所问，这样做既给自己解了围，又使谈判能够继续下去，既避免了对方对己方的窥探，也避免了尴尬。在谈判中免不了要涉及双方的利益，而利益又是一个敏感的话题。当对方有意要试探己方的意图、而己方又无法诚实回答时，最好的办法就是所答非所问。周恩来总理在回答外国记者问中国人民银行有多少资金时，周总理明知对方在讥笑中国的贫穷，如果照直回答，就会使对方的计谋得逞，于是避而不答其问话的实质，针对外国记者不怀好意的问话，周总理巧妙地回答，我国发行的人民币一共有十八块八角八分。（我国当时发行人民币有十元、五元、两元、一元、五角、两角、一角和五分、两分、一分）这样的回答实在是很高明，既回答了对方不怀好意的问题，又给了对方一个"软钉子"。

3. 以问代答

在商务谈判中，在对方企图窥探己方情况、探己方的底线时，己方可以采取以问代答策略。当对方把"皮球"踢过来时，己方又把它踢了回去，请对方反思这个问题的答案。

在商务谈判的过程中，对方有时会有意探测己方的意图。特别当双方的会谈进行得不是很顺利时，对方会问："你对双方的合作前景怎样看待？"这里对方试图探测己方对谈判的诚意，看己方是否希望谈判继续进行下去。这个问题在这里很难回答，谈判高手对这类问题的回答往往以问代答："那么，你对双方的合作前景又是怎么看待的呢？"这类问话既可以让谈话继续下去，又不会让对方十分难堪。在商务谈判中运用这类以问代答的方法，应付一些不便回答的问题是非常有效的。

4. 不要回答不必要的问题

在商务谈判中不是任何问题都必须回答，要知道有些问题可以不回答。

在商务谈判过程中，对方提出一些问题可能是想了解己方的观点、立场和态度，或是想探讨某些事情，对此己方应该视情况而定。对于应该让对方了解的，或者需要表明己方态度的问题，要认真回答；对于那些可能会损害己方形象、产生泄密或一些无聊的问题，谈判者不必为难，不予理睬是最好的回答。

案　例　分　析

某公司的谈判技巧

湖南德丰是一家经营工业品的公司，业务比较繁忙。其幕后股东是国内某大型企业集团，但该情况并不为外界所知。由于业务发展，原有的办公地点已不适合公司的管理要求，需要租赁办公楼。但总公司有严格的预算管理，希望年租金不超过8万元。

公司的行政总监屠志刚负责落实此事，经多方实地查看和比较后，看中了湖南省进出口集团公司综合性办公大楼的一套房子，但按照集团公司后勤管理处以前的出租条件，该套房的年租金要求是11万元。为了以8万元的价格能达成协议，湖南德丰行政部的小王先去进行了试探性的商谈。

失败的谈判：

周处长（后勤管理处）：我们这套房子租给上一家公司的租金是11万元，所以你们的租金不能低于这么多。

小王：我们公司规模小，且这一两年也没什么利润，公司不可能租这么贵的房子。你们优惠一点租给我们吧！

周处长：这不行，我们一直是这样的价钱。而且这几天也有其他的公司来看过，我们不担心租不出去。

小王：我们公司的预算只有8万元，不能出这样的价钱，还是希望你们能考虑我们公司以优惠的价格租给我们。

周处长：不行。

咨询评论：

在商务活动中，当双方没有个人的友谊关系时，强调公司的窘境即所谓的"哭穷"不但不能引起对方的同情和怜悯，反而会招致对方的"瞧不起"而不愿意与你合作，因为这只能说明在市场竞争中，你是一个弱者。一个未来前景不确定的企业，与其合作肯定会有风险，更别说还要牺牲眼前的利益了。

成功的谈判：

屠总监在听了小王的汇报后，先到网上查询了省进出口集团公司的情况，然后又去实地以陌生人的身份向办公大楼的工作人员了解了一些情况，第二天胸有成竹地去了。

屠总监：周处长，你可能还不太了解我们公司，实际上我们公司是××集团下面的控股公司，但集团公司由于某种原因，不便向外公开。××集团你是知道的，可以到网上看看其相关报道，是国内非常著名的企业集团。

周处长：哦，你们是××集团的，那小王怎么跟我说你们公司规模小、利润低呀？

屠总监：那是因为我们刚进入湖南市场，市场才刚开始启动，但我们的发展速度非常快。如果你要租给我们的话，我们在近几年能长期、稳定地租下去，这样你们就不需要经常找寻客户了。别忘了，上一家公司就因为经营不善无法维持而退租的。

周处长：对你们优惠一点可以，但8万元实在是太低了，总公司肯定不能接受。

屠总监：我看见你们办公大楼内还有酒店，也属于你们后勤处管理吧？

周处长：对，正常对外营业。

屠总监：我们经常有省内外的客户及总公司人员过来，每年的住宿费和招待费不下十几万元。如果我们以后安排所有的客户和公司过来出差的人员住在你们酒店，有相关的宴请招待也在该处，对你们酒店的生意可是非常有帮助的。

周处长：这倒是，以后在我们酒店消费可以办理会员卡，享受优惠。那既然你们公司这么大，业务也很好，怎么才只出8万元呢？

屠总监：我们集团是一家以财务管理见长的公司，每一项开支公司都有严格的预算，也正是因为如此严格而科学的管理，所以我们集团才发展得如此之快。另外，我看你们大楼的人气也不旺，如果我们进驻的话，我们集团间频繁的高层人员来往一定会提升你们办公大楼的人气和档次。

……

最后双方以8万元的年租金成交。

评论：

在商务谈判中必须学会"领悟"对方的需要，而需要是多纬度的。当己方提供的条件不足以满足对方的直接需要时，可了解其整体业务范围，从中发掘和寻找利益衔接点。一般遵循以下原则和程序进行：发掘和寻找对方其他需求和利益点，这种利益点有表象的和潜在的、直接的和间接的、物质的和精神的；强调该需求或利益点对其重要性并尽可能使其与我方达成高度共识；我方能用极少的成本或不用额外成本满足其需求或利益点；作为回报，希望其在原先谈判的条件上给予我方更大的优惠。

在这一案例中，我们可以看到谈判中的探测战术是很重要的，我们在不知道卖方的特殊或是其他需要的情况下，就无法作出正确的谈判战略，这与价格并没有多少关系。对方的心理需求占据更重要的地位，所以如何探测到对方的真实意图是我们谈判的重点。

请分析：

（1）在这个案例中谈判双方是如何报价的？他们的出发点是什么？

（2）在两种谈判方式中为什么第一种方式失败了？

（3）我们在运用这种谈判技巧时，我们应该注意些什么？

思　考　题

1. 探测对手的策略是熟悉对手，如何达到熟悉对手？

2. 针对对手的探测，我们的防御策略是什么？

商务谈判的磋商阶段，也是谈判的实质性阶段，它是指谈判开局以后到谈判终局之前，谈判双方就实质性事项进行磋商的全过程，是谈判的中心环节。谈判者的才能和智慧要在这一阶段中得到充分的发挥，谈判者的需要能否得到满足或满足到何种程度要在这一阶段中决定，谈判者以前所做的一切准备要在这一阶段检验效果。

商务谈判的磋商阶段是继谈判开局阶段任务完成以后，议题不断深入的谈判的实践阶段，它不仅是谈判主体间的实力、智力和技术的具体较量阶段，而且也是谈判主体间求同存异、让步妥协的阶段。由于此阶段是全部谈判活动中最为重要的阶段，故在这阶段谈判者投入精力最多、占用时间最长、涉及问题最多。同时，磋商阶段贯穿着你来我往的拉锯战，充满着错综复杂的斗智场面，策略和技巧的作用在本阶段得到了充分体现。

第一节 发盘策略

一、发盘的含义

发盘又称发价或报价，在法律上称为要约。根据《联合国国际货物销售合同公约》第14条第1款的规定：“向一个或一个以上特定的人提出的订立合同的建议，如果十分确定并且表明发价人在得到接受时承受约束的意旨，即构成发价。”发盘既可由卖方提出，也可由买方提出，因此，有卖方发盘和买方发盘之分。

这里所说的发盘，不仅仅局限于商品的价格，而是泛指谈判的一方对另一方提出的所有需求，包括商品的数量、质量、包装、价格、装运、保险、支付、商检、索赔、仲裁等交易条件，其中价格条款最为重要。

二、发盘的依据和原则

（一）发盘的依据

1. 成本因素

成本是影响发盘的最基本因素，商品的发盘是在成本的基础上加上合理的利润。成本越低，盈利越多；成本越高，盈利越少。低于成本的发盘会导致经营的亏损。当商品的成本一定时，降低发盘价格是增强商品的竞争能力、占领市场、战胜竞争对手的行之有效的方法。因此，在进行发盘时，不仅要考虑现在的成本、将来的成本以及降低成本的可能性，而且要考虑竞争对手的成本。要依据有关成本的资料，恰当地报出商品的价格。

2. 市场行情

市场行情是指谈判标的物在市场上的一般价格及波动范围。国际市场的行情处于不断的变化之中，这种错综复杂的变化通常会通过价格的涨跌和波动表现出来；同时，价格的波动反过来又会影响市场的全面波动。因此，谈判人员要在搜集、积累有关信息、情报和资料的基础上，注意分析和预测市场动向，主要是研究有关商品的国际市场供求关系及其动态。此外，对该商品或其代用品的生产技术（如有重大突破和革新的征兆）也应密切关注。总之要全面、准确、及时掌握好产品价格变动的幅度，使其发盘合理、科学、盲目性小，以免给对方以可乘之机。

3. 产品因素

产品的结构和性能越复杂，制造工艺和工艺要求越高和越精细，成本、价值及其价格就会越高；而且，为该产品核计成本和估算价值就比较困难；同时，可以参照的同类产品也比较少，价格标准的伸缩性也就较大。另外，货物的新旧程度以及产品的附带条件和服务也会对价格产生影响。货物越新，价格越高。产品的附带条件和服务，如质量保证、安装调试、免费维修、供应配件等，能降低产品的价格水平在人们心目中的地位和减缓价格谈判的阻力。

4. 竞争因素

商品竞争的激烈程度不同，对发盘的影响也不同。竞争越激烈，对发盘影响也就越大。由于竞争影响价格，因此要使发盘对己方更有利，除了考虑商品成本、市场需求及品质外，还必须注意竞争对手的价格，特别是竞争对手的发盘策略以及新加入市场的竞争对手。

5. 政策因素

每个国家都有自己的经济政策，对市场价格的高低和变动都有相应的限制和法律规定。同时，国家还利用生产、市场、货币金融、海关等经济手段间接调节价格，因而在发盘时必须遵守国家的政策要求。例如，国家对某种商品的最高限价和最低限价的规定就直接制约着发盘的高低。在国际贸易中，各国政府对价格的限制就更多了，卖方更应了解所在国对进口商品的限制，并以此作为自己发盘的依据。在国际市场中，垄断组织也常常采用各种手段对价格进行调节。他们利用竞争，通过限制或扩大商品的生产和销售，巧妙地利用库存和其他方式，造成为己方所需的供求关系，以此来调节价格。

另外，在发盘时，除了以上因素之外，对方的内行程度、对方可能的还价、谈判双方相互信任的程度及合作的前景、交易的次数等都应是考虑的因素。

（二）发盘的原则

发盘的基本原则是：通过反复比较和权衡，设法找出价格与其被接受的成功率之间的最佳结合点。一方向另一方发盘时，不能信口开河，而是要经过仔细分析、精心梳理，不仅要考虑能够获得的利益，还要考虑该发盘能否被对方接受，即发盘能够成功的概率。

具体来说，发盘应遵守以下几项原则：

1. 首要原则

对卖方来讲，开盘价必须是"最高的"；相应地，对买方来讲，开盘价必须是"最低的"。这是发盘的首要原则。之所以要遵守这个原则，是因为：

（1）开盘价给卖方的要价确定了一个最高限度。开盘价一经确定报出，除特殊情况外，一般来说卖方就不能提出更高的要价了。最终的成交价一定在此价格以下。买方的情况正好相反，开盘价给买方的要价确定了一个最低限度。

（2）开盘价会影响买方对卖方提供的商品或劳务的印象和评价。"一分钱，一分货"的观念是大部分人所信奉的。

（3）开盘价高，能为以后的还盘留下充分的回旋余地，使本方在谈判中更富于弹性。

（4）经验证明，开盘价对最终成交水平具有实质性的影响。开盘价高，最终成交的水平也就比较高。换言之，卖方在开盘时要求越高，最终所能得到的往往也就越多。

2. 发盘价必须合情合理

发盘价要报得高一些，但绝不能漫天要价、毫无节制，它必须合乎情理，要能够讲得通。如果发盘过高，又讲不出道理，对方必然会认为己方缺少谈判的诚意，甚至中止谈判扬长而去；或者以其人之道还治其人之身，相应地来个"漫天杀价"；或者一一提出质问，而己方无言可答，从而丧失信誉，并且会很快被迫让步。在这种情况下，有时即使己方已将交易条件降到比较公平合理的水平上，对方仍会认为尚有"水分"可挤而穷追不舍。

3. 发盘内容要明晰，态度要坚定

"内容要明晰"是要求谈判人员在发盘时，运用的概念和言辞准确，提建议时条理清楚，特别注意用词不要有歧义，以免引起对方曲解。"态度要坚定"是要求谈判者发盘时，不要犹犹豫豫、吞吞吐吐，否则会被对方视为信心不足，从而提高了对方的自信。发盘时态度坚决，则能增强自己的谈判地位，提升对方对己方实力的评估，进而有利于己方争取到更多的利益。

4. 发盘时不解释，不说明

谈判人员对自己的发盘一般不作任何主动的说明或解释。因为对方自会对不清楚之处加以提问，在此之前，如果己方主动解释，则极有可能暴露己方的意图。

三、几种常见的发盘策略

（一）报高价策略

所谓报高价策略，是指以卖方确定的最高期望价格报出价格的策略。在国际商务谈判中，谈判人员可以根据外部环境和内部条件，即根据报价的依据，结合谈判意图，确定报价的上下限，即期望标准和临界标准。作为卖方，报价谋略是"喊价要高"，买方的报价谋略是"出价要低"。国际商务谈判实践都证明了在双方报价中，"一高一低"谋略，即"喊价要高，出价要低"，是合理而行之有效的策略。卖方喊价高则可能以较高的价格成交，甚至喊价高得出人意料的卖主，只要谈判不致破裂，买主不被吓跑，往往会有理想的结果；卖方喊价低则往往以较低的价格成交。所以，对于卖方来讲，高报价具有以下几点优势：

（1）卖方的报价事实上对谈判的最后结果确立了一个不可突破的上限。价格一经报出，一般来讲，买方就不能再提出更高的要价，更不能期望对方会接受更高的报价。除非有足以说服对方的理由，如时间的延长，或某种环境因素的变动等；否则，会使谈判破裂。

（2）高报价为卖方让步留有较大的余地。在商务谈判过程中高报价是很有用的交易筹码，有利于卖方在必要的情况下做出让步，打破僵局。

（3）高报价为对方提供衡量和评价己方条件的尺度。报价越高，对方对报价的潜力评价越高；反之，则低。

（4）在一般情况下高报价会获得较多的回报。

（5）采用这个策略，谈判人员一开始就能削弱对方的信心，同时还能趁机摸清双方的实力和立场。

【案例6-1】

撒切尔夫人与欧洲共同体首脑的谈判

撒切尔夫人就善于把自己的期望目标定得很高。在谈判中，她意志顽强，不达目的誓不罢休，迫使对方妥协，以保证自己的目标顺利实现。这种谈判策略也被称为"撒切尔夫人谈判法"。也许她深谙中国的一句古话："取法乎上，得乎其中；取法乎中，得乎其下。"目标越高，其实现的程度就越高。

1975年12月，在柏林召开的欧洲共同体首脑会议上，进行了削减英国支付共同体经费的谈判。各国首脑们原来以为英国政府可能希望削减3亿英镑，从谈判阶段实际出发，撒切尔夫人会首先提出削减3.5亿英镑。所以，他们就在谈判中，提议可以考虑削减2.5亿英镑。估计这样讨价还价下来，会在3亿英镑左右的数目上达成协议。可是，完全出乎各国首脑们的意料，撒切尔夫人报出了10亿英镑的高价，使首脑们瞠目结舌，一致坚决反对。可撒切尔夫人坚持己见，在谈判桌上，始终表现出不与他国妥协的姿态。共同体各国首脑——这些绅士们，简直拿这位女士——铁娘子，没有任何办法，不得不迁就撒切尔夫人，结果不是在3.5亿英镑，也不是在2.5亿英镑和10亿英镑的中间数——6.25亿英镑，而是在8亿英镑的数目上达成协议，即同意英国对欧洲共同体每年负担的经费削减8亿英镑。撒切尔夫人用报高价的手法获得了谈判的巨大成功。

但是凡事有利也有弊，过高的报价往往导致谈判的破裂。如果卖方的开价大大超过买方的底价，或者买方的还价大大低于卖方的底价，那就势必导致谈判的破裂。总的来说，报高价一般只适用于一次性谈判，或垄断性供求关系（指无竞争对手），或时限较宽的谈判中。这种谈判即使成功了，双方代表的感情往往比较对立，以后很难再进行这方面的合作。

（二）"巧布迷阵"策略

发盘时经常采用的策略是"巧布迷阵"。巧布迷阵是指一方有意虚报底价，引诱对方步入迷阵，进而从中取利的策略。这种策略一般在以下情况下适用：

（1）己方处于劣势，急需某种商品或急需出卖某种商品，迫切希望成交，而这种情况已被对方察觉，己方在谈判中很可能处于被动挨打的不利地位。在这种情况下，虚报底价，故意提出一个令对方意想不到的条件，使己方的态度与对方所掌握的情况相差甚远，对方顿时感到如坠云烟，迷惑不解，乱了方寸，己方由此获得反击的机会。在这种情况下，谈判人员在虚报底价时一定要注意语言的运用，语气力求干脆、沉稳，语言必须坚决、果断，使对方认为所报底价代表了己方的真实意图，很难更改，因此动摇了漫天要价的企图。如果在虚报底价时态度暧昧、犹豫不决，势必使对方认为这是胆怯心虚的表现，因而对己方的底价不屑一顾，己方也很难再找到反击的机会。

（2）对方对己方的意图知之甚少，不肯首先亮底，想方设法诱使己方先报底价，从中获取己方的信息。在这种情况下，己方大可不必推辞退让，而应欲擒故纵，故意虚报底价，从中观察对方的虚实，提高己方的要价水平，从而收到预想不到的效果。当然，这时谈判人员对所报底价要明确果断、坚定沉稳，从而扰乱对方的阵脚。在对方提出询问时，一定要有条不紊、罗列根据、表达清楚。

（3）双方旗鼓相当、实力对等，首先亮出实底明显将处于不利地位。在这种情况下，己方也可采用虚报底价的策略，巧布迷阵，动摇对方的信念。这时，由于双方实力相当，彼此之间对对方的底细都比较了解，所报虚价不要过分脱离实际，而是要适可而止；语气也不要过分强硬，应力求和缓，给对方一种所报价格条件既代表了己方的真实意图，又可在一定范围内继续协商的感觉。但是，己方一定要使对方确信所作让步是有限度的，己方绝不会让步太多而做亏本买卖。

【案例 6-2】

有一次某外商想购买我国的香料油，与我方进行谈判。在谈判过程中，外商出价每公斤40美元，但我方并不了解对方的真实价码。为了试探对方的真实程度，我方开口便要48美元。

对方一听我方的要价，急得连连摇头说："不，不，这要价太昂贵了，你们怎么能指望我方出45美元以上的价钱来购买呢？"对方在不经意的情况下，将底儿露给了我方。

我方代表抓住时机，立即追问一句："这么说，你们愿意以每公斤45美元的价格成交啦？"

外商只得勉强说："可以考虑。"通过双方的进一步洽谈，结果以每公斤45美元的价格成交。这个结果比我方原定的成交价格要高出数美元。

（三）中途变价策略

中途变价策略是指在报价的中途，改变原来的报价趋势，从而争取谈判成功的报价方法。所谓改变原来的报价趋势，是指买方在一路上涨的报价过程中，突然报出一个下降的价格；或者卖方在一路下降的报价过程中，突然报出一个上升的价格来，从而改变了原来的报价趋势，促使对方考虑接受。

【案例 6-3】

美国商人山姆去圣多明各旅游，在街上一家皮箱店的橱窗里，看到了一只皮箱和自己家里的一模一样，忍不住停下来看。皮箱店的老板站在门口拉生意，看见山姆，马上上前推销，好话说尽，山姆就是不买。因为山姆为了看看店主到底有些什么推销的手段，所以站着没走。店主看山姆不动心，把价格一再下降，从20美元、18美元、16美元……12美元，到11美元，可山姆还是不买他的皮箱，而老板又不想再跌价了，在报出了"11美元"以后，突然改变下降的趋势，报出了一个上升的价格"12美元"来。当感到奇怪的山姆揪住"11美元"不放时，老板顺水推舟地以11美元的价格把皮箱卖给了山姆。

大量的谈判实践告诉我们，许多谈判者为了争取更好的谈判结果，往往以极大的耐心，没完没了地要求、要求、再要求，争取、争取、再争取。但碰到像刚才这样的对手实在让人头疼，尽管已经满足了他的许多要求，使他一次又一次地受益，可他似乎还有无数的要求。这时对付他的有效方法就是中途变价，即改变原来的报价趋势，报出一个出乎对方意料的价格来，从而遏制对方的无限要求。

（四）鱼饵报价策略

国际商务谈判的特点是"利己"和"合作"兼顾，因此，如果谈判者想更顺利地获得谈判的成功，而且还维系和发展与谈判对手之间的良好关系，那么在尽可能维护自己利益的基础上，还要照顾和满足谈判对手的需求。这个道理有点儿类似用鱼饵钓鱼，想要钓到大鱼，就得准备"牺牲"鱼饵；而且有经验的钓鱼者知道，用什么样的鱼饵钓什么样的鱼，正如俗话所说的"舍不得孩子，套不住狼"。因此把这种在维护本方利益的基础上，兼顾谈判对手利益的报价技巧称为鱼饵报价策略。

【案例6-4】

美国有位大富翁詹姆斯，经营旅馆、戏院、自动洗衣店等颇有章法。他出于某种需要决定再投资一本杂志。经内行人介绍，詹姆斯看中了杂志出版界的大红人鲁宾逊。鲁宾逊本人恃才傲物，瞧不起其他同行，更不要说外行人了，以至很多出版商出一大笔钱，也无法把他和杂志拉拢过来。

精于谈判之道的詹姆斯，在谈判之前对鲁宾逊进行了全面而细致的调查，除了了解到鲁宾逊恃才自傲的一面外，还了解到鲁宾逊有一个幸福的家庭，他非常珍惜家庭，非常爱自己的妻子和孩子。并且，还了解到鲁宾逊对于独立承担这类竞争性非常强的杂志，已经没有当初的兴趣了；他为了节省开支，不得不整日泡在办公室里，处理繁杂的事务，对此他早已感到乏味。针对鲁宾逊的这一性格和心理，詹姆斯决定在谈判中实施鱼饵报价策略。经过两次会面和共进午餐之后，双方有了初步的了解，并同意坐下来谈判。谈判一开始，詹姆斯开门见山地承认自己对出版杂志一窍不通，因此，需要借助鲁宾逊这样有才干的专家，这就满足了鲁宾逊恃才傲物的心理，使鲁宾逊对詹姆斯产生了好感。接着，詹姆斯把一大笔数目的现金支票和其公司的股票放在鲁宾逊面前，告诉鲁宾逊其公司的股票在过去几年中如何涨价，利益如何可观，利息有多大等。这等于告诉鲁宾逊，如果合作的话，他的家庭生活有了保障；他的杂志有了足够的资金支持，不仅没有破产的危险，而且还有扩展业务的可能；他还能从繁杂的公务中解脱出来，因为詹姆斯已经物色了一批人。詹姆斯把这些人一一介绍给鲁宾逊，其中还有未来的经理，并且说，这些人将来都归他使用，帮助他处理办公室的烦琐事务，好让他全力以赴只管杂志的编辑工作。詹姆斯的"鱼饵"一下子就打动了鲁宾逊。詹姆斯仅仅花了其他出版商1/10的钱，就将鲁宾逊和他的杂志拉拢过来。理由很简单，詹姆斯把这笔钱的大部分作为"鱼饵"，钓到了鲁宾逊，而不是出10倍的钱去买整个杂志社。

使用鱼饵报价策略必须注意掌握分寸，价格如果太低，吸引力就太小；而诱饵太多、付出的代价太大，则得不偿失。在使用鱼饵报价策略时，必须清醒地认识到：投下诱饵以满足对方的需要是手段，最终满足自己的需要才是目的，不可本末倒置，要进行成本和收益的核算。

（五）价格解释策略

在谈判一方（通常是卖方）报价后，另一方（通常是买方）可要求其作价格解释。所谓价格解释，就是指对报价的内容构成、定价基础、价格的计算方式所做的介绍或解释。报价方在进行价格解释时，也应该遵守言简意赅的原则：不问不答，有问必答，答其所问，简短明确。

"不问不答"是指对对方不主动提及的问题不主动回答，不能因怕对方不理解而作过多的解释和说明，以致言多有失。

"有问必答"是指对对方提出的所有问题都要一一回答，并且要迅速、流畅。如果吞吞吐吐、欲言又止，就容易引起对方的疑虑，对方会因而提高警惕，穷追不舍。

"答其所问"是指仅就对方所提问题做出解释说明，不作画蛇添足式的多余答复。实践证明，在一方报盘之后，另一方一般要求报盘方对其价格构成、报价根据、计算方式等问题做出详细解释。因此报盘方在报盘前要就这些问题的解释多加准备，以备应用。

"简短明确"就是要求报盘方在进行价格解释时做到简明扼要、明确具体，以充分表明自己的态度和诚意，使对方无法从价格中发现破绽。

(六) 采用心理价格

人们在心理上一般认为 9.90 元比 10 元便宜，而且认为零头价格精确度高，给人以信任感，容易使人产生便宜的感觉。像这种在十进位以下的而在心理上被人们认为较小的价格叫作心理价格。因此，市场营销中有基数定价这一策略。例如，标价 49.00 元，而不是 50.00 元；标价 19.90 元，而不是 20.00 元。这 1 分钱、1 角钱或者 1 元钱之差，给人"大大便宜"的感觉。心理价格在国内外都已被广泛采用。

四、如何对待对方的报价

在对方发盘时，要认真倾听并尽力完整、准确、清楚地把握住对方的发盘内容。在对方发盘结束之后，对某些不清楚的地方可以要求对方予以解答。同时，应尽可能地将本方对对方发盘的理解进行一下归纳和总结，并力争加以复述，以便对方确认自己的理解正确无误之后，方可进行下一步骤的工作。

在对方发盘完毕之后，一般的做法就是：不急于还盘，而是要求对方对其价格的构成、报价依据、计算的基础以及方式方法等做出详细的解释，即所谓的价格解释。通过对方的价格解释，可以了解对方发盘的实质、态势、意图及其诚意，以便从中寻找破绽，从而动摇对方发盘的基础，为己方争取重要的利益。

在进行完价格解释之后，针对对方的发盘，有两种选择。一是要求对方降低其要价。这是一种比较有利的选择，因为这实质上是对对方发盘的一种反击，如果反击成功，即可争取到对方的让步，而己方既没有暴露自己的发盘内容，也没有做出任何相应的让步。二是提出自己的发盘。除非特殊情况，否则采用此方法会对己方不利。

第二节 还 盘 策 略

一、还盘的含义

还盘又称还价，在法律上称为反要约。还盘是指受盘人不同意或不完全同意发盘提出的各项条件，并提出了修改意见，建议原发盘人考虑，即还盘是对发盘条件进行添加、限制或其他更改的答复。受盘人的答复如果在实质上变更了发盘条件，就构成对发盘的拒绝，其法律后果是否定了原发盘，原发盘即告失效，原发盘人就不再受其约束。根据《联合国国际货物销售合同公约》的规定，受盘人对货物的价格、付款、品质、数量、交货时间与地点、一方当事人对另一方当事人的赔偿责任范围或解决争端的办法等条件提出添加或更改，均为实质性变更发盘条件。

此外，对发盘表示有条件的接受，也是还盘的一种形式。例如受盘人在答复发盘人时，附加有"俟最后确认为准""未售有效"等规定或类似的附加条件，这种答复只能视作还盘或邀请发盘。还盘的内容如果不具备发盘条件，即为"邀请发盘"；如果具备发盘条件，就构成一个新的发盘，还盘人成为新发盘人，原发盘人成为新受盘人，有对新发盘做出接受、拒绝或再还盘的权利。

二、还盘前的准备

谈判的一方发盘以后，在多数情况下，另一方不会马上回答，而是根据对方的发盘，针对自己先前的想法加以调整，准备好一套方案后，再进行还盘，以实现"后发制人"。如果说发盘划定了讨价还价范围的一个边界，那么，还盘将划定与其对立的另一条边界；双方将在这两条边界所规定的界区内展开激烈的讨价还价。

还盘策略的精髓在于"后发制人"。要想发挥"后发制人"的威力，就必须针对对方的发盘做出周密的筹划：

（1）应根据自己所掌握的市场行情及商品比价资料，对发盘内容进行全面的分析，从中找出突破口和发盘中相对薄弱的环节，作为己方还盘的筹码。

（2）根据所掌握的信息对整个交易做出通盘考虑，估量对方及己方的期望值和保留价格，制定出己方的最高期望目标、可接受目标和最低限度目标。

（3）根据己方的目标设计出几种不同的备选方案，以保持己方谈判立场的灵活性，使谈判的斗争与合作充满各种可能性，使谈判协议更易于达成。

【案例6-5】

在某次交易会上，我方外贸部门与一客商洽谈出口业务。在第一轮谈判中，客商采取各种招数来摸我们的底，罗列过时行情，故意压低购货的数量。我方立即中止谈判，搜集相关的情报，了解到日本一家同类厂商发生重大事故停产，又了解到该产品可能有新用途。在仔细分析了这些情报以后，谈判继续开始。我方根据掌握的情报后发制人，告诉对方：我方的货源不多，而产品的需求很大，另外日本厂商不能供货。对方立刻意识到我方对这场交易背景的了解程度，甘拜下风。在经过一些小的交涉之后，乖乖就范，接受了我方的价格，购买了大量该产品。

在商业谈判中，口才固然重要，但是最本质、最核心的是对谈判的把握，而这种把握常常是建立在对谈判背景的把握上。

三、还盘的具体策略

（一）吹毛求疵策略

在价格磋商中，还价者为了给自己制造理由，也为了向对方表明自己是不会轻易被人蒙骗的精明的内行，常常采用"吹毛求疵"的技巧。其做法通常是：

（1）百般挑剔。买方针对卖方的商品，想方设法寻找缺点，"横挑鼻子竖挑眼""鸡蛋里挑骨头"，并夸大其词、虚张声势，以此为自己还盘提供依据。

（2）言不由衷。本来满意之处，也非要说成不满意，并故意提出令对方无法满足的要求，表明自己委曲求全，以此为自己的还盘制造借口。商务交易中的大量事实证明，吹毛求疵策略不仅可行，而且富有成效。它可以动摇卖方的自信心，迫使卖方接受买方的还盘，从而使买方获得较大的利益。

但是，任何谈判策略的有效性都有一定的限度，这一策略也是如此。向对方提出要求不能过于苛刻，漫无边际；要提得有分寸，不能与通行做法或惯例相距太远。否则，对方会觉得己方缺乏诚意，以致中断谈判。在还盘时运用这一策略时还要注意：提出比较苛刻的要求，应尽量是对方掌握较少的信息与资料的某些方面，应尽量是双方难以用客观标准检验、证明的某些方面，否则对方很容易识破并采取应对措施。

（二）最大预算策略

运用"最大预算"的技巧，通常是在还盘中，一方面对卖方的商品及报价表示出兴趣，另一方面又以自己的最大预算为由来迫使卖方最后让步和接受自己的出价。例如，经过讨价，卖方已将某货物的报价由 10 万元降至 8.5 万元，买方便说："贵方这批货物我们很想购买，但是，目前我公司总共只有 7.8 万元的购货款了，如果能按这个价格成交，我们愿今后与贵方保持合作关系。"这样，买方采用"最大预算"的技巧作出了 7.8 万元的还盘，实现了交易。

运用这种技巧应注意：

（1）掌握还盘时机。经过多次价格交锋，卖方报价中的水分已经不多，此时以"最大预算"的技法还价，乃最后一次迫使卖方做出让步。

（2）判断卖方意愿。一般卖方成交心切，易于接受己方"最大预算"的还盘。否则，卖方会待价而沽，"少一分钱也不卖"。

（3）准备变通办法。万一卖方不管我方"最大预算"真假如何，仍坚持原有立场，买方须有变通办法：一是固守"最大预算"，对方不让步，己方也不能让步，只好以无奈为由中断交易；二是维护"最大预算"，对方不让步，己方作适当让步，可以酌减某项交易内容或者后补价款，便于以此为台阶实现交易。

（三）积少成多策略

这种策略是指在向对方索取东西时一次取一点儿，最后聚沙成塔、集腋成裘。这一策略抓住了人们对"一点儿"不在乎、也不愿为了"一点儿"利益的分歧而影响交易关系的心理，所以在还盘中很奏效。利用这一策略时，不要引起对方的注意。此外，运用这一策略的主谈人应具有"小利也是利"的思想，纵使是对方小的让步，也值得去争取。另外，细分后的交易项目因其具体，所以容易寻找还价理由，使自己的还盘具有针对性和有根据，从而易于被卖方所接受。

（四）感情投资策略

在商务谈判中，双方的磋商和辩论似乎只是实力和意志的较量，谈不上感情因素的作用。其实不然，许多谈判的顺利推进，以至于一些棘手问题的最终解决，往往凭借了当事双方业已存在的感情基础和良好的关系。事实上，谈判中的人际关系因素至关重要。想要影响对方，那么，首先就应该为对方所认可、所欢迎；想使自己在谈判中提出的各种理由、各项意见能被对方认真倾听和充分接受，那么，最有效的是首先必须与谈判对手建立起信任、建立起友情。从还价的角度来说，感情投资能够为还价被对方所接受铺平道路。

还盘时，感情投资的运用一般有以下要求：

（1）要正确对待谈判，正确对待对手。在整个谈判过程中，要遵循平等、互利原则，从大局出发，互谅互让；要把谈判中的各种分歧视为合作的机缘，善于寻求共同利益，求同存异。同时，对于谈判对手，必须充分尊重，而绝不应敌视，要做到台上是对手、台下是朋友，要注重展示自己的修养和人格魅力。

（2）在价格谈判中，对于一些较为次要的问题，可不过分计较并主动迎合对方，使对方觉得我方站在其角度考虑问题，从而赢得其好感。

（3）注意利用谈判中的间隙机会，谈论业务范围以外对方感兴趣的话题，如体育比赛、文艺节目、时事新闻、当地的土特产、名小吃、名胜古迹等，借以增加交流、增进友情。

（4）对于彼此之间有过交往的，要常叙旧，回顾以往合作的经历和取得的成功，增强此次合作的信心。

【案例6-6】

某省粮油进出口公司与某外商就一笔较大的黄豆交易进行价格谈判。买方表示愿意将每吨136美元提高到140美元，而卖方则从报价的150美元降至145美元。但由于双方都表示不能再作让步，谈判只好暂时中止。时隔三天之后，卖方由于资金周转出了点儿问题，急需现金，于是给买方打去电话，表示愿意接受每吨140美元的价格，不知买方是否有继续交易的打算。买方即刻表示同意磋商。在谈判过程中，卖方坦诚地介绍了公司的情况，希望可以迅速成交。买方在听完卖方陈述后，出人意料地表示愿意以每吨145美元的价格成交。为此，卖方喜出望外，对买方的关照和慷慨表示感谢和满意，双方的手紧紧地握在一起。

事过之后有人问为什么这么干？买方告诉他："每吨只差5美元的价格，总数3000吨，总额不过15000美元。这笔金额对买方并不重要，倘若非要坚持每吨140美元，则对今后的业务往来无丝毫的好处。如果以此做出让步，对方会加倍珍视这份支援表现出的友好态度，无疑对以后的业务往来、谈判实务大有益处。"果然，从此以后，买方从买卖中总能享受到优惠和特权。它给买方带来的长期经济利益，远不是15000美元可以比拟的。

第三节　让步策略

所有的谈判高手都懂得，谈判的成功需要做出必要的妥协和适当的让步。让步是谈判中的普遍现象，可以说只要有谈判存在，就有让步行动，没有让步也就不会有谈判的成功。任何一次谈判都是为了使参与各方的需要得到满足并且包含着双重利益，谈判人员必须既要考虑谈判本身的实质利益，又要保持与对方保持关系的长远利益，而妥协与让步不但可以使谈判成功，而且能使这两种利益兼得。谈判中的妥协与让步是实现合作的正当方法，是谋取利益的必要手段。

其实，让步本身就是一种策略，它体现谈判者用主动满足对方需要的方式来换取己方需要的精神实质。谈判者都要明确他们要求的最终目标，同时他们还必须明确为达到这个目标可以或愿意做出哪些让步？什么时候让步？怎样让步？做出多大的让步？因此，如何运用让步策略，就成为磋商阶段最为重要的事情。

一、让步的基本原则和要求

（一）让步有利于营造和谐的谈判气氛

在维护己方利益的前提下，用让步来保证谈判中平等互利、和颜悦色的谈判气氛，对谈判协议的达成具有现实意义。谈判是参与各方寻求满足共同利益的合作过程。共同利益的实现需要以合作为基础，需要适宜合作的环境和气氛。为了实现合作的目标，参与各方都应当互相体谅，都需要做出一定的妥协与让步来营造适宜谈判的和谐气氛；否则，谈判将无法维持，将无法正常进行。为了使让步既有利于创造和谐气氛，又不至于影响实现谈判总体目标，可以考虑在较为次要的问题上主动做出让步，而在重要的问题上力求促使对方首先让步。

（二）让步要维护整体利益

让步的一个基本原则是：整体利益不会因为局部利益的损失而造成损害，相反，局部利益的损失是为了更好地维护整体利益。谈判者必须十分清楚什么是局部利益，什么是整体利益；什么是枝节，什么是根本。让步只能是局部利益的退让和牺牲，而整体利益必须得到维护。因此，让步前一定要清楚什么问题可以让步，什么问题不能让步，让步的最大限度是什么，让步对全局的影响是什么等。以最小让步换取谈判的成功，以局部利益换取整体利益是让步的出发点。

（三）让步是有条件的

不要作无谓的让步，应体现出对己方有利的宗旨。谈判的实质是为了满足需要而进行的利益互换，所以，妥协与让步应该以利益互换为前提条件。成功的让步应该赢得同等的利益。如果事先预测得不到相应的回报，便没有必要让步。谈判者心中要清楚，让步必须建立在对方创造条件的基础上，而且对方创造的条件必须是有利于己方整体利益的。不论是怎样的让步，是哪种形式的让步，都不要轻率作决定，要努力让每一次的让步都是有效的，并且是有回报的。有得必有失，有失必有得，在谈判中每让一步都要对方有所补偿，谈判的天平才能平衡。

（四）让步要选择恰当的时机

让步时机要恰到好处，不到需要让步的时候绝对不要做出让步的许诺。让步之前必须经过充分的磋商，时机要成熟，使让步成为画龙点睛之笔，而不要变成画蛇添足。一般来说，如果让步过早，会使对方以为是"顺带"得到的小让步，这将会使对方得寸进尺；如果让步过晚，除非让步的价值非常大，否则将失去应有的作用。一般而言，主要的让步应在成交期之前，以便影响成交机会；而次要的、象征性的让步可以放在最后时刻，作为最后的"甜头"。

（五）让步要选择适当的幅度

让步可能是分几次进行的，每次让步都要让出自己的一部分利益。让步的幅度要适当，一次让步的幅度不宜过大，让步的节奏也不宜过快。如果一次让步过大，会把对方的期望值迅速提高，对方会提出更高的让步要求，使己方在谈判中陷入被动局面。如果让步节奏过快，对方觉得轻而易举就可以得到需求的满足，因而认为己方让步无须负担压力和损失，也就不会引起对方对让步的足够重视。让步应做到步步为营。

（六）不要承诺作同等幅度的让步

让步并不需要双方互相配合，以大换小、以旧换新、以小问题换大问题的做法是不可取的，同样，一报还一报的互相让步也是不可取的。如果对方提出这种要求，可以以己方无法负担为借口。假如对方开价60元而己方还价40元，对方说："我们取个平均值吧。"即使双方让步幅度相当，双方由此得到的利益却不一定相同，因此不能单纯从数字上追求相同的幅度。可以让对方感到己方也做出了相应的努力，以同样的诚意做出让步，但是并不等于幅度是对等的，可以说："不能接受。"

（七）让步的目标要明确，并且每次让步后要检验效果

让步不是目的，而是实现目的的手段。任何偏离目标的让步都是一种浪费。让步要定量化，每次让步后，都要明确让步已到何种程度、是否获得了预想的效果。己方做出让步之后要观察对方的反应。对方相应表现出的态度和行动是否与己方的让步有直接关系？己方的让步对对方产生多大的影响和说服力？对方是否也做出了相应的让步？如果己方先做出了让步，那么在对方作出相应的让步之前，就不能再做出让步了。

二、让步的类型

（一）按照让步的姿态分类

1. 积极让步

积极让步是指以某些谈判条款上的妥协来换取主要方式或基本方面的利益的让步。采用积极让步应是：谈判的一方具有谈判实力和优势；搜集、掌握了较充分的资料，取得了较准确的数据；并经事先安排，制定了合理、科学的让步计划和幅度。

2. 消极让步

消极让步是指以单纯的自我牺牲、退让部分利益，以求得打破僵局、达成交易的让步。采用消极让步应是：谈判的一方有求于人；急于达成交易；报价的水分、虚头被揭开；价格解释于情于理都说不过去；谈判处于劣势。

（二）按照让步的实质分类

1. 实质让步

实质让步即利益上的真正让步，目的是以己方的让步换取对方的合作与让步。

2. 虚置让步

虚置让步并不是真正的让步，只不过是有让步的形式，而没有任何实质内容，即并未让出自己的任何利益。虚置让步方式是应对谈判对手让步压力的一种较好方式，它可以扰乱谈判对手视线，拖延时间，从而为己方扭转不利局势赢得时间。

3. 象征让步

在双方僵持不下时，一方做出让步是必要的。让步除利益的要求降低以外，还有非利益要求补偿的方式，即以同等价值的替代方案换取对方立场的松动，使对方心理上得到满足，从而达成贸易的成交。这就是象征让步。

【案例 6-7】

象 征 让 步

《庄子·齐物论》里有一则寓言：一个养猴子的老人用橡子喂猴子，早晨给每只猴子三个，晚上各给四个，众猴子都不高兴。于是老人改变了一下：早晨给每只猴子四个，晚上各给三个，众猴子皆大欢喜。

人非猴子，但在许多由立场性争执引起的谈判僵局中，一些谈判人员明知自己理应改变谈判的角度，但常常因考虑"面子"问题，如谈判人员自身或所代表的集团的声誉、尊严等，不是实事求是地修订目标方案，而是固守这种谈判的角度。

（三）按照让步的时间分类

1. 主要让步

主要让步是在谈判最后期限之前做出的让步，以便让对方有足够的时间来品味。这就犹如一席丰盛的酒宴，主要让步恰似一道大菜，在酒宴上可掀起一个高潮。

2. 次要让步

次要让步作为最后的甜头，是安排在最后时刻做出的让步。这犹如酒宴结束时上桌的最后一碟水果，使人吃后感到十分舒心。有时，当谈判进展到最后，双方只是在最后的某一两个问题上尚有不同意见，需要通过最后的让步才能求得一致，签订协议。

三、让步的节奏和幅度

【案例6-8】

苏先生为什么会失败？

苏先生向客户A推销一套环保设备，与客户A有接触的共计八个供应商。客户A最后选中了三家（含苏先生）。其中一家报价高，苏先生并不理会他，而将注意力放到另一家。因为报价几乎一样，苏先生与经理商量，为了战胜对手，把价格降到底限来增加竞争力，经理同意了。苏先生马上向客户A通报了这个消息，对方很高兴，因为苏先生报的价格下降了13%。同时苏先生了解到，竞争对手报的价格比他还高5%。苏先生认为这一次肯定会接到订单，因为即使对方价格再下调，也不可能比他的低。但第二天苏先生接到客户A的电话，对方希望他把施工费也算进去，再下调4%。苏先生和经理经过商量，认为只能再让2%（即与客户各承担50%），这样苏先生的价格下降了15%。第三天，苏先生得到消息，对手以下调12%的价格战胜了他15%的让利。他最不明白的是，为什么价格最低却赢不了？

相信大家都明白其中的原因：首先，苏先生一步退位到13%，客户A感到仍有让利余地，所以要求继续优惠4%，尽管这是客户A的错觉；其次，当客户提出再下调4%时，苏先生只同意再让2%，让客户A觉得被"骗"，所以，对苏先生失去信心（或心理上不平衡）并将订单转到另一个竞争者手中。客户A根本不在乎那百分之几的让利，而是对苏先生失去信任感。

在商务谈判的实践中，到底应该怎样让步？行家们普遍认为：谈判中的让步是要达到某种预期的目的和效果，为此，必须要把握好让步的尺度和时机。上述案例中苏先生就是对让步的节奏和幅度把握得不好以致失去了机会。但是如何把握让步的尺度和时机，没有既成的公式和程序可以遵循，只能凭借谈判者的经验、知觉和机智来处理。

在实践中，人们总结出常见的八种理想的让步方式。不同的让步方式给对方传递的信息不同。人们有这样一个共同特征，这就是对经过自己艰苦奋斗而得到的成果总是倍加珍惜，而对轻易就可获得的东西则往往不那么看重。因此，在谈判中，对于某一项让步，谈判各方会做出什么反应，不仅仅取决于让步的绝对值的大小，还取决于彼此的让步策略，即怎样做出让步，以及对方是怎样争取到让步的。

下面以卖方的让步方式为例，说明常见的八种让步方式的不同情况。首先对这八种让步方式作总的介绍（见表6-1），然后再分别介绍每种方式的优缺点及适用情况。

表6-1　八种常见的让步方式
(单位：元)

让步方式	让步总金额	第一期让步	第二期让步	第三期让步	第四期让步
最后让步	80	0	0	0	80
最先让步	80	80	0	0	0
均等让步	80	20	20	20	20
减加加式	80	10	4	21	45

（续）

让 步 方 式	让步总金额	第一期让步	第二期让步	第三期让步	第四期让步
减减加式	80	45	21	4	10
递减让式	80	35	20	18	7
间断让式	80	62	3	0	15
进退让式	80	65	15	15	−15

（一）最后让步

这是一种在让步的最后阶段一步让出全部可让利益的让步方法。该方式给人的感觉是一直没有什么妥协的希望，因此也有人称之为坚定的让步方式。如果买方是一个意志比较软弱的人，当卖主采用此策略时，买主可能早就放弃讨价还价了，因而得不到利益；如果买主是一个意志坚强、坚持不懈、不达目的不罢休的人，那么买主只要不断地迫使对方让步，即可达到目的，获得利益。在运用这种策略时，买卖双方都冒着形成僵局的危险和可能。

1. 优点

（1）坚持三次不让，显得比较强硬，可能会挫伤对方的锐气，动摇对方继续讨价还价的信心，以获取较大的利益。

（2）连续坚持三次不让，最后一次让出全部，对方会认为取得的让步来之不易，并且特别庆幸和珍惜。

（3）会给对方既强硬、又出手大方的强烈印象。

2. 缺点

由于开始一直寸步不让，对方可能误认为没有诚意，因此，容易形成谈判僵局，甚至终止谈判，失去生意伙伴，具有较大的风险性。

3. 适用情况

此种让步方式一般适合谈判中占据优势的一方使用。实践证明，谁在谈判中投资少、依赖性差，谁就有承担谈判失败风险的力量，或在某种意义上说，不怕谈判失败。总之，此种让步方式有其利，也有弊；有时在卖方一再坚持"不"的情况下，还有可能迫使恐惧谈判的买方作出较大的让步。

（二）最先让步

最先让步是指第一步让出全部，以后三步一点儿不让或无利可让。

1. 优点

（1）由于第一步就让出了自己的全部可让利益，给人以坦诚和直率的感觉，比较容易打动对方采取回报行动，容易取得对方的信任，以促成和局。

（2）此种方式率先的大幅度让步，会给对方留下良好的印象，给对方以合作感、信任感，可能产生较大的号召力，有利于获取长远利益。

（3）由于谈判者一步让利、坦诚相见，提高了谈判效率，降低了谈判成本，节省了谈判时间。

2. 缺点

（1）由于这种让步方式操之过急，对于买主会有极强的影响和刺激，可能给买方传递一种尚有利可图的信息，因而导致买主的期望值大大提高，从而继续讨价还价。

（2）由于一次性的大步让利，可能失掉本来能够争取到的利益。尤其在遇到强硬而贪婪的买主时，可能会产生僵局。

3. 适用情况

此种让步方式一般适用于：己方处于劣势或谈判各方之间的关系较为友好的谈判。处于谈判劣势的一方，往往是谈判的被动方，但却不一定是被提议一方。为此，该方在谈判中的让步，应当表现得积极、坦诚，以诚动人，用一开始就做出最大让步的方法感召对方以同样的方式来回报。在双方关系比较友好的谈判中，更应该以诚相待。有时，卖方采用此种方式，还会得到对方大量的回报。因此，这种让步方式可谓利弊并存，事在人为。

（三）均等让步

均等让步是指等额地让出全部可让利益。

1. 优点

（1）由于让步幅度均等，让步时间持久，对方难以占便宜，对于双方讨价还价比较有利，便于保证利益均沾。

（2）凭借让步拖延时间，便于见机行事，遇到性情急躁或无时间长谈的买主时，往往会占上风，削弱买方的议价能力，使急于成交的买方丧失继续讨价还价的耐心。

2. 缺点

（1）由于每次让步幅度有限，进度缓慢，可能导致谈判平淡无味，容易使人产生疲劳、厌倦之感。

（2）这种让步效率极低，通常要浪费大量的精力和时间，因此谈判成本较高。

（3）不间断地让利，可能给对方以错觉，认为只要有耐心就可以进一步获得利益。

3. 适用情况

均等让步方式目前在商务谈判中极为普遍。一些商务性质的谈判，讨价还价比较激烈，分利必争，在价格问题上常常采取步步为营的原则，因此人们普遍愿意使用此方式。另外，没有谈判经验的人，以及进行较为陌生的谈判时，因为不熟悉情况，所以不宜轻举妄动，以防因急于求成而在谈判中失利，这时也可采用均等让步方式。人们运用这一方式往往比较慎重，而且在试探中前进，是十分必要的。

（四）减加加式

减加加式是先高后低、然后又拔高，即第一步让步幅度较大，第二步幅度最小，第三步加大幅度，第四步继续加大幅度。

1. 优点

（1）让步的起点比较恰当、适中，能够向对方传递可以合作并有利可图的信息。

（2）第二步的降价幅度，可能使对方认为已接近尾声，有利于促使对方拍板而保住己方的较大利益。

（3）让步富有变化，如果不能在第二步的缓速减量之后达成协议，就再大步让利，这样容易取得成功。

2. 缺点

（1）由于此种让步方式表现为由小到大且不稳定的特点，可能鼓励对方得寸进尺，继续讨价还价。

（2）戏剧性的变化让步可能会破坏和谐的气氛。因为在二期让步时就已向对方传递了接近尾声的信息，而后来又作了大步让利，这样往往给对方的感觉是己方不够诚实，不利于建立长期友好的合作关系。

3. 适用情况

此种让步方式一般适合在竞争性较强的谈判中，由具有丰富经验的谈判老手来使用。这种方式在运用时技术性要求较强，又富有变化。同时，又要时时刻刻观察谈判对手对己方的让步做出的反应，以调整己方让步的速度和数量，实施起来难度较大。对于缺乏谈判经验的谈判人员来讲，如果使用此方式，往往容易出现破绽。另外，在一些友好关系的合作性谈判中，更加注重的是诚实、可信，因此不宜采用此方式。

（五）减减加式

减减加式是一种从高到低、然后又微高的让步方式。

1. 优点

（1）合作为主，竞争为辅，诚中见虚，柔中带刚。谈判的让步起点比较高，富有较强的诱惑力，利于创造友好的谈判气氛，谈判成功的概率比较高。

（2）经过两次大幅度的让步之后，第三步让步幅度减小，如果能就此达成协议，则可少让一部分利益。

（3）如果第三步做出微小让步仍不能达成协议的话，再让出最后稍大一点儿的利润，往往会使对方很满意而达成协议。

2. 缺点

（1）由于一开始让步幅度很大，可能会使对方认为大有可让，从而增强还价的力度，因此容易加强对手的进攻性。

（2）头两步让大利与后两步让小利形成了鲜明的对比，容易给对方一种我方诚意不足的感觉。

3. 适用情况

此种让步方式一般适用于以合作为主的谈判。这种方式的双方是建立在互惠互利的基础之上的，谈判开始时的较大幅度让步，适合创造良好的谈判气氛；中间的象征性让步，也能够表示合作愿望；最后的加大幅度，有利于建立长期友好的合作关系。

（六）递减让式

递减让式是指以大幅度的让步为起点，然后依次递减，第四步将剩余的部分全部让出。

1. 优点

（1）先大后小，由多到少，给人以顺其自然、坦率的感觉，容易使对方接受并愿意合作。

（2）由于采取了一次比一次更为审慎的让步方式，一般不会出现让步上的失误。同时，让步幅度递减，对方的获利欲望也会随之减弱。

（3）有利于谈判各方在等价交换、利益均沾的条件下达成协议。

2. 缺点

（1）开始让步起点较高，随后逐渐递减，对于买主来说，越争取利益越小，可能会使买主感到沮丧，或者影响达成协议的速度。

（2）这是谈判让步中的惯用方法，缺乏新鲜感，也比较乏味。

3. 适用情况

此种让步方式一般适合谈判的主动方或提议方使用。在通常情况下，谈判的主动方对谈判的和局更为关注，理应做出较大让步的姿态，以诱发对方从谈判中获利的期望。相反，如果谈判的提议方在谈判的让步过程中不肯率先让出足以吸引对方的利益，对方就更不会作出相应的让步了。所以，主动提议方在谈判初期需要以较大的让步激发对方获利的欲望。

（七）间断让式

间断让式是指开始时大幅度递减，中间两步不让或让得很少，最后一步让步幅度又比较大，出现反弹的让步方式。

1. 优点

（1）以求和的精神为先，开始就让出多半利益，因此有可能会换得对方较大回报。

（2）中间两步寸步不让或让得很少，是一种态度强硬的表示，益于削弱对方要求己方再一次让利的期望。

（3）最后又让出小利，既显示了己方的诚意，又会使通达的谈判对手难以拒绝签约，因此往往收效不错。

（4）尽管其中也藏有留利的动机，但客观上仍表现了以和为贵的温善态度，是比较艺术的做法。

2. 缺点

（1）由于开始大幅度让步，可能给对方留下急于求成的印象，对方可能会变本加厉，得寸进尺。

（2）中间两步的拒绝有时可能导致谈判出现僵局或者不欢而散。

3. 适用情况

此种让步方式一般适用于：在谈判竞争中处于不利境地，但又急于获得成功的谈判。由于己方处于劣势，于是初期即让出较大的利益，可能会尽快地促成谈判的成功。同时，由于此种让步较早、较大，可能会使对方得寸进尺，所以到三期时采取了固守的策略，这样会给对方传递"该收场了"的信号。最后再让出小利，更坚定了自己的立场，同时又给对方以台阶，就会促成谈判尽快地结束。

（八）进退让式

进退让式是指在开始两步让出全部可让利益，第三步赔利相让，到第四步再讨回赔利相让部分的谈判方式。

1. 优点

（1）由于开始就让出了全部可让利益，因此具有很大的吸引力，往往会使陷入僵局的谈判起死回生。

（2）如果前两部分让利尚不能打动对方，再冒险让出不该让的利益，这样就会产生一种诱惑力，使对方沿着己方思路往前走。

（3）由于让步迅速，可能会促使谈判速战速决，以防发生变化。

2. 缺点

（1）具有较大的风险性，如果第一步让步技术欠佳，可能得不到相应的回报。处理不当时还会导致谈判的破裂。

（2）第二步就让出了自己的全部可让利益，可能会增强对方的获利欲望，强化对方的讨价还价能力。

3. 适用情况

此种让步方式一般适用于：陷于僵局或危难性的谈判。由于己方处境危险，又不愿使已经付出的代价付诸东流，因此不惜在初期就大步让利，并以牺牲自己的利益为代价来挽救谈判，以促成谈判的和局。

上述八种让步方式，各有其特点和利弊，分别适用于不同特点、内容和形式的谈判，因此，谈判人员应根据自己的实际需要，在谈判的让步阶段恰当地进行选择。在实际谈判中，如果谈判人员对让步方式理解较深，并能够选择恰当的让步方式，既可以从对方的让步策略中获取一定的谈判信息，又可以强化己方的议价能力，促成有利于己方的谈判和局。例如，作为谈判提议的一方，往往是迫切要求谈判和局的一方，因此一般会先做出较大的让步吸引对方。相反，作为谈判提议的接受方，在谈判让步的开始阶段中，最适宜少作让步，以强化己方的议价能力，维护己方心理上的优势。总之，技巧来源于理论与实践的最佳组合，谈判的失效和失误就是这种实践与理论之间所形成的差距，为此要注意灵活地掌握和运用。

四、让步的具体策略

谈判中的让步是有高低之分的。往往可以在谈判场上见到许多这样的让步现象：有时，甲方作了让步，乙方并未感觉到甲方的让步；有时，甲方作了很大的让步，乙方却一点儿都不领情；有时，一方作了一点儿似乎微不足道的让步，却带来全线的崩溃，不得不节节让步、处处让步；有时，甲方做出了让步，乙方非但不作出让步来回报，反而提出更多、更高的要求等。诸如此类的让步，就是没有达到目的的让步，是失败的让步。如果让步让对方了解了己方的诚意，感受到了己方的宽宏大量，体会到己方在作自我牺牲，这样的让步才是达到了目的的让步，是比较成功的让步。但是这样的让步必须以牺牲自己的利益为代价。如果让步并不减少己方的利益，甚至己方未作任何让步，对手却感到己方在让步，这样的让步就是比较高级的让步，是具有艺术性的让步。这种让步虽然并不多见，但也并非天方夜谭，读者可以在自己的谈判实践中慢慢体会。这里介绍几种常见的让步策略。

（一）无损于己方利益的让步策略

所谓无损于己方利益的让步策略，是指己方所作出的让步不给己方造成任何损失，同时还能满足对方一些要求或形成一种心理影响，产生诱导力。当谈判对手就某一个交易条件要求己方做出让步时，在己方看来其要求确实有一定的道理，但是己方又不愿意在这个问题上做出实质性的让步，可以采取一些无损让步策略。

下面就卖方而言，介绍几种不损害自己利益的让步，几种实际上未作让步、而对方却感觉到了让步的"让步"——无损让步法：

（1）向对手说明，其他大公司或者有地位、有实力的人也接受了相同的条件。

（2）明示或者暗示这次谈判成功将会对以后的交易产生有利的影响。

（3）反复向对手保证其享受了最优惠的条件。

（4）尽量圆满、严密、反复地解释自己的观点、理由，详尽地提供有关证明、材料，但是不要正面反对对方的观点（这是关键，否则所做的工作全部白费）。

（5）反复强调己方的完美、周到、突出的某些条件，如交货日期、付款方式、运输问题、售后服务甚至保证条件等。

（6）努力帮助对方了解己方产品的优点和市场行情。

（7）全神贯注地倾听对方的讲话，不要打岔，不要中途反驳；打岔会使对手不快，中途反驳会使对手生气，都是得不偿失的行为。

（8）在恰当的时候重述对方的要求和处境。通常人们都喜欢自己被他人了解，所以这是于己无损的妙法。

有个伟人说过："人们满意时，就会付出高价。"所以，以上方法都会使买主满意，但都于己无损，并往往能让对方做出让步来回报。

（二）互惠互利的让步策略

从本质上讲，双方或多方坐在一起进行商务谈判，就是希望能够达成一个对双方或多方均有利的协议。谈判不会是仅仅有利于某一方的洽谈。一方做出了让步，必然期望对方对此有所补偿，获得更大的让步。这其实就是互利互惠让步的实质。

所谓互惠互利的让步策略，是指以己方的让步，换取对方在某一问题上的让步的策略。从理论和实践的综合角度来看，能否争取到这种互惠互利的让步方式，很大程度上取决于商谈的方式。一种方式是横向式商议，即采取横向铺开的方法，将几个谈判议题同时加以讨论，也就是每个议题同时取得进展，然后再统一向前推进；另一种方式是纵向深入式商议，即先集中谈判重要的原则，再开始解决其他议题的纵向前进的方式。很显然，采用纵向深入式商议，比较容易使双方对某一问题产生纠缠，容易争执不休，在经过一番努力之后，往往会出现单方让步的局面。相对地，如果采用横向式商议，因为该种方式把整个谈判的内容、议题集中在一起同时展开商谈，所以双方很容易在各个不同的议题上进行利益交换，从而达到互惠互利的让步。

人们所需要的满足并非能简单地表现出来，因此，在没有做出让步之前，先仔细想想应该怎样做。让每次让步都给对方某种好处，同时，每次让步又能使己方有所得。在实际谈判中，适当的让步会使对方人员之间发生分歧，从而产生互惠互利的结果。

争取互惠互利的让步，不仅仅要看谈判议题的商议方式，还需要谈判者有开阔的思路和视野。除了某些己方必须得到的利益须坚持以外，不要太固执于某一个问题的让步，在一个问题上卡死。要将谈判看成一盘棋，即整个合同的各个具体问题更加重要。要分清楚利害关系，避重就轻，向对方阐明各个问题上所有的让步要视整个合同是否令人满意而定。因此在进行让步时，要灵活地使己方的利益在其他方面能够得到补偿。

为了能够顺利地争取到互惠互利的让步，从商务谈判的实践来看，通常采用的技巧是：

（1）当己方谈判人员做出让步时，应向对方表明：做出这个让步是与公司政策或公司主管的指示相矛盾的。因此，己方只同意这样一个让步："贵方也必须在某个问题上有所回报，这样我们回去也好有个交代。"

（2）把己方的让步与对方的让步直接联系起来，表明己方可以做出这次让步，只要在己方要求对方让步的问题上能达成一致，就没有问题。

这是两种最常用的技巧。在实际运用中，第一种方法比较容易取得对方的理解，因为给人的感觉是言之有理，且言中有情，因此比较容易取得成功。第二种方法则给人感觉坦率、交易色彩有余，而态度比较生硬、人情不足，运用起来技巧性较差，但在环境及谈判气氛适当时运用，也会起到较好的效果。

（三）予远利谋近惠的让步策略

谈判者就如同证券市场中的投资者，都是为了利润而投资，只不过在谈判桌上，利润是指欲望的满足，而不仅仅是金钱的获得。谈判者的让步，实际上也是给对方一种满足。满足感有两种，包括对现实的满足和对未来的满足。而对未来的满足程度完全凭借谈判人员自己的感觉。

在谈判中，直接给对方的某种让步是一种现实的满足。但是，理论和实践证明，也可以通过给予其期望的满足或未来的满足而避免给予其现实的满足，即为了避免现实的让步而给予对方以远利。其实，银行很早就注意到了这一点。在办理抵押贷款的时候，人们往往比较关心能够借到的贷款数目，而不太关心利率。这是因为利息要经过很长一段时间，一个月一个月地积累计算。他们很少考虑到以后若还不上债要卖房子时，将会发生什么事情。

当对方在谈判中要求己方在某一问题上做出让步时，己方可以强调保持与己方的业务关系将能给对方带来长期的利益，而本次交易对是否能够成功地建立和发展双方之间的长期业务关系是至关重要的。如此这般地向对方言明远利和近利之间的利害关系，对方多半会取远利而弃近惠的。其实，对己方来讲，采取予远利谋近惠的让步策略，并未付出现实的东西，却获得近惠，何乐而不为呢？

（四）声东击西的让步策略

就军事方面来讲，声东击西是指当敌我双方对阵时，我方为更有效地打击敌人，造成一种从某一方向进攻的假象，借以迷惑对方，然后攻击其另一方向。而让步中的声东击西是指将相关的条件一起提出来，以对自己并不重要的条件作为砝码或掩护，去求得对方在重要条件上的让步。这实际上是一种所谓的"佯攻"。作为"声东"或"佯攻"的条件，应该具有一定程度的可信性，才能达到"击西"的真正目的。例如，买方发现软磨硬泡不起作用，卖方仍坚持提价时，便将"货期"与"提价"联系在一起，以推迟货期作为条件，来达到让对方减少提价的目的。

五、迫使对方让步的策略

（一）"车轮战"策略

"车轮战"是军事术语，是指己方分散兵力，轮流与敌人作战，或者采取迂回战略，在体力和智力上使敌人疲劳，然后消灭敌人。"车轮战"应用在谈判中，是指谈判者一方轮流与对方主谈人辩论商谈，借以在精力上拖垮对方，迫使对方妥协让步。

1."车轮战"策略的应用

"车轮战"的使用有一定的条件和原则。它往往是在谈判中期或接近尾声时，由形势不利的一方施行。在谈判过程中，如果谈判形势对己方不利，或己方在某一点上由于考虑不周已作了允诺而事后又必须反悔时，或者双方在谈判过程中发生了激烈的争吵而即将形成僵局时，或对方成交心切、急不可耐等，一些谈判者便可能采用这种战术，即制造、利用或借口各种"客观"原因（诸如诡称负责人或某个重要成员的家人生病或病故等）召回负责人或某个重要成员，让另一个身份相当的人替代。这时的替补者处于以下相对有利的位置上：

（1）如果需要出尔反尔，替补者完全有机会、有借口抹杀前任所作出的让步或允诺，使之一切重新开始。

（2）如果是在因为争吵激烈而即将形成僵局的场合，替补者掌握了主动权，替补者既可以更换议题，不介入前任争吵的漩涡之中；也可以继承前任有利的因素，整合自己的策略，更强硬地痛击对方，使对方在压力面前让步。替补者还可以吸取前任的经验教训，以调和者的身份，通过有说服力的资料、例证，强调双方共同的利益，采用所谓公平的标准，使大事化小、小事化了，以赢得对方的好感，从而为以后的谈判奠定基础。

（3）前任谈判者与对方交往以后，对方各成员的性格、嗜好、长处、短处已暴露无遗，而对方对己方替补者的情况一无所知。这时，只要替补者能够抓住时机，迎合对方的嗜好，避开对方的优势，就一定能在谈判中取胜。

"车轮战"策略还可以运用于一方成交心切或一方有求于另一方的场合。常见的情况有：当卖主货物积压或资金拮据时，或因国家政策、公司条文的改变等因素所致，急于将货物脱手，而买主寥寥无几时，有些买主就会采用"车轮战"以达到目的。这时的卖主由于成交心切，一般不会触怒买主，从而给予买方可乘之机。反过来，如果货物非常适销，竞买者纷纷而至时，卖主也可采用"车轮战"战略以达到获取高利的目的。

2. 对付"车轮战"的反策略

（1）即使货物急于脱手或急于求购某种货物，也应尽可能不表露出来。尽管事实明摆着，也应在谈判中抱着无所谓的态度。这样，才能使对方的强硬态度失去根基。

（2）整个谈判期间均需高度冷静，发觉对方故意设置关卡或故意刁难时，可以耐心说服，或保持沉默而不予理会，千万别被假象所迷惑而轻易让步，特别是不应急于同对方签约，以免事后后悔。再则，在谈判期间，如果对方故意找碴儿争执，最好的办法是听之任之，不要误中圈套。

（3）如果对方替补者一口否认过去的协定，己方也可以借此理由否认过去所作过的所有允诺；或者找个借口暂停谈判，直到对方的原班人马，特别是重要成员到齐时再谈。

（4）如果对方换上新的谈判者，己方又无理由拒绝与之商谈，或己方也愿意与对方替补者商谈的情况下，应像对待新手一样，首先让其尽量表现，从中发现其性格、特点、长处和短处，然后对症下药、有的放矢。

（5）商务交易是互利合作的行为，只要一方应用客观标准或有说服力的资料去处理实质性问题，或者利用公平的标准去化解双方的利益冲突，相信诚实守信的对方是会接受的；否则宁可中止商谈，另觅伙伴。

3. 破解"车轮战"的反策略

（1）对等谈判，对方要求换人时，自己也要相应换人。

（2）若己方不换人，则不要费力去纠缠过去的争执。

（3）新人员推翻前任的承诺时，己方可以重新解释自己的让步。

（4）借口对方换人，要求对方解释原因，表明诚意。

（5）刁难对方新手，使其自动下台。

（6）提出异议，或者暂停谈判。

（二）利用竞争策略

制造和利用竞争永远是谈判中逼迫对方让步的最有效的武器和策略。当谈判的一方存在竞争对手时，其谈判的实力就大为减弱。

买主把所有可能的卖主请来，同他们讨论成交的条件，利用卖主之间的竞争，各个击破，为自己创造有利的条件。该策略取自"鹬蚌相争，渔翁得利"，比喻双方争执，让第三者得利。这里就是利用卖主之间的竞争，使买主得利。该策略成功的基础是制造竞争，卖主的竞争越激烈，买主的利益就越大。

在谈判中，己方应该有意识地制造和保持对方的竞争局面。有时，对方实际上并没有竞争对手，但己方可以巧妙地制造假象来迷惑对方，以求逼迫对方让步。

例如，进行技术引进谈判时，己方可以多考察几家国外的厂商，同时邀请他们前来进行谈判，并且适当地透露一些有关对方竞争对手的情况；在与其中的一个厂商最终谈成之前，不过早地结束与其他厂商的谈判。

制造竞争的具体方法有：

（1）邀请多家卖方参加投标，利用其之间的竞争取胜。

（2）同时邀请几家主要的卖主与其谈判，把与一家谈判的条件作为与另一家谈判要价的筹码，通过让其进行背靠背的竞争，促其竞相降低条件。

（3）邀请多家卖主参加集体谈判，当着所有卖主的面以压低的条件与其中一位卖主谈判，以迫使该卖主接受新的条件。因为在这种情况下，卖主处在竞争的压力下，如不答应新的条件，生意可能被别人抢走，便不得不屈从于买主的意愿。

对方采用该策略时，己方的对策要因其制造的竞争方式不同而不同。对于利用招标进行的秘密竞争，要积极参加。对于背靠背的竞争，应尽早退出。对于面对面的竞争，采取相反的两种对策：一种是参加这种会议，但只倾听而不表态，不答应对方提出的任何条件，仍按自己的既定条件办事；另一种是不参加这种会议，不听对方的观点，因为在会议上容易受到买主所提条件的影响。

【案例 6-9】

鹬蚌相争，渔翁得利

谈判专家约翰逊要造一个游泳池，要求也很简单：长 30 英尺○，宽 15 英尺，有温水过滤设备。对普通建筑公司来说，这些都不在话下；稍微麻烦一点儿的是竣工时间必须在 6 月 1 日以前。隔行如隔山，对建筑游泳池，约翰逊是个门外汉。但让人吃惊的是，在短时间内，他不仅从外行变成了内行，而且还货比三家，找到了质量高、价格低的建筑商。他用的办法是坐收渔翁之利。

约翰逊打出了招标广告，有三位承包商 A、B、C 前来接洽投标事宜。由于是暗标，A、B、C 互不知道对方的标单内容。经过比较，约翰逊发现 A、B、C 提供的设备、提出的要求各不相同，价格也有差异。他当机立断决定邀请三位竞标者前来面谈。

三位承包商如约而至，约翰逊让他们在客厅里闲聊了一会儿，自己则以"忙急事"不参与谈话。10 点钟的时候，约翰逊邀请 A 进书房详谈。A 宣布自己的游泳池造得最好，他的设计方案和工程质量都曾获表彰。他顺便告诉主人，B 常使用旧的过滤网，C 先生的信誉不高。接下来 B 先生在书房里大言不惭地宣称只有自己才使用真正的铜管，其他承包商一般使用塑胶管。C 先生则告诉主人，其他人使用的过滤网有问题，而他绝对做得到保质保量按时完工。

约翰逊比较三者的优劣，发现 A 华而不实，B 的质量最好，C 的价格最低，最后他选中

○　1 英尺 ＝ 0.3048m。

了 B 作为游泳池的承建者，但只付 C 先生提出的价格。

当 A、B、C 三者互相指责、自我标榜时约翰逊直想发笑，但他忍住了。他心里想起一个成语：鹬蚌相争，渔翁得利。而他自己正是那个在一旁等候多时、伺机取利的渔翁。

（三）既成事实策略

既成事实策略也叫作先斩后奏策略。这在商务谈判中可以解释为"先成交，后谈判"，即实力较弱的一方往往通过一些巧妙的办法使交易已经成为事实，然后在举行的谈判中迫使对方让步。既成事实策略的实质是让对方先付出代价，并以这些代价为"人质"扭转自己实力弱的局面，让对方衡量所付出的代价和中止成交所受损失的程度，被动接受既成交易的事实。

既成事实策略的具体做法主要有：

（1）卖方先取得买方的预付金，然后寻找理由提价或延期付货。

（2）买方先获得了卖方的预交商品，然后提出推迟付款。

（3）买方取得货物之后，突然又以堂而皇之的理由要求降价等。

严格地讲，既成事实策略是一种不讲道理的策略，但在特定的条件下，使用它也可以产生一定的效果。在运用该策略时应注意，必须有正当理由，否则将被视为缺乏商业道德，而不宜采用。

为了防止出现由于对方采用既成事实策略造成损失的情况，谈判人员在谈判中应做到：

（1）应尽量避免"人质"落入他人之手，让对方没有"先斩"的机会。如对谈判者爽快地答应己方提出的要求要有戒心。

（2）即使交易中必须先付定金或押金，也应做好资信调查，并注明何种情况下可以退款。

（3）采取"以其人之道还治其人之身"的做法，尽可能相应掌握对方的"人质"；一旦对方使用此计，则可针锋相对。如在没有获得对方押金或担保时，不要预付货物或款项。

（4）一旦情况发生，要敢于向对方负责人抗议，若不能解决，可向当地的司法机关起诉。

（5）采取联合战线，揭穿对方的行为。

（四）"踢皮球"策略

"踢皮球"策略是一种形象的比喻，意即针对对方的要求，己方不便拒绝，便假借各种客观理由，左右推诿，把对方的"皮球"踢来踢去，不当一回事，对方在万般无奈的情况下，只得妥协让步。

1. "踢皮球"策略的应用

"踢皮球"策略的使用有一定的原因、原则和方法。若遇到谈判形势对己方不利而想中止谈判，或想达到降低对方条件、挽回损失、反败为胜的目的，或想降低对方期望的程度而使之自动让步等，都可使用该策略。只不过"踢皮球"策略往往是在谈判接近尾声时或即将签字时才运用。其手法是转移矛盾，假借上司或委托人等第三方之手去达到各种目的。在实践中，该策略的应用常常表现为：商谈者首先称无权决定某一问题，无权签约，需请求其上司或有关部门审核或研究决定，或以请示委托人批复等为借口，故意将谈判工作搁浅，让对方心中无底地等待。然后，借口其上司或有关部门或委托人不同意或不批准使谈判劳而无功，或者借口其上司或委托人认为交易条件"太苛刻"，必须降低某条件方能继续商谈等，迫使对方作出让步。这是因为：面对此种答复，即使是老练的谈判者都可能被激怒，等待的时间越长或者期望值越高者，其愤怒的程度就会越大。然而，愤怒只能损害自身的健康，面对现实，其出路只有两条：一条就是退出谈判，一走了之；另一条是不甘心就此退出谈判，"甘心"降低条件与对方继续谈判，从而使对方的"踢皮球"策略得逞。

2. 对付"踢皮球"的反策略

（1）以其人之道还治其人之身，以相同的策略反击对方，即请出己方的高层人员与对方的高层人员对话。

（2）如对方诡称要等待上司批准时，应限定时日，并且协商一定的约束办法（诸如约定在等待期间不能限制己方再寻找顾客或商谈伙伴等），促使对方加快其上司审批的时间以及使对方不敢轻易以上司不同意为借口而中止谈判。

（3）如对方诡称上司要求降低部分条件方能签约时，首先应据理力争，如果力争无效，随时准备退出商谈，以此试探对方的诚意。绝不能争一时之气而轻易接受对方的条件和要求。

（4）谈判分层负责，人员组合安排与对方对等，无权签字者以同样的人应付，迫使对方主帅出马。

（5）识破诡计，委婉揭露，从双方利益的原则上说服对方。

（6）以拒绝、取消谈判相威胁，迫使对方坐下来商谈议程。

（五）最后通牒策略

韩信用兵，曾背水列阵。士兵们知道后无退路，唯一的选择是拼死一战，个个超乎寻常的勇猛，最后大获全胜，这是让己方处于险恶境地，从而激发人的潜能，而逼对方答应己方的条件。这是一种敌弱我强时惯用的对策，叫作"最后通牒"。谈判中的最后通牒策略有两种情况：一是利用最后期限；二是面对态度顽固、暧昧不明的谈判对手，以强硬的口头或书面语言向对方提出最后一次必须回答的条件，否则将退出谈判或取消谈判，由此迫使对方改变态度，接受己方提出的条件。

1. 注意事项

（1）运用这一策略的基础和必备条件是谈判者知道自身的实力强于对方。特别是该笔交易对对方来讲，要比对己方更为重要。

（2）最后通牒策略只能在谈判的最后阶段或最后关头使用，因为这时对方已在谈判中投入了大量的人力、物力、财力和时间，花费了很多成本，一旦谈判破裂，这些成本将付诸东流。这样可以促使对方珍惜已花费的劳动，使之欲罢不能。

（3）用谈判桌外的行动来配合最后通牒，如向旅馆结账，预定回程的车、船、机票，让谈判人员放假去游玩当地名胜，购买当地土特产等，从而向对方表明最后通牒的决心，准备谈判破裂后打道回府。

（4）最后通牒策略的依据要过硬，要有较强的客观性和不可违抗性。例如，可以援引有关的法律规定、政策条文、商务惯例、通行的价目表或本公司的财务制度等来支持己方的立场，使对方不好反驳。

（5）最后通牒策略的言辞不要太强硬。言辞太锋利容易伤害对方的自尊心，而言辞比较委婉易于为对方考虑和接受。

（6）使用最后通牒策略必须出其不意、攻其不备。

2. 对付最后通牒策略的反策略

如果对方实施最后通牒策略，不必紧张，也不能流露出非常重视的神态来，应该考虑采用下列方法来对付：

（1）制造竞争。对方实施最后通牒，目的是使己方答应其条件，与其达成协议。如果不理会最后通牒，转向第三方，摆出与第三方达成协议的架势，就有可能击败其最后通牒。

（2）反下最后通牒。面对对方的最后通牒，如果己方有把握、有能力击败，不妨以其人之道还治其人之身，也来个最后通牒。

（3）中断谈判。只要了解对方实施最后通牒仅仅是玩弄谈判的技巧，就不妨中断谈判，让其明白最后通牒意味着谈判破裂。在这种情况下，并不打算使谈判破裂的对方应该考虑要不要停止使用该策略。

（4）让步法。对于对方的最后通牒，可以做出某些让步（这当然是在原计划之内的），不过在做出让步之前，应用恰当的语言表示对对方最后通牒的态度。然后，找些体面的理由作为让步的借口。千万不能在未表明态度之前就做出让步，这样是在对方面前示弱，并可能鼓励对方在今后的谈判中继续采用强硬的态度。

六、阻止对方进攻的策略

（一）限制策略

【案例6-10】

尼尔伦伯格（Gerard I. Nierenberg）在《谈判的艺术》中讲述了这么一件事：他的一位委托人安排了一次会谈，对方及其律师都到了，尼尔伦伯格作为代理人也到了场，可是委托人自己却失了约，等了好一会儿，也没见他人影。这三位到场的人就先开始谈判了。随着谈判的进行，尼尔伦伯格发现自己正顺顺当当地迫使对方做出一个又一个的承诺，而每当对方要求他做出相应的承诺时，他却以委托人未到、权力有限为理由，委婉地拒绝了。结果，他以一个代理人的身份，为他的委托人争取了对方的许多让步，而他却不用向对方做出相应的让步。

从上例可以看出，一位受到权力限制的谈判者要比大权独揽的谈判者处于更有利的地位，因为其立场可以更坚定些，可以更果断地对对方说"不"。经常观看记者招待会的人，可能不会忘记那些老练的政治家、外交家、政府新闻发言人，在遇到很敏感或其本人无法回答的问题时，总是会微笑，双肩一耸，两手一摊："这个我无可奉告。"这是回避锋芒、保护自己不出问题的最常用办法。谈判中也一样，当对方有力进攻，而己方无充分理由驳斥时，以某种客观因素或条件的制约而无法满足对方的要求为由，可以阻止对方进攻，而对方就只能根据己方所有的权限来考虑这笔交易。

在商务谈判中，经常运用的限制因素有以下几种：

1. 权力限制

上司的授权、国家的法律和公司的政策以及交易的惯例限制了谈判者所拥有的权力。一个谈判人员的权力受到限制后，往往可以使其立场更加坚定，更能够自然地说出一个"不"字。己方可以这样说："该问题很棘手，它超出了我的工作范围。""听起来，贵方的道理似乎很令人信服，但主管部门的先生们是否与我感觉一样，我不能代替他们做主，只有等转告他们之后才知道。"任何一个谈判者，在自己本身受到诸如上司授权、国家的法律规定、公司政策、贸易惯例等限制的时候，他的对手也不能强迫他不顾国家法律、公司政策的规定，超越其权力来答应做出退让。因此，精于谈判之道的人都信奉这样一句名言："在谈判中，受了限制的权力才是真正的权力。"

2. 资料限制

在商务谈判过程中，当对方要求就某一问题作进一步解释，或要求己方让步时，己方可以用抱歉的口气告诉对方："实在对不起，有关这方面的详细资料我方手头暂时没有（或者没有备齐；或者这属于本公司方面的商业秘密或专利品资料，概不透露），因此暂时还不能作出答复。"这就是利用资料限制因素阻止对方进攻的常用策略。对方在听了这番话后，自然会暂时放下该问题，因而阻止了对方咄咄逼人的进攻。

3. 其他方面的限制

包括自然环境、人力资源、生产技术要求、时间等因素在内的其他方面的限制，都可用来阻止对方的进攻。这些限制对己方是大有帮助的，有些能使己方有充分的时间去思考，能使己方更坚定自己的立场，甚至迫使对方不得不让步，有些则能使己方有机会想出更好的解决办法，或者更有能力和对方周旋。也许最重要的是能够考验对方的决心，顾全自己的面子，同时也能使对方有面子地让步。所以，受了限制的权力往往成了权力的来源。

但是，经验表明：该策略使用的频率与效率是成反比的。限制策略运用过多，会使对方怀疑己方无谈判诚意，或者请己方具备一定条件后再谈，使己方处于被动的一面。

（二）疲劳战术策略

在商务谈判中，有时会遇到锋芒毕露、咄咄逼人的谈判对手。他们以各种方式表现其居高临下、先声夺人的挑战姿态。对于这类谈判者，疲劳战术是一个十分有效的策略。这种战术的目的在于通过许多回合的拉锯战，使对方疲劳、生厌，以此逐渐磨去其锐气；同时也扭转了己方在谈判中的不利地位，等到对手精疲力尽、头昏脑涨之时，己方即可反守为攻，促使对方接受己方条件。

在实际谈判中，确实有许多人以耐心或善于运用疲劳战术著称。一位美国石油商曾这样叙述沙特阿拉伯石油大亨亚马尼（Ahmed Zoki Yamani）的谈判战术，他最厉害的一招是心平气和地把一个问题重复一遍又一遍，最后让对方精疲力尽，不得不把相关利益都拱手让出去。中东的企业家最常用的交易战术，就是白天天气酷热时邀请欧洲代表观光，晚上则邀请其观赏歌舞表演。到了深夜，白天不见踪影的中东代表团的领队出现了，想必已有充分的休息，神采奕奕地和欧洲代表展开谈判。欧洲代表经过一天的奔波，早已疲惫不堪，只想休息，那么在谈判中必然让步，想尽快结束谈判。

如果确信对手比你还要急于达成协议，那么运用疲劳战术会很奏效。采用这样的疲劳战术，要求己方事先有足够的准备，并确定每一回的战略战术，以求更有效地击败对方的进攻，争取更大的让步。

（三）恻隐术策略

恻隐术是一种装可怜相、为难相的做法，以求得对方的同情，争取合作。在一般情况下，人们总是同情弱者，不愿落井下石，将之置于死地。

恻隐术常见的表现形式有：装出一副可怜巴巴的样子，说可怜话，进行乞求，如"这样决定下来，回去要被批评，无法交差""我已退到崖边，再退就要掉下去了""求求您，高抬贵手""请你们不看僧面看佛面，无论如何帮我一把"。

【案例6-11】

某卖方在二次降价后，不再降价，为了打破僵局，邀请买方去其住的旅馆洽谈。买方人员走进房间，只见卖方主谈人头上缠着毛巾，腰上围着毛毯，脸上挂着愁容，显示出一副痛态。据他讲："头疼、胃疼、腰难受，被你们压得心里急。"心里着急不假，头疼也可能是真的。这一招很有感染力。部分买方人以为"他实在是可怜"，谈判意志真的动摇了。

【案例6-12】

某卖方在其项目虽与买方达成协议但未签合同时，被第三方插入，第三方愿以更低的价与买方签订合同。买方出于信誉，将情况告诉了卖方并想出可能挽救的措施。卖方估量了买方的建议，但不想变更实质性条件，反复解释，并流下了眼泪。这位年岁不小的代表所淌出的泪水产生了奇效。会谈气氛沉闷了，买方的攻击力被冻住了。

在使用这一策略请求合作时，一定注意不要丧失人格和尊严，直诉困难也要不卑不亢。

与此类似，有的谈判人员"以坦白求得宽容"。当在谈判中被对方逼得招架不住时，干脆把己方对本次谈判的真实希望和要求和盘托出，以求得对方理解和宽容，从而阻止对方进攻。

这些策略的使用，都取决于对方谈判人员的个性及其对己方坦白内容的信任程度，因此具有较大的冒险性。

（四）不开先例策略

在谈判中，拒绝是谈判人员不愿采用但有时又不得不用的方式。因此，人们都十分重视研究掌握拒绝的技巧，最主要的就是怎样回绝对方而又不伤面子，不伤感情。不开先例就是一个两全其美的好办法。在国际商务谈判中，当谈判一方提出一些过高要求时，另一方可以说"本公司过去从无此先例，如果此例一开，以后就难办了"，或者说"对别的用户就没有信用了"等，以回绝对方的要求，加强自己的谈判地位，保护自己的利益。

不开先例是谈判一方拒绝另一方要求而采取的策略。例如，买方提出的要求使卖方感到为难，他可向买方解释：如果答应了买方的要求，对卖方来说就等于开了一个先例，以后对其他买主也要采取同样的做法，这不仅使卖主无法负担，而且对以前的买主也不公平。

当然，既然不开先例是一种策略，应用者就不一定真的没开过先例，因此采用这一策略时，必须要注意另一方是否能获得情报和信息来确切证明不开先例是否属实。

卖方在运用不开先例策略时，要对所提的交易条件反复衡量，说明不开先例的事实与理由，使买方觉得可信；否则，不利于达成协议。

对于买方来讲，问题的关键是难以获得必要的情报和信息，来确切证明卖方所称"先例界限"是否属实；而且在目前的谈判中卖方声称提供给买方的一个新优惠，是否早就真的成为一个"先例"了，也是无法了解的事情。因此，买方除非已有确实情报可予揭穿，否则只能由主观来判断，要么相信，要么不相信，别无他途。

当对方用该策略防守时，自己的对策是：

（1）多方了解对方的信誉，看对方是否常说假话。例如，可用已知答案的问题向对方提问以进行验证。

（2）如果条件已到了自己可接受的水平，就可能是真的，考虑接受；如果相差甚远，就可断定是假的，可揭露其谎言，必要时以退出谈判来迫使对方改变立场。

（五）休会策略

休会是谈判人员比较熟悉并经常使用的基本策略，是指在谈判进行到某一阶段或遇到某种障碍时，谈判双方或一方提出中断会议、休息一会儿的要求，以使谈判双方人员有机会恢复体力、精力和调整对策，推动谈判的顺利进行。

从表面上看，休会是满足人们生理上的要求，但实际上，休会的作用已远远超出了这一含义。它已成为谈判人员调节、控制谈判过程，缓和谈判气氛、融洽双方关系的一种策略技巧。在以下情况下比较适合采用休会策略：

（1）在会谈接近（某一阶段）尾声时，总结前阶段谈判成果，预测下一阶段谈判的发展，提出新的对策。

（2）谈判出现低潮时，若再会谈，会使谈判人员体力不支，头脑混沌，最好休息一下再继续。

（3）在谈判中双方观点出现分歧，如果各持己见，互不相让，就会使谈判陷入僵局。这时，比较好的做法就是休会，双方冷静下来，都客观地分析形势，采取相应的对策。

（4）在一方不满现状时，可采取休会进行私下磋商，改变不利的谈判气氛。

（5）在谈判出现疑难问题时，或在会谈出现障碍时，会谈双方可提出休会，各自讨论协商，提出处理办法。

休会提出一方必须把握好时机，看准对方态度的变化。如对方也有休会的需要，则一拍即合，立即生效。一般东道主提出休会，客人出于礼貌很少拒绝。

休会是一种内容简单、容易掌握、作用明显的策略技巧，能否发挥作用，关键就看怎样运用了。

（六）以攻对攻策略

只靠防守无法有效地阻止对方的进攻，有时需要采取以攻对攻策略。以攻对攻策略是指己方让步之前向对方提出某些让步要求，将让步作为进攻手段，变被动为主动。当对方就某一问题逼己方让步时，己方可以将这个问题与其他问题联系在一起加以考虑，在其他问题上要求对方做出让步，作为己方让步的条件。例如，如果买方要求卖方降低价格，卖方就可以要求增加订购数量或延长交货期限等。结果是要么双方双双让步，要么都不作出让步，从而避免对方的进攻。

假如对方提出的要求损害了己方的根本利益，或者他们的要求根本是无理的，也可以提出一个对方无法答应或者荒谬的要求回敬他们，让对方明白对于其进攻是有所准备的，没有丝毫让步的余地。面对己方同样激烈的反攻，对方很快会偃旗息鼓，进而放弃要求。

第四节　僵局缓解策略

商务谈判是合作与冲突的统一。因此，在谈判中出现异议、争论，甚至僵局都是难免的，也是正常的。另外，商务谈判也是一种比较复杂的沟通和互动过程。谈判各方人员情感、语言、态度和观点等方面的差异，往往会给各方的意见交流带来一定的困难，产生各种谈判障碍。

在合同的整个产生过程中，僵局随时随地都有可能出现。谈判僵局是指在国际商务谈判过程中，当双方对所谈问题的利益要求差距较大，各方又都不肯做出让步，导致双方因暂时不可调和的矛盾而形成的对峙，而使谈判出现不进不退的僵持局面。僵局之所以经常产生，其原因就在于来自不同的企业、不同的国家或地区的谈判者，在国际商务谈判中，双方观点、立场的交锋是持续不断的，当利益冲突变得不可调和时，僵局便出现了。当僵局出现以后，必须进行迅速的处理，否则就会对谈判顺利进行产生影响。出现僵局不等于谈判破裂，但它会严重影响谈判的进程，如不能很好地解决，就会导致谈判破裂。要突破僵局，必须对僵局的性质、产生原因等问题进行透彻的了解和分析，才能正确地加以判断，从而进一步采取相应的策略和技巧，选择有效的方案，使双方重新回到谈判桌上来。

一、谈判僵局产生的原因

要避免谈判僵局的出现，打破僵局使谈判进一步向前发展，必须了解可能产生谈判僵局的原因，从而对症下药，找出处理僵局的办法。一般来说，谈判僵局的产生来自三方面：一是己方制造的僵局；二是对方制造的僵局；三是由于双方的原因产生的僵局。

（一）谈判一方故意制造谈判僵局

这是一种带有高度冒险性和危险性的谈判战略，即谈判的一方为了试探出对方的决心和实力而有意给对方出难题，搅乱视听，甚至引起争吵，使谈判陷入僵局，其目的是使对方屈服，迫使对方放弃自己的谈判目标而向己方目标靠近，从而达成有利于己方的交易。

故意制造谈判僵局的原因可能是过去在商务谈判中上过当、吃过亏，现在要给对方报复；或者自己处在十分不利的地位，通过给对方制造麻烦可能改变自己的谈判地位，并认为即使自己制造了僵局也不会有什么损失。这样就会导致商务谈判出现僵局。

在通常情况下，谈判者往往不愿冒使谈判陷入僵局的风险，因为制造僵局往往可能导致谈判破裂。如果运用得当会获得意外的成功；若运用不当，其后果也是不堪设想的。因此，除非谈判人员有较大把握和能力来控制僵局，最好不要轻易采用。

（二）谈判人员的因素导致谈判僵局

1. 人员素质低下

俗话说："事在人为"。人的素质因素永远是引发事由的重要因素。谈判也是如此，谈判人员素质的高低始终是谈判能否成功的重要因素，而且当双方合作的客观条件良好、共同利益比较一致时，谈判人员素质的高低往往起决定性作用。

事实上，仅就导致谈判僵局产生的因素而言，不论是何种原因，在某种程度上都可归结为人员素质方面的原因所致。有些僵局的产生，是因为在使用一些策略时，由于谈判人员的素质欠佳，对时机掌握不好或策略运用不当，导致谈判过程受阻及僵局的出现。因此，无论是谈判人员作风方面的原因，还是知识经验、策略技巧方面的不足或失误，都可能导致谈判出现僵局。

2. 语言障碍

世界上的各个民族都有自己的语言及语言表达习惯，即使是同一民族的语言，也会存在各种方言。在商务谈判中，如果一方对另一方的语言或语言表达习惯掌握得不够，就有可能在谈判中造成误解和纷争。商务谈判中的语言障碍，就是指在谈判过程中，由于双方使用语言及语言表达习惯的不同而影响相互交流效率的一种阻力。它主要存在于本国语与外国语之间、普通语言与地方语言之间、地方语与地方语之间以及日常用语与商业用语之间。语言障碍一般表现为：一方能够听懂，但另一方不能听懂；或双方都听不懂；或双方都能听懂但经常产生误解。在国际商务谈判中，各方通常是使用本国的官方语言与对方进行交流，这样，双方的交流就需要通过翻译人员来进行。翻译人员的语言理解能力和表达能力，直接决定交流的效率。如果是一方到对方的国家并使用对方国家的官方语言洽谈交易，就更有可能由于不熟悉对方语言的表达习惯而难以进行有效的沟通。

【案例 6-13】

日本人的语言特色

在日本语中，存在着三大特色，即模棱两可、大量的同音词和独特的语法结构。1970年，美国对日本经济贸易出现了逆差，总统尼克松多次召见日本驻美大使，要求日本限制向美国出口纺织品。日本首相佐藤就此事访美，临行前，经济界人士要求首相坚持立场，不向美国屈服。尼克松总统在这场"日美纺织品贸易战"中使出了浑身解数，向佐藤发动了谈判攻势。双方都感到精疲力竭时，谈判暂告中断。佐藤在和尼克松握手时说了句无所不包又空无一物的话："我一定妥善处理。"

尼克松一听，喜不自禁，以为日方终于答应了，遂向新闻界公布谈判"成果"。美国舆论兴奋了一阵。可迟迟不见日本政府采取切实可行的措施，美日贸易逆差非但没有缩小，反而越拉越大。美国舆论纷纷谴责佐藤背信弃义。其实，日本根本就不打算限制对美纺织品出口额。佐藤首相的"妥善处理"既表示了否定的态度，又为美国总统"留了面子"。美国人的思维方式不一样，他们认为日本政府肯定会用实际行动"妥善处理"。其实他们错了。

日本著名的社会学家铃木明曾说过："日语中的双关词，是日本民族要求和睦相处的产物。要是我们说每一句话都开门见山，那势必会整天争论不休。"另外，日本人说话喜欢用间接的方式了解他人的情绪和态度，在交换看法时，喜欢用"可能"或以其他方式掩饰其反应，而不愿直接用"不"来拒绝对方的提议。同时，日本人也讨厌直截了当得出结论，而比较喜欢以圆滑藏着棱角的方式，通过周而复始的争论使所有观点都显示出来。在日语口语中存在着大量的同音词，如日语中表示"是"的词"嗨"，既可以用来表示"我明白了"，也可以用来表示"请继续"。这种同音词的存在容易给外国人造成理解或翻译上的困难。另外，在日语中，不用将来时和现在时的变化来反映动作的变化，如"我提供服务"和"我将提供服务"在日语中没有语法上的区别，这一点与汉语很相似，容易造成买卖双方在交易条件上的误解。

从性质上分析，语言障碍是商务谈判中最"硬碰硬"的一种障碍，因为除了学习和依靠翻译人员以外，这种障碍从形式上很难被排除。语言不通不仅影响双方关系的发展，甚至还会出现一方利用语言文字欺凌对方、获得非分利益的情形。我国的方言特别多，而书面语言又很复杂，因此，在谈判过程中和签订协议时，必须注意语言的表达。

3. 文化障碍

文化是指社会的意识形态以及与之相适应的制度和组织机构。世界各民族都有自己的文化传统。在国际商务谈判中，由于谈判双方生来就受着不同文化的熏陶，并在商业活动中形成了固定的行为方式，因此，一旦这种行为方式越出了产生这种行为方式的文化环境，就会与另一种文化环境下所产生的行为方式发生冲突，在一方看来完全合理的要求也会被对方认为是非分之想，从而使双方的交流产生阻碍，这就是文化障碍。

例如，美国人对于收款的看法就与日本人不同。日本商人非常重视资金成本，所以随时都会考虑到利息。因此，在推销产品时就计算着利息。对此，美国商人是想不通的，因为美国商人的习惯是基于收款的风险大小来决定价格的高低，在洽谈中特别注重支付的方式。又如，讨价还价是商务谈判中的重要内容，但在与澳大利亚的商人洽谈交易时，就得注意不要在开高价后再慢慢减价。因为澳大利亚人讨厌漫天要价，极力避免在讨价还价上浪费时间。大部分采购都采用招标的方式以避免讨价还价。在投标时，只能以最低的价格竞标，而价格一经决定，在下一阶段的条件洽谈时，就决不再提及价格问题。

在国内谈判中，也有文化障碍。这里的文化障碍主要来自两种类型的差异，即文盲与非文盲的差异和学历的差异。随着文化教育的普及，在商务谈判中文盲与非文盲的差异已基本消除，而学历差异目前还比较突出。例如，学历高的人在谈判中容易自恃理论基础雄厚、熟悉各种法律知识而卖弄学问，因而言谈举止考虑得太多，有时接近于虚伪、做作；而学历低的人也有可能在谈判中对学历高的对手产生排斥的心理而在意见交流中不易于与对方合作。这些都会阻碍谈判的进程。

（三）谈判双方的因素导致僵局

1. 立场、观点的争执

纵观许多谈判实践，其产生僵局的首要原因就在于双方所站立场、所持观点的不同，因而产生争执，形成僵局。在谈判过程中，如果对某一问题各持自己的看法和主张，并且谁也不愿做出让步时，往往容易产生分歧，争执不下。当双方越是坚持自己的立场，双方之间的分歧就会越大。这时，双方真正的利益被这种表面的立场所掩盖，而且为了维护各自的面子，非但不愿做出让步，反而会用顽强的意志来迫使对方改变立场。于是，谈判变成了一种意志力的较量，自然陷入僵局。

经验证明，谈判双方在立场上关注越多，就越不能注意调和双方利益，也就越不可能达成协议。甚至谈判双方都不想做出让步，或以退出谈判相要挟，这就更增加了达成协议的困难，拖延了谈判时间，容易致使谈判一方或双方丧失信心与兴趣，最终使谈判以破裂而告终。立场、观点的争执所导致的谈判僵局是比较常见的，因为人们最容易在谈判中犯立场、观点性争执的错误，这也是形成僵局的主要原因。

2. 利益合理要求的差距导致僵局

从谈判双方各自的角度出发，双方各有自己的利益要求。当双方各自坚持自己的成交条件，而且这种坚持虽相去甚远但却是合理的情况时，这时只要双方都迫切希望从这桩交易中获得所期望的利益而不肯做出进一步的让步，那么谈判就很难前行，交易也没有希望成功，僵局也就不可避免了。这种僵局出现的原因就在于双方合理要求的差距太大，不能形成共识。在商务谈判实践中，即使双方都表现出十分友好、真诚与积极的态度，但是如果双方对各自所期望的收益存在很大差距，那么谈判就会由此搁浅。当这种差距难以缩小或消除时，合作必然走向流产。

3. 偶发因素的干扰

在商务谈判所经历的一段时间内，有可能出现一些偶然发生的情况。当这些情况涉及谈判某一方的利益得失时，谈判就会由于这些偶发因素的干扰而陷入僵局。例如，在谈判期间外部环境发生突变，某一谈判方如果按原有条件谈判就会蒙受利益损失，于是他便推翻已做出的让步，从而引起对方的不满，使谈判陷入僵局。由于谈判不可能处于真空地带，谈判者随时都要根据外部环境的变化而调整谈判策略和交易条件，因此这种僵局的出现也就不可避免了。

以上是造成谈判僵局的几种因素。常言道："东方不亮西方亮。"在多数情况下谈判不会自始至终都是一帆风顺的，出现僵局也是情理之中的事，谈判的僵局则看似"山穷水尽疑无路"，但只要找到问题所在，也是能够"柳暗花明又一村"的。关键是谈判者本身要有健康、成熟的心态，才能从容地面对问题和矛盾，用自己的诚恳去征服对手的心。而这种诚恳的态度，不仅是克服僵局的有效手段，也是今后谈判的基础和继续合作的条件。

因此，僵局的出现并不可怕，重要的是要正确地对待和认识它，要弄清楚僵局产生的真实原因是什么，分歧点究竟是什么，谈判的形势怎样，然后运用有效的策略技巧突破僵局，对症下药，使谈判顺利进行下去。

二、僵局的处理原则

妥善处理僵局的最有效途径是将形成僵局的因素消灭在萌芽状态。为此，应遵循以下几项原则：

（一）闻过则喜

俗话说："褒贬是买主"。谈判出现意见分歧是正常的事，出现反对意见，既是谈判顺利进行的障碍，同时也是对议题感兴趣或想达成协议的表示。因此，听到对方的反对意见要"闻过则喜"，应诚恳地表示欢迎。

问题的关键是谈判双方从指导思想上都应坚持正确的谈判态度。提出反对意见者，说话要有充分依据，尊重对方；被提意见者要谦虚，欢迎对手畅所欲言。

（二）态度冷静、诚恳，语言适中

在谈判中形形色色的反对意见中，有相当一部分是不合理的。谈判者在解释回答这些反对意见时，决不能用针锋相对的、愤懑的口吻来反驳，而是应该态度冷静、诚恳，解释时语言适中，既不多讲，也不寡言。这样不仅可以减轻对方的负担，满足对方自尊心的需要；而且可以在倾听对方意见的基础上探出对方的动机和真实目的，为制定对策作准备；同时也应将自己的看法和对方意见的不实之处反馈给对方，从而形成谈判的对等局面。

（三）决不为观点、分歧而发生争吵

谈判既是智力的角逐，又是感情的交流。当谈判中的分歧较大时，双方都会不同程度地流露出各自的真实感情，即使在理智的控制下，言谈都难免会出现一些冷嘲热讽的现象，甚至发生情绪上的对立。为此，谈判者必须有较强的自控能力，防止变争论为争吵，不要为观点的争论而出言不逊，要注意语言的委婉性、艺术性，以充分的理由来强化说服力；同时注意对方的情绪变化，分析其心理状态，因势利导，寻求解决分歧的途径，使谈判得以顺利进行。

三、商务谈判中僵局的利用和制造

（一）商务谈判中僵局的利用

在商务谈判过程中，当僵局出现的时候，所形成的压力或许会使谈判另一方的信心产生动摇，从而做出某些让步为打破僵局创造条件。可见，作为一个成熟的谈判者，可以利用谈判僵局的出现为己方服务。

谈判者在谈判过程中利用谈判僵局，主要出于两种原因：

（1）改变已有的谈判形势，提高在谈判中的地位。这是处于不利地位的谈判者利用僵

局的动机。由于谈判各方实力悬殊，弱者在整个谈判过程中处于不利地位。他们没有力量与对方抗衡，为了提高自己的谈判地位，便采用制造僵局来拖延谈判时间，以便利用时间来实现自己的目标。

（2）争取有利的谈判条件。这是处于平等地位的谈判者利用僵局的动机。有些谈判要求在势均力敌的情况下是无法达到的，为了取得更有利的谈判条件，谈判者便谋求以制造僵局的办法来提高谈判地位，使对方在僵局的压力下降低其期望值。当己方的地位提高和对方的期望值降低以后，再采用折中方式结束谈判，使己方得到更有利的让步。

谈判僵局出现后，会有两种后果：打破僵局继续谈判或谈判破裂。第二种后果是制造僵局的谈判者所不愿意看到的。因此，制造僵局是有风险的，如何使所制造的僵局为己方带来更大的利益，就成为谈判者必须认真研究的问题。

（二）商务谈判中僵局的制造

1. 制造僵局的条件

制造谈判僵局的条件是，如果不合作必然会产生双方都不愿见到的"麻烦"，而且无法回避，否则就不可能成为僵局。运用制造僵局这一策略要十分慎重，一旦开始实施，除非对方做出某种程度的让步，否则应顶着各种压力，维持僵局，才能取得预期的胜利。

2. 制造僵局的一般方法

制造僵局的一般方法是向对方提出较高的要求，要求对方全面接受。对方可能只接受己方的部分条件，即对方做出少量让步后便要求己方做出让步。己方此时如果坚持条件，以等待更有利的时机的到来，而对方又不能再进一步做出更大让步时，谈判便陷入僵局。

3. 制造僵局的基本要求

谈判者制造僵局的基本要求是向对方提出的高要求绝不能高不可攀，因为要求太高对方会认为是没有谈判诚意而退出谈判。因此，目标的高度应以略高于对方所能接受的最不利的条件为宜，以便最终通过己方的让步仍以较高的目标取得谈判成功。同时，对己方要求的条件，要提出充分的理由说明其合理性，以促使对方接受。

四、突破僵局的策略和技巧

谈判者对僵局唯恐避之不及。但事实证明，僵局是无法避免的。根据一些谈判者的经验，许多谈判僵局和破裂是由细微的事情引起的，诸如性格差异、怕丢面子、公司内部纠纷、与上司的工作关系不好以及缺乏决断的能力。不论用什么办法打破僵局，人本身的因素是应该考虑进去的。关键不是做什么，而是怎么做。当它出现在谈判桌上时，谈判人员的唯一选择是迎难而上，破解僵局，只有这样，谈判才有可能"柳暗花明又一村"。

具体的突破僵局的策略和技巧主要有以下几种：

（一）采取横向式的谈判

把谈判的面撒开，撒开争执的问题，先谈其他问题，而不是盯住一个问题不放，不谈妥誓不罢休。例如，在价格问题上双方互不相让，僵住了，可以先暂时搁放一旁，改谈交货期、付款方式等其他问题。如果在这些议题上对方感到满意了，再重新回过头来谈价格问题，阻力就会小一些，商量的余地也就更大些，从而减少分歧，使谈判出现新的转机。

（二）借用外力法

在政治事务中，特别是在国家间、地区间冲突中，由第三者出面作中间人进行斡旋，往往往会获得意想不到的结果。谈判者也完全可以运用这一方法来帮助双方有效地消除谈判中的分歧，特别是当谈判双方进入立场严重对峙、谁也不愿让步的状态之际，找到一位中间人来帮助调解，有时就会很快使双方立场出现松动。

当谈判双方严重对峙并陷入僵局时，双方信息沟通就会发生严重障碍，互不信任，互相存在偏见甚至敌意，此时由第三者出面斡旋，可以为双方保全面子，使双方感到公平，信息交流可以变得畅通起来。中间人在充分听取双方解释、申辩的基础上，能很快找到双方冲突的焦点，分析其背后所隐含的利益性分歧，据此寻求减少这种分歧的途径。谈判中的双方之所以自己不能这样做，主要还是由于"不识庐山真面目，只缘身在此山中"。

与政治事务冲突不同，商务谈判中的中间人主要是由谈判者自己挑选的。不论是哪一方，所确定的斡旋者应该是对方所熟识，为双方所接受的角色，否则就很难发挥其应有作用。因此这就成为谈判一方为打破僵局而主动采取的措施。在选择中间人时不仅要考虑其能否体现公正性，并且还要考虑其是否具有权威性。这种权威性是使双方逐步受中间人影响，最终转变强硬立场的重要力量。而主动地运用这一策略的谈判者就是希望通过中间人的作用，将自己的意志转化为中间人的意志来达到自己的目的。

在实际谈判过程中，中间人可以是独立于谈判双方的第三方，也可以是与双方都有利益者，甚至可以选择一位对方集团中具有实际影响力的关键人物作为突破口，借以劝服对方撤走设置在谈判桌上的防线，这往往是一种非常有效而又简捷的做法。

（三）改变谈判环境与气氛

正式的谈判场所容易给人带来一种严肃而一本正经的气氛。特别是当谈判双方各执己见、互不相让、甚至因话不投机而横眉冷对时，紧张的谈判气氛容易使人产生一种压抑的、沉闷的感觉和烦躁不安的情绪。遇到这种情形，作为东道主的一方，可以建议把手头的问题放一放，组织双方人员共同去游览观光、出席冷餐会或参加文娱活动等，让绷紧的神经松弛一下。即使在游乐的过程中，双方也不妨不拘形式地就某些僵持的问题继续交换意见，在融洽、轻松的气氛中消除障碍，使谈判出现新的转机。

（四）叙述旧情，强调双方的共同点

这就是通过回顾双方以往的合作历史，强调和突出共同点和合作的成果，以此来削弱彼此的对立情绪，以达到打破僵局的目的。

（五）寻找替代法

俗话说"条条大路通罗马"，用在谈判上也是恰如其分的。谈判中一般存在着多种可以满足双方利益的方案，而谈判人员经常只是简单地采用某一种方案，但当这种方案不能为双方同时接受时，僵局就会形成。

谈判不可能总是一帆风顺的，双方磕磕碰碰是很正常的，这时，谁能创造性地提出可供选择的方案——当然这种替代方案一定要既能有效地维护自身利益，又能兼顾对方利益——谁就掌握了谈判中的主动权。不要试图在谈判开始就明确最佳方案，这往往阻止了许多其他可作选择的方案的产生。相反，在谈判准备时期，如果能构思对彼此有利的更多方案，往往会使谈判如顺水行舟；而一旦遇有障碍，只要及时拨转船头，就能顺畅无误地到达目的地。

（六）从对方的漏洞中借题发挥

谈判实践告诉我们，在一些特定的形势下，抓住对方的漏洞，小题大做，会给对方一个措手不及。这对于突破谈判僵局会起到意想不到的作用。这就是所谓的从对方的漏洞中借题

发挥。

从对方的漏洞中借题发挥的做法有时被看作是一种无事生非、有伤感情的做法。然而，对于谈判对方某些人的不合作态度或试图恃强欺弱的做法，运用从对方的漏洞中借题发挥的方法作出反击，往往可以有效地使对方有所收敛。相反，不这样做反而会招致对方变本加厉地进攻，从而使己方在谈判中进一步陷入被动局面。事实上，当对方不是故意地在为难己方，而己方又不便直截了当地提出来时，采用这种旁敲侧击的做法，往往可以使对方知错就改，主动合作。

（七）角色移位法

所谓角色移位，简单地说就是要设身处地、从对方角度来观察问题。这是谈判双方实现有效沟通的重要途径。当一方多一些从对方角度来思考问题，或设法引导对方站到己方的立场上来思考问题时，彼此就能多一些了解。这对消除误解与分歧、找到更多的共同点、构筑双方都能接受的方案，具有积极的推动作用。

虽然，从对方的角度出发来看问题是极为困难的，可是唯有具备这种能力，才有可能成为一个成功的谈判者。只知道对方会以与自己不同的眼光来看事情是不够的。假如想改变或影响对方的观点，就必须了解对方在多大程度上坚持其见解，同时还需努力地掌握对方的心理，只有这样才能掌握对方的意向。

特别是在国际商务谈判时常常出现这种情况。有时谈判陷入僵局，己方先审视自己所提的条件是否合理，是否有利于双方合作关系的长期发展，然后再从对方的角度看看其所提的条件是否有道理。如果善于用对方思考问题的方式进行分析，就会获得更多突破僵局的思路。有时，换位思考是很有效的，一方面可以使自己保持心平气和，可以在谈判过程中以通情达理的口吻表达己方的观点；另一方面可以从对方的角度提出解决僵局的方案，这些方案有时的确是对方所忽视的，所以一旦提出，就很容易为对方所接受，使谈判顺利地进行下去。

近年来，我国同早期新兴工业化国家的商务交往越来越多。在同这些国家的厂商打交道中，我们会发现对方有时会提出一些过分的要求，如要求购买其虽非常先进但于我们看来却不太经济的设备，这与我方的要求相距甚远。当碰到这种谈判僵局时，我们就设法引导他们设身处地地从我们的角度多考虑："我们投在这个项目上的资金是有限的，因为我们国家目前的状况同你们国家在经济起飞时的那段时期的情形是相似的。你们国家当初要发展，也是非常希望获取高投入产出比的。为什么今天我们要把一分钱掰作两半用时，你们就不能理解了呢？"这样的提问容易使对方产生一种认同感，因而会把合作的条件恢复到合理的水准上来。

案 例 分 析

【案例分析1】

谈僵了绕个圈

广东玻璃厂厂长率团与美国欧文斯公司就引进先进的玻璃生产线一事进行谈判。从我方来说，美方就是顾客。双方在部分引进还是全部引进的问题上陷入了僵局，我方的部分引进方案美方无法接受，遭到拒绝。

这时，我方首席代表虽然心急如焚，但还是冷静分析形势：如果我们一个劲儿说下去，就可能会越说越僵。于是他聪明地改变了说话的战术，由直接讨论变成迂回说服。

"全世界都知道，欧文斯公司的技术是一流的，设备是一流的，产品是一流的。"我方代表转换了话题，从微笑中开始谈天说地，先来一个诚恳而又切实的赞叹，使欧文斯公司由于谈判陷入僵局而产生的抵触情绪得以很大程度地消除。"如果欧文斯公司能够帮助我们广东玻璃厂跃居全中国一流，那么全中国人民很感谢你们。"这里刚离开的话题，很快又转了回来，但由于前面说的那些话，消除了对方心理上的对抗，所以对方听了这话，似乎也顺耳多了。

"美国方面当然知道，现在，意大利、荷兰等几个国家的代表团，正在我国北方省份的玻璃厂谈判引进生产线事宜。如果我们这次的谈判因为一点点的小事而失败，那么不但是我们广东玻璃厂，而且更重要的是欧文斯公司方面将蒙受重大的损失。"而说话中只使用"一点点的小事"来轻描淡写，目的是为了引起对方对分歧的关注。同时，指出谈判万一破裂将给美国方面带来巨大的损失，完全为对方着想，这一点对方不容拒绝。

"目前，我们的确有资金方面的困难，不能全部引进，这点务必请美国同事们理解和原谅，而且我们希望在我们困难的时候，你们能伸出友谊之手，为我们将来的合作奠定一个良好的基础。"这段话说到对方心里去了，既通情，又达理，不是在做生意，而是朋友间的互相帮助。这样的迂回说服打破了僵局，问题迎刃而解，促成了协议签订，为国家节约了大量外汇。

评论：

在这里，广东玻璃厂的首席谈判代表在面对美国方面的拒绝时，没有直接对抗，而是采用了迂回绕道的技巧，从而化解了谈判中产生的矛盾，取得了谈判的成功。

这次对美国方面的拒绝是在美国方面占有优势的情况下的果断拒绝，但是在谈判中拒绝不能武断，需要有一定的语言艺术，让对方觉得这样的拒绝很难不接受，从而才能赢得谈判的主动权。

拒绝还可以通过赞赏的方式来提出。赞赏式拒绝法的实质就是从对手的意见中找出双方均不反对的某些非实质性内容，然后加以赞赏，突出双方的共同点，摆出理解对手的姿态，最后对不同的观点加以坦率的拒绝。这是因为一个人在提出自己的意见后，一旦受到某种程度的肯定和重视，人的心理会形成一种兴奋优势，这种兴奋优势给人带来情感上的亲善体验和理智上的满足体验。这种体验一旦发生，就会促进谈判的顺利进行。

一般来说，拒绝不能使用带教训、嘲弄或挖苦的语气，尽量不用带批判性的词汇，更不要勃然大怒。另外，拒绝在有的时候需要果断，这样更能显示出自己的坚定，但是在运用的时候要把握好时机和尺度。

（资料来源：http：//blog. sina. com. cn/s/blog. 5423d0120102vbrk. html。）

【案例分析2】

谈判中断，另寻突破

江西某市 G 工厂与 C 进口公司（以下称中方）联合组团赴法国巴黎与法国 P 公司（以

下称法方）谈判铝电解电容器用铝箔生产线的技术与商务条件，由于工程进度要求，此行希望能够在过去双方技术交流的基础上完成最终签署合同的谈判。为此，该谈判组共有各类专家9人，时间定为两周。带队的是G工厂的F厂长与C公司主管业务部门的B经理，阵容虽说不上庞大，可力量不能小视，摆出一副决战的架势。

到了巴黎后，法方P公司总经理、生产经理、设备经理、律师迎战中方谈判组。技术谈判仅用了两天双方即交换了意见，进入了草拟技术文件的阶段。当进入价格谈判时，法方态度开始强硬，480万美元的报价，不论中方怎么说，在调整5%的价格后，就不动了。为了充分利用时间，中方建议价格谈判与合同文本谈判同时进行，法方表示同意。双方将人员分成两组，继续谈判。在法方律师与中方B经理的努力下，合同文本的大部分条款在两天之中也谈得差不多了，但价格小组的谈判几近停顿。更严重的是P公司的总经理不露面了，当问及对方律师时，答案是"他到国外开会去了。什么时候回来不知道"。中方谈判组陷于困境。

法方在想什么？中方应如何办？一周不到，谈判就中断了，是回国还是继续留下？虽然对价格手上还有余地，但能否让出？让出后是否就能成交呢？谈判组围绕这些问题进行了认真分析。最后统一的意见是：先沉住气，进一步摸清情况后，再做打算。于是决定分头行动，一部分人收集市场信息，以分析价格条件；另一部分人把握谈判形势，B经理设法与对方律师接触拉关系，套信息。

B经理与律师联系上了，谈得还很投机。由于交易成功律师收入更高，最后他还想找机会游览中国，所以他也很乐意与中国人交朋友。两人很愿意单独约会。律师邀请B经理去他家作客，B经理欣然接受，因为这正是他需要的。

B经理按地址找到了律师的家，他的家在一个公寓的五层！因为他是单身汉，两居室的房子摆设很简单，地上放着垫子就算床，桌子上放着杂七杂八的东西，一看就是不拘小节的人。B经理送上中国特产作为见面礼，然后从家庭、生活、兴趣、朋友、文化的话题逐步转移到交易的谈判上。由于彼此聊得痛快，生意上的事也当生活见解倾诉出来。

律师："P公司经理不够意思，既让中国朋友来了，就应安排好。再有分歧，坐下来谈嘛！"

B经理："可能总经理是有急事需出国处理。"

律师："事是有，但可以定个时间表。"

B经理："他太忙，无法确定日程，也可能我们的交易额太小，不值得优先考虑。"

律师："贵公司的交易对他很重要。这是第一次将其产品与技术卖到中国。贵方来之前，他与助手们多次商量，不像不重视。只是此人性格较直率，处理问题手法较简单。加上这回他可能真有急事出差了，显得失礼。"

B经理："我说与他对话不像与您这样的当地法国朋友容易呢！"

律师："他是总经理，自以为身份高，太傲气，不好交朋友，就是我与他交谈也觉别扭。"

B经理："可是为了交易，我们得找到彼此能理解、交流的方法。"

说到这里，两人又沉默了，交易谈不成两人都不舒服。

B经理突然情绪高涨起来，对律师说："我们是朋友，我也信任您。有些话不好对总经理先生说，可对您讲，您可以从中帮助我们沟通，也可给我方提建议。"

律师："可以啊！我很乐意做这件工作。"

B经理："我认为总经理先生是压我方让步。也许他已回办公室了，只是不想见我们。非要我方让步才恢复谈判。我可以告诉您，我们是可以让步，但要成交，必须双方让步。按P公司目前的谈判态度，我们即使可以让步也不会让。"

律师："我能理解中方的立场，但如果这样下去，我很难看到贵方本次巴黎谈判的结果。"

B经理严肃地看着律师点了点头，承认其看法，表示宁可空手回国，也不会接受P公司现在的交易条件。两人又换了些轻松的话题，吃完饭，律师送B经理出门。这时，B经理试探性地问律师："我有个想法不知行不行。"律师说："请讲。"B经理说："若有可能，请你转告P公司总经理，我方的交易条件可以调整，但我方对他目前的态度与做法有意见。他不改变，我们将无法谈判。这样的话，我们就准备回国了。此外，如果您能施加影响，说服他带助手到中国来，我们将欢迎他并可恢复谈判。否则，我们将另做打算。"律师说："当然可以转达贵方的意见。我也会尽全力说服他到中国去。"说完，两人告别。

B经理将情况与谈判组人员沟通后，决定缩短在法逗留时间，利用2~3天调查研究并适当参观巴黎文化景点，同时再通过律师与P公司联系一次，看总经理是否回巴黎或是否愿意恢复谈判，再决定具体回国日期与航班。两天后，B经理与律师通话，得知P经理仍未回国，于是全团决定提前回国。

中方回国一个月后，律师来电，说P公司总经理回国后即与其交换了意见，他表示歉意，但同时表示重视与中方的交易，若中方邀请，他们可组团来华谈判。双方很快办妥了相关手续。

P公司的谈判组几乎是巴黎谈判时的原班人马，只是多了总经理的夫人。在为法方人员接风的晚宴上，双方人员很兴奋，尤其总经理夫人更是高兴，她说："中国的菜，色、味、香俱全，真是艺术品，还是营养品。虽说法国菜不能与中国菜比，但在西餐中，法国菜是第一，下次贵方到巴黎时，我一定要请你们品尝法国菜。"B经理接道："我们在两个月前到巴黎去过，并与您的丈夫商讨交易事宜。"总经理夫人惊讶地问："我怎么不知道呢？"她转身面对丈夫。总经理很尴尬地点头。B经理接着说："我们去巴黎没几天，总经理说要出差，把会停下来了。"这时，夫人盯着总经理的眼神变化很多，但仍说："把中国客人邀请来巴黎，自己却走了，这不太礼貌。"总经理的脸有些泛红，也不知是不好意思还是酒劲上涌。席间，说说笑笑，气氛还算融洽。双方看到了谈判成功的希望。

这次谈判仍分两组进行，一组谈判价格，另一组陪总经理夫人去游玩。由于这是上次谈判的继续，双方均同意先谈关键分歧点。虽然在巴黎时双方差距有50%，但这次谈判双方真正体现了互相配合以求公正的态度。P公司承担了22%的差距，加上在巴黎谈判时改善的5%，总量达27%；中方承担了28%的差距，退让似乎比法方大，但总体差不多。双方人员迅速整理交易内容及合同文本，中方组织人员打印合同。在签字仪式后的庆祝宴会上（这次是法方出钱宴请中方），中心人物是P公司总经理的夫人，她代替丈夫招呼中方客人。中方人员一方面向总经理敬酒，一方面赞扬其夫人："她一出马，谈判就成功。"

最后，该合同执行非常顺利。

评论：

本案例反映海外谈判的另一种"冷"与"急"，中方谈判组的处理也提供了一个成功的案例。本案例给人的启示有如下几点：

（一）及时守住手中条件

在谈判中，法方态度强硬，不修改自己的不足之处，反而借故中断谈判，对于意在成交的中方压力很大。面对压力，中方冷静判断形势，并首先守住手中条件，这是处理此案中"冷"的最好方法。这么做既节省了谈判资源，又让对方的压力效果降至最低位，对对方还有反作用力的效果。

（二）审视谈判形势

守住条件固然重要，但明辨谈判形势更重要。谈判组分几路出击收集谈判信息，以进一步判断对方行为的真实意图，为后续谈判决策提供依据。尤其对律师的工作是该措施中的最成功之处，通过辨访对方律师，既完成了调查任务，还完成了布局的任务，使中方谈判组以最佳状态在最佳时机撤出谈判，又使谈判有继续的可能。

（三）抓住再谈判的时机

中方对法方来华人员的安排令他们满意；对谈判议题抓住关键，使谈判整体气氛热烈，彼此配合地投入谈判，在这大好时机下一举解决原则分歧。中方抓住了这些时机因素，大大提高了谈判效率与成功概率，同时使成交条件更趋公正、公平。

（四）内部统一

不论是在巴黎的谈判还是在国内的谈判，中方谈判的整体性较好，思路连贯，全体人员工作步调一致，方使谈判思想得以全面贯彻。内部人员的思想统一，也是该案谈判成功的保证。中方谈判组由工厂与外贸公司人员组成，技术与商务谈判的协调，不同单位人员立场的协调是谈判组几乎每天要做的工作。从该案例的谈判效果来看，内部协调统一工作做得较好。

（资料来源：http://blog.sina.com.cn/s/blog_5423d0120102vbrk.html。）

【案例分析3】

以硬碰硬打破僵局

中国K公司与法国G公司就计算机制造技术的交易在北京进行谈判，K公司接触一些厂家后，认为G公司的技术很适合需要，有意与其合作。G公司也认为自己的技术不错，有竞争性，同意与K公司谈判。

经过技术交流后，中方专家表现的赞许态度使法方感到极为自信、自得。当进入商务条件谈判时，G公司主谈杜诺先生的态度变得非常强硬，而且不大尊重K公司主谈邢先生，对邢先生的说理和友善的态度全然不当回事。意思是：我就这条件，同意，就签合同；不同意，就散伙。对此合同，K公司邢先生不能说同意，更不能说散伙。怎么办呢？

邢先生设计了一个方案：让助手继续与杜诺先生谈判，把参与人员减少了一半，原则是能往前谈就往前谈，谈不拢也陪着杜诺先生谈。一天过去了，杜诺先生没见到邢先生，问其助手："邢先生去哪儿了？"助手答："无可奉告。"第二天上午谈判仍无大的进展。杜诺先生要求见邢先生，助手答应下午安排。

下午邢先生见了杜诺先生问："谈判进展如何？"杜诺说："不大。"并问邢先生为什么不参加谈判。邢先生一笑说："我有我的事。"杜诺问："我们的交易怎么办？"邢先生说："我的助手有能力与您谈判所有问题。""可到目前为止进展不大呀！"杜诺先生说。邢先生回答："原因一定不在我助手这方面。"杜诺一笑，说："我希望您能参加我们的谈判。"邢先生说："我也乐意，等我安排好时间再说。"并说："我还有事，希望您与我的助手合作愉快！"随即告辞。

随后的谈判，中方再调整谈判时间，一天改为半天，半天时间还安排得靠后。这样断断续续又过了两天，杜诺先生要求与邢先生面谈。邢先生与杜诺见面了。杜诺先生抱怨："K公司不重视与G公司的谈判。"邢先生认为："不对。K公司一直很重视本次谈判，尽管工作很忙，也未中断过与G公司的谈判。"杜诺先生反驳说："如果重视，为什么您本人不参加谈判了？贵公司参加谈判的人都没有决定权，而且时间安排也不紧凑。"邢先生说："有可能您的问题太复杂，他们一时难以答复。时间不紧凑是误会，我们可是忙得很，没闲着。"杜诺先生追问："您忙什么？有什么比与我们公司谈判更重要的吗？"邢先生诡秘地笑了："杜诺先生，这可是我公司内部的安排，我得服从啊！"杜诺先生沉默了一会儿，很严肃地对邢先生讲："我公司来京谈判是有诚意的，不论贵方有多忙，我希望应先与我公司谈。"邢先生答道："是呀！我最早是与您谈的，不正反映了我方的重视么？""可贵方现在没有这么做。""可当我与贵方谈时，贵方并未注意我方的意见，我公司也不能浪费时间呀！""我希望邢行生给我讲实话，是不是贵公司正在与别人谈。"说着在黑板上画了一幅图：一个大楼写着K公司的名字。楼内有一个乌龟，背上写着E公司。后门等着一个乌龟，背上写着W公司。然后笑着问邢先生："是不是这样？"邢先生乐了，说："您的消息真灵通。"杜诺先生马上严肃起来，庄重地说："邢先生，不管事态是否如此，我公司强烈要求给我们机会，我本人也希望与您本人直接谈判。"邢先生收住笑容，也认真地回答："我理解贵方的立场，我将向上级汇报，调整我的工作，争取能与您配合谈判该项目。"

双方恢复了谈判，一改过去的僵持，很通情达理地进行了相互妥协，最后达成了协议。

评论：

在K公司与G公司的谈判中，谈判僵局的产生是由于中方的赞许态度使G公司在谈判中错误地认为中方只能与G公司合作，别无选择，从而迫使K公司故意制造僵局，成功打破G公司迫使中方就范的企图。

面对僵局时，中方的处理原则是冷静思考。当G公司代表表现非常无礼时，中方代表选择冷静应对的原则，而不是与对方产生激烈冲突。谈判僵局的产生根源在于对方的谈判失误和偏见，以为中方已无退路，而此时中方K公司却成功地运用了以硬碰硬的方式，通过减少谈判人员，拖延谈判时间，暗示正与其他公司接触的手段，迫使对方认识到问题的严重性，使对方做出让步，打破了僵局。

（资料来源：http://blog.sina.com.cn/s/blog_685d1df50100qvht.html。）

思　考　题

1. 列举四种常见的发盘策略，并选其中一种策略进行解释并说明其适用情况。
2. 在还盘策略中，最大预算策略指的是什么？该技巧在应用中需要注意哪些方面？
3. 简单介绍八种常见的让步方式。
4. 采用疲劳战术策略的办法有哪些？
5. 谈判过程中遭遇僵局时，可以采取的策略和技巧有哪些？

第七章

成 交 技 巧

谈判双方经过实质性磋商，消除了达成协议的主要障碍，即可进入谈判的成交阶段。在这个阶段，谈判人员的主要任务是促使对方尽快地接收己方的谈判条件以及商品价格，圆满地完成谈判的任务。谈判的成交阶段虽是整个谈判的尾声，达成交易的主要障碍已经消除，但仍然有许多重要工作要做。这里有许多谈判的技巧，可促成谈判的达成。

第一节　成交意愿的表达方法

1. 未来激励法

在商务谈判中，谈判双方都有一个未来的目标，即通过谈判达到什么目的。但是从己方来讲，还可以给对方展示未来的前景、对方可以得到的一些附带优惠。明示或暗示本次谈判的成功之处将会对以后的交易产生深远影响。就问题的实质来看，谈判中的让步就是给对方一个利益需求上的满足，这种满足不外乎表现为两种形式，即现实的满足和未来的满足，而对未来的满足程度完全凭借谈判人员的感觉。而对于有些谈判人员来说，可以通过给予其期待的满足或未来满足而避免给予其现实的满足，即为了避免现实的让步而给予对方以远利。当对方感觉较好时，就可能放弃对现实让步的争取，而对未来抱有希望。例如，当对方在谈判中要求己方在某一问题上做出让步时，己方即可通过强调保持与己方的业务联系将给对方带来长期的利益，而且强调这种将来利益的重要性，从而激发对方对这种长期利益的关注和欲望；其关注越强烈，越易于被说服。

己方还可向对手说明其他大公司或者有地位、有实力、有影响的人也接受了相同的条件。这样，谈判对手会感觉到他享受了优惠条件或者较高的待遇，感受到己方的让步。我国的一些中小公司在和外商谈判时，则强调："我们这样规模的厂是最适宜你们这样的客户的，因为你们的采购量也不是很大，而且我们的质量和大厂没有什么区别，但是大厂的价格则要远远高于我们，因为他们的管理人员多，后勤人员多，使得成本比我们高出许多。"这样一番话给外商一种实在的感觉，也促使他们早下订单。

心理学认为：反复可以使人容易记住，可以形成一种心理暗示，使人在多次反复中接受别人的提示。在谈判中己方可以反复向对手保证其享受了最优惠的条件，如最优的服务、最低的价格等。

2. 利用互惠互利的原则

互惠是一种要求双方互相做出让步的战术，它是要求对提议或立场做出明确答复的战术。互惠战术要求对方让步以作为己方让步的回应。在商务活动中，追求利润是商家的主要目标，互惠互利就是在双方都能获利的情况下，各方都适当做一些让步，使得协议能够达成。在向对方做出一些让步的同时，要求对方在其他方面同时做出让步，即对方得到让步后也应该做出让步才是唯一公平的做法，或是对方谈判者现在正"欠你一个让步"。当然这种让步要求对方的让步建立在一个合情合理的基础上。应该让对方知道在这种基础上的互惠互利为什么是合理的，己方为此放弃了哪些利益。采取这样的战略可以促使对方在谈判中早下决心，尽快地签订协议。

【案例7-1】

在改革开放之初，一家香港旅行社与我方谈判租赁经营"昆仑号"旅游船，我方洽谈人员事先根据有关部门的内定价格给港方报价，开价很死。这位港商还了三次价，要求我们降低租价。但因我方谈判人员无权做主，谈判陷入了僵局。港商认为已经连加了三次价，希望我们无论如何也要做些让步。为了达成协议，我方改变初衷，也学会了灵活，做了适当的降价，双方终于达成了一致协议。"昆仑号"由双方合作经营，由港方来承包组织旅客，我方负责驾驶、管理，双方按照营运天数支付游船的租金。自双方合作经营以来，"昆仑号"已经取得了显著的经济效益，由多年的亏损扭转为盈利，它不但不用吃国家的补贴款了，还为国家争取了大量的外汇收入，亏损船变成了"摇钱树"。

3. 利用双方对让步看法上的差异促成签约

人们对某一事务进行判断时，不同的人在心理上存在着不同的看法，一个人不看好的事情，另一个人未必不看好。在实施让步时，必须考虑到双方不一定对让步给予同样的评价这样一个事实。谈判的双方对某一个问题，或双方对协议的付出和得到，因为所站的立场不同，其看法也会不同。对方在对让步的看法上的差异，个人的需要、价值、目的、信息等，都会造成一方比另一方对特定让步产生更高的评价。

在某商务谈判中，卖主在多次的讨价中要了一个很不合理的低价，为此他提出这笔货款要在10天内支付。这种不合理的支付条件一般是不可接受的。但是买方了解到卖方由于资金周转不开和生产能力过剩接受了买方的条件，即现在接受一个低报价所获得的利益超过为获得一个较高价格而必须等待更多时间带来的损失。

理想的让步是让予的东西对己方不甚重要，而对对方具有较大的价值。这样，这种项目可直接用于交换，或作为向对方要求更大价值让步的一种手段。在这种情况下，这种较大价值让步的战术与双赢战术相类似，因为双方都以相对较小的代价得到了收益。一方可以得到其所需要的东西，而对方却未必失去自己的利益。这种战术也不一定要把"蛋糕"做大，双方所依据的立场不同，对双方的让步的看法也会不同。

4. 提供非实质性的让步

有时为了照顾对方的面子，但又不愿于己有损，可以尝试采用向对方提供非实质性的让步的方法来解决问题。有时为了使对方有面子，在谈判桌上为己方赢得一点儿利益，不得不对谈判对手作一些让步。可以在不作实质性让步的前提下，给对方一点儿让步。

甲在购买一所房屋时，对方坚持要200万元，因为这是他们当时买房子的价钱。然而客观地说，这间房子目前的价值只有180万元了。当这个卖主坚持非200万元不卖时，甲只能谋求提出一个变通的办法。甲利用折现率设计出一个分期付款的方案，使支付的总额仍然是200万元，但现值却只有180万元。对方欣然答应。

5. 假定成交法——心理暗示

谈判人员以成交的有关事宜进行暗示，让对方感觉我方已经决定购买。谈判人员引导对方、暗示对方如果购买了我方的产品会产生什么样的效果，而这种效果接下来会发生更为强烈的反应，在假设对方接受谈判建议的基础上，再通过讨论一些细微问题而推进交易。

例如：

谈判人员："师傅，既然您对商品很满意，那么就这样定了……"

谈判人员："先生，这是您刚才挑选的衣服，我给您包装一下好吗？"

假定成交法的优点是：节约时间，提高谈判效率；可以减轻对手的成交压力。因为它只是通过暗示，对手也只是根据建议做决策。这是一种最基本的成交技巧，应用性很广泛。但它的局限性也是存在的，主要是：可能产生过高的成交压力，破坏成交的气氛；不利于进一步处理异议；如果没有把握成交时机，就会引起对手反感，产生更大的成交障碍。

谈判人员在运用此种方法时，必须对对方成交的可能性进行分析，在确认对方已有明显成交意向时，才能以谈判人员的假定代替对方的决策，但不能盲目地假定；在提出成交假定时，应轻松自然，决不能强加于人。最适用的条件为较为熟悉的老顾客和性格随和的新顾客。

6. 利用文化因素对成交意愿的影响

参与国际商务谈判的谈判人员来自不同的国家、不同的民族，因此，谈判桌上对手之间的交往，往往受到其传统文化、风俗习惯的影响，而表现出不同的行为方式。不同的行为方式成为影响谈判进程和结果的重要因素。

思维方式对人的行为具有指导作用，谈判活动也同样受到思维方式的影响。不同国家的谈判人员其思维方式之所以存在差异，是因为各个国家有着不同的传统文化。例如，英语的"谈判"一词和日语的"谈判"一词既有相同的含义，也存在着细小的差别。英语中的"谈判"是讨论、商量、让步的意思，而日语的"谈判"一词寓含着争论、对立、口角的意思。语言是传统文化的结晶，语言语义中的差异，反映了东西方人对"谈判"本身的理解不同。这种差异根植于两种文化的差异。

受不同文化习俗的影响，谈判人员对待谈判的态度也有明显的差别。英国在第二次工业革命中一度领先，由此称霸世界。工业强国、贸易大国的国民意识使英国人形成了绅士风度。英国人在谈判桌上往往给人讲礼貌、有风度、高傲、自信的印象。英国人对自己充满信心，常常以"成就成，不成就算了"的强硬态度对待谈判。因此和外国人打交道时要尽量了解他们的性格、文化，摸清楚他们的脾气，再对症下药，用对方易于接受的谈判方式，或是对方习惯的谈话风格来说服他们。

文化习俗对于谈判的效率也有着极大的影响。一些国家在工作时间方面有着严格的限制，参加国际谈判，了解这些习俗和风格对于谈判的顺利进行有着极大的帮助。法国人对休假十分重视，无论采用什么手段都难以使其为谈判而放弃休假。应该注意的是法国的休假期是7月的最后一周和8月份，所以，这段时间最好不要和法国人谈判。和阿拉伯人谈判时，可能他的朋友或家人会突然来到办公室，他会立即停止谈判而请来宾喝茶、交谈，只有当来宾离开以后谈判才会继续进行，所以和阿拉伯人谈判要具有耐心，因为在阿拉伯人的文化里，热情待客是其传统美德。

第二节　成交信号的探测

在谈判中，可以随时发现对方的成交意愿，但是否就是己方所需要的信号呢？己方是否还应该进行探测？探测战略就是提出问题，让对方给予回答，是要通过循循诱导，使对方完全表达出自己的成交意愿。我们可以用隐语试探。在谈判中直接询问往往会暴露询问的意图，如果对方发现了己方真正的动机，就有可能产生逆反心理，使己方欲罢不能，欲问不成。为了避免这种情况的发生，应用隐语含蓄、委婉地提问，以求得到所需要的信息。

也可以首先提出带有试探性的问题请对方回答，以求了解对方掌握的信息，看能否通过探询得到信息。运用此方法，谈判者应该预先设计探询的途径和目标，然后按照设计好的途径诱导对方向着目标靠近，逐渐实现目标。

还可以采取欲擒故纵的方法。谈判者想探询对方的信息，而对方有意掩饰内心的动机时，己方表现出对此信息漠视或蔑视，以此来激发对方的好奇心理，从而将信息主动说出。

还可以预设假设条件。在谈判中可以预设一个假设的前提条件，然后观察对方在此条件下会做出何种反应。这种方法能够促使对方按照己方的设想条件去思考，既可以掩饰己方的真实意图，又可以掌握对方的内心动机。

一、倾听语言的信号

有时候如果没有仔细听，那么对方发出的有些信号可能会被忽略掉。谈判者有时会说："如果我方……"这样的话，实际上不是提出一个交易，而是提出如何行动的建议。它给己方的信号是如果双方都做些让步，那么可以促使谈判更顺利，或是交易就可以达成。当己方所到这样的语言时，应该马上想到这个交易在这个基础上就可以达成。对方给己方一个基本原则，就是这个"如果"，己方在接收到这样一个信号时，就应该从对方的思路出发理顺己方的思路，考虑是否对己方有利，是否是己方可以接受的。如果回答是肯定的，那么就调整己方的谈判战略，从"如果"这个思路前进，把谈判向符合己方利益的方向引导，从而达到己方的目的。

二、谈判者的非语言信号

肢体语言也是传递信息的载体，可以通过肢体语言、动作进行沟通，这种肢体语言——一个眼神就可以知道对方在想什么。在校园里迎面走来一个人，你可能就会迅速判断，这个人是个什么样的人，他很"酷"，他的衣服不错。当你在教室中时，你会对每一个进入教室的人的非语言行为进行一个评价。

肢体语言表达了93%的交流内涵，而语言本身则只能传递7%的信息。在肢体语言里又有55%的信息是由脸部、姿态、动态的肢体语言传递的，还有38%的信息是由声音传递的。我们许多的信息是通过非语言行为传递的，而且这种语言往往是世界通用的，不用语言的沟通就可以明白对方的信息内涵。

肢体语言有时与语言所要表达的意思一致，有时则不一致，大多数时间人们想要用语言表达时，所流露出的肢体语言和语言的意思是一样的；但是有时人们想要掩盖些什么，语言表达就与肢体语言有了一定的差距。

在谈判过程中，非语言信号的接收也是非常重要的。人在通常的情况下，肢体语言的发出和他的语言一样，透露出他的思想和意愿，在了解对方成交的信号时，应该先从对方的肢体语言里获取。例如在了解对方的意图时，可以看对方的情绪、面部表情、身体的位置等非语言信号的表达。在观察他的非语言的表达时，还要看他的语言和他的非语言的表达是否是一致的，他的声音、语调和他的语言的意思是否是一致的。在反映对方对谈判意愿的表达上，可以看对方的面部表情，如果对方面露喜色，那么说明对方对这次的谈判是满意的；对方面部若"阴云"密布，说明要与其达成协议可能为时还早。应该把握好时机，抓住对方可能签约的时机，及时和对方签约。

在领会肢体语言的含义时要分析、判断其所表示的意义，不能只注意身体某一部分的变化，而应该从整体上全面把握。因为人们的体态表达有时是有意识的掩饰，有时是下意识的反应。如果一个人身体的各个部分协调一致，那么其体态语言信息就可能与自然语言信息以及内在心理动机一致，传递出来的信息可能更为真实、可靠。

表情信号主要包括：对方在听的过程中，眼睛瞳仁转动变快，眼睛发光，精神振奋；面部表情由紧张转为松弛，略带笑意；情感由冷漠、怀疑、深沉变为自然、大方、随和、亲切。

动作信号主要包括：坐直身体，双臂交叉，文件放在一边；从静静听，转为动手操作产品，仔细触摸产品；多次翻看产品说明书，甚至按照说明书的指示与实物一一对照；身体由原来前倾转为后仰或由一个角度到多个角度观察产品；出现摸口袋等签字倾向的动作。

事态信号主要包括：提出变换洽谈环境与地点；向对方介绍有关参与决策过程的其他人员；主动提出安排对方人员的食宿；主要领导人或决策人出场等。

一般说来，肢体语言比口头语言更能反映一个人的真实情感。口头语言表达很容易出现心口不一，但人体各个部分的活动，却很难加以掩饰。当人的言行不一时，大脑很难调动其各个器官协调行动，下意识的动作和瞳孔的收放变化，会身不由己地泄漏"天机"。所以，在听对方的语言时，也要同时观察其肢体语言。在谈判的实践中，要了解和掌握各个国家、地区、民族的肢体语言，因为同一种肢体动作在各民族的语言中有不同含义，分析肢体语言的共性与个性的差异，注重肢体语言所表达的内在含义，进而准确地了解对方的真实意图。

第三节　成交信号接收策略

一、把握成交机会

谈判双方在谈判了无数个回合后，双方该让步的也都让步了，该减价的也都减价了，此时谈判到了关键的时刻，必须把握成交的机会。当双方都认为对方已做出了能够做出的让步，再谈下去也不会有什么新结果时，这时成交的机会就到了，谈判也就该结束了。

那么如何判断对方有成交的愿望呢？主要从以下几个方面判断：

（1）对方由对一般问题的探讨延伸到对细节的探讨。例如，当向客户推销某种商品时，客户忽然问："你们的交货期是多长时间？"这是一种有意表现出来的成交迹象，要抓住时机明确地要求其购买。

（2）以建议的形式表示他的遗憾。当客户仔细打量、反复查看商品后，像是自言自语地说："要是再加上一个支架就好了。"这说明客户对商品很意，但却发现有不理想的地方，但只是枝节问题或小毛病，无碍大局。这时最好马上承诺作一些修改，同时要求与其成交。

（3）当介绍商品的使用功能时，客户随声附和，接过话头来，讲得甚至更具体时，这也是可能成交的信号。这时就要鼓励客户试用一下。例如，当向客户介绍某一种研磨器时，对方说："我以前也曾用过类似的，但功能没有这么多，你这东西能打豆浆吗？要是那样的话，每天都可以喝新鲜的豆浆了，还可以节省 15min 的时间。"接下来就是如何接过他的话题了。

（4）当对方的谈判小组成员开始由紧张转向松弛，相互之间会意地点头、用眼睛示意时，这也许就是在向己方表示："我们可以成交了。"

二、了解对方的需求

在谈判过程中，首先要考虑对方的需要，无法确定对方的需要，也就无法确定要采取的措施。如果能洞察对方心中的秘密或是思想，对己方言语的说服力当然会很有帮助。我们常常喜欢说"你的话语能否打动别人"，表达的就是这个意思。当己方的语言能打动谈判对手时，也往往是己方用语言或是行动满足了对方的需求，他的回报就是在谈判桌上相应满足己方的要求。

在谈判中除了必须仔细倾听对方的语言、从中探测其真实的意思外，还要仔细地观察其举止、姿态的变化。这种肢体语言也在透露着其内心世界。例如，在一个极其友好的气氛中，突然对方背往后靠，双臂环抱，这时候就应该知道有麻烦。姿态所表示的意思非常重要，它们可以传达很多意思，因此，通过观察对方的姿态可以了解其需求。

人的脸部表情是很丰富的，表情是良好的非语言沟通的工具。例如，面部毫无表情可能是对方不希望己方知道其感觉，也可能是要伪装些什么。又如，咳嗽通常包含了许多意思，可能表示紧张；有时也可能是对方用于讲话的缓冲；也可能是要掩饰谎言；或者是听到己方的过度自信或夸张，表示其怀疑和惊奇，因此假装清嗓子。

在谈判的后期，对方的表情和肢体语言也很重要。在一个愉快的谈判中，从对方的表情和语言中就可以猜出其对谈判的满意程度，这种满意度可以说就是成功的基础，只要觉察到了对方的这种满意度，就可以视为对方对此基本满意，就可以在此基础上促使对方签约。

三、当谈判对方主动上门时

在商务谈判时，双方都是激烈交锋，一般谁也不肯主动认输，主动上门的事情很少发生。但是作为销售方则不然，他们为了销售自己的产品，在激烈的市场竞争的条件下，不得不做出一些退让，当其主动上门时，可以认为这笔生意基本可以谈成了。

【案例 7-2】

中国某企业购买日本浮法玻璃设备时，中方做了大量的工作，日方就是不肯让步；中方无奈之下，请英国的浮法玻璃设备厂报价。虽然英国的浮法玻璃设备厂的设备没有日本的先进，报价也并不低，但是中方不断和英国方面接触，给日方不断施压，日方在多次得知中方和英国接触后，再也按捺不住了，他们主动找上门来。这一次他们一开始就主动表示愿意以诚相见，再降价 100 万美元。对方主动上门意味着谈判的成功就在眼前了。

四、对待性格犹豫的谈判者，促使其尽快下决心

往往在一些时候，谈判者如果是一个性格犹豫的人，他下决心时则很困难。因为他不知道他的这个决定是他"赢"了，还是他"输"了，为了不失去面子他就会在枝节上和对方进行交涉。如果己方发现谈判者有这样的心态，就应该鼓励他大胆地下决心，把协议尽早地签订下来。人的性格有多种多样，性格犹豫的人在自己可能在要取得优惠的利益时，往往又会产生怀疑，害怕吃亏上当，特别是在谈判一方急于推销时，他的这种感受会更加强烈。

第四节　成交促成策略

在商务谈判中，成交是商务谈判的关键。和一位客户谈判了很长时间，但是最终还是没有达成交易，这样的事情随处可见。我们要学习抓住成交的技巧，在谈判桌上促使对方尽快签约。

一、谈判的焦点是利益而不是立场

德国著名的社会学家韦伯（Max Webor，1864—1920）在研究欧洲工业资本主义兴起的根源时认为，在资本主义社会里，社会行动的基本形态是"目的理性"的概念。在谈判中"目的理性"指的是要坚持根本利益。在关系与利益之间，利益是根本所在，也是谈判者应该追求的最终目的。各自坚持自己的利益原则是对的，但是每个人在坚持自己利益原则的基础上，也要从对方的利益上考虑问题，而不是坚持自己的立场，反对对方的立场。

【案例7-3】

在图书馆里两个读者之间发生了争吵。其中的一个想把窗户打开，而另一个则坚持不能开窗，两人吵了半天也没有结果。这时，图书馆管理员走了过来，问其中的一个人为什么要开窗户，他回答说想呼吸新鲜空气；问另一个人为什么要关窗户，对方说不想吹风。图书馆管理员思索了一下，便去打开隔壁房间的一扇窗户。结果既没有风吹进来，室内也有了新鲜的空气。争吵的双方都感到满意。

在这个事件中，争吵的双方之所以陷入了僵局，是因为双方把焦点都放在了各自的立场上。"打开窗户"和"关紧窗户"两者显然是对立的，双方顽固地坚持自己的立场而没有考虑各自的利益，是两者矛盾的症结所在。而图书管理员由于注意到了"要呼吸新鲜空气"和"不想吹风"两种利益，从而想出了调解的办法，使双方的需求都得到了满足。可见，在谈判中要找到双方的利益所在，而不是在各自的立场上斤斤计较。

利益是隐藏在立场分歧背后的原动力，表面的立场是当事人决定做的某一件事情或结论，而利益却是导引当事人作决定或结论的原因。在谈判过程中应当调和的是双方的利益，而不是双方的立场，这就需要把注意力放在立场背后的实质利益上。

二、造足优势法

造足优势法是指在谈判中发挥和创造有利于己方的态势，以便使谈判对手认识到己方的足够优势，从而在谈判中占据主动地位，并依靠强大的实力促成谈判。

在谈判中要善于挖掘己方的优势，展现己方的优势。将己方的优势提炼成易懂、易记的几个方面，如自己产品的先进性、唯一性、市场性、成长性和高利性等，能让对方感到有投资合作的可行性，这就是依靠优势吸引对方。当某种优势形成以后，在谈判中既能给对方造成深刻的印象，又能激发对方的成交心理，从而加大了谈判成功的概率。

三、运用专业知识

在谈判过程中，当用专业知识来回击对手时，往往会显得更加有力。因为专业知识是不可替代的，如果对手要反驳，那么他也同样要具备如此深厚的专业知识。人们往往对专家的结论不质疑，专业性的结论、论点都是十分有分量的。

【案例7-4】

甲在装修房屋时，坚持要用一种他认为非常漂亮的壁纸，但是不确定这种壁纸是否和家具相配。而装修设计师却认为其创意已经过时，这时甲发现其装修设计师登上了最新一期的室内设计杂志封面时，甲的自信心立刻消失了。因为甲完全相信其装修设计师是这个行业的顶尖人物，其意见是不容忽视的。

在谈判过程中，要表现得像一个顶尖的专业人员，具有相当的专业素养，因为谈判对手对专家同样抱有好感，特别是当谈判对手缺少相应的专业素养和专业知识时，他们就会放弃自己的想法，不再坚持自己的立场。

四、善于造势

造势是商务谈判中不可缺少的组成部分，它服务于谈判的整体目标。造势往往能起到化难为易、变被动为主动的作用，使谈判活动获得意想不到的成功。造势应尽可能利用各种环境、人物、事件，利用人们关心的载体，造成声势浩大的印象。例如我国许多企业计划利用北京举办冬季奥运会为自己造势，打开营销局面。

五、参与说服法

谈判的双方一般都是各执一词，互不相让，各自坚持各自的立场。而要说服对方，就必须使对方在某些方面参与到己方的工作中，使对方认为这项工作有其贡献，使其自觉、自愿地接受己方的建议。

【案例7-5】

纽约布鲁克林的一家医院计划购买一套X光设备。许多厂商纷纷派人前来介绍产品，负责X光部门的A医生不胜其烦。但是有一家厂商只来了一封信，信中说："我们厂最近刚制成一套X光设备，这套设备并非尽善尽美，为了进一步改进，我们非常诚恳地请您前来指教。为了不耽误您的时间，请随时和我们联系，我们会马上开车去接您。"A医生十分惊讶，因为以前从未有厂商询问过他的意见。他去看了那套设备，并提了一些无关紧要的意见，厂方立刻作了小小的改进。A医生很喜欢这套自己发表过意见的设备，于是决定买下这套设备。

在那家厂商的巧妙攻势下，原来的对手成了同盟者，一切障碍将由A医生清除，如去说服医院董事会和院长等。为此，A医生还准备了翔实的资料，因为他觉得买下这套设备是他"自己的主意"。

六、诱导对方走向肯定

谈判是一种磋商的过程，这种过程常常是在辩论中达成共识的。辩论是通向真理的桥梁，是实现共同妥协的基础，而谈判多半是冲突立场的协调。如果谈判者之间的立场、观点、利益完全一致，也就无须谈判了。谈判者在辩论中，通过自己的技巧提问，诱导对方不断地认可，也就是常说的"苏格拉底式的回答法"。运用这种回答方法，可以出其不意地击溃对方的心理防线，使其不自觉地倒向己方。在辩论中有经验的谈判者决不会轻易地肯定对方的观点。所以，在谈判的开始期间，最好不要锋芒毕露，而应顺应对方的思路，拐弯抹角地诱导对方走向己方事先设计好的思路，使其在不知不觉中肯定己方的立场、观点和方案。

第五节　成交签约策略

如何将谈判收尾，在很大程度上是一种掌握火候的艺术。一场旷日持久的谈判，因双方的让步而显得和平了许多，最后的细节问题在几分钟里似乎就可以解决。在即将达成交易时，谈判双方都会洋溢一种准备完成任务时的兴奋，这种兴奋的出现往往是由于一方发出的信号所致。

此时，通常有一些可以辨别的信号；谈判双方都明确和理解相互的建议，绝对不含不明确的内容。

谈判者在言语里明确表达了自己的承诺思想，表示对自己的言语负责。

在回答对方的问题时尽可能地用"是"或"否"，使用坚定的语言，给对方一个肯定的回答，使对方没有可以回旋的余地；明确告诉对方谈判可以结束了。发出这些信号，目的就在于促使对方脱离勉强的或不情愿的境地，设法让对方行动起来，让对方能够作出一个承诺，进而达成协议。但是这种策略应该在经过无数次的谈判之后采用较为有效，当对方经过多次的讨价还价后，他也确认这是最后的努力了。

一、最后一次报价

在一方发出签约意向的信号，而对方又有同感的时候，谈判双方都需要作最后一次报价。但是最终的报价不要匆忙作出，否则，会被认为是另一个让步，令对方觉得还可以再努力争取一些让步；如果报价过晚，对局面已不起作用或是影响很小，也是不妥的。为了选好时机，最好把最后的让步分成两步。主要部分在最后期限之前提出，刚好给对方留一定的时间回顾和考虑；次要部分，如果有必要的话，应为最后的"甜头"，安排在最后时刻作出。

二、最后的总结

在发出成交信号、最终报价和交易达成的会谈之前，很有必要对以下的内容进行最后的回顾和总结：是否所有的内容都已谈妥；是否还有一些未得到解决的问题，以及这些问题的最后处理；所有交易条件的谈判结果是否已达到己方期望的交易结果或谈判目标。

此后，就可以决定采用何种结尾技巧并着手安排记录事宜。总结的时间和形式取决于谈判的规模，可以安排在一个正式的会议上，也可以安排在一天谈判结束后的休息时间里。

在最后的总结中可以采用下列策略来促成签约：

1. 期限策略

期限策略就是指规定出谈判的截止日期，利用谈判期限的力量向对方施加无形的压力，借以达到促成签约的目的。

在谈判中买方和卖方都可以采用这一策略。谈判中买方采用的期限策略有："我方在1月31号就无法购买贵方的产品了，如果你不同意我们只好买别人的产品了！"还有："这是我们的计划书，如果我们不能按期采购到产品，只好找别的供应商了。"

谈判中卖方的期限策略就更多了："存货不多，欲购从速""如果你不在本月1日前给我方订单，我方则无法在下月底交货""如果我方这个星期收不到货款，这批货就无法为你方保留了，从5月1日起价格就要上涨了"。这样一些期限可以促使对方尽快下决心，尽快订货。

2. 优惠劝导策略

优惠策略就是向对方提供一定的优惠或是特殊的优待，如折扣销售、买一送一、附送零件、提前送货、免费安装、实行"三包"等手段，促成对方能够尽快地签订合同。

3. 行动策略

所谓行动策略，就是指谈判一方以一种主要问题已经解决的姿态来采取行动，促进对方签约。例如，卖方可以着手草拟协议，边写边向对方询问付款方式或货物送抵的地方仓库的位置。

4. 主动征求签约细节方面的意见

谈判一方主动向对方提出协议或合同中的某一具体条款的签订问题，以敦促对方签约，如商定验收条款中验收的时间、地点、方式及技术要求等。

三、采取一种行动表明谈判结束

谈判的一方可以采取一些行动来表示谈判已经结束。给对手一个明信片或是和其握手祝贺谈判成功，这些行动都有助于加强对方已经做出的承诺。在运用此策略时必须注意不要恭维对方："这是你所达成的最好的协议，你不会为此感到遗憾的。"这样的话会引起对方的怀疑，认为自己上当了。

四、时间策略

时间对于我们大家都是一样的、绝对公平的，但是当人们遇到不同的事情时，时间的价值大小就不同了。这如同爱因斯坦曾开玩笑说，相对论就是一个人在心爱的姑娘旁和在火炉边坐一分钟的时间是不一样的。每个人对时间的感受是不同的。在谈判桌上可以把时间化为一种武器，以赢得谈判中的利益。在无数的谈判中我们经常可以看到运用时间作筹码从而获得谈判成功的案例。

【案例7-6】

美国曾有个乡镇，其陪审团由12名农夫组成。有一次，该陪审团在审理一项案件之后，11名农夫认为被告有罪，而只有一个人认为被告不应被判罪。按该地的陪审规则，只有所有的陪审成员一致通过才能定案。为此，那11名农夫花了一整天的时间，欲说服那名固执的农夫，而那名固执的农夫却要说服其他11名农夫同意他的意见。这是一场十分艰难的谈判，双方陷入了"拉锯战"。

然而时间可以改变一切。正当11名农夫正在为说服那一名农夫而苦恼时，突然天空乌云滚滚，眼看要有一场倾盆大雨，那11名农夫焦急起来，都急着在大雨之前赶回去收晾晒的干草。但那名农夫却泰然处之，并不急于回家。那11名农夫开始分裂，有几名农夫开始妥协了，因为他们家里的干草还没有盖好。随着时间的推移，这11名农夫都倒向了那一名农夫，最后12名农夫一致同意宣判被告无罪。

五、对待不同时间文化的策略

由于不同谈判者持不同的时间观念，导致谈判风格和谈判方式各异。

美国是采用单一时间利用方式的典型。美国人具有强烈的现代竞争意识，追求速度和效益，这就造就了美国商人雷厉风行的商业作风。他们会在各个环节尽量缩短谈判时间，力争使每一场谈判都能速战速决。美国人做事井然有序，谈判中特别守时，而且总是按事先安排的议程行事。美国人的谈判特点是开门见山，他们认为，直率就是效率，同时也是尊重对方的表现。美国商人希望事情迅速地了结，所以他们的初次报盘往往与他们的实际要价比较接近。美国商人在与工作不相干的交谈或了解外国对手上花费时间很少，而与工作相关的信息交流则来得很快。为了节约时间，不拘礼节的美国人宁愿通过寄发信件来签订合同，也不愿举行正式的合同签订仪式。

日本以及南美国家是多种时间利用方式的典型。在对待时间的态度上，南美商人不讲究准时参加商务谈判和宴会，有时甚至故意拖延时间。在巴西文化中，巴西商人希望谈判时间相对长一些，他们的初次报盘往往和实际底线相去甚远。日本人在谈判中的耐心是举世闻名的，为了一笔理想的交易，他们可以毫无怨言地等待，只要能达到预期目的，时间对他们并不是最重要的。日本文化也是看重相互关系的文化，为了长远的伙伴关系，他们喜欢投入大量的时间和费用建立起个人友谊，在此基础上再进行业务商谈。

我们在对待不同的时间文化时，要理解和尊重对方的文化传统，尽量融入对方的文化中，用他们的思维思考问题，这样谈判起来就会容易很多。

六、争取己方制定合同

争取由己方来起草合同文本。在和对方谈论合同的起草时，要说出有力的理由来说明为什么要由己方来起草合同。争取己方起草合同文本的优点有：可以选择对己方有利的措辞，巧妙地对有关的条款做出有利于己方的解释；安排条款的顺序；明确对方的责任与义务，同时尽可能地减少己方的责任和义务。

如果是对方起草合同文本，要用足够的时间和精力对对方起草的合同文本进行详细的审核，尤其是合同的相关条款、重大责任与义务、专业术语及其有关解释，要通过集体的讨论，逐条、逐句、逐款地斟酌和修订，在双方的讨论中明确提出修改意见，并坚持按己方的意见修改。应不同意对方单方面撰写的合同文本，或提出双方各起草一份合同草稿，然后双方讨论与协商，再制定出一份合同的正式文本。

七、掌握主动权

己方在一开始就拿出准备好的合同文本，征求对方的意见，并建议在此文本的基础上讨论文本的内容和条款。这种战略的优点是己方有了优先的优势，但也要注意不要使合同内容太偏离，给对方上当的感觉。

案 例 分 析

华菱公司和米塔尔公司的合作

华菱公司是一家钢铁公司，1999 年华菱成立之初的钢产量是 200 万 t，在国内排名较后，虽然有所发展，但是由于公司地处中南地区，对于钢铁行业而言，有许多劣势：没有资源，既没有矿，也没有煤，和沿海地区相比又没有运输的优势。华菱认识到如果不冲出重围，走向世界，就没有任何竞争的优势。华菱决定和米塔尔公司联手，两家共用采购系统、销售系统。每年米塔尔公司给华菱提供 150 万 t 矿石，单价比原来低 120 元。仅这一项华菱公司就可以节省数亿元。

米塔尔公司是世界上最大的钢铁公司，是许多钢铁公司的控股公司。华菱和其谈判的目的就是关于米塔尔公司收购华菱公司的股权，建立合作关系。然而谈判是艰难的，米塔尔公司不了解我国的国情，对谈判不免抱有乐观的情绪，遇到困难他们就有为难情绪。

在谈判之初，华菱公司做了大量的情报工作。了解到米塔尔公司有进入中国的想法。知道这一点很重要，所以华菱公司在一些问题上态度是很强硬的。而谈判桌上米塔尔公司谈判人员的表现也证实了这一点。可见，在谈判中了解对方的心理非常重要。

谈判是非常艰难的。华菱和米塔尔公司先后谈了七次，中断谈判两次，最关键的问题是价格和公司治理结构。但中方利用谈判对手想促成谈判的心理，在关键问题上坚决不让步。

关于股权结构的安排，华菱公司的目标是两家公司并列第一大股东。米塔尔公司在世界各地的其他钢铁厂基本上都是控股的，至少是第一大股东。因我国政府不想放弃对华菱公司的控制权，华菱公司在股权问题上坚决不让步。谈判了几次以后，米塔尔公司才同意把股权比例让到最低，成为并列的第一大股东。华菱公司在开始谈判之前并没有股权的设计，只是想引进外资，把公司做大。但是在并购以后我国出台了一个最新的《钢铁工业的产业政策》。所以，国家发展和改革委员会让米塔尔公司退出一些股份，最后华菱公司又很艰难地做了大量工作，才取得了米塔尔公司的谅解，谈判终于取得了进展。

双方如果总不让步可能造成谈判破裂。所以在关键的时候，华菱公司在适当的方面适当地做出让步。例如在谈到控制权的问题，米塔尔公司首先提出，董事长由华菱现任的董事长任命，但是总经理和财务总监必须由米塔尔公司任命。华菱公司答复：董事长、财务总监、总经理三个职位都应该由华菱集团委派，其他的副总经理由对方委派。最后米塔尔公司又后退一步，说：总经理、董事长给你们好了，我只要一个财务总监。华菱表示对方可能无法胜任财务总监，因为在中国办事情是讲究人情关系的。和银行打交道要讲究关系的，如果和银行的关系不好连贷款都贷不到，这样对未来公司的发展很不利。谈判到此对方也没有什么好说的了，同意财务总监由中国人担任。

最后谈判的结果还是总经理由米塔尔公司提名，财务总监、董事长由中方提名，副总双方各提50%。

请分析：

1. 在谈判中信息、情报的作用是什么？有什么重要性？

2. 在谈判中如何运用让步策略？在本案例中有什么可以借鉴的谈判战略？

3. 为什么本案中中国华菱公司坚持财务总监由中方委派？在谈判中如何说服对方在这样的重大问题上做出让步？

思 考 题

1. 谈判中如何促使对方走向成交？

2. 如何运用造势法来促成成交？

其 他 技 巧

前面的章节中分别阐述了谈判各个阶段需要注意的问题和使用的策略，本章尝试从另外两个角度来探讨谈判中的技巧，即如何协调与谈判对手的关系，以及如何针对谈判内容采取适当的策略。

第一节　协调与谈判对手关系策略的运用

政治家和军事家们十分重视攻心战在"冷战"与"热战"中的运用，商人及谈判者在商战中也应该注意协调与对手的关系。其基本思想是，从对手的个体和群体的心理活动出发，通过影响其情感或追求欲望，软化其对抗力量，增加亲和力，从而实现己方谈判目标。

这些策略是对谈判心理学的具体应用。谈判对手及其所属群体受感情和物欲的影响，由此，感情和物欲都有可能成为谈判策略的工具。

一、建立满意感

谈判中谈判组成员的个人利益与集体利益，以及公司整体利益，甚至和国家的全局利益之间有协调一致的地方，也有发生不协调的时候。特别是谈判组成员个人一般都有着特殊利益存在，如果能在某种程度上，满足谈判组成员的个人利益，那么就能建立起其与己方谈判组或谈判组某个成员的特殊关系，由此使得对方谈判组，尤其是对方谈判组某个主要成员，产生一定程度的满意感，进而改善己方在谈判中的地位。

【案例8-1】

曾经有这样一件事：日本与我国就某一个涉及金额巨大的项目进行谈判时，日方一位工程技术人员有意无意地提出这样一个问题，即当年在中国八年抗战期间，他曾有一个亲属在中国失踪，还有一些线索，希望中方能够给予帮助。在这个过程中，中方尽了很大努力，最终为这位工程技术人员找到了他的亲属。在之后的谈判中，这位工程技术人员在很大程度上主动为中方考虑。日方一些产品中有一些不符合质量要求或以旧充新的，都是这位工程技术人员提出来的，他对我方不仅友好，同时还给予了很大帮助。

因此，只要能相应建立起对方某些成员的满意感、满意度，他们就可以为我所用。当然这并不包括利用不好的行为达到目的的行为，而是人之常情的自然流露，所以很容易见效。

除此之外，建立对方满意感的通常做法有：

1. 礼遇

礼遇是对精神影响较大的因素，具有明显的人文特征。在商务谈判中，通常要从以下两个方面着手：一是接待规格，依据谈判难易、地位和历史状况，可以采用"对等规格"，也可以高规格接待；二是尊重习俗，即尊重对手个人、民族的习惯、习俗等，无论基于什么理由，对这些习惯、习俗都应该表现出尊重的态度。

2. 理解

理解是指对对方言行表现出的宽容态度和讲出的慰藉的言语。需要注意的是，理解不是赞同，而是一种积极领会和反应的态度。

3. 耐心

耐心是指在谈判中对于对方的各种提问，哪怕是重复的提问都能冷静、礼貌回答的做法。耐心回答提问主要表现在态度上，而不是回答问题的具体内容上。内容可以新也可以重复；可直面问题，也可间接回答；可解决问题，也可提起问题。耐心态度主要反映在不嫌对方多问，不烦对方重复问。

谈判新手比较容易出现的问题之一，就是把谈判当成辩论，不给对方说话的机会，潜意识里认为嗓门越大、陈述越多，获胜的机会就越大。事实上，在人际交往中倾听是一门非常高明的学问，倾听并不意味着认可对方的观点或者立场，而是更加深入了解对方的底细，对确定和调整己方的立场非常重要。谈判中反复抢人话头，非常容易导致对方的反感，进而导致谈判破裂。之前在谈判的心理学理论基础中也曾经提到过，很多时候，谈判手抵制一个方案，并不是由于方案本身有问题，而是由于提出方案的人触犯了其身份或者尊严。大多数人都非常容易受到情绪的左右，这一点，谈判手本身可能都未必清楚地意识到。中国人经常说的"对事不对人"，其实在实践中非常难做到，经常"对人不对事"，明知道对方提出的方案对己有利，可是，因为对提出的人有负面情绪，因而反对其提出的方案。这就是为什么在谈判中一定要重视建立对方的满意感。而认真、耐心地倾听，有礼貌地回应，几乎是没有任何代价的建立满意感的方式。

二、"开小会"

"开小会"就是差别对待对方谈判组整体成员。这种办法应该说是很简单，也可能是很有效的。例如，对方谈判组有四个人，我方可能对其中的两个人，由于种种原因，给予特殊关照，例如除了公司的正式宴请外，可以单独特殊宴请这两位，尽管没做什么，但这种主动地把四个人中的两个人请出来给予特殊招待的做法，就有可能在他们四个人中塞上一个"楔子"，他们之间未必产生矛盾，但是在感情融洽方面会发生一些微妙的变化。这种策略在谈判中应该说是被使用得较频繁的，因为操作起来很简单，吃顿饭，邀请游览，共同看戏，喝喝茶，甚至只是坐在一起，只要不是全体而是其中一部分人员，就有可能收到想要的效果。这种情况通过一种人们都可接受的方式，事实上给对方谈判整体带来一些微妙的影响。

该策略突出"人物"之间的关系，以及这种关系的重要性。从一个众多的人员对阵中，将个别重要人员拉出来，放到一个小环境中对话，这就使人物的作用凸显出来，使相关人物自然而然地注意自己的言行，注意问题的解决方法。因为参加小会的成员之间，作为谈判对手的对立关系已发生变化，促使谈判成功已成为他们的共同责任。

该策略不受谈判地位和谈判阶段的限制。但在己方处于弱势的情况下，会非常有帮助。

在该策略的运作中有以下两个环节要注意：

一是对地点的把握。该策略的做法与地点变化有关，当正式谈判在会议室进行时，"开小会"多在会议室之外；当谈判时间已近中午或晚上时，谈判地点可能变成"私人家宴"，在运用策略者家中，或宴请的饭店内；当谈判适逢周末或有某项文化艺术活动时，谈判地点可以改为游览之地、参观之地、剧场、艺术馆等。

二是对参加"小会"的人员的把握。该策略对参加人员要求较严，人数要少，因为该策略的核心是"人与人"的私人情感的发掘与运用。人多就不见"近"，不显"亲"了。

三、恻隐术

在第六章中曾对恻隐术进行了介绍，这种办法实际上是采用示弱乞怜的做法，利用人类的某些特点，如恻隐之心、谁也不愿落井下石等，最终来实现自己的目标。

该策略与"苦肉计"有相通之处。其相近似，表现出的痛苦之情之形相同；其图相似，均要取信对手。黄盖的皮肉之苦、无以言状的难受，使曹操信其归依之心是真的，最终的目的是实现其图谋之心。

该策略不受谈判阶段的限制，但在谈判的中后期应用较多；从谈判地位来说，显然是处于弱势地位的一方会采用。

从该策略的定义不难看出，该策略要突出两点：相与言。

1. 扮相

谈判者要扮好可怜相、为难相，以求形象的感染力，可从面部、身体、道具三个因素入手，扮成不同的相。

面部：愁眉苦脸、脸露阴沉、额头沁汗、双眼红湿或双目呆滞、泪珠滚滚等。

身体：双手作揖、以头磕桌、双膝跪地、浑身瘫软等。

道具：视谈判地点而异，可用餐巾纸（擦眼睛）、手帕（擦眼睛）、湿巾（捂额头）、毛巾（缠头）、扇子或纸张（扇风去热）等。

2. 言辞

扮相为视觉影响，言辞为听觉影响。该策略要求从外观到感受双管齐下，内外齐攻。典型的可怜话有："若这样做决定，我回去要被批评。""您是大人不记小人过，前面有说错话之处请您原谅；这个条件实在不能修改，万望您能同意，哪怕算是施舍给我呢！"

编者曾有过这样的经历。在作为顾问参加一项谈判时，其中一位外国商人岁数相当大，当谈判僵持不下时，这位负责人屏退他带来的谈判组成员，双膝跪下，涕泪皆流，讲："这个生意对我极其重要，因为我岁数大了，马上就要退休了，如果谈不下来，回去后后果难以设想。"他希望我们能给予考虑、给予帮助。如果一个老人，当着你的面，泪流满面、哀告求怜时，除非是铁石心肠的人才会不为所动。因为总的来讲，在谈判授权过程中，总有一些价格浮动的可能性。

当然这种办法的效果与使用的次数成反比，使用次数越多效果越差。这种策略不同于满意感，满意感与使用次数成正比，即使用次数越多，给予满意感越多，效果越好。甚至包括"开小会"，举行的次数越多，只要对方还接受，目标就能达到。唯独恻隐术的使用效果与使用次数成反比，使用越多，效果越差，如果使用过于频繁，还有可能引起他人的反感，让人瞧不起，甚至会给他人一种印象：为达到目的不择手段。所以这种利用恻隐之心来达到目标的做法，可以用，但不要频繁使用。

该策略在使用过程中有两忌：失人格（国格）与选错对象。在运用该策略时，忌外相和言辞不切实际，过分夸张而有损人格。当谈判项目涉及本国政府时，还应注意国格。另外，有的对手毫无同情心，只有利益的欲望，面对此类人员不可使用该策略，因为对方不但不会动恻隐之心，反而会讥笑，更甚者，可能还会进一步敲诈和欺侮己方。

四、宠将法

宠将法系指在谈判中，切合实际或不切合实际地颂扬对方，以合适的物资赠送对方，使对方产生一种友善、一种好感，甚至信任，从而放松思想警戒，软化谈判立场，使己方的谈判目标得以实现。简而言之，用表扬的办法让对方去做一些己方希望其做的事情。

应该讲，宠将法有各种不同的表现。在商务谈判中，谈判对手有老有少，也有富于经验的中年人，针对不同类型的谈判对手可以顺带，也可刻意，表扬对方让其产生一种飘飘然的感觉，只要做到这点，那么就能促进谈判的成功。例如对年轻的谈判人员来讲，不同的话对其有不同的刺激。"少不更事""嘴上无毛，办事不牢"这一类的话年轻人不爱听；"少年老成""年轻有为，有一股闯劲"这一类的话年轻人爱听。好听的话听多了，人自然会觉得其真的很了不起。宠将法无非就是要达到这个结果。如果谈判对手年龄比较大，此时应适当恭维他："经验丰富""老当益壮""你经验丰富，可作为我们学习的楷模"。但此时如果对手在用恻隐术，万不可如此恭维。要挖掘对手自认为好的一面，进行夸大，而后从中去寻找机会。一般而言，老年人反应相对迟钝，但对于表扬、批评较敏感，其一旦认定是好事，就很难转变，可利用这些特点采用宠将法达到己方的目的。

宠将法效果不明显的是那些富于经验的中年人，他们谈判经历丰富，既有学识又有专业，还有经验，更重要的是待人接物已相当成熟，此时仅靠三言两语让其飘飘然较困难。

所以我们说，宠将法本身是说好听的话，让对方在受到赞扬的过程中产生一种舒服感，从而放松警惕，给己方机会。这种方法更正面些，因为是在鼓励和表扬。

需要注意的是，商战中的宠将法有一定的道德与法律界限，各类宠将法的分量与价值应适当控制。

【案例8-2】

我国某公司经营罐头食品，每到生产季节都派人到国外去拜访用户，确认该季节的订单。

对美国的一个客户，卖方派了两位部门负责人去拜访该公司的具体负责人。这位负责人是一位年轻女士，曾在海外分公司常驻，也曾经与卖方有过合作经验。

卖方两位负责人均为男士，见了这位女士，首先致礼，接着说明了来意，并且转达了卖方曾与该女士有过合作的业务人员的问候。

谈到新的订单，该女士说："本地市场不景气，我们的最终用户没下决心，因此只能等以后再订。"

卖方："等可以，季节可不停啊，如果不及时下订单，就会错过最佳的原料准备期，尤其是贵方一直购买的是水果罐头，更是如此。"

"市场不定，我们的买价也难定，购买数量也难定。"

"去年贵公司买了3万箱，不出意外的话，今年应该不会低于这个数目的。当然，多点儿更好。"

"我们也想多买，但是要看您的价格啊。"

这时，卖方的两位男士笑了，一位负责人说："您果然像我们同事介绍的那样，不仅漂亮，而且十分精明。只要您下订单，价格的事尽管放心，你们是老客户了，一定给予最优惠的价格。"

女士说："听说您那边今年遭受旱灾，水果是否减产？罐头的原料价格会受影响吗？"

"不愧是行家，问题提到点上了。这也是我们来访的原因，为了保证像贵公司这样的老客户、大客户的供应不受影响，我们必须提前收购原料，以确保罐头的产量和成本。您一定理解我们要求贵方早下订单的原因，实则为您好，希望协助您扩大业绩。"

"不知道天旱对水果品质是否有影响？"

"最近下了几场雨，对水果生长很有利。不过，您提的问题很专业，恐怕还要眼见为实，所以，我们真诚欢迎您到我国访问，实地考察，什么情况也就一目了然了，比我们口头描述要可靠得多。"

正在这时该女士的上司来了，大家互相致意后，卖方一位负责人"抱怨"说："我们正在跟您的助手讨论今年水果罐头订单的问题，她非常精明、专业，又有进取心，深受我和同事们的尊敬，不过，这对我们来说压力很大啊，哈哈。当然，跟这么美丽的女士合作，即使困难点儿也令人愉快。"

该上司简单介绍了一下其管辖范围的业务情况，表示支持该女士与卖方公司合作。趁此机会，卖方讲了早下订单的好处，希望他支持其助手早下订单，对双方均有利。

会谈很务实，气氛很热烈，最后双方约定尽快作决定。三天后，该女士通知卖方按去年订单3万箱备原料，价格可按市场价格定。卖方人员还未回国，就有了收获。

该谈判除去客观因素外，采取了适当的宠将法策略，使谈判的主要决策人感到愉悦，愿意考虑早下订单的问题，是谈判能成功的重要促成因素。案例中，卖方在两个场合给该女士"戴高帽子"：一是单独与其会谈时，称赞她"漂亮""精明"；一是在与其上司会谈时，用抱怨的语气再次称赞她的"精明""专业""进取"，使该女士很满足，让其从内心激起友好之情，主动配合的欲望大大增强，从而使得卖方的目的得以实现。

五、激将法

激将法是指在谈判中，故意运用适当话语刺激对手，使其感到坚持自己的观点和立场已直接损害其形象、自尊心和荣誉，从而动摇或改变其所持谈判态度和条件的做法。

在古代或现代战争中运用激将法策略较多，不乏经典的战例，其主旨是让对方主帅激动而丧失理智。例如：骄其兵，犯轻敌之错；妄顾名誉，犯冒险之错；争一时高低，犯义气之错等。

在商战中，针对对方主谈、负责人或主要助手的激将手段比比皆是，奏效者不乏其例。较之战争，该策略有更大的运用空间和机会。由于商战可"近战"，可面对面，激将之机会大大高于战争，可激将的手法也丰富得多，所以谈判者将其作为谈判策略，甚至常用之策也极为自然。

激将法策略的具体做法中包括两项重要内容：选择目标和选择激点。

在谈判中，"将"是指一群关键人物，他们决定或影响谈判结果，因此，谈判者可以运用策略的对象并非对方全体谈判人员，也并非一人。启用该策略时，欲实现的策略目标与谁有关，那么被激的"将"就是谁，这要求运用该策略时必须注意目标的选择。

此外，由于被激对象的情况各异，不能千篇一律地刺激对象，否则有的会无动于衷。这就要求找准该对象的穴位——激点，即反应大的敏感点。什么是敏感点呢？就是对方关注的自我表现的方面。常见的自我表现方面有：个人面子、个人权力、个人在群体中的地位、个人形象或虚荣、个人名誉、个人表现效果、个人社会影响等围绕"自我"的各种关注，它们均是该策略可用的激点。

例如，在谈判中，明明觉得可以拍板，对手却犹豫不决，不能拍板。这时采用激将法，比较容易见效。可告诉他："上次谈判是您的副手来的，当遇到这种情况时，他觉得这是在他的权限之内的事情，又可做出相应的决策，他就签了；您的地位比他高，怎么面临这样一个小问题，都感到很棘手？这似乎不应该。"短短几句话，并没有指责，但实际是在激将。

当然激将法的使用不是那么容易，应该有很强的针对性。如果谈判对手是属于争强好胜的，用激将法较容易达到目的。而对阅历丰富、经验老道的中年人，激将法的效果就不好，因为这一类人不太在乎这种得与失，因而也不会有太大效果。对于那种经营成果和谈判人员个人的效益结合得不太紧的公司，激将法往往更容易发挥作用。同时，激将法对于我们称之为脑力型的谈判人员较难奏效，而对于那些容易冲动的谈判人员较易生效。另外，激将法如刻意地去做，可能效果并不好，如顺带地说，可能会起到意想不到的效果。

需要注意的是，激将法策略最忌人身攻击，即不要用任何不当词语对对手的身体缺陷或人品进行刺激。因为谈判者所言均为交易，或企业的，或个人的，因此话题应该围绕交易条件。当针对个人行为时，话题属于另一范畴，谈话规则也不一样。造成的直接后果是，可能激怒对方，从而引起不必要的麻烦。

六、告将法

告将法是指在谈判中，通过在对方主谈人的上司或老板面前说其坏话，达到施加压力、动摇对方主谈人的谈判意志，或者挑起对方上司或老板对其不满，乃至更换主谈人的做法。

该策略类似军事中、政治中的"借刀杀人"的做法，但根本目的不同。商战中只要经济利益。由于存在文化差异，东方人较西方人更慎用该策略。尤其是在可采用的方法较多时，东方人出自人际关系的考虑，会避免用该策略，并视其为"损招"。

从正反角度来看，宠将法较积极，告将法较消极，甚至从某种程度上讲有一种消极的影响，有可能会转变他人长久以来的印象。因此在使用告将法时一定要注意，使用的效果与次数成反比，次数一多，会给人造成无理取闹的印象，所以不可以频繁使用。

由于该策略有负效应，所以在使用时要注意弥补其造成的负面影响，应有后续措施，确保"买卖不成仁义在"的商业精神。

第二节   针对商务谈判内容运用的谈判策略

上一节谈到针对商务谈判中对方谈判人员的一些策略，通过改变人的情绪、改变人的关系，从而产生微妙的影响力，达到己方谈判的目标。本节主要是从针对所谈判的事物的角度，来看看有哪些谈判策略可以运用。

一、挡箭牌策略

在谈判中，经常在一些场合必须说"不"，但如何阻挡对方的进攻又不致使谈判搁浅？就需要运用一些策略。第一个策略就是挡箭牌策略，挡箭牌策略就是用各种借口来阻挡对方的攻势。

(一) 权力受限，无法做出决策

以谈判学角度讲，受到限制的权力是最有效的权力，这是一个真理。受到限制的权力是指谈判人员在决策过程中不可能不考虑他人的意见，而完全从自己的角度出发，因此，其权力在某种程度上受限制，而恰恰这种受到限制的权力是最有效的。因为谈判人员可从自己的需要出发，当对手要求己方承担义务时，己方以"不在授权范围"为由而拒绝承担；当得到好处时，则恰恰在授权范围内。受到限制的权力对于己方来讲是一种有奖惩的权力，所以在运用挡箭牌这一策略时，可以运用权力受到限制这个情况阻止对手的进攻。但使用的效果与次数成反比，即使用的次数越多，对手越反感；会怀疑己方是否真正有诚意来参加谈判。

(二) 利用资料受到限制来作为挡箭牌阻止别人进攻

在商务谈判中，当己方进行报价时，对方可能会要求己方做出价格解释，讲出价格的计算基础。而价格解释和计价基础必须有资料作支撑，资料不具备就是一个很好的借口，可以拒绝向对方做出价格解释。但要注意，如果在主场谈判，这种借口就不恰当。而当到客场谈判时，当对方要求己方做出价格解释，可以说："这个事情我特别愿意做出解释，但由于资料不凑手，至少今天是不行的。"因此，资料不凑手也是拒绝对方的一个挡箭牌，但千万要注意主、客场不同的谈判情况。另外，以资料不凑手拒绝作解释是可以的，但不可多用，否则对手会怀疑己方的诚意，即其效果与使用的次数成反比。这与权力受限不同，权力受限是客观原因，而资料不齐全是主观原因，更容易让对方怀疑己方的诚意。

(三) 用技术和商业机密来建立"防火墙"

当对方要求己方做出价格解释时，己方可简要陈述，当对方进一步询问时，己方可告之："授权只能作如此解释，因为进一步解释涉及商业秘密，那不是我的授权范围。"同时，要化回答为提问，问对方："贵公司是否可以做出按您要求的如此细致的价格解释，尤其是对谈判对手做出，如不可以，我公司也是这个规矩；如可以，请先把您的价格给我解释一下。"这叫作转守为攻，以问代答。所以商业秘密是一个很好的借口，可以用于建立"防火墙"。

挡箭牌策略经常被使用。挡箭牌策略应该是一种中性策略，如运用过多，就会有负面作用，如运用合适，不失一种正面的策略，因为在商战中，大家对权力有限、资料不凑手这些原因还是理解的。

二、声东击西策略

声东击西策略是指为了达到某一目标，反而要装作很不在乎这个目标，而斤斤计较于其他目标，最终实现本来目标的手段。例如实际是为了取得技术先进性，而这种技术对己方具有不可得性，己方特别强调不是技术先进性而是价格不可接受性，使对方以为己方的谈判重点是价格，而不知不觉放松对技术先进性的警惕，而己方最后以相对合理的价格获得相对先进的技术。

该策略"声东"部分为虚张声势的进攻，"击西"才是实实在在的目的。而"声东"部分在谈判的组织中占了较大的成分，如序幕、高潮谈判部分均围绕"声东"在进行，只有在其尾声才转入"击西"，即真正的目的地。

这里有一个案例，出自马三立先生的相声。说有一个玩古董的，在乡下看到一个明朝的碗被用来喂猫，他就跟猫的主人说猫如何好。当以很高的价格成交后，这位玩古董的人就说："猫都买了，这只碗猫吃饭惯了，你也给我得了。"实际上他使用的就是声东击西策略。

该策略的做法主要从三个方面入手：选择两个客观谈判议题、制造声势和交换条件。

1. 选择两个客观谈判议题

两个客观议题形成了谈判的两个力量端、两个方向，否则形成不了"东"与"西"。这两个议题必须是双方关注的，也是谈判交易组成的内容，否则对手的注意力无法被转移，该策略也就失去了基础。

2. 制造声势

制造声势是该策略的主要部分，能否做好，必须解决两方面问题：选什么内容造声势？如何造声势？

选择的内容是己方不重复且可以灵活退让的内容，它也是该策略的"东"；而志在必得的内容、不可让步的内容即为"西"了。

制造声势的手法主要有：其一，在不成问题的问题上大做文章，使自己未来的灵活退让显得"有分量""有诚意"；其二，故意纠缠在正常情况下可以很快退让的条件，反过来还吊对方"胃口"，让其欲罢不能，虽"小利"也看得很重，不想放手。这样可达到搅乱对方思绪的效果，让对手的注意力集中在眼前的得失，为"击西"创造时机。

3. 交换条件

该策略"击西"之时，是在上述两个动作完成之时。"击西"的方式，可以是顺其自然地推出"西"的议题让对手考虑；也可以是将"东"换"西"，就是将选择的"声东"内容作为交换条件，一次完成"击西"的谈判内容。

一般来讲，在选好两个议题并很好地制造声势后，以交换条件的形式"击西"，基本上都能达到以小换大的目的。

但在应用该策略时，必须注意两点：一忌"声东"无理；二忌"击西"误时。这两方面如果不解决好，该策略会失效，有时还会反陷其中，有损自己的利益。

1. 忌"声东"无理

该策略讲"声东"，是有"声"在先。这个"声"言的是理。但决不可言之无物、无力，否则无法引起对方的认真思考，打乱不了对方的思绪；反而让对方认为己方在撒泼，不理己方。这样一来，谈判优势就转移给对方了。

2. 忌"击西"误时

该策略"击西"时，十分讲究掌握谈判时机；错误地选择"击西"时机，效果不会好。如果出手太早，声势造得不足，对方很容易发现己方的真实意图，不会上当；如果出手晚了，"声东"的条件则可能被对方"顺手牵羊"。

三、空城计策略

我们都看过《三国演义》，也知道空城计。城内无兵无粮，诸葛亮焚香弹琴，布置空城计，司马懿就是不敢进去，他认为：诸葛亮一生很谨慎，决不会摆个空城让我进，城内肯定有无数伏兵，等着让我上当。所以诸葛亮空城弹琴，吓退了司马大军。这个故事告诉我们，假的东西可以把对方吓住。在商务谈判中，尤其在斤斤计较价格时，可以使用空城计的办法。例如，出手就给很低很低的价格，低到对方不可想象的地步，这么做的唯一理由是使谈判对手内心的估计、信心被我方提出的价格与条件打乱。

【案例8-3】

美国曾有一个连锁商店，看准了一个很有发展前途的地方，想要在那里发展自己的零售业务。看中的地方有一栋建筑物，标价1500万美元出售。这家连锁店认为它只值800万美元，这个出价被主人断然拒绝。当然这个建筑物肯定要卖，于是有很多人来拜访。第一个拜访的人告诉主人，他这个城堡只值500万美元，城堡主人很生气把他轰走了，没成交。第二个人出价450万美元，城堡主人又把他轰走，但城堡主人对1500万美元的定价没有那么高的信心了。第三个人带了一个评估师，告诉他房子朝向风水有问题，设计有问题，总之房子只值400万美元，当然也未能成交，但主人的信心被完全动摇。最后连锁店出面，还是愿以800万美元购买，这次城堡主人非常主动地与连锁店进行接触，表示可以商量，最后相互让步，以880万美元成交。

因此，如果对手喊出的价格与己方的内心评估价格差距很大，而且对方一而再、再而三地坚持，通常会对己方的内心评估产生动摇。所以运用空城计策略，可以动摇对方的信心，最终达到己方的目的。

空城计策略的特征在一个"空"字，具体在谈判中，第一要确定"城"，第二要让其"空"，第三还要渲染一番，让"空"显"实"。

1. 确定"城"

原则上，在谈判中的任何议题均可被确定为"城"，即策略的依托。例如，可将合同价格（总价、分项价）、合同条件（各条款、各条款各段规定的条件）选择作为一个"城"。

2. 让其"空"

商业谈判中的"空"，就是"苛刻"。具体讲，要求比对手估计得高，比自己需要得严。要求越高越严就越苛刻，就越"空"。例如，做卖家时，要的价高且其他条件严格；做买家时，出的价低且其他条件还要求优惠。虽然，这些要求并非买卖双方实际的追求条件，但作为策略却都惯于这么做，而且毫不心虚。

3. 渲染

《三国演义》中的诸葛亮为渲染其空城并不空，抱琴上城楼弹奏一番，其气势让千军万马却步。商战中的空城计也少不了渲染，要像模像样地把"空城"之"实"着实地论证一番。论证其要求之合理、应该、不过分，更甚者，论证其何以为优惠。论证所用言辞，既有精心设计的，也有实实在在的，还有似是而非的。让对方难辨真伪，尽管不会同意这些说辞，却一时也难以拒绝。对手流露出的这种迟疑、犹豫、思考，就是策略使用者所期待的——让对方不得不将进攻转为防守，跟着己方的思路走。

由于商务谈判中的空城计不是为了退敌，而是为了迫使对手让步，改变立场，使双方条件靠拢。所以，在运用该策略时，一忌"空"过了头，真把对手赶走；二忌缺乏灵活转换的态度。

1. "空"过了头

运用该策略时，提出的要求可以苛刻，但不可以过头——超过极限。所谓超过极限，就是指超过了所有可以找到支持理由的条件。在正常谈判中，每个要求均会伴有支持的理由，不管理由是否合理与真实。超过极限的苛刻就是只有要求而没有理由的条件，这种情况有一定的危险性，因为对方可能会感到受辱、失望，进而产生逆反情绪，最终导致谈判破裂。

2. 缺乏灵活转换的态度

在实施该策略的过程中，谈判者要审时度势，灵活调整自己的位置，及时把握策略效果，要根据对手的需求状况和交易欲望来运用"空城"，维持"空城"状态的时间要及时调整，不能把自己架在"空城"上，形成尴尬局面。在实战中，对手会逐一破"空"，该策略的使用者就必须边"填空"——解释、解围，边设新"空"，直到达到目的为止；也可能对手边破"空"，边退却，策略使用者就应边撤销部分"空"，边收获策略效益。

四、针锋相对策略

这种策略是指在谈判中，对于对方所提出的论点和证据，以毫不妥协的态度，逐一予以否定、驳斥，使对方感到阻力巨大、成功渺茫，进而动摇了谈判意志，放弃原来的要求。

该策略需要塑造谈判者的"鹰"派形象，谈判态度强硬，不容妥协，在谈判中对每个问题都坚持自己的意见，是针锋相对的、针尖对麦芒的。该策略并不考虑对方论点的正确与否，只考虑己方是否该退让，不到退让的时机坚决不退让。

该策略在实施中讲究三点：理要巧、表述好、速度快。

（1）理要巧。支持观点的理由要有说服力，引证的材料要合理，或者让对手一时难以回味。

（2）表述好。论述的方式要明白易懂，不容对方说"听不懂"，否则再进行一番解释就失去了力量。所以，无论理由多么复杂，要善于一次向对手说清楚。

（3）速度快。反应时间短，回复对方快。在该策略实施过程中，其效果有速度快的原因，快捷、明确地否定，其力量也强。

此外，在策略的运用上还要注意一个问题，那就是不仅要在每个问题准备针锋相对的说法，同时在情绪上也要准备一种极不快乐的爆发性反应，只有这样，针锋相对策略才能奏效。给对方施加压力，情绪爆发要有理、有节，不能胡来，只有爆发得恰到好处，才会让对方感觉到我方生气是有原因的，是因为对方做错了，让己方消气的唯一方法是对方改正错误。

如果对方使用针锋相对策略，有爆发性情绪时，己方可以有两种反应：一是针锋相对，二是尽量避免情绪对立，以柔克刚化解矛盾。以柔克刚容易消除对立，而情绪上的针锋相对容易陷入僵局。所以如果对方有爆发性反应，对己方采取针锋相对的策略时，己方可采取措施避免情绪对抗，但要做到以下两点才好：第一，己方要很好地表示，理解对方的立场，让对方得到尽情的发泄；第二，己方还要坚持己方立场，即重复己方的要求。这既避免了双方情绪对立，又显示了己方的立场与条件。

当然在有些情况下，如有可能，可以暂停谈判，让对方的情绪先冷静下来。在日常生活中类似的情况很多，如果两个人在气头上，越吵越没办法收拾，如能冷处理一段时间，很可能会使矛盾化解，在化解的基础上再谈判就容易得多。

针锋相对策略的使用是有条件的，必须在对方存在理亏的情况时才能使用，同时要确信对方会做出让步。

五、最后通牒策略

最后通牒策略是指在谈判进行到一定阶段（多为中后期），提出一个新的条件作为决定合同成败的最后条件，并且规定最终回复期限。如果对方不接受该条件，或者超过最终期限，谈判就自动终止。

最后通牒的重点在"不可谈判"，即抛出己方新的条件后不再与对方讨价还价，对方必须答"是"或者"不是"，行，就签约；不行，就再见。最后通牒形成一种强大的压力，该策略应用得好会奏效。但与其他策略比较，最后通牒也具有极大的负面性，必须具备相应的条件才能实行。

这种策略多在谈判的最后关头采用。其他谈判内容基本都已尘埃落定，仅仅有一两个问题仍然悬而未决，这一两个问题怎么谈也谈不通，此时可以采用这种策略。但最好己方的谈判实力应在某种程度上大于对方，或从谈判角度讲，对方对己方的需求强度更大一些。这样己方就会处于较主动的地位，采用最后通牒策略就有可能取得效果；否则会得到相反的结果。

在运用这种策略时，要表现出坚定，表述要正确，绝不能给对方一线希望。

此外，在使用该策略前必须要有一个情势评估：其他大部分内容已形成了一致，这一两个问题的不一致会使过去所有的成果作废，过去所投入的人力、财力，过去已建立的相应商务关系全部化为乌有，对方准不准备承担这种代价？如果准备承担，那么这种策略就可能失败；如果不准备承担，那这种策略就有可能奏效。另外，如果对方选择承担谈判失败的代价，那么己方是否做好充分的承担失败的代价的准备？这是最后通牒策略实施前必须要考虑清楚的，因为该策略实施后的结果只有两种：要么成功，要么失败。如果己方不希望谈判失败，那么在实施该策略前最好考虑好可能的退路。

那么如果对方使用最后通牒战略，己方应该如何回应呢？首先认真分析对方意图，是为了迫使己方成交，还是真的要终止谈判。如果对方是为了迫使己方成交而作出某种姿态，那么我们也可采用针锋相对的策略准备退出；如果对方不是讹诈，己方也可以采用针锋相对的策略退出谈判，但此时己方在准备退出时，要相应留有一定的台阶，让双方都能下来，例如说："既然贵方有这样一个最后通牒行为，我们认为谈判很难进行下去。但如贵方有一些新的建议，有一些新的想法时，我们也可考虑重新谈判。"这样就无形中化解了对方的压力。

简单来说，最后通牒策略到底效果如何，取决于双方对谈判破裂这一结果的承受程度，承受能力越强的一方，或者说破裂成本越低的一方，越有可能在最后通牒中取得胜利，因此也越有动力使用这一策略。如果己方对此策略的承受能力较差，那么就基本上不能考虑这一策略，而要考虑如何应对对方的最后通牒策略。

从该策略的应对方案，不难看出该策略使用中的大忌：不可信。即在我方发出通牒时，无论是否真是"最后"，是否真有这么回事，一定要让对方相信；否则，该策略不是失败，就是失效，甚至被聪明的对手利用，反将一军。

总的来说，最后通牒的做法无论从使用时间阶段上、从使用的态度上，还是从使用的效果和角度上，都不是一种非常积极的策略，甚至还有一些负面影响，因此要慎用。

【案例 8-4】

意大利某电子公司欲向我国某进出口公司出售半导体生产用设备，派人来北京与中方洽谈。

其设备性能良好，适合中方用户，双方很快就设备性能指标达成协议，随即进入价格谈判。

中方："贵方设备性能可以，但价格太高了，希望能下调。"

意方："东方人真爱讨价还价，我们意大利人讲义气，就降 0.5%。"

"谢谢贵方义气之举，但贵方价格不合理。"

"怎么不合理？"

"贵方以中等性能要高等价，而不是适配价。"

"贵方不是满意我方设备吗？"

"是的，这是因为它适合我们的需要，但并不意味这是最先进的设备。如果用贵方的报价，我们可以买到比贵方设备更好的设备。"

"这话说得倒使我无法回答了，我需要考虑后再说。"

休息一会儿，双方再谈。意方报了一个降3%的价格，中方认为还没到成交线，要求意方再降，意方坚决不同意，要求中方还价，中方给出再降15%的条件。

意方听到中方条件，沉默了一会儿，从包里翻出了一张机票说："贵方的条件太苛刻，我方难以承受。为了表示交易诚意，我再降2%。贵方如果同意，我就与贵方签合同；贵方如果不同意，这是我明天下午2:00的回国机票，按时走人。"说完，站起来就要走，临走又留下一句话："我住在友谊宾馆×楼×号房间，贵方有了决定，请在明日中午12:00以前给我电话。"

中方在会后认真研究成交方案，认为5%的降价仍不能接受，至少应降7%，也就是还差2%。如何能再谈判呢？于是先调查明天下午2:00是否有飞意大利的航班，以探其虚实。结果，没有。

第二天早上10:00左右，中方让翻译人员给意方宾馆房间打电话，告诉他："昨天贵方改善的条件反映了贵方交易的诚意，我方表示赞赏，作为一种响应我方也可以改变原立场，只要求贵方降10%。"

意方看到中方一步让了5%，而10%与其内定价格相差一些，但与15%相比，还是可以谈判了。于是，意方希望马上与中方见面。中方赶到宾馆，到其房间谈起来。

没有太多的寒暄，开门见山。双方认为还有差距，双方均愿意成交，只有一条路——互相让步，你多我少，还是我多你少？双方推断：在此之前双方各让了5%，对等，最后一搏，是否也应对等？最终双方将5%的差距各担一半，即以降价7.5%成交。

该案例反映意方通过最后通牒策略压制了中方价格欲望，从15%降了一半，使自己仍在不错的条件下拿到合同。

但意方也有缺陷，机票显示的航班不实，被中方抓住了破绽，又失去了部分策略效力。

六、货比三家策略

货比三家策略是指在交易的谈判中，为了使对方处在竞争地位或被选择地位，同时将与其竞争或与其同行的对手请来谈判，以选择其中一家的做法。但是，实际操作中有时并不需要真的把所有可能的交易对象都请来现场，而只是利用存在的其他可能性来与正在进行的谈判进行场外对比。因此，该策略其实很简单，就是为了给对手造成同一类的产品、服务上的压力，让其能够做出相应的让步。

该策略系买方经典策略，但事实上，卖方在具备一定条件下也可以使用，最常见的是卖方的商品比较有竞争力，市场地位相对比较强，因此，卖方有一定的选择权利。

需要注意的是，在国际商务谈判中，货比三家并不是指找一个国家中的三个厂家进行比较，例如汽车，并不是单纯比较通用汽车、克莱斯勒、福特美国三大企业，也不是比较日本的日产、本田、丰田，而应是世界范围内的比较。在这种比较下，能够获得更全面的资料，可能更富有说服力。货比三家是有意识地去比，所以在这里可以有选择性地比较，用其他竞争者的长处去压对手的短处，这样才能达到目的。这种情况在谈判中经常遇到。

【案例8-5】

我方在与国外学校进行派遣访问学者的相关谈判时，往往要因对方收取的班次费或板凳费进行谈判，因为按一般惯例，班次费可交可不交，于是双方都有货比三家的根据。我方所了解的一流大学，有的收班次费，有的不收，这种情况下我方就需要挑出一流大学中不收班次费的，加上我方的访问学者所承担的义务——作研究，这也可用来解释不交纳班次费的道理。而且找出对方货比三家的缺陷，例如对方要求交纳班次费，但我方说，我们的人要作研究，是有贡献的，不应该交纳班次费。用这个策略在多数情况下可以最终实现自己的目标。

在商务谈判中，货比三家是经常被使用的策略，这是一种积极、正面的策略，尤其是比针锋相对策略更具正面性，所以在商务谈判中，正确使用货比三家的手段很容易奏效。换句话说，以己之长与对手的盲点比较，这也是容易奏效的一个原因。

七、唱红白脸策略

唱红白脸策略是指在谈判中，同一个谈判小组，有人以白脸、有人以红脸的形象出现，也就是有人唱正面角色，有人唱反面角色，一唱一和，通过态度的变化干扰对手的谈判意志，以求得谈判中的优势。

中国京剧中典型的脸谱释义：白脸为坏人，红脸为好人；坏人凶狠，好人善良。引申到谈判中，谈判者有凶有善，有硬有软；有好战的鹰派，有好商量的鸽派。于是谈判专家们就将人们熟悉的京剧脸谱用到了商业谈判的策略中，将扮凶相、强硬、好战的谈判者称为白脸，而将扮善相、温和、好商量的谈判者称为红脸。

在商务谈判中，往往容易在某些问题上产生僵持，如果本组成员主动地、自觉地形成两派意见，有出来说好听的话的，有出来说难听的话的，且说好听话是为达到说难听话的人提出的目标，常常容易奏效。

【案例8-6】

在中美经济学教育交流中，中国每年要派访问学者去美国，中方负责往返路费，美方负责在美国所需的经费。由于在20世纪80年代，美国通货膨胀率较高，所以我方希望中方学者的待遇能依据美国通货膨胀率进行调整，而美方则希望将这部分支出固定下来，所以每年关于经费的谈判实际演化为冲突的焦点。在这个谈判之前，我方往往要做大量的工作，包括各个州的通货膨胀指数，也就是物价、生活费用要涨多少，包括房租、食品、交通、用电以及相应的书本费用等，同时要作大量的研究，还有同期美国学费的升与降，都要有所考虑。这些资料美国当地的报纸都会登出来，然后在谈判中，中方针对美国的通货膨胀率提出要大幅提高中方学者的待遇，双方争论得不可开交。因为双方参与谈判的主要是项目执行主任，是在具体层面讨论的，有时似乎僵持不下。此时，我国原国家教育委员会的官员就出来打圆场，意思是：中方也不用提升得那么高，美国也不要太坚持。从而最终使我们获得了想要达到的收益，我国学者的生活费、研究费得到相应提高。这种策略相当有效，中方在谈判桌上的人员争论得越激烈，官员出来打圆场的效果越好。这就是一个唱白脸，另一个唱红脸，看似在劝我方，实际是给美方一个压力。通过这种做法，多次提高了中方访问学者的生活费标准与研究费用。

这种策略基本上可以说是较积极的。

八、化整为零与化零为整策略

化整为零与化零为整似乎是矛盾的，但在使用中可以高度统一，是一种积极的做法。这两种策略的使用一般不会引起巨大的矛盾。

化整为零是指谈判中当对方提出一个总体价格时，可以化整为零要其进行价格解析；或者说当一个巨大的项目一揽子交易很困难时，可以化整为零地各个击破，把一个项目或整体项目化解为一些环节，通过不同的谈判把不同的环节分给不同的商人，从而产生某种竞争效果。但这种化整为零与把一个总体的价格拆为具体的价格是不同的，后者是在一个项目中进行价格解析；前者是使用竞争手段，把一个总的项目拆为一些具体的小项目，分别找不同的厂家来谈，最终找到最实际的、最好的成本支出，这就是化整为零。

化整为零有时候也可以作如下应用：在谈判中将预计一次不能谈成而又志在必得的条件，分成几部分，分别作为不同的谈判内容，以求各个突破，最终实现整体谈判目标。该策略利用了谈判心理，当事物为一个整体时，进与退的难度较大，而将其按结构分解后，难度就相对较小。因此在谈判中，谈判者从策略或组织角度都可以采用化整为零的做法，以减轻谈判难度，加快谈判进程。

而化零为整的做法也是一种好策略。这种策略是把项目中的各环节整体打包，通过把整个项目打包，以在价格市场或技术上取得更优惠的条件。化零为整是作规模，让对方拿到整个项目的同时，给予己方优惠的回报。其实这一点很容易做到，谈判中批量的不同会造成价格的不同，因为大批量可降低成本，而降低成本的福利理所应当应由双方来分享。所以化零为整策略要针对不同的项目，在不同的场合，针对不同的交易内容灵活采用。总的来说，这种策略比较积极，不含情绪化的反应在内，而是更多的以经济杠杆为手段，使得对方自愿与己方合作。

化零为整是相当积极的一种策略，因为对方如果愿意采用己方的建议，规模就可以做得很大，可以取得规模收益。化整为零，可以把一个项目分解为不同的环节，找到最优合作者，降低成本，提高效益。所以这两种办法都是较积极的，在商务谈判中经常被采用。

九、抹滑油策略

抹滑油策略是指在谈判的最后阶段，为了解决双方最后的分歧，做出一些对自己总体利益影响不大但对对方来讲仍不失为有利条件的让步，以促使对方做出相应的让步。

该策略意在促进谈判早见分晓，又由于其让步有限，系以小推大，犹如给谈判机器注入润滑油，令其运转更快，早奔终点，因此命名为"抹滑油"策略。

在某些场合，"抹滑油"被理解为给谈判者个人一定的利益。这里有几个需要注意的问题：

（1）找准"抹滑油"的部位，是"链头"缺油还是"车轮"缺油。

（2）要考虑以最小成本抹够润滑油，让其转起来。

（3）当然还要注意合法性，否则的话，很容易出现严重问题。

有人也许会问：这样不是行贿受贿吗？只要掌握好尺度这个问题是可以避免的，个人利益、谈判组的利益、国家整体利益有一致的地方也有不一致的地方，必须积极协调。"抹滑油"本身不是收贿受贿，这种报偿可以通过正当、合理的渠道进行。

【案例8-7】

某中国公司（买方）向美国某公司（卖方）购买一条制衣生产线，双方就生产能力、技术指导服务、设备、备件供应均达成了协议，随后进入价格谈判。

虽然制衣设备可比性强，但是由于加入了技术及专家指导，又使得价格不完全可比。就30万美元的设备价格，双方争论得十分激烈。买方要按照市场通行价格定，卖方要将技术含量加入，理由是没有单收技术费，这已经算便宜了。

买方强调总价，要求卖方把派遣技术专家的费用也一并谈判。卖方把技术指导单价及附带条件一一进行了介绍，人员的工资比较透明，因此双方很快达成了协议。而日常生活费用则可由卖方自理，也可由买方负责，但是在这个问题上买方没有松口。

待其他合同条件谈得差不多了，双方再回头谈设备、备件总价。卖方为了得到这笔生意，将报价下调了5%，但是与买方的出价仍然相差6%。买方看到卖方作了调整，同意再加2%，希望双方成交。

卖方认为再降4%困难非常大，坚决不同意，并且反复强调"价款含有技术作价""已经调整了价格，很优惠了""要亏本了"等理由。

这样买方被挤到了墙角，谈判有点儿僵持不下。冷了一会儿场后，买方主谈把本子合上，说："双方都有各自的困难，双方也都有诚意进行合作，既然贵方无条件可让了，那我们可否试一下以下方案，看是否有可能使我们摆脱困境：我方承担贵方技术专家在现场指导期间的食宿、交通费用等日常生活费，这也是一大笔钱，而且可以省去贵方技术人员诸多麻烦，诸多后顾之忧。设备总价呢，就按照我方的出价吧？"

卖方计算后，觉得这也是一笔钱，而且，通常含在设备中的技术费有比较大的弹性，也就接受了买方建议，双方成交。

在该案例中，买方运用抹滑油策略比较成功。首先，把本可让的条件留而不让，等待策略机会，时机把握较好；其次，在从卖方处争回让价条件后，双方陷入僵局时，再适时抹油，效果极佳。再次，在设备交易中，无论合约中费用由哪一方承担，买方对技术专家的接待工作是必不可少的，而且接待工作的好坏常可以直接影响技术服务工作的质量和效率，因此，这笔钱可说是必须要支付的。而以滑油的方式支付出去，则同时争取到了在价款方面的优惠，因此该策略的运用非常成功。

十、收官的策略

（一）顺手牵羊的策略

从人的心理活动角度讲，当大的项目、大的交易都定下来的时候，一般人并不十分在意一些小的项目，因此可以抓住最后的机会再为己方争取更多的利益，这就是"顺手牵羊"。在这种情况下，从人们的心理反应上来说，往往不在乎再奉送一点好处，这时再稍稍提一些要求，通常并不会被拒绝。例如谈妥了设备采购合同，买方提出来需要培训技术人员，或者进行一下现场考察，很容易被作为一个免费的待遇，顺手牵羊地拿到了。当然对方也可能用这小小的一些让步，进一步巩固在大的项目上取得的成果。

（二）双赢的策略

在谈判形将完成与结束时，谈判双方可采取一种强调双赢的策略。所谓强调双赢，就是对于谈判结果要讲清楚，这是一个双赢的过程，甚至可以强调，这样一个双赢的产生是由于对方努力产生的，以便巩固已有的谈判成果。例如在 1999 年 11 月 5 日中美达成"入世"的协议以后，中美双方都很强调双赢，也对对方为此做出的艰苦工作和努力表示高度赞赏。

（三）略显惭愧的策略

所谓略显惭愧的策略是指谈判结束时，有了一个双赢的结果，那么谈判者通常会强调："本来我方可获得更多，但贵方派来了您这样一位谈判专家，使我方本来应得的许多东西，因为您的出色工作而拱手让人，所以与您比较实在是一种惭愧。"这事实上也是一种宠将术，总之，好话不在乎多说，目的无非一个，使已有的谈判成果得到更好的巩固，同时也为今后进一步的合作打好基础。

案 例 分 析

合同条款和索赔谈判

FLP 和 KLL 是两个长期的合作伙伴，KLL 是 FLP 的模具供应商，其模具供给量占到 FLP 工厂模具使用量的 80%。但是，KLL 的模具最近一直有质量问题，给 FLP 工厂造成了不小的损失。

当初两厂签订的协议中规定：KLL 提供的模具合格率达到 95% 以上便可。但是这是一条有歧义的条款：既可以理解为每套模具各个零件的合格率达到 95% 以上，也可以理解为所有模具的总体合格率达到 95% 以上。前一种理解比较有利于 FLP 工厂，后一种理解比较有利于 KLL 工厂。而实际上正是由于 KLL 生产的所有模具中的不合格的 5% 造成了 FLP 巨大的损失。

FLP 知道自己不可能一下子完全抛开这个供应商，KLL 当然也不想失去 FLP 这个大客户。FLP 提出，先前由于 KLL 的次品导致的损失必须由 KLL 承担。而 KLL 坚持认为，FLP 的质检部门在接受 KLL 工厂的模具时就应该看清楚，如果是次品可以退货，而不是等到进了工厂投入使用以后才发现有问题，因而他们拒绝承担费用。

双方交锋过很多次都没有达成协议，最后导致双方的副总都开始过问此事。FLP 采购部和 KLL 销售部的经理迫于压力约定本周末碰面，准备通过谈判对此事作一个了断。而且双方谈判代表都非常清楚，如果这次谈不成，回去肯定会受到主管斥责。

谈判目标：

（1）确定对 95% 以上合格率这一条款的理解。

（2）商议 KLL 赔偿 FLP 工厂的损失事宜。

思 考 题

1. 有些谈判手为了显示自己的地位和权威性，会声称自己是"全权代表"，有权利就所有谈判事宜做出决定。请问这种姿态对谈判是否有利？会产生什么影响？

2. 在协调与谈判对手关系的策略中提到"建立满意感"，很多人觉得这可能需要给对方送礼，因此不符合公司相关规定，甚至导致法律问题。事实上，建立满意感有很多方式，赠送礼物只是其中最简单的一种，还有其他很多方式可以达到相同的，甚至更好、更持久的效果。认真思考一下，在日常交往中，除了礼物，还有哪些手段可以增加对方的满意度？

◀◀◀ 第九章

商务谈判中的语言技巧

语言是人类沟通思想、交流情感的工具。而思想的表达、感情的沟通以及某种需求的满足等，需要通过语言才能传达。从狭义上讲，语言是指由文字的形、音、义构成的人工符号系统；广义的语言则包括一切共同作用的信息载体，不但说话、写字，就连距离、眼神、手势、表情、体态都包括在内。各种思维活动要用语言表达出来。国际商务谈判的整个过程就是各国谈判者的语言、非语言交换的过程，也就是通过语言表达自己的立场、观点，来与对方讨价还价，从而协调双方的目标和利益，保证谈判的成功。所以，国际商务谈判语言有时是人们在谈判中思维与智慧能力的特定表现，可以通过领会对手的谈判语言，作出反应，以某种表现形式来进行劝诱、威胁、探测、暗示等。那么，怎样通过语言明白对方的意图，并且充分、完整、准确地表达自己的意见和意思，并实现战略上、策略上的目的？这是很有讲究的，要求语言表达有艺术性。

第一节　商务谈判语言的形式及表达原则

一、商务谈判中几种典型的语言形式

人类的语言是丰富的。各民族都有自己的语言，各行各业也有自己的语言。商务谈判中运用的语言主要包括外交语言、商业法律语言、文学语言和军事语言等。无论多么复杂的商务谈判都不会脱离这几种语言。因此，要精通谈判的用语，必须研究这几种语言在谈判中的地位和特点。

（一）外交语言

外交语言是一种弹性语言，其特征是冷静、庄重，带有模糊性、缓冲性和圆滑性。商务谈判人员虽不是外交官，但外交官的风度及训练有素的谈吐在谈判场合会给人以高雅之感。外交是人类文明的一个重要组成部分，它有其特殊的、令人瞩目的文化。国际商务谈判领域向来与外交关系紧密相连。这样外交文化就必然对商务谈判产生影响，并在其中占有不可缺少的一席之位。

富有外交色彩的谈判语言，可被视为商务谈判中的外交语言，在商务谈判中容易给人以尊重感，有利于掌握问题，进退有余。例如，外交式的谈判从不认为存在"死局"。外交官认为：任何事物在"一定条件下"都是可变的，因此任何需求均是可能的，不会让人绝望。即使是"画饼"，也给对方指出了光明。此外，不会断然否决对方的提案，除非该提案明显危及其根本的价值观。对于分歧，外交语言总是以圆滑的方式表达自己的异议，从不会简单处置，一般留有再商量的余地，使双方都有回旋的机会。这些特征无疑有助于业务复杂、利益攸关的国际商务谈判。

典型的外交语言有："很荣幸能与您共同谈判该项目""有关谈判议程悉听尊便""愿我

们的工作能为扩大双方合作做出贡献""此事可以考虑""有待研究""我已讲了我所能讲的意见""请恕我授权有限""可以转达贵方要求""此事无可奉告""请原谅，我有为难之处，不能满足贵方愿望""既然如此，深表遗憾""贵方做法不像我们两国政府所提倡的行动准则""我已再三提醒了贵方，一切后果由贵方自负""您的言行已违背贵国政府对我国的友好精神""坚持贵方立场是您的权力，但竞争失败的责任则由您自己负""我们谈判的大门是敞开的，贵方请示过后，可以随时和我们联系""您说了我想说的意思""我没有这么说，这是您的说法"……

在商务谈判中当然还有许多富有外交色彩的语言，以上只是常用语，它们反映了谈判气氛、态度、技巧以及进、退、回避等表达方式。外交语言随着谈判议题、场所的丰富而由谈判人不断创造。

（二）商业法律语言

商业法律语言是指与交易有关的行业习惯用语和条例法规的提法。商业法律语言的特征是刻板性、通用性、严谨性。

商业法律语言是商务谈判的基础语言，由于经济利益多以商业、法律语言来表述，所以形成了其语言的刻板性，但其简单、明确、毋庸置疑。如果交易在不同领土、民族之间进行，增加语言共同性的有效办法是：将工商业习惯用统一的定义和用词来表达，甚至其表达的形式也加以符号化、规格化，从而使其语言具有通用性。

典型的商业法律语言有：

（1）国际商会编写的《国际贸易术语解释通则2010》明确了"装运港船上交货（FOB）""成本加运费（CFR）""成本加保险费、运费（CIF）""货交承运人（FCA）"等定义及其表达方式。

（2）一系列国际协定（如《跟单信用证统一惯例》《托收统一规则》《关税与贸易总协定》《联合国国际货物销售合同公约》等）也给商业法律语言提供了语汇。常讲到的有"工业产权""技术转让""物权与所有权""买方信贷""所有权与风险转移""进口""转口""易货""补偿贸易""合作生产""合资经营""来图（来样、来料）加工""经销代理""寄售""拍卖"等贸易形式用语，还有贸易业务中的"滞销""畅销""抢手""水货""倾销""市场垄断""竞争""货比三家""独此一家，别无分店""汇率浮动，币值坚挺""电汇""信汇""托收""信用证""保函"等。

商业法律语言是国际商务谈判的主体语言。它涉及洽谈的每一议题的定义及条件的确立，所以绝不仅局限于上述举例。除了工业技术描述外，涉及交易本身以及契约文下的部分均宜采用商业法律语言。

（三）文学语言

文学语言是指在谈判中使用的优美动人的修辞。文学语言的特征是优雅、诙谐、生动、形象和富有感染力。鉴于人们受民族文化的熏染及个性的爱好，文学语言自然而然地被谈判者所引入，并具有很大的魅力。

文学语言具有制造良好气氛、化解紧张局面、增强感染力的作用。谈判者把经济利害明显的话题以文学语言表达，自然会使其"文雅"或者"诙谐"，从而获取"轻松而不生硬，虽难却不使人介意"的效果。由于谈判者的民族、出生地、经历不同，文化修养不同，采用的民族文化、地域文化、民间文化的语言常常生动异常，其情其意十分感染人。尤其如演讲似的语言声调抑扬顿挫，会有令人倾倒的魅力。

在商务谈判中，典型的文学语言有"平分秋色""春风化雨""山重水复疑无路，柳暗花明又一村""友谊桥梁的架设者""播种友谊"等。文学语汇有很多因即兴而用，无一定之规。只要以拟人或以景物比喻谈判，以较多修辞或工整的文笔式的语言表达，它们就均系文学语言的语汇。

（四）军事语言

军事语言是指在商务谈判中运用的军事术语，即简明、坚定的语言。在商务谈判中难免会出现激烈对峙的局面，而且有的对手"吃硬不吃软"，从谈判的效果出发，军事语言就不可缺少。军事语言的特征是干脆、简明、坚定、自信。

商务谈判始终围绕着债权与债务、得与失进行。在失去内在平衡时，谈判者容易急躁，甚至表现粗暴。这时，攻者与防者会将军事语言引入谈判领域。其主要目的是强化态度，从心理上打击对手，起着动员、压制、威慑的作用，也用来振奋参加谈判人员的工作精神。军人的特点是不拖泥带水，在危险面前镇定自若。复杂的商务谈判充满了心理战。无论双方虚实如何，简明、干脆的表达可减少泄露机密的可能性，并烘托出谈判者坚定的立场、不畏惧谈判结果的自信态度，这会促使对方思考其现在的立场是否正确。军事语言排斥了模棱两可、犹豫不决，给双方创造了决战气氛，加速了谈判进程。尽管军事语言表现出冷酷无情，但鉴于其特殊的优点，只要时机成熟，谈判者还是会把它作为喜爱的工具予以运用。

二、商务谈判语言表达的原则

由于语言受多种不同因素的影响，因此在不同的谈判活动中，针对不同的谈判对象运用的语言也截然不同。但不论采用何种谈判语言都必须遵守一些原则。

（一）客观性原则

客观性原则要求在商务谈判中运用语言艺术表达思想、传递信息时，必须以客观事实为依据，并且运用恰当的语言为对方提供令其信服的证据。

以产品购销谈判为例，作为产品销售方，不可避免地要对产品的情况作介绍，这时销售方要遵循客观性原则，介绍的本企业情况要真实；介绍商品性能、质量要恰如其分，为了表现出真实感，必要时还可通过现场试用或演示，还可以介绍一下用户对该商品的评价。作为产品的购买方，也要实事求是地评价对方产品的性能、质量等，介绍自己的购买力不要夸大、失实，还价要充满诚意；如果要提出压价，其理由要有充分的根据。

谈判语言有客观性，能使双方自然而然地产生以诚相待的印象，从而使双方立场、观点相互接近，为谈判成功奠定基础。

（二）针对性原则

谈判语言的针对性是指语言运用要有的放矢，对症下药。具体地说，谈判语言的针对性包括：针对某类谈判；针对某次谈判的具体内容；针对某个具体对手；针对同一个对手的不同要求等。

谈判的内容五花八门，仅以贸易谈判而言，就包括商品买卖谈判、劳务买卖谈判、租赁谈判等。商品的种类不同，谈判的内容也会截然不同。在每次谈判的内容确定下来后，除了认真准备有关资料以外，还要针对谈判内容的差异考虑谈判时使用的语言。从使用语言的角度看，如果能把这些差异透视得越细，就越能在谈判中有针对性地使用语言，以保证每次洽谈的效果和整个谈判的顺利进行。

不同的谈判内容和谈判场合要根据不同的谈判对手和需要使用不同的谈判语言。总而言之，谈判语言要围绕重点、言简意赅、把握关系、态度鲜明。

（三）逻辑性原则

逻辑性原则要求在商务谈判过程运用语言艺术时概念明确、判断恰当、证据确凿、推理符合逻辑规律、具有较强的说服力。要想提高谈判语言的逻辑性，既要求谈判人员具备一定的逻辑学知识，又要求在谈判前作充分准备，详细掌握相关资料，并加以认真整理，然后在谈判席上以富有逻辑的语言表达出来，为对方所认识和理解。

在商务谈判中，逻辑性原则反映在问题的陈述、提问、回答、辩证、说服等各个语言运用方面。提问要察言观色，把握时机，密切结合谈判的进程，并要注意问题的衔接性；回答问题要切题、准确，一般不要答非所问；试图说服对方时，要使语言充满强烈的感染力和强大的逻辑力量，真正打动对方，使对方心悦诚服。

（四）灵活性原则

谈判不能由一个人或一方独立进行，必须至少有两个人或两方来共同参加。在谈判过程中，谈判双方你问我答，你一言我一语，口耳相传，当面沟通，根本没有从容酝酿、仔细斟酌语言的时间，而且谈判进程常常风云变幻、复杂无常，尽管谈判双方在事先都尽力进行了充分的准备，制定了一整套对策，但是由于谈判对手所说的话无法预知，因此任何一方都不可能事先设计好谈判中的每句话，具体的言语应对仍需谈判者临场组织，随机应变。

谈判者要密切注意信息的输出和反馈情况，在自己说完后，认真观察对方的反应。仔细倾听对方的谈话，从对方的言语中分析反馈情况，从对方的眼神、姿态、动作、表情来揣测对方对己方话语的感受，考察对方是否对正在进行的话题感兴趣，是否正确理解了得到的信息，是否能够接受己方的说法；然后，根据观察的结果，谈判者要及时、灵活地调整语言，转移或继续话题，重新设定说话内容、说话方式，甚至终止谈判，以保证语言更好地为实现谈判目的而服务。如果在谈判中发生了意料之外的变化，切不可拘泥于既定的对策，不妨从实际出发，在谈判目的规定的许可范围内有所变通，以适应对方的反应。如果思想僵化、死板，不能及时以变化的方式去对付变化了的形势，那么必将在谈判中失去优势，处于被动。

（五）隐含性原则

谈判语言的隐含性要求谈判人员在运用语言时要根据特定的环境与条件，委婉而含蓄地表达思想、传递信息。虽然我们强调谈判语言的客观性、针对性、逻辑性和说服力，但并不是说在任何情况下都必须直而不弯，露而不遮。相反，在谈判中根据不同的条件，掌握和灵活运用"曲曲折折""隐隐约约"的语言表达，有时会起到良好的甚至是意想不到的效果。隐含性的要求除了表现在口头表达语言中，还直接表现在无声语言中，即无声的行为本身就隐含着某种感情和信息。

（六）规范性原则

谈判语言的规范性是指谈判过程上的语言表述要文明、清晰、严谨、精确。首先，谈判语言必须坚持文明、礼貌的原则，必须符合商界的特点和职业道德要求。无论出现任何情况，都不能使用粗鲁、污秽或攻击、辱骂的语言。其次，谈判所用语言必须清晰易懂；口音应当标准化，不能用地方方言或黑话、俗语与他人交谈。再次，谈判语言应当注意抑扬顿挫、轻重缓急，避免吐舌挤眼、语不断句、大吼大叫或感情用事等。最后，谈判语言应当准确、严谨，特别是在讨价还价等关键时刻，更要注意一言一语的准确性。在谈判过程中，由于一言不慎，导致谈判走向歧途，甚至导致谈判失败的事例屡见不鲜。因此，必须认真思索，谨慎发言，用严谨、精当的语言准确地表述自己的观点和意见。只有如此，才能通过商务谈判维护或取得自己的经济利益。

（七）说服性原则

说服性是谈判语言的独特标志。这一原则要求谈判人员在谈判沟通过程中，无论语言的表达形式如何，都应该具有令人信服的理由和力度。例如，是否引起了对方的共鸣，是否达成了协议，是否建立了谈判各方的长期友好合作关系等。谈判语言是否具有说服性，最终要用实际效果来检验。

谈判语言的说服性，不仅仅是语言客观性、针对性、逻辑性等的辩证统一，还包括更广泛的内容。它要求声调、语气恰如其分，声调的抑扬顿挫、语言的轻重缓急都要适时、适地、适人。谈判人员还要将丰富的面部表情和适当的手势、期待与询问的目光等无声语言，也作为语言说服性的重要组成部分。

（八）适应性原则

俗话说"到什么山，唱什么歌""什么时候说什么话"，就是说，说话一定要适应特定的言语环境。所谓言语环境主要是指言语活动赖以进行的时间和场合、地点等因素，也包括说话时的前言后语。言语环境是言语表达和领会的重要背景因素，它制约并影响着语言表达的效果。同样的话在不同的环境，对同一个人说，会产生完全不同的效果。掌握谈判语言艺术就一定要重视言语的环境因素，如果谈判时不看场合，说话随心所欲，那么不仅不能发挥语言的效果，甚至还会使人反感，产生副作用。传说大诗人歌德曾当过律师，他在法庭上以诗一般的语言发言时，却招来了哄堂大笑，法官当场禁止他这样讲话。因此，谈判者说话时必须考虑环境因素，适应特定的语言环境的要求。如果在办公室与领导谈话，语言应比较正式、严肃，表现出对领导的尊重；如果在自己家里，说话则可以随便一些；如果在公共场所，则说话要客气、得体，言语不要过于犀利，大庭广众之下，要顾及对方的自尊心，要给对方留面子。总之，要根据不同的场合随时调整语言表达的策略，采用与环境最为契合的表达方式。如果发现环境根本就不适合谈判，就要及时换环境或者改变谈判计划，以免谈判失败。

第二节　商务谈判语言的运用技巧

成功的商务谈判是谈判双方出色运用语言技巧进行有效沟通的结果。在整个谈判过程中，谈判人员必须十分注意捕捉对方思维过程的蛛丝马迹，以便及时跟踪对方动机变化的线索，因此，必须仔细倾听对方的发言，注意观察对方的每一个细微动作。而对于这些信息的传递与接受，则需要通过谈判者之间的叙、听、问、辩及说服这些基本方法来完成。同时，这也是语言技巧在某个范畴和某些程度上的综合体现。

一、商务谈判中倾听的技巧

"听"是了解和把握对方观点和立场的主要手段与途径。美国科学家富兰克林曾经说过："与人交谈取得成功的重要秘诀，就是多听，永远不要不懂装懂。"作为一名商务谈判人员，应该养成耐心地倾听对方讲话的习惯，这也是一个谈判人员良好的个人修养的标志。

倾听是一种付出很小代价而又能收获很多的让步，"洗耳恭听"带给你的一定会比你所付出的要多。"说三分听七分"应成为在谈判桌前的基本行为准则之一。著名学者查理·艾略特（Cha Hes Eliot）说："关于成功的商业交往，没有什么神秘……专心致志地听人讲话——这是最重要的。什么也比不上注意听对谈话人的恭维了。"甚至一个被激怒的、正在激烈地述说自己不满的批评者，其情绪也经常会在有耐性、温文尔雅、听其讲话的人面前缓和下来。

所谓"倾听"，不只是指"听"的动作本身，更重要的是指"听"的效果。听到、听清楚、听明白这三者的含义是不同的。听到是指外界的声音传入听者的耳朵里，被听者所感觉到；听清楚是指外界的声音准确无误地被传入到听者的耳朵，没有含糊不清的感觉；听明白是指对听到的内容能予以正确的理解。谈判中的有效倾听就是指要能够完整地、准确地、正确地、及时地理解对方讲话的内容和含义。

（一）倾听的障碍

一般人听话及思考的速度大约比讲话的速度快四倍。因此，标准的倾听应该主动地给对方以反馈——面带微笑、注视对方、点头示意、深入问询、恳请对方进一步阐释或复述等。同时，要随时留心对方的"弦外之音"，有选择、有分析地去听。即便如此，也不可能把对方的话全部记下。拉夫·尼可拉斯的研究表明：一般人在听过别人说话以后，不论心里多想注意去听，也只能记得所听到的一半。在商务谈判中，谈判者彼此频繁地进行着微妙、复杂的信息交流，如果谈判者一时走神，将会失去不可再得的信息。为什么"听"得完全这么不容易？一系列实验表明，"听"是存在听力障碍的。为了能够听得完全，听得清楚，就必须了解听力障碍。一般人在倾听中常犯的毛病有以下几种：

（1）急于发表自己的意见，常打断对方的讲话，好像不尽早反对，就表示了自己的妥协。

（2）当谈论的不是自己所感兴趣的事时，不注意去听。

（3）心中有先入为主的印象，如对某人的看法不佳。

（4）有意避免听取自己认为难以理解的话。

（5）一般人听人讲话及思考的速度大约比讲话速度快四倍，所以在听他人讲话时常会分心思考其他事情。

（6）容易受外界的干扰而不能仔细地去听。

（7）根据对方的外表和说话的技巧来判断是否值得听。

（8）急于记住每件事情，反而忽略了重要的内容。

（9）当对方讲出几句自己不乐意听的话，拒绝再听下去。

（10）有的人喜欢定式思维，不论他人说什么，他都用自己的经验去联系，用自己的方式去理解。这种方式使人难以接受新的信息，不能认真倾听他人说什么，而喜欢告诉他人自己的想法。

（二）倾听的技巧

专心致志地倾听讲话者讲话，要求谈判人员在听对方讲话时，要特别聚精会神，同时，还要配以积极的态度去倾听。

为了专心致志，就要避免出现心不在焉、"开小差"的现象发生。即使对自己已经熟知的话题，也不可充耳不闻，万万不可将注意力分散到研究对策上去，因为这样非常容易出现万一讲话者的内容有隐含意义时，己方没有领悟到或理解错误，造成事倍功半的效果。

集中精力地听，是倾听艺术的最基本、最重要的问题。据心理学家统计，一般人说话的速度为每分钟 120～180 个字，而听话及思考的速度，则大约要比说话的速度快四倍左右。因此，往往是说话者话还没有说完，听话者就大部分都能够理解了。这样一来，听话者常常由于精力的富余而"开小差"。那么万一这时对方讲话的内容与己方的理解有偏差，或是传递了一个重要信息，这时己方容易聪明反被聪明误，后悔已是来不及了。

因此，己方必须注意时刻集中精力地倾听对方讲话，用积极的态度去听，而不是消极地去听，这样倾听成功的可能性比较大。注意在倾听时注视讲话者，主动地与讲话者进行目光接触，并作出相应的表情，以鼓励讲话者。例如，可扬一下眼眉，或是微微一笑，或是赞同地点点头，抑或否定地摇摇头，也可不解地皱皱眉头等。还可以通过记笔记来集中精力。在谈判过程中，人的思维高速运转，大脑接受和处理大量的信息，加上谈判现场的气氛又很紧张，所以只靠记忆是办不到的。记笔记，一方面可以帮助记忆和回忆，而且也有助于在对方发言完毕之后，就某些问题向对方提出质询，同时，还有助于作充分的分析，理解对方讲话的确切含义与精神实质；另一方面，通过记笔记，给讲话者的印象是重视其讲话的内容，当停笔抬头注视讲话者时，又会使其产生一种鼓励的作用。这些动作的配合能起到良好的收听效果。

需要特别注意的是，在商务谈判过程中，当对方的发言让己方不太理解甚至难以接受时，万万不可塞住自己的耳朵，表示出拒绝的态度，因为这种做法对谈判非常不利。

所以一定要记住：大声说话是习惯，侧耳倾听是艺术。

二、商务谈判中问与答的技巧

问询是商务谈判中首要的语言技巧，通过巧妙而恰当的提问可以了解对方的需求，把握对方的心理状态，其目的是探求情报、引导话题，以利沟通。在商务谈判中，如何"问"是很有讲究的。重视和灵活运用发问的技巧，不仅可以引起双方的议论、获取信息，而且还可以控制谈判的方向。

（一）提问的功能

（1）纯粹是为了引起他人注意，为他人的思考提供方向。例如："你好吗？"或"请你宽大为怀，准许我……"

（2）为了取得自己不知道的情报，提问人希望通过发问，使对方提供一些新资料。例如："这个要卖多少钱？"

（3）发问人通过提问向对方传达自己的感受，或者传达对方不知道的信息。例如："你真的能够处理好这件事吗？"

（4）引导对方思绪的活动。例如："对于这一点，你有什么意见呢？"

（5）证实对方的意图。例如："让我谈谈对你讲话的理解，看有没有领会错误。"

（6）以提问作为结论，也就是说，通过提问而使话题归于结论。例如："这该是采取行动的时候了吗？"或"难道这是唯一的出路吗？"

在谈判中，如果了解提问的多种功能，那么，在谈判的过程中，就可以用恰当的提问达到谈判的目的了。如果把各种功能的提问都准备妥当，在谈判中就能随心所欲地控制谈话的方向。可以全盘性地想好各类提问，也可以从提问个别论点上来引导话题。在对手的长篇大论中，可以凭借提问恰到好处地控制谈话方向，将其向着己方想谈的主题上引。

（二）不应发问的问题

在商务谈判过程中，并不是任何方面的问题都可以随便提问的。一般不应提出下列问题：

（1）带有敌意的问题。

（2）有关对方个人生活、工作方法的问题。多数国家和地区的人对于自己的收入、家庭情况、女士或太太的年龄等问题都不愿回答。我国情况相反，当商务谈判时问候一下对方的个人生活以及家庭情况等，往往容易拉近关系，从而博得对方的信任。

（3）对方品质和信誉方面的问题。

（4）故意表现自己而提问。要知道，故意卖弄的结果往往是弄巧成拙，会被人蔑视。

（三）提问的时机

提问的时机很重要。掌握提问的时机，可以引导谈话的方向：

（1）倾听对方的发言是问话的前提。即使急于提出问题，也不要打断对方的发言，把想到的问题先写下来，等待合适的时机再提。

（2）在议程规定的辩论时间提问。

（3）在对方没有答复完毕以前，不要急于提出问题。

（4）把有关重要的问题事先准备好，并设想对方的答案，针对这些答案考虑好己方的对策，然后再提问。

（5）如果想从被打岔的话题中回到原来的话题上，就可以运用发问；如果希望对方能注意己方的话题，也可以运用发问。

（四）提问的技巧

为了获得良好的提问效果，需要掌握以下发问要诀：

（1）注意发问的时机——注意对手的心境，在其适宜答复问题的时间才发问。

（2）按平常说话的速度发问——太急速的发问容易令对手不耐烦或有被审问的感觉；太缓慢的发问容易令对手感到己方在"摆架子"。

（3）在发问之前先拟订发问的腹稿——事先确定发问范围或主题，将会提高发问的有效性。

（4）事先设法了解对方的背景，可以预测发问的时机。

（5）在谈判刚开始时，先取得对方的同意后再进行发问——特别是对陌生的谈判对手更应如此，以表示自己的诚意。

（6）由广泛的问题入手再移向特定的问题，将有助于缩短沟通的时间。因为对手在答复广泛的问题之际，可能也会提供特定问题的答案。

（7）尽量根据前一个问题的答复设计下一个问题。

（8）所有的问题都必须环绕着谈判的主题。

（9）问题的表达必须要清晰、简单，避免含含糊糊。

（10）如无必要，尽量不使用威胁性或讽刺性的问句，若要使用也不要先用。

（11）如要提出敏感性的问题，应先以婉转的语气作出必要的解释。

（12）别逼对方，给对方足够的时间来思考。

（13）避免使用盘问式或审讯式的语气来问话。

（14）只要有可能，应将问题设计为可明确或可肯定答复的形态系列问题，以尽快获得谈判对手的信息。

（五）巧妙回答

有问必有答，人们的语言交流就是这样进行的。"问"有艺术，"答"也有技巧。问得不当，不利于谈判；答得不好，同样也使己方陷入被动。虽然学会了答不等于学会了谈判，但是可以肯定地说：不会答就等于不会谈判。可见，在某种程度上，答比问更为重要。

【案例9-1】

在美国水门事件听证会上，一位证人在许多众议员面前整整坐了两天，被问了数不清的问题，他却几乎连一个问题也没回答。这个证人似乎一直无法完全了解对方所提出的问题，从头到尾都在答非所问，同时还傻傻地保持着笑容，一副迷茫的样子。最后，这个听证委员会只好宣布放弃了。

在商务谈判中，回答的要诀应该是：基于谈判的需要，准确把握该说什么，不该说什么，以及应该怎样说，一般不以正确与否来论之。谈判中的问答是一个证明、解释或推销己方观点的过程。为了能够有效地回答好每个问题，应该注意做到以下几点：

（1）回答问题之前，要给自己留有思考时间。在对方提出问题之后，己方可通过点支烟或喝口茶，或调整一下自己坐的姿势和椅子，或整理一下桌子上的资料文件等动作来延缓时间，考虑一下对方的问题，之后再回答。

（2）把握对方提问的目的和动机，再决定怎样回答。

（3）不要彻底地回答问题，因为有些问题不必回答。对于应该让对方了解，或者需要表明己方态度的问题要认真回答；而对于那些可能会有损己方形象、泄密或一些无聊的问题，己方也不必为难，不予理睬是最好的回答。

（4）顾左右而言他。有时，对方提出的某个问题己方可能很难直接从正面回答，但又不能以拒绝回答的方式来逃避问题。这时，谈判高手往往用答偏的办法来回答。

（5）对于不知道的问题，应坦率地告诉对方不了解，或暂不能回答，以免付出不应付出的代价。

（6）答非所问。答非所问在商务谈判中是一种答复不能不回答的问题的行之有效的方法。

（7）以问代答。以问代答是用来应付谈判中那些一时难以回答、不想回答的问题的方式。

（8）"重申"和"打岔"。在商务谈判中，要求对方再次阐明其所问的问题，实际上是为己方争取思考问题的时间。打岔的方式多种多样，可以借口去洗手间，或去打个电话等。

通常，同样的问题会有不同的回答，不同的回答又会产生不同的谈判效果。有时，对方故意提出一些尖刻的问题，旨在把己方问倒。这时，如果是较为出色的谈判人员，可能会采用下列的词句：

（1）"请你把这个问题再说一次。"

（2）"有时候事情就是这样演变的。"

（3）"你必须了解一下历史的渊源背景，那是开始于……"

（4）"那不是'是'或'否'的问题，而是程度上'多'或'少'的问题。"

（5）"你必须了解症结所在，并非只此一件而是许多其他事情导致这个后果，比方说……"

（6）"请把这个问题分成几个部分来说。"

（7）"我并不是想逃避这个问题，但是……"

（8）"我不能谈论这个问题，因为……"

（9）"对于这种事情我没有经验，但是我曾听说过……"

（10）"在我回答这个问题以前，你必须先了解一下这件事的详细程序……"

三、商务谈判中叙述的技巧

在商务谈判中，"叙"与"答"既有相通之处，又有很大的差别。"答"是基于对方提出的问题，经过思考后所做的有针对性的、被动性的阐述；"叙"则是基于己方的立场、观点、方案等，通过陈述来表达对各种问题的具体看法，或对客观事物的具体阐述，以便让对方有所了解。

在商务谈判中，"叙"是一种不受对方所提问题的方向、范围制约，是带有主动性的阐述，是商务谈判中传递大量信息、沟通情感的方法之一。商务谈判中的叙述，尤其是开局叙述的语言运用直接关系到对方的理解。所以，应从谈判的实际需要出发，灵活掌握有关叙述应遵循的原则：

（一）叙述应简洁、通俗易懂

在商务谈判中，说出来的话要尽可能简洁、通俗易懂，切忌叙述己方观点和立场时使用隐喻或专业性过强的语句和词汇。因为叙述的目的在于让对方听了立即就能够理解，以便对方准确、完整地理解己方的观点和意图。因而在叙述时不要受他人的影响，要坚持自己的观点，按自己的既定原则和要求进行。并且在叙述时只阐述自己的立场，不与对方的观点和问题接触，不谈是否同意对方的观点等。

（二）叙述应客观、真实

在商务谈判中，叙述基本事实时应以客观、真实的态度，不要夸大事实真相，同时也不缩小本来实情，以使对方相信并信任己方。因为一旦己方对事实真相加以修饰的行为被对方发现，哪怕是一点点儿破绽，也会大大降低己方的信誉，从而使己方的谈判实力大为削弱。

（三）叙述应主次分明、层次清楚

商务谈判中的叙述，为了方便对方记忆和理解，应在叙述时使听者便于接受；同时，应分清叙述的主次及其层次。这样可使对方心情愉快地倾听己方的叙述，其效果应该是比较理想的。

【案例 9-2】

谈判开局的语言艺术

中国某公司与日本某公司在上海著名的国际大厦，围绕进口农业加工机械设备，进行了一场别开生面的竞争与合作、竞争与让步的谈判。

谈判一开局，按照国际惯例，首先由卖方报价，首次报价为 1000 万日元。这一报价离实际卖价偏高许多。而日方之所以这样做，是因为他们以前的确卖过这个价格。如果中方不了解谈判当时的国际行情，就会以此作为谈判的基础，那么，日方就可能获得厚利；如果中

方不能接受，日方也能自圆其说，有台阶可下，可谓进可攻，退可守。

由于中方事前已摸清了国际行情的变化，深知日方是在放"试探气球"。于是中方直截了当地指出：这个报价不能作为谈判的基础。日方对中方如此果断地拒绝了这个报价而感到震惊。他们分析，中方可能对国际市场行情的变化有所了解，因而高目标恐难实现。于是日方便转移话题，介绍起产品的特点及其优良的质量，以求采取迂回前进的方法来支持报价。这种做法既回避了正面被点破的危险，又宣传了自己的产品，还说明了报价偏高的理由，可谓一石三鸟，潜移默化地推进了日方的谈判方案。但中方一眼就看穿了对方在唱"空城计"。因为，谈判之前，中方不仅摸清了国际行情，而且研究了日方产品的性能、质量、特点以及其他同类产品的有关情况。

于是中方运用"明知故问，暗含回击"的发问艺术，不动声色地说："不知贵国生产此种产品的公司有几家？贵公司的产品优于 A 国、C 国的依据是什么？"此问貌似请教，实则是点了对方两点：其一，中方非常了解所有此类产品的有关情况；其二，此类产品绝非你一家独有，中方是有选择权的。中方点到为止的问话，彻底摧毁了对方"筑高台"的企图。中方话未完，日方就领会了其中含意，顿时陷于答也不是、不答也不是的境地。但他们毕竟是生意场上的老手，其主谈人为避免难堪的局面借故离席，副主谈也装作找材料，埋头不语。

过了一会儿，日方主谈神色自若地回到桌前，因为他已利用离席的这段时间，想好了应付这一局面的对策。果然，他一到谈判桌前，就问他的助手："这个报价是什么时候定的？"他的助手早有准备，对此问话自然心领神会，便不假思索地答道："以前定的。"于是日方主谈人笑着解释说："唔，时间太久了，不知这个价格有否变动，我们只好回去请示总经理了。"老练的日方主谈人运用"踢皮球"战略，找到了退路。中方主谈人自然深谙谈判场上的这一手段，便采取了化解僵局的"给台阶"方法，于是主动提出休会，给双方以让步的余地。中方深知此轮谈判不会再有什么结果了，如果追紧了，就可能导致谈判的失败。而这是中日双方都不愿看到的结局。

对于此轮谈判，从日方的角度来看，不过是放了一个"试探气球"。因此，凭此取胜是侥幸的，而"告吹"则是必然的。因为对交易谈判来说，很少有在开局的第一次报价中就获成功的。日方在这轮谈判中试探了中方的虚实，摸清了中方的态度，同时也了解了中方主谈人的谈判能力和风格。从中方角度来说，在谈判的开局就成功地抵制了对方的"筑高台"手段，使对方的高目标要求受挫。同时，也向对方展示了己方的实力，掌握了谈判中的主动。

双方在这轮谈判中，互道了信息，加深了了解，增强了谈判成功的信心。从这一意义上看，首轮谈判对双方来说都是成功的，而不是失败的。

（四）叙述的观点要准确

在叙述观点时，应力求准确无误，力戒含混不清、前后不一致，否则会给对方留有缺口，为其寻找破绽打下基础。当然，在谈判过程中，观点有时可以依据谈判局势的发展需要而发展或改变，但在叙述的方法上，要能够令人信服，这就需要有经验的谈判人员来掌控局面，不管观点如何变化，都要以准确为原则。因为要说明己方的观点，而且要使对方接受己方的观点，因而在陈述时使用的语言必须准确，并使对方容易接受。

（五）叙述应注意生动而具体

为了使对方获得最佳的倾听效果，在叙述时应注意生动而具体。这样做可使对方集中精神、全神贯注地听。叙述时一定要避免令人乏味的平铺直叙，以及抽象的说教，要特别注意运用生动、活灵活现的生活用语，具体而形象地说明问题。有时为了达到生动而具体，也可以运用一些演讲者的艺术手法，声调抑扬顿挫，以此来吸引对方的注意，达到己方叙述的目的。

（六）叙述时发现错误要及时纠正

谈判人员在商务谈判的叙述当中，常常会由于种种原因而出现叙述上的错误，应及时加以纠正，以防造成不应有的损失。有些谈判人员，当已经发现自己叙述中有错误时，碍于面子，就会采取顺水推舟、将错就错的做法，这是要坚决予以反对的。因为这样做往往会使对方产生误解，从而影响谈判的顺利进行。还有些谈判人员，当发现自己叙述中有错误时，便采取事后自圆其说、文过饰非的做法，结果不但没能"饰非"，反而越描越黑，对自己的信誉和形象实在是有损而无益，更重要的是可能会失去合作伙伴。

（七）重复叙述有时是必要的

在商务谈判的叙述过程中，时常会遇到对方不理解、没听清楚或有疑问等情况，这时，对方会用有声语言或动作语言来向己方传递信息。这就要求谈判人员在叙述的同时，应注意观察对方的眼神、表情等，一旦觉察对方有疑惑不解的信息传出，就要放慢速度，或重复叙述。如果对方持笔记录己方所述内容时，叙述的速度就更要掌握好，必要的关键之处要适当重复叙述。如果经过复述对方还不理解，要耐心地加以解释；如果对方误解己方原意，也不要烦躁，要耐心地进行诱导。

商务谈判人员在叙述时必须慎重地对待对方的反应，发现对方有不理解或误解的地方应及时加以引导和纠正，否则，其后果不可想象。

总之，商务谈判中的叙述应从谈判的实际需要出发，灵活掌握上述有关叙述中应遵循的原则，以便把握好该叙述什么，不该叙述什么，以及怎样叙述等。

四、商务谈判中辩论的技巧

商务谈判中的讨价还价集中体现在"辩"上。它具有双方辩者之间相互依赖、相互对抗的二重性。它是人类语言艺术和思维艺术的综合运用，具有较强的技巧性。谈判中辩论的关键在于辨别，在于论证，而不在于逞强赌气。因此，保持一种良好的心态和儒雅的风范，使用雄辩的口才是必需的。

（一）辩论中应注意的问题

在商务谈判中，辩论的目的是为了达成协议，为此应避免以下几个问题：

（1）以势压人。辩论各方都是平等的，没有高低贵贱之分。所以，辩论时要心平气和、以理服人，切忌摆出一副"唯我独尊"的架势，大发脾气，耍权威。

（2）歧视揭短。在商务谈判中，不管对方来自哪个国家或地区，都应一视同仁，不应存在任何歧视。不管辩论多么激烈，都不应进行人身攻击，不损人之短，不在问题以外做文章。

（3）不以事实为依据。任何辩论都应以事实为根据。要注意所提论据的真实性，道听途说或未经证实的论据会给对方带来可乘之机。

（4）本末倒置。谈判不是进行争高比低的竞赛，因此要尽量避免发生无关大局的细节之争。远离实质问题的争执不但白白浪费时间和精力，还可能使双方的立场愈加对立，导致不愉快的结局。

（5）喋喋不休。在商务谈判中，谈判者不能口若悬河、独占讲坛。要切记：谈判桌前不是炫耀表达能力的地方。

（二）辩论的技巧

辩论具有较高的技巧性，作为一名谈判者，要不断提高自己的思辨能力，在辩论中收到良好的效果。

（1）观点要明确，事实要有力。谈判中的辩论就是论证自己的观点、反驳对方观点的过程。辩论不是煽动情绪，而是讲理由、提根据。因此必须做好材料的选择、整理、加工工作。在辩论中，事实材料要符合观点的要求，以免出现漏洞。应充分运用客观材料和所有能够支持己方论点的论据，反驳对方的观点，从而达到"一语中的"的目的。

（2）辩论要敏捷、严密，逻辑性要强。谈判中的辩论过程常常是在相互发难中完成的。一个优秀的谈判者应该头脑冷静、思维敏捷、辩论严密且富有逻辑性，才能应付各种各样的局面，摆脱困境。在辩论时要运用逻辑的力量。真理是在相互辩论中产生的，在谈判条件相差不多的情况下，谁在辩论中思维敏捷、逻辑严密，谁就能取得胜利。

（3）掌握大的原则，不纠缠枝节。参加辩论的人要有战略眼光，把精力集中在主要问题上，而不要陷入枝节问题的纠缠中。反驳对方的错误观点要抓住要害，有的放矢，坚决反对断章取义、强词夺理等不健康的辩论方法。论证自己的观点时要突出重点、层次分明、简明扼要，不要东拉西扯、言不对题。

（4）态度要客观公正，措辞要准确犀利。谈判中的辩论要充分体现现代文明，不论双方的观点如何不同，也要以客观公正的态度、严谨细密的措辞展开辩论，要以理服人，决不能侮辱、诽谤对方和尖酸、刻薄地进行人身攻击，否则会给对方留下话柄和攻击的软肋。

（5）掌握好进攻的尺度。谈判中辩论的目的是证明己方观点的正确，以争取有利于己方的谈判结果。因此，辩论一旦达到目的，就要适可而止，不可穷追不舍。切记：谈判不是进行争高比低的竞争。

（6）处理好优劣势。辩论一旦处于优势时，要以优势压顶，气度恢弘，并注意借助语调、手势的配合，渲染自己的观点，但不可轻狂、放纵、得意忘形、口若悬河、独占讲坛。另外，谈判中的优劣势是相对的，而且是可以转化的。在处于劣势状态时，应沉着冷静、从容不迫、思考对策，不可沮丧、泄气、慌乱不堪，应保持己方的阵脚不乱。

（7）注意举止、气度。谈判中的辩论人应注意举止、气度。这样不仅能给对方留下良好的印象，而且在一定程度上能促使辩论气氛的健康发展。须知：一个人的良好形象有时会比其语言更有力。

五、商务谈判中说服的技巧

说服（即设法令他人改变初衷，心甘情愿地接纳己方的意愿）是一种极难掌握的技巧。因为在试图说服他人之际，将遭遇到种种有形或无形的抵触。除非能有效地化解这些抵触，否则将无法达到说服的效果。

【案例9-3】

萨克斯说服罗斯福总统接受制造原子弹的建议

第二次世界大战席卷了整个世界，一场空前的浩劫让全世界人民痛苦不堪。为了遏制德国法西斯的全球扩张战略，一些美国科学家试图说服罗斯福总统重视原子弹的研制。他们委托总统的私人顾问、经济学家萨克斯出面说服总统。但是，不论是科学家爱因斯坦的长信，还是萨克斯的陈述，总统一概不感兴趣。为了表示歉意，总统邀请萨克斯次日共进早餐。第二天早上，一见面，罗斯福就以攻为守地说："今天不许再谈爱因斯坦的信，一句也不谈，明白吗？"面对总统的先发制人，萨克斯沉默了一下，然后说："好吧，一句也不谈，我只想讲一点儿历史。英法战争期间，在欧洲大陆上不可一世的拿破仑在海战中屡战屡败。这时，一位年轻的美国发明家富尔顿来到了这位法国皇帝面前，建议把法国战船的桅杆砍掉，撤去风帆，装上蒸汽机，把木板换成钢板。拿破仑却想：船没有帆就不能行走，木板换成钢板就会沉没。于是，他二话没说，就把富尔顿轰了出去。历史学家们在评论这段历史时认为，如果拿破仑采纳了富尔顿的建议，19世纪的欧洲史就得重写！"萨克斯说完，目光深沉地望着总统。罗斯福总统沉默了几分钟，然后取出一瓶拿破仑时代的法国白兰地，斟满了一杯，递给萨克斯，轻缓地说："你赢了。"于是1945年7月，日本广岛、长崎便成了废墟，"第二次世界大战"以盟军的胜利宣告结束。萨克斯成功地运用实例说服总统做出了美国历史上最重要的决策。

（一）说服的基本要求

在谈判中，说服对方的基本原则是：要做到有理、有力、有节。有理是指在说服时要以理服人，而不是以力压人；有力是指说服的证据、材料等有较强的力量，不是轻描淡写；有节是指在说服对方时要适可而止，不能得理不饶人。这些原则说明，要说服对方，不仅要有高超的说服技巧，还必须运用态度、理智、情怀来征服对方。这就需要掌握说服对方的如下基本要求：

1. 动机要良好，态度要真诚

说服对方的前提是不损害对方的利益。这就要求说服者既要考虑己方的利益，更要考虑被说服者的利益要求，以便使被说服者认识到一旦接纳说服者的观点和利益，将不会带来损失，从而在心理上接受对方的观点。否则，即使暂时迫于环境或压力接受了说服者的观点，也会"口服心不服"，并且以此作为以后谈判中的武器，向被说服者开火，使其防不胜防。

态度要真诚是指在说服对方时尊重对方的人格和观点，站在朋友的角度与对方坦诚地交谈。因此对被说服者来说，相同的语言从朋友口中说出来，他会认为是善意的，很容易接受；从对立一方的口中说出来则会认为是恶意的，是不能接受的。因此，要说服对方必须从与对方建立信任做起。

2. 不要直截了当地反驳对方

不论对方何时提出何种反对意见，都不要直接进行反驳以使对方难堪，而是要镇定自若、轻松愉快地解答，并且要条理清楚、有根有据。对于对方的反对意见，即使认为是错误的，也不应该轻视或给予嘲弄，而要持认真态度，予以慎重对待。只有使对方感到其意见被重视时，说服才会有力、有效。

3. 说服的方式要灵活

要说服对方，方式是重要的条件，而不同的人所能接受的方式是不相同的，只有能够针对不同的人采用不同的方式，才能取得理想的效果。

4. 不要随心所欲地提出个人的看法

谈判者之间的洽谈不是个人之间的事情，而是组织或法人之间的事情。因此，在洽谈中就要求说服者不随心所欲地谈个人的看法，而要经过周密的思考，提出成熟的建议。并且在说服中要有友善的行为，即待人礼貌、晓之以理、动之以情，使对方自愿接受说服。

5. 答复问题要简明扼要、紧扣谈判主题

在回答问题时，切记不可长篇大论，不得要领，偏离主题，这样不仅没有说服力，而且可能出现漏洞，授人以柄，引起对方的反感和反驳。

6. 不要过多地纠缠某一问题

在洽谈中，不应过多地集中讨论某一反对意见，尤其是开始遇到一些棘手的问题时。在适当的时候可以变换一下洽谈的内容，以使谈判继续下去。在处理了反对意见以后，应立即把话题岔开，讨论其他议题，争取尽快促成交易，否则就会使对方提出更多的意见，陷入新的僵局。

说服不同于压服，也不同于欺骗，成功的说服结果必须要体现双方的真实意见。采取胁迫或欺诈的方法使对方接受己方的意见，会给谈判埋下危机。因此，切忌用胁迫或欺诈的手法进行说服。事实上，这样做也根本实现不了真正的说服。

（二）说服的技巧

1. 说服他人的基本要诀

说服他人的基本要诀主要包括：

（1）取得他人的信任和认同。信任是人际沟通的基石。只有对方信任己方，才会理解己方的友好动机。而认同就是人们把自己的说服对象视为与自己相同的人，因此要设法寻找双方的共同点。例如，寻找双方工作上、生活上以及兴趣、爱好上的共同点，还有共同熟悉的第三者，以利于彼此相互理解和心灵的沟通。

（2）站在对方的角度设身处地地谈问题，从而使对方对己方产生一种"自己人"的感觉。

（3）创造出良好的"是"的氛围，切忌把对方置于不同意、不愿做的地位，然后再去批驳、劝说；商务谈判的事实表明，从积极的、主动的角度去启发对方、鼓励对方，能帮助对方提高自信心，并接受己方的意见。

（4）说服用语要推敲。在通常情况下，在说服他人时要避免用"愤怒""怨恨""生气"或"恼怒"这类字眼，这样才会收到良好的效果。

（5）在说服顽固的对方时，给其一个台阶下，可采取"下台阶"法、等待法、迂回法、沉默法等。

2. 说服的具体技巧

（1）先谈论容易取得协议的问题要比先谈论富有争论性的问题更容易取得成果。

（2）假若将富有争论性的问题与易于取得协议的问题挂钩（即以某种方式联系在一起），则前者取得协议的可能性可因此而增加。

（3）好、坏两种信息都需要传递时，先传递前者，再传递后者，效果会较好。

（4）向对方的提问越多，能收集到的信息也就越多。

（5）强调立场的一致比强调立场的差异更容易提升对手的认知程度与接纳程度。

（6）当达成协议的"可能性"被强调时，则达成协议的机会可因此而提高。

（7）最令谈判对手记忆深刻的信息是能激起其需求，然后会提供足够的机会满足其需求的信息。

（8）问题的好、坏两种可能性都被考虑，要比只考虑其中的一面更具影响力。

（9）当一种问题的正反面都被讨论时，要先听听对方的意见，最后才提出己方的观点。

（10）谈判双方能听到的信息传递的距离越短越好。

（11）听者对听到的话的末端的记忆，要比其对前端的话的记忆深刻，特别当其对这些谈话的内容不熟悉时，更是如此。

（12）交谈的结论应该由己方最后明确指出，而不应该由对方提出。

（13）信息多次重复能增进对方对信息本身的了解与接受。

六、商务谈判中拒绝的技巧

在商务谈判中，当无法接受对方所提出的要求和建议时，如果直截了当地拒绝，就可能立即造成尖锐、对立的气氛，对整个谈判产生消极的影响。在拒绝对方时，必须讲究技巧。

谈判中拒绝的技巧很多，但其原则只有一个：既要明确地表达出"不"，又让对方能够理解和接受，避免给对方造成伤害，要为以后的合作保留一定的余地。

（一）要有说"不"的勇气

每个人都希望能讨人喜欢，获得他人的赞赏。据一项实验显示，大多数富于影响力的人，都希望获得被影响者的欢心。事实上他们内心真正想对他人说的是："照着我所说的去做，同时记住要喜欢我。"而那些无力去影响他人的人，则握有另一项有力的武器，即可以保有自己的喜爱和赞许。

一个强烈希望被他人喜欢的人，不可能成为一个优秀的谈判人员。因为双方谈判的时候，也正是双方利益冲突的时候。一个人必须具有冒险的精神，敢做对方所不喜欢做的事情。采取对立的立场，或者回答对方"不"，并不是一件容易做到的事情。一个害怕正面冲突的人，很可能就会向对方让步。

这并不是说一个优秀的谈判人员必须好战，太喜欢争论也会过犹不及。谈判乃是双方之间的一连串竞争和合作，许多好战的人往往很难与人合作；而强烈希望被他人喜欢的人，却又往往不敢面对现实解决冲突，因为他是一个没有勇气说"不"的人。

（二）拒绝的艺术

卖主不希望提供价格资料和成本分析表给买主，但这是很不容易做到的。但是，倘若运用了下列的方法，即使是最坚持的买主也会让步的：

（1）这是公司的政策所禁止的。

（2）无法得到详细的资料。

（3）以某种方式提供资料，但那些资料根本不起作用。

（4）找借口，长期拖延下去。

（5）向对方解释无法提供资料的原因，如防止商业秘密或者专利品资料外泄。

（6）作以下解释："倘若要综合成本和价格分析表的话，往往需要很高昂的费用。"

（7）诱使买方公司的某个高层人员替卖方说明："卖方的价格一向很公道，否则早就经不起竞争了。"

面对买主对提供资料的要求说出一声坚定而巧妙的"不"，对卖方是相当有利的。

第三节　商务谈判中的行为语言

在形形色色的谈判语言中，行为语言是一种不见诸文字但为大家理解的精心设计的代码。人的行为语言，不管是有意还是无意的，都是一种符号，能传递一定的信息。因为，人的任何举止神态或动作，都是人作为一个完整机体在神经系统各个部分的统一协调下对外界的一种表示或反应。所以谈判者的行为语言像一种文字语言一样，能为处于特定的文化氛围之中的人们所理解和接受。学者查尔斯·伊里特说："成功的商业性会谈，并没有什么神秘……专心地注意那个对你说话的人是非常重要的，再也没有比这个更有效果的了。"通过观察，研究对方的行为语言，搜集对方无声的信息，不仅可以判断对方的思想，决定自己的对策，而且可以有意识地运用行为语言所传达的信息，促使谈判朝着有利于自己的方向发展。谈判桌上常见的行为语言包括眼睛、眉毛、嘴、上肢、腰部、下肢及其他姿态的语言。

一、眼睛的"语言"

爱默生关于眼睛说过这样一段话："人的眼睛和舌头所说的话一样多，不需要词典，却能够从眼睛的语言中了解整个世界，这是它的好处。"眼睛被誉为"心灵的窗口"，表明它具有反映人的深层心理活动的功能，其动作、神情、状态最能够明确地表达人的情感世界。

眼睛的动作及其所传达出的主要信息如下：

（1）与人交谈时，正常情况下视线接触对方脸部的时间应占全部谈话时间的30%～60%。超过这一平均值者，可认为对方对谈话内容很感兴趣，想急于了解己方的态度和诚意，成交的可能性较大。例如，一对情侣在讲话时总是互相凝视对方的脸部。低于此平均值者，则表示对方对谈话内容和谈话者本人都不怎么感兴趣。

（2）倾听对方谈话时，几乎不看对方或眼睛闪烁不定，是一种反常的举动，那是企图掩饰什么或性格上不诚实。一个做事虚伪或者当场撒谎的人，其眼睛常常闪烁不定，这是一个共同的特征。据说，海关检查人员在检查过关人员已填写的报关表格时，他会再问一句："还有什么东西要呈报没有？"这时多数检查人员的眼睛不是看着报关表格，而是看着过关人员的眼睛。如果不敢正视检查人员的眼睛，那么就表明该过关人员在某些方面不够老实。

（3）在正常的情况下，一般人每分钟眨眼5～8次，每次眨眼一般不超过1s。在1s之内连续眨眼数次，是神情活跃、对某事物感兴趣的表现；有时也可理解为由于个性怯懦或羞涩不敢正眼直视而做出不停眨眼的动作。但闭眼则常是一种有意义的行为，闭眼的时间长达数秒钟，会给对方以孤傲自居、藐视对方、不屑一顾的感觉。

（4）瞪大眼睛看着对方是对对方有很大兴趣的表示。

（5）当人处于喜欢或兴奋时，往往是眼睛生辉、炯炯有神，此时眼睛瞳孔就会放大；而人在消极、戒备或愤怒时，愁眉紧锁、目光无神、神情呆滞，此时瞳孔就会缩小。实验表明，瞳孔所传递的信息是无法用意志来控制的。现代的企业家、政治家以及职业赌徒为了不使对方觉察到自己瞳孔的变化，往往喜欢戴上有色眼镜。眼神传递的信息远不止这些，许多信息只能靠意会而难以言传，那就要依靠谈判者在实践中用心观察、积累经验、努力把握。

（6）如果有人在周围的环境发生变化时，眼睛突然张大，这表明其对客观环境的态度是积极的，而且富于进取心。

（7）眼睛扫视常用来表示好奇，谈判中过多的扫视会让对方觉得你心不在焉，对讨论的问题没兴趣。侧视常表示轻蔑，过多地使用侧视会让对方感到敌意。

（8）下巴内收，视线上扬注视己方，表明对方有求于己方，成交的可能性较大，其让步的幅度大；下巴上扬，视线向下注视己方，表明对方认为比己方有优势，其成交的欲望不强，让步幅度小。

二、眉毛的"语言"

眉毛和眼睛的配合是密不可分的，两者的动作往往共同表达一个含义，但单凭眉毛也能反映出人的许多情绪变化。

（1）人们处于惊喜或惊恐状态时，眉毛上耸，有"喜上眉梢"之说。

（2）人们处于愤怒或气恼状态时，眉毛下拉或倒竖。人们常说"剑眉倒竖"，即形容这种恼怒的状态。

（3）眉毛迅速地上下运动，表示亲切、同意或愉快。

（4）紧皱眉毛，表示人们处于困窘、不愉快、不赞同的状态。

（5）眉毛高挑，表示询问或疑问。

（6）眉毛舒展，表示心情舒畅。

（7）双眉下垂，表示难过或沮丧。

（8）如果在与人交谈时，一边的眉毛抬得比另一边高，那表示对对方持嘲讽、或反讥、或鄙夷、或怀疑的态度。

上述有关眉毛传达的动作语言是不容忽视的。

三、嘴的"语言"

人的嘴除了说话、吃喝和呼吸以外，还可以有许多动作，借以反映人的心理状态。

（1）嘴唇紧紧地抿住，往往表示意志坚决。

（2）撅起嘴是不满意和准备攻击对方的表示。

（3）遭到失败时，咬嘴唇是一种自我惩罚的运用，有时也可解释为自我解嘲和内疚的心情。

（4）注意倾听对方谈话时，嘴角会稍稍向后拉或向上拉。

（5）人表示不满和固执时往往嘴角向下。

（6）嘴唇常常不自觉地张着，呈现出倦怠、疏懒的模样，那么表示对自己、对自己所处的环境感到厌烦，有一种不肯定感；还表示对周围的事物缺乏兴趣，或缺乏足够的信心来对付它。

与嘴的动作紧密联系的是吸烟的姿势。谈判中吸烟的姿势具有较强的表现力，而且是判断一个人态度的重要依据。吸烟所传达的信息有以下八种：

（1）刚一见面就立即掏烟递给对方，且麻利地为对方点烟的，多为处于交易劣势的一方。寒暄之后才缓慢掏烟，自己先叼一根，然后才送给对方，是自认为处于交易优势但愿意合作的一方。

（2）将烟向上吐，则表示自信、优越感、有主见、傲慢；向下吐，则表示情绪低沉、犹豫、沮丧等。

（3）不停地吸烟，表示伤脑筋；深吸一口烟之后，可能是准备反击。

（4）斜仰着头，烟从鼻孔吐出，表现出一种自信、优越感以及一种悠闲自得的心情。通过斜仰着头这一动作，主动地拉开了与谈话对象及其目光交流的距离，从而表现出吸烟者内心的自信、优越和悠闲自得的心态。

（5）烟从嘴角缓缓吐出，给人一种消极而诡秘的感觉，一般反映出吸烟者此时的心境与思维比较混乱，力求从纷乱的思绪中清理出一条令人意想不到的途径来。

（6）点上烟后却很少抽，说明在交谈中戒备心重，边谈边紧张地思考而忘却了手中的烟。另外，或许是为了等待紧张情绪的平息。

（7）没吸几口即把烟掐掉，表明其想尽快结束谈话或已下决心要干一桩事。掐掉烟头是为了不让吸烟来分散其精力，干扰其刚刚决定的事情的进行。

（8）吸烟时不停地磕烟灰，表明内心有冲突或不安的感觉，这时的吸烟完全成了吸烟者减缓和消除内心冲突与不安的一种道具，借吸烟的动作来掩饰脸部表情和可能会颤抖的手，转移内心的冲突和不安，十有八九是谈判新手或正准备采取欺诈手段。

四、上肢的"语言"

手势或握手，有助于判断形势，同时也可将某种信息传递给对方。

（一）手势的"语言"

手势是说话者运用手掌、手指、拳和手臂的动作变化来表达思想感情的另一种体态语言。手势是谈判者在交谈中使用最多也最灵活方便的行为语言，有极强的吸引力和表现力。

（1）手指。食指伸出，其余手指紧握，呈指点状，常表示教训、指责、镇压；把拇指指向对方，常表示诬蔑、藐视、嘲弄；双手相握或不断玩弄手指，常表示犹豫、为难、缺乏信心；把手指蒙在嘴前，或轻声吹口哨，常表示紧张、担心、束手无策。

（2）手掌。掌心向上的手势，常表示谦虚、诚实、屈从，不带有威胁性；掌心向下的手势，常表示控制、压扣、压制，带有强制性；伸出并敞开双掌，常表示坦白、诚恳、言行一致。

（3）拳头。稍握拳头，置于胸前，手指曲动，常表示犹豫、疑虑、忐忑不安；紧握双拳，手心出汗，置于椅背或腿部，常表示愤怒、烦躁、急于攻击。

（4）手臂。双臂紧紧交叉于胸前，身体稍前倾，往往表示防备、疑虑；两臂交叉于胸前并握拳，往往是怀有敌意的标志；两臂置于脑后，十指交叉，搂住后脑，身体稍后仰，往往表示权威、优势和信心；两臂平直，颈部和背部保持直线状态，说明自尊心很强，对生活充满热忱和信心；两臂无力地下垂，那就给人一种潦倒、无力、心绪不好之感。

（5）用手指或手中的笔敲打桌面，或在纸上乱涂乱画，往往表示对对方的话题不感兴趣、不同意或不耐烦的意思。这样做，一方面可以打发和消磨时间，另一方面也起到暗示或提醒对方注意的作用。

（6）不时用手敲脑袋，或用手摸头顶，或一手托腮，手掌撑住下巴，身体微倾向前，头稍往后仰，眼皮半闭垂下，表示正在思考。

（7）手与手连接放在胸腹部的位置，是谦逊、矜持或略带不安的反映。在给获奖运动员颁奖之前，主持人宣读比赛成绩时，运动员常常有这种动作。

（8）两手手指并拢并置于胸的前上方呈尖塔状，表明充满信心，这种动作多见于西方人，特别是会议主持人、领导者、教师在主持会议或上课时，用这个动作以示独断或高傲，以起到震慑学生或与会者的作用。

（9）搓手常表示谈判者对某一结局的急切期待。背手常显示一种权威；若伴之以俯视踏步，则表示沉思。

（二）握手的"语言"

握手的动作来自原始时代人们的生活。原始人在狩猎或战争时，手中常持有石块和棍棒等武器。如果是没有任何恶意的两个陌生人相遇，常常是放下手中的所有东西，并伸开手掌，让对方摸一摸自己的掌心，以此来表示手中未持武器。久而久之，这种习惯逐渐演变成为今天的"握手"动作。原始意义上的握手不仅表示问候，而且也表示一种信赖、契约和下保证之意。标准的握手姿势应该是：用手指稍稍用力握住对方的手掌，对方也用同样的姿势用手指稍稍用力回握，用力握手的时间约在 1～3s 之内。如果双方握手出现与标准姿势不符时，便有除了问候、礼貌以外的附加意义，主要包括以下几种情况：

（1）如果感觉对方手掌出汗，表示对方处于兴奋、紧张或情绪不稳定的心理状态。

（2）如果对方用力握手，则表明此人具有好动、热情的性格，这类人往往做事喜欢主动。美国人大都喜欢采用这种握手方式，这主要是与他们好动的性格是分不开的。如果感觉对方的握手不用力，一方面可能是该人个性懦弱、缺乏气魄；另一方面可能是该人傲慢矜持、爱摆架子。

（3）握手前先凝视对方片刻，再伸手相握，在某种程度上，这种人是想在心理上先战胜对方，将对手置于心理上的劣势地位。先注视对方片刻，意味着是对对方的一个审视，观察对方是否值得握手。

（4）掌心向上伸出与对方握手，往往表现性格软弱，处于被动、劣势或受人支配的状态。在某种程度上，手掌心向上伸出握手，有一种向对方投靠的含义。如果是掌心向下伸出与对方握手，则表示想取得主动、优势或支配地位，另外也有居高临下的意思。

（5）用双手紧握对方一只手，并上下摆手，往往是表示热烈欢迎对方的到来，也表示真诚感谢，或有求于人，或肯定契约关系等含义。在荧屏上或是生活现实中，我们常常可以看到，人们为了表示感谢对方、欢迎对方或恳求对方等，往往会用双手用力去握住对方的一只手。

五、腰部的"语言"

腰部在身体上起"承上启下"的支持作用，腰部位置的"高"或"低"与一个人的心理状态和精神状态是密切相关的。

（1）弯腰动作。鞠躬、点头哈腰属于低姿势，把腰的位置放低，精神状态随之"低"下来。向人鞠躬是表示谦逊、尊敬。在心理上自觉不如对方，甚至惧怕对方时，也会不自觉地采取弯腰的姿势。从"谦逊"再进一步，即演变成服从、屈从，心理上的服从反映在身体上就是一系列在居于优势的个体面前把腰部放低的动作，如跪、伏等。因此，弯腰、鞠躬、作揖、跪拜等动作，除了礼貌、礼仪的意义之外，都是服从或屈从对方、压抑自己情绪的表现。

（2）挺直腰板。使身体及腰部位置增高的动作，则反映出情绪高昂、充满自信。经常挺直腰部站立、行走或坐下的人往往有较强的自信心及自制和自律的能力，但为人可能比较刻板，缺少弹性或通融性。

（3）手叉腰。这表示胸有成竹，对自己面临的事物已做好精神上或行动上的准备，同时也表现出某种优越感或支配欲。有人将这看作领导者或权威人士的风度。

六、下肢的"语言"

腿部往往是最先表露潜意识情感的部位。人们的脚步动作有以下几种：

（1）"二郎腿"。与对方并排而坐时，对方若架着"二郎腿"并且上身向前向己方倾斜，意味着合作态度；反之则意味着拒绝、傲慢或有较强的优越感。相对而坐时，对方架着"二郎腿"却正襟危坐，表明他是比较拘谨、欠灵活的人，且自觉处于很低的交易地位，成交的期望值很高。

（2）男性足踝交叉而坐，往往表示在心理上压制自己的情绪，如对某人某事持保留态度，表示警惕、防范，或表示尽量压制自己的紧张或恐惧。处于受批评、受审讯的人常常会有这种动作。女性足踝交叉及膝盖并拢而坐，表示拒绝对方或处于一种防御性的心理状态，其含义含蓄而委婉。

（3）架腿（把一脚架在另一条腿膝盖或大腿上），通常带有倨傲、戒备、怀疑、不愿合作等意味。如果频繁地变换架腿姿势，则表示情绪不稳定、焦躁不安或不耐烦。

（4）并腿。交谈中始终或经常保持这一姿势并上身直立或前倾的，意味着谦恭、尊敬，表明对方有求于己方，自觉交易地位低下，成交的期望值很高。时常并腿后仰的对手大多小心谨慎，思虑细致、全面，但缺乏自信心和魄力。

（5）分腿。双膝分开、上身后仰者，表明对方是充满自信、愿意合作、自觉交易地位优越的人，但要指望其做出较大让步是相当困难的。

（6）摇动足部，或用足尖拍打地板，或抖动腿部，都表示对方焦躁不安、无可奈何、不耐烦或欲摆脱某种紧张情绪。

（7）双脚不时地小幅度交叉后又分开。这种反复的动作表示情绪不安。

七、其他姿态的"语言"

（1）手中玩笔，表示漫不经心，对所谈的问题无兴趣或显示其不在乎的态度。

（2）谈话时，对方不断变换站、坐等姿势，身体不断摇晃，常表示焦躁和情绪不稳；不时用一种单调的节奏轻敲桌面，则表示极度不安，并极具警戒心。

（3）慢慢打开记事簿，表示关注对方讲话，快速打开记事簿说明发现了重要问题。

（4）猛推一下眼镜，则说明对方因某事而气愤。

（5）摘下眼镜，轻轻揉眼或擦擦镜片，可能反映对方精神疲劳，或对争论不休的老问题厌倦，或是喘口气准备再战。

（6）如果轻轻拿起桌上的帽子，则可能表示要结束这轮谈判，或暗示要告辞。

（7）交谈时，对方咳嗽常有许多含义，有时是焦躁不安的表现，有时是稳定情绪的缓冲，有时是掩饰说谎的手段，有时对说话人态度过于自信或自夸表示怀疑或惊讶，有时也用假装清清喉咙来表达不信任。

（8）拿着笔在空白纸上画圈圈或写数字等，双眼不抬，若无其事的样子，说明已经厌烦了；拿着打火机，打着了火，观看着火苗，也是一副厌烦相；放下手中物品，双手撑着桌子，向两边看、后面看，双手抱臂向椅子上一靠，暗示对方："没有多少爱听的啦！随你讲吧！"把桌子上的笔收起，把记事簿合上，女士照照镜子或拢拢头发、整理衣裙，都是准备结束的架势。

（9）扫一眼室内的挂钟或手腕上的表，收起笔，合上记事簿，抬眼看着对手的眼睛，似乎在问："可以结束了吧？"这种表现足以说明"别谈了"的意思；给助手使个眼神或做个手势（也可小声说话），不收拾桌上的东西，起身离开会议室，或在外面抽支烟、散散步，也表明对所言无望，可以结束谈判了。

以上是谈判及交往中常见的行为语言及其能传送的信息。当然，这些行为语言仅仅是就一般情况而言的，不同的民族、地区，不同的文化层次及个人修养，其在动作、姿态及其所传达的信息方面都是不同的，应在具体环境下区别对待。另外，在观察对方的动作和姿态时，不能只从某一个孤立的、静止的动作或姿态去进行判断，而应从其连续的、一系列的动作进行分析和观察，特别是应结合讲话时的语气、语调等进行综合分析，这样才能得出比较真实、全面、可信的结论。

八、切莫误判肢体语言

肢体语言在谈判行为中可以作为解读对方的指标，但也很容易被误判。肢体语言的判断对谈判行为的预测到底有多少帮助，谈判学者与实务工作者有不同的意见。

实务工作者因为想寻求快速、简单的指标作为其谈判行为的参考，所以总相信有肢体语言与谈判行为对照表，可以清楚地由某一个行为立即推断出其所代表的意思，然后找出应对之道。可是实际谈判却又不尽如此。

例如看到一个人两手交叉抱在胸前，怎么解释这个肢体语言？是充满敌意还是充满自信？是习惯动作还是胃痛？对方谈判者坐立难安，这该怎么解释？也许是焦虑，但为什么焦虑？他是为现在谈判焦虑？还是为了车没停好，或快到五点，得赶到幼儿园接小孩而坐立难安？

对方谈判到一半因为不和而退出会场。这个"退出会场"的行为该怎么解释？是对方因为处于弱势，所以用退出会场的方式壮大力量？还是因为对方处于强势，还有其他交易对象，所以无惧与己方中止谈判？哪一种才符合实际情况？

上面只是几个信手拈来的例子。所要说明的是，肢体语言的判断并不是谈判的"万灵丹"。一些学院派的谈判者批评谈判实务工作者，指责其把精力集中在谈判对方的"脸上"而不是"谈判桌上"，是本末倒置，也就是这个道理。

可是肢体语言就全然没有用吗？也不尽然。例如，对方在一段时间内动作变得不自然起来，笑得很尴尬，或特别大声；抽烟忽然抽得多了起来；或频频在言语上强调其是重要的大客户等。这些都是不太自信的表现，而实际状况也经常如此。另外，每一个人接收信息有不同习惯，也可以从对方的一些小动作，或一些惯用语中得到启示，让己方可以"投其所好"，顺利输入己方想要对方接受的信息。

例如，在吸收信息方面，有的人喜欢了解细节越多越好，有的人则只了解整个基本概念，就可以断定这个案子或这个方向是否可行。而这些习惯都可以在小动作中展现出来。例如，有人开会时喜欢记笔记，不管与其是否相关，都密密麻麻地记许多笔记，这样的人通常属于细节型的人，因此若有一个案子要说服其接受，最好讲得越细越好。

另外，也有学者指出，从人们讲话的惯用语中也可以看出一些人吸收知识的习惯。例如，有人习惯说："这听起来蛮有道理的！"也有人习惯说："这看起来蛮有道理的！""听"和"看"的不同，可能就代表吸收知识习惯的不同：喜欢"听"的人可能比较习惯有人把这个案子的来龙去脉"讲"给他听；喜欢"看"的人则可能希望准备一份图文并茂的书面文件，让其回到家里慢慢看，慢慢想。只有掌握这些窍门，才能找到正确的沟通渠道。

可以发现，由于肢体语言（或小动作）有的时候可以作为对方谈判行为的指标，有的时候又不行，所以最好是先审慎观察。只有经过长时间的观察，才能对某一特定谈判对象的行为动作有比较可靠的解释。

观察员除了平时就负责观察、整理各项关于对手的信息外，在谈判时还必须和在"后方"进行资料搜集的人员保持联系。例如在谈判时，忽然政府政策改变了，或某一个新的数据出现了，而这些都足以影响谈判结果，这时"后方"的人员都会将这些信息和总部的新指令传到谈判现场，由观察员接到信息后，向主谈人暗示叫停。

案 例 分 析

【案例分析1】

倾听的报酬

咄咄逼人的发言固然可以占据场上的主动，而沉默不语又何尝不可以呢？在谈判中，从某种意义上讲，听比说更重要。因为要说的是事先字斟句酌考虑好了的，而听到的是以前没有充分准备或没有准备的，稍不留意，就会被对方迷惑而造成损失。所以，不仅要当"说客"，还要当"听众"。倾听是一种事半功倍的谈判方式，在听的时候，可以一箭三雕：满足对方的表达欲望，摸清对方的真实意图，为赢得时间作准备。

美国广告商奥格威曾用倾听而获得了一笔"报酬"。

亚历山大·柯诺夫是美籍俄罗斯人，开了一家拉链厂，赚了不少钱。奥格威希望成为他的广告代理商。在一个晴朗的下午，奥格威去拜访这位大富翁，亚历山大·柯诺夫带着奥格威参观了他在奈瓦克的工厂，然后同乘一辆车回纽约。柯诺夫并没有对奥格威的广告公司产生兴趣。所以一开始，两人的话并不多，柯诺夫手里拿着一本《新共和》随便翻看着，这种杂志发行量很小。这引起了奥格威的注意。

"您是民主党还是共和党？"奥格威问道。柯诺夫眼里流露出得意的光芒："我是社会主义者。我还参加过俄国革命。"

"那么你认不认识克伦斯基？"奥格威又问。

"不是那次革命，"柯诺夫轻蔑地说，"是1904年的革命。我小的时候，就得光着脚在雪地里走5英里⊖去一家卷烟厂干活。我的本名叫卡冈诺维奇。联邦调查局以为我就是政治局

⊖　1英里 = 1609.344m。

里那个卡罔诺维奇的兄弟。他们错了！哈哈……"柯诺夫得意非凡。过了一会儿，他接着说："艰辛的生活持续了很久，我刚来美国时，在匹兹堡当机械工，每小时只赚 50 美分。我的妻子是个优秀的女工，每周能绣出 14 美元的活儿，但从来没有得到过工钱。"

奥格威静静地听着，偶尔还露出钦佩的眼神，或赞赏地点点头。这更加激发了柯诺夫倾诉的欲望，他告诉奥格威，在列宁和托洛茨基被流放期间，他和他们过从甚密。奥格威瞪大了眼睛，表示自己的崇敬之情。

末了，柯诺夫告诉奥格威，下星期一在办公室就广告代理事宜进行接洽，不久，奥格威获得了这家拉链厂的广告代理权。

倾听的沉默在谈判和应对中被经常使用。日方一家公司与美国一家公司展开了一场贸易谈判。谈判发展趋势一波三折，让人难以置信。

谈判一开始，美国人就以其滔滔不绝的口才向日方介绍情况。日方始终认真地听，认真地记录，时时表现出若有所思的表情。美国人讲完以后，要求日本表态，得到的回答却是"听不明白""回去研究一下再说"。

第二轮谈判开始时，美国以原班人马出战，日本代表团却全是新面孔。由于新代表不了解情况，美国人不得已重复作了一次情况介绍。日方代表仍然一言不发、埋头记录。时而沉思，时而会心一笑。美方介绍完以后，又问日方代表有何意见和要求，日方代表回答"还是不明白"，谈判不得不暂告体会。

到了第三轮谈判，日方代表团故技重演，又派出了一批新代表。新代表没有带来新花样，仍旧告诉对方："回去研究一下，一旦有结果，马上函告。"

美国等了几个月没得到日方答复，大骂日本人没有诚意。这时，日方派出了一个由董事长带队的高级代表团飞抵美国，在美国人将要忘记这笔生意的情况下，要求立即谈判。美国人仓促应战。日本人突然抛出最后方案，要求美国人讨论全部细节，美国人不得不签订了一个明显有利于日本的协议。

美国人说，日本人听，看似美国人占主动，实际上是日本人占主动。别人在明处，自己在暗处，把搜集到的资料拿回总部研究分析，准备了大量的资料，由董事长亲自出马。

日本人赢了。

【案例分析 2】

电机的温度是否偏高
——妙语定向的提问

阿里森是一家电器公司的推销员。有一次，他到一个老客户那里去推销电机，一进门便受到指责。原来，这家公司不久前从阿里森手里购买了电机，而他们认为电机的发热超过了正常指示。公司的总工程师宾塞一见到阿里森就不客气地说："阿里森，你是存心不想让我们再买你的电机了吧?!"阿里森详细地了解了车间的情况后，知道电机本身并没有问题。但他不想与对方强行争辩，而决定以理服人，让对方自己改变态度。

阿里森对总工程师说："好吧，宾塞先生，我同意您的意见，如果那电机真的温度过高，别说让你们再买，就是以前买的也要退货，对吧?"

宾塞毫不迟疑地回答："是的！"

阿里森接着说："当然，电机是会发热的。但是，你一定不希望它的温度超过全国电工协会规定的标准，是吗？"

对方又一次给出了肯定的回答。

在得到对方的两次肯定回答之后，阿里森开始讨论实质性的问题了。他问："宾塞先生，按全国电工协会规定的标准，电机的温度可比室温高72℃，是吗？"

宾塞先生说："是的。但是你们的电机却比这个指标高出许多，简直让人不敢用手摸。难道这不是事实吗？"

阿里森没有与他争辩，继续问道："那么，你们车间的温度是多少呢？"

宾塞稍微思考了一个，回答说："大约75℃。"

阿里森兴奋地拍着对方的肩膀说："好极了，宾塞先生。车间的温度是75℃，加上规定的72℃，一共是147℃。请问，要是你把手放在147℃的物体上，会不会把手烫伤呢？"

对方又不情愿地点点头。

阿里森接着说："请您放心，那电机的温度是完全正常的。为了不使电机烫伤您的手，我劝您以后就不要用手去摸电机了。"

阿里森的接连问话，不但消除了对方的疑虑，而且使对方心服口服，于是又做成了一笔生意。

【案例分析3】

二流产品卖一流价格
——说服的一种技巧

几十年前，某公司开始制造电灯泡。为了使这项新产品能够打入各个市场，公司的董事长就到各地去游说，希望以前的代理商能继续保持友善的态度来尽力帮忙。

董事长在代理商集中地举行了一次新产品发布会。会上他首先详细介绍了这项刚刚问世的新产品，接着他说："本公司经过多年的苦心研究和实验，终于制造出了这种对提高人们生活水平有重要意义的产品，虽然目前称不上尽善尽美，只能说是二流的，但是，我仍要拜托在座的各位，以一流的产品价格来向公司购买。"

听完董事长的话，会场里一片哗然。会场里有人大声发问："咦！董事长有没有说错？我们又不是傻瓜，怎么会做这种明摆着要亏的买卖呢？既然您本人都说是二流的产品，那就应该以二流的价格成交才对。"

董事长："我知道你们一定觉得奇怪，不过，我仍然要拜托各位。大家知道，电灯泡制造业可以称为一流的，目前全国只有一家而已，因此，可以说他们垄断了整个市场。即使他们任意抬高价格，大家也仍然要去购买，对不对？如果另有同样优良的产品，但是价格却便宜一些的话，对大家不是一个福音吗？"董事长说到这，大家似乎有所领悟。

董事长接着说："就拿拳击比赛说吧！不可否认，拳王的实力使人望而生畏！但是，如果不敢和他对抗，那么，这场拳击赛就没有办法进行。因此必须有个实力相当、身手矫健的对手，来向拳王挑战，这样的拳王赛才精彩纷呈。遗憾的是，现在灯泡制造业中只有一个拳王一人称霸，而没有能够与之对擂的第二人，因此人们对灯泡业也不会产生兴趣，同时，这样下去拳王也赚了不少线。如果在这个时候出现一位实力相当的对手，那么灯泡业就有了相互竞争的场面，也就是说，如果拳王的对手能够把优良的新产品以低廉的价格提供给各位，大家一定能得到更多的利润。"

代理商："您说得不错，可是，目前并没有拳王的对手啊。"

董事长："如果大家有兴趣的话，拳王的对手就由我来充当好了。你们知道吗？为什么本公司只能生产二流的灯泡呢？这主要是因为本公司资金不足，暂时无法进行技术上的改造。如果各位肯帮忙，暂时以一流的价格来购买本公司二流的产品，这样我们就会得到相当的利润，我们用这笔利润来改良技术，请相信，在不久的将来，本公司就可以制造出并向诸位提供优良的产品了。这样一来，灯泡制造业中的两个竞争拳王，必然会提高灯泡的品质，也会毫无疑问地降低价格。到了那个时候，我一定好好感谢各位。现在，我只希望各位可以帮我扮演拳王的对手这个角色。但愿能够得到支持，帮助本公司渡过难关。因此，我希望各位能以一流的价格来购买这些二流的产品！"

一阵热烈的掌声表明董事长的说服已经收到了良好的效果。谈判在这种热烈而愉快的气氛中结束了。一年以后，这家公司制造的电灯泡果然达到了一流的品质，那些代理商也因此得到了满意的报偿。

思 考 题

1. 商务谈判语言应具有什么特征？
2. "倾听"的障碍主要有哪些原因？
3. 商务谈判中答复的技巧有哪些？
4. 商务谈判中说服有哪些技巧？
5. 行为语言在商务谈判中有什么作用？

＜＜＜ **第十章**

国际商务谈判礼仪

要想在商务谈判中赢得优势，不仅要依赖于己方的经济、技术实力和谈判技巧，而且还需要谈判者具有文明的礼仪与修养。因为国际商务谈判是以谈判者的活动作为中介实现的，每一个谈判者都渴望在谈判过程中获得对手的礼遇，受到礼遇会使人心情愉悦，有利于谈判的顺利进行。而且谈判者的礼仪和修养程度将会直接或间接地影响对方对己方实力的评估和认定。因此，准确掌握商务谈判中的礼仪也是谈判者必备的基本素质之一。

匈牙利谈判家、外交官涅尔基什·亚诺什（Heрeш，Янош）在他所著的《谈判的艺术》中的一段描述深刻地揭示了礼仪在谈判中的重大影响："我开始从事自己的事业时，持这样的观点：在这一工作中所见到的是'贵族'式的狡猾奸诈、卖弄辞藻、看重身份、讲究礼节、故作文明，这一切不仅使我怀疑这些注重外表的人是否真诚，而且还怀疑他们的智力是否健全。不久我便懂得，事实并非如此。原先我鄙视的他们的讲究穿着很快使我产生这样的看法，即在考究的服饰、礼貌的待人接物等的外表现象后面的是坚定、清醒、沉着的意志和力量，这种意志和力量是看不起这些'细节'的那些谈判新手不得不重视的。"可见端庄的仪表仪容、礼貌周到的言谈举止、彬彬有礼的态度是影响谈判的不可忽视的因素。

那么，何谓商务谈判礼仪呢？所谓商务谈判礼仪，是指在商务谈判中参与谈判的各方通过某种媒介，针对谈判口的不同场合、对象、内容要求，借助语言、表情、动作等形式，向对方表示重视、尊敬，塑造自身的良好形象，进而达到建立和发展诚挚、友好、和谐的谈判关系的交往过程中所遵循的行为准则和交往规则。商务礼仪主要包括服饰、举止、谈吐、馈赠、宴请等方面的礼仪。

通过本章的学习应达到如下目标：

（1）了解和掌握商务场合下的服饰礼仪。
（2）了解和掌握商务场合下的举止与谈吐礼仪。
（3）了解和把握商务场合下的馈赠与受礼礼仪。
（4）了解和把握商务场合下的宴请礼仪。
（5）熟悉和掌握日常交往的礼仪与礼节。

第一节 服 饰 礼 仪

一、服饰的功能

服饰是指人的衣着装饰。服饰是形成谈判者良好形象的必备因素。在商务谈判中，服饰的颜色、样式及搭配等的适当与否，对谈判人员的精神面貌、给对方留下的印象和感觉、对方的认可与评价都会产生一定的影响。

服饰在商务谈判中的功能主要表现在以下几个方面：

（1）服饰在一定程度上体现了谈判者的文化修养和审美情趣。例如，从服饰色彩上看，灰色象征文雅、随和，黑色象征庄重、深沉，蓝色象征淡雅、宁静，白色象征纯洁、圣洁；服装上浅下深使人感到稳重，上深下浅使人感到轻盈。

（2）服饰能够在一定程度上反映出一个谈判者在谈判中所充当的角色。着装通常是以人体为基础，通过服装的色彩、款式、质料的选择、搭配和装束的匹配塑造人体的角色形象。主谈人的服装一般稳重、讲究，略显保守，最好是高档的西装；专业人员的着装一般应优雅、大方、考究，宜穿中高档的西装；协谈人员的着装一般为洒脱、干练、灵活，可穿便装和夹克衫。女性谈判者的着装应庄重、雅致，可穿西装套裙。

（3）服饰能在一定程度上显露出谈判者的谈判风格。人们对一个人的第一印象往往来自其服装，而服装也确实影响着人的感觉、情绪、印象以及交往结果。在商务谈判中，服饰的颜色、款式对谈判者的情绪和行为也会产生一定影响，甚至可成为谈判的技术手段之一，用以动员谈判对手向自己靠拢。例如，服饰的反差明显会给对方以个性鲜明感，往往可支配谈判的节奏和进程；穿着长、短风衣者常给人以随便的感觉，往往预示只是进行试探性的预备会谈。

二、服饰选择的原则

总的来说，在商务谈判中服饰的选择原则就是要得体。所谓得体，就是任何服饰都应与谈判者的身份、地位、年龄、场合相符，而且还应该注意服饰的整洁、大方和合体。

1. 庄重、质朴、大方、得体

大方、得体的服饰都是文雅的，谈判者应根据自己的特点选择适宜的着装。从服饰的样式来看，在西方国家的国际会议场合，服饰大致可分为便服与礼服。从原则上看，在正式、隆重、严肃的场合多穿深色礼服；而在一般场合可着便装；在谈判中西装已是被普遍认可的服装。如果谈判者是女性则应着西装套裙。

2. 要符合角色、体现个性

为了能更好地塑造谈判者的个人形象，谈判者的衣着打扮应具有一定的个性。要针对自身的具体条件，包括性别、年龄、体型、性格和担任的角色，确定服装的式样和色彩的搭配。例如，色彩的选择，老成持重者宜选择蓝灰基调，严肃冷峻者宜选择黑褐基调，文静内向者宜选择淡雅平稳色系。

3. 与年龄和体型相协调

首先，穿着要和年龄协调，根据年龄选择服饰，以反映和表现自身的特质。老年人的衣着以稳重、沉着、端庄为宜。穿一套深色中山装，显得成熟、稳重，亦不失老年人的潇洒；同样一套服装如果穿在小伙子身上，则显得老气横秋。其次，穿着也要与体型协调。身材有高低之分，体型有胖瘦之别，肤色有深浅之差。穿着理应因人而异，以强调和改善形体，扬长避短，取得最佳效果。体胖或高大者宜选择冷色调为主，宜深不宜浅，宜柔和文雅而不宜浓艳鲜亮；体瘦或矮小者宜选择暖色调为主，宜浅不宜深，宜鲜明亮丽而不宜色彩灰暗。

4. 与环境和场合相适应

首先，服饰要与自然环境协调，衣服的面料、款式和色彩随季节的变化进行搭配组合，以适应时令的变化。其次，服饰要与社会环境协调，选择大方、色彩淡雅的服饰，以适应群体的心理需求。最后，服饰要与谈判场合协调，男性宜选择庄重、料厚质好的西装等；女性宜选用款式典雅的西装套裙等，切忌穿牛仔裤、短裤或超短裙。

三、女士服饰礼仪

女性谈判者的着装应充分体现女性的自信、自尊与自主。一般而言，女性谈判者着装以西装套裙为佳，尤其在正式、隆重的场合；而一般的场合以衬衫配裙子或连衣裙也可以。

由于西装套裙是商务女士们的职业装，所以这里着重介绍西装套裙的着装礼仪。要想让西装套裙烘托出女性谈判者的文静、优雅和妩媚的味道，应该按如下要求去做：

1. 长短适度

通常套裙之中的上衣最短可以齐腰，而裙子最长则可以到达小腿的中部。穿着不能露腰露腹，否则很不雅观。上衣的袖长以恰恰盖住着装者的手腕为好。上衣或裙子均不可过于肥大或包身，免得影响精神风貌的展现。

2. 穿着到位

上衣的领子要完全翻好，衣袋的盖子要拉出来盖住衣袋。不要将上衣披、搭在身上，要穿着齐整。裙子要穿得端端正正，上下对齐，不得偏斜。

3. 扣紧衣扣

在正式场合穿套裙时，上衣的衣扣必须全部系上。不要将上衣纽扣部分扣上或全部解开，更不要当着别人的面随便将上衣脱下。

4. 考虑场合

在各种正式的商务交往及涉外商务活动中，应该穿着套裙。在出席宴会、舞会、音乐会时，可酌情选择与此类场合相协调的礼服或时装。特别要提醒的是，在商务场合不能穿着黑色皮裙，因为在国外，只有街头女郎才会如此装扮。

5. 协调妆饰

高层次的穿着打扮讲究的是着装、化妆与配饰风格统一、相辅相成。在穿套裙时，既不可以不化妆，也不可以化浓妆。不适宜佩戴与个人身份不合的珠宝首饰，也不适宜佩戴过度张扬的耳环、手镯、脚链等首饰。

6. 搭配好衬衫

衬衫面料要轻薄而柔软，如真丝、麻纱、府绸、涤棉等。色彩上以单色为最佳。除了白色以外，其他色彩，如与所穿套裙的色彩不相互排斥，也可采用。衬衫上最好不要有图案。衬衫下摆必须掖入裙腰之内，不得任其悬垂于外，或是将其在腰间打结。衬衫纽扣要一一系好。除最上端的一粒纽扣按惯例允许不系外，其他纽扣均不得随意解开。专门搭配套裙的衬衫在公共场合不宜直接外穿。身穿紧身而透明的衬衫时，更需特别牢记这一点。

7. 穿着好内衣

选择内衣时，最关键的是要使之大小适当，既不能过于宽大晃悠，也不能过于窄小。内衣所用的面料，以纯棉、真丝等为佳，色彩可以是常规的白色、肉色，也可以是粉色、红色、紫色、棕色、蓝色或黑色。内衣不宜外穿，且不准外露、外透。

8. 选好衬裙

衬裙的色彩多为单色，如白色、肉色等，但必须使之与外面套裙的色彩相互协调。两者要么彼此一致，要么外深内浅。衬裙的款式应特别注意线条简单、穿着合身、大小适度，并且衬裙上不宜出现任何图案。衬裙的裙腰切不可高于套裙的裙腰而暴露在外。衬衫下摆应掖入衬裙与套裙的裙腰之间，切不可掖入衬裙裙腰之内。

9. 配好鞋袜

鞋子应为高跟或半高跟皮鞋，最好是牛皮鞋。颜色以黑色最为正统。此外，与套裙色彩一致的皮鞋亦可选择。袜子一般为尼龙丝或羊毛高筒袜或连裤袜，颜色宜为单色，有肉色、黑色、浅灰、浅棕等。切勿将健美裤、九分裤等裤装当成长袜来穿。袜口要没入裙内，不可暴露于外。袜子应当完好无损。

迄今为止，没有任何一种女装在塑造职业女性形象方面能像套裙一样"一览众山小"。

四、男士服饰礼仪

在国际商务谈判中，男士一般以穿着西装为主流。因此这里主要介绍西装着装礼仪。

西装的色彩必须显得庄重、正统，而不过于轻浮和随便。一般应选择藏蓝色、深灰色、棕色的西装，黑色的西装也可以予以考虑，但一般在庄严、肃穆的礼仪性活动中穿着。按照惯例，在正式场合，不宜穿色彩过于鲜艳或发光、发亮的西装。越是正规的场合，越讲究穿单色的西装。西装一般以无图案为好。

按照西装的件数来分，可以分为两件套装和三件套装。两件套装包括一衣和一裤，三件套装包括一衣、一裤和一背心。在参加高层次的商务谈判时，以穿三件套的西装为好。按照西装上衣的纽扣数量分类，西装上衣分为一粒纽扣、两粒纽扣和三粒纽扣三种。双排扣的西装上衣有两粒纽扣、四粒纽扣和六粒纽扣三种。

按照西装的版式来分，西装可以分为欧式、英式、美式和日式。欧式西装的主要特征是：上衣呈倒梯形，多为双排扣，而且纽扣的位置较低；它的衣领较宽，强调肩部与后摆，不太重视腰部，垫肩较高，后摆无开衩。英式西装的主要特征是：不刻意强调肩宽，讲究穿在身上自然、贴身，多为单排扣；衣领是V字型，并且较窄；腰部略收，垫肩较薄，后摆两侧开衩。美式西装的主要特征是：外观上方方正正，宽度适中的V字形，腰部宽大，后摆中间开衩，多为单排扣。日式西装的主要特征是：外观上呈H形，垫肩不高，领子较短、较窄，不过分收腰，后摆不开衩，多为单排扣。

欧式西装洒脱大气，英式西装剪裁得体，美式西装宽大飘逸，日式西装贴身凝重。一般来说，欧式西装和美式西装要求穿着者高大魁梧，中国人更适合英式西装和日式西装。

在穿着西装时，必须注意以下几个方面：

1. 拆除商标

在西装上衣左边袖子的袖口处，通常会缝有一块商标，有时还缝有一块纯毛标志，在正式穿西装之前，一定要将它们拆除。

2. 保持西装平整、洁净

穿着西装，要求平整而挺括，线条笔直。在正式穿着西装之前要进行认真的熨烫。在穿西装时，不可将衣袖和裤管挽起，否则会给人以粗俗之感。

3. 正确系好纽扣

在就座之时，一般将西服上衣纽扣解开，以避免西装走样。在站立时，双排扣西服应把所有纽扣全部系好；单排一粒扣西装可系可不系；单排两粒扣西装的第二粒扣是样扣，只系第一粒扣；单排三粒扣西装的第一和第三粒扣是样扣，只系第二粒扣，也可扣上面两粒，但不可全扣。还应注意裤门"把关"。

4. 用好西装口袋

西装口袋的装饰价值大于实用价值，所以为保证西装外观上不走样，西装口袋要少装或尽量不装物品。不同位置的口袋有不同的用途。西装上衣左侧外胸袋专供放置装饰性手帕，不能放其他东西，尤其是不能别钢笔、挂眼镜。上衣左右两侧外袋不放任何物品；左右两侧内袋用来存放钢笔、名片夹之类的物品；背心上的四个口袋一般用来放钥匙、怀表之类的小件物品；西裤的侧袋一般不放任何物品；西裤上无纽扣的后袋一般放置手帕，有纽扣的后袋放置钱包。

5. 选择合适的衬衫

衬衫的颜色应为单一色彩，且无任何图案。衬衫领尖的长短、领口的大小要与西服领型相互配合，宽窄适当，且衬衫领的高度应比西装领高出 1.5～2cm。衬衫袖口比西装袖口长1～2cm。

6. 穿西装应系领带

西装、领带与衬衫是相互配合的。在商务活动中，蓝色、灰色、棕色、黑色、紫红色等单色领带是比较理想的选择，切勿佩戴多于三种颜色的领带，尽量少打浅色或艳色领带。主要选择单色无图案领带，或以条纹、圆点、方格等规则的几何形状为主要图案的领带。领带结应挺括、端正，外观上呈倒三角形，领带结的大小应与衬衫衣领的大小成正比。领结打好后，应长短适度，领带尖应正好到达皮带上端。如穿背心，领带必须放在背心内，领带尖不可露出。使用领带夹时，领带夹应放在衬衫自上而下的第四粒和第五粒纽扣之间，西服上装穿好后，应看不到领带夹。

7. 西裤的长短合适

站立时，西裤自然下垂覆盖脚面；就座时，高于脚面 3～4cm。

8. 选择合适的鞋袜

与西装配套的鞋一般只能是皮鞋。皮鞋表面应光滑。与西装配套的皮鞋是黑色的系带皮鞋。不能穿白色的袜子。要保持鞋内无味、鞋面无尘、鞋底无泥。

第二节　举止礼仪和谈吐礼仪

与服饰相比较，一个人的言谈举止更能反映和表现其修养和能力。因此作为合格的谈判人员在谈判中应该做到举止得体、谈吐文雅、掌握尺寸、恰到好处。

一、举止礼仪

谈判人员的举止礼仪是指在谈判过程中的坐姿、站姿与行姿等及其给他人的感觉和产生的效果。在国际商务谈判中，对举止总的要求是举止适度、得体。所谓适度，就是指坐、站、行等动作既落落大方、挥洒自如，又不粗野放肆、违反规矩；所谓得体，是指动作举止要符合自己的地位、身份、教养，符合当时的环境气氛。

在谈判中，应把握坐、站、行的基本礼仪。

1. 坐姿

礼貌的做法应该是从左边入座，以及在椅子的左边站立。坐在椅子上随意转动椅子或挪动椅子的位置会给人不礼貌的感觉；坐下的身体应该尽量端正，并把两腿平行放好，切忌向前伸或左右叉开。

从动作语言来分析，不同的坐姿会传递不同的信息：

（1）挺着腰笔直的坐姿，表示对对方或谈话有兴趣，同时也是一种对人尊敬的表示。这是提倡的标准坐姿。

（2）弯腰曲背的坐姿，是对谈话不感兴趣或感到厌烦的表示。

（3）斜着身体坐，是心情愉快或自感优越的表现。

（4）双手放在翘起的腿上，是一种等待、试探的表示。

（5）一边坐着一边双手摆弄手中的东西则表示一种漫不经心的心理状态。

2. 站姿

正确的站姿应该是：两脚脚跟着地，两脚呈45°，腰背挺直，自然挺胸，脖颈伸直，下颌微微向下，两臂自然下垂。

在商务谈判中，不同的站姿也会传达给人不同的感觉：

（1）脊背总是挺得笔直的站姿给人一种乐观豁达、积极向上、充满自信的感觉。

（2）站立时弯腰曲背会给人一种缺乏自信、消极、悲观、甘居下游的不良印象。

（3）自觉地并肩站立是一种关系友好、有共同语言的表现。

（4）双腿分开，一手叉腰、另一手摸下巴或拿着东西是一种无所畏惧、不急于求成的态度。

（5）双腿分开，一手叉腰、另一手摸着下巴却低头看对方脚则表现了一种深思、为难的姿态。

3. 行姿

人走路的样子千姿百态，各不相同，因而给人的感觉也不相同。通常，男性与女性的行姿有很大区别。

男性走路的正确姿态应当是：昂首、挺胸、嘴巴闭合，两眼平视前方。行走间上身不动，两肩不摇，步态稳健，以显示出刚毅、雄健、英武、豪迈的男子汉风度。

女性走路的正确姿态应当是：头部端正、但不宜抬得过高，下颌略收，两眼平视前方。行走间上身自然挺直，收腹，两手前后摆动幅度要小，两腿并扰，小步前进，走成直线，步态自如、轻盈飘逸，以显示出端庄、文静、温柔、典雅的窈窕美。

不同的行走姿态传递出不同的信息，给对方留下的印象和感觉也大不相同：

（1）步伐矫健、轻松、灵活、富有弹性，使人联想到健康、活力，令人精神振奋。

（2）步伐稳健、端正、自然、大方，给人以沉重、庄重、斯文的感觉。

（3）步伐轻盈、灵敏，行如风，给人以轻巧、欢悦、柔和之感。

（4）摇头晃脑、歪歪斜斜、左右摇摆、随随便便，给人以庸俗、无知和轻薄的印象。

（5）弯腰弓背、低头缩脖、步履蹒跚，给人以压抑、疲倦、老态龙钟的感觉。

以上就举止中的坐、站、行进行了介绍，这里还应提及的是：谈判者的态度、面部的表情以及头、背、腿等部位的姿势等，都会影响整体仪表形象，给谈判带来一定的影响。

需要提出的是：在正常情况下人们的行为、举止要适度得体；但在商务谈判这一特殊的场合，有时也会出现有悖于常规、常理的举止，此时则可能是一种谈判的策略或战术的运用。

二、谈吐礼仪

与服饰、行为举止相比，一个人的谈吐更能反映和表现其内在的教养和能力。在谈判中，谈判者要注意谈话的分寸。这种分寸就体现在双方谈话时的距离、手势、音调、用语等方面。

1. 保持适当的距离

就谈判时双方的距离而言，空间的距离大小会直接影响谈判双方心理上的距离。在一般情况下，人们在谈判时或坐着，或站着，都应保持一定的角度或距离。在实质性谈判中，双方的距离一般都在 1~1.5m。如果距离过远，会使双方交谈不方便而难以接近，有相互之间谈不拢的感觉；如果距离过近，又似乎过于"亲昵"，有时甚至感到拘束、不舒服，不利于表达自己的意见，特别是不同的意见。

2. 手势自然

说话时的手势有利于表现自己的情绪，帮助说明问题，增强话语的说服力与感染力。但做手势或利用手势说明问题时，要注意自然而就，既不要故意去做某一手势，那样会给人演戏的感觉；也不要每句话都做手势。特别是做手势时的幅度，纵向不超过与对方相距的"中界线"，超过中界线就侵入了对方的势力范围，有挑衅、咄咄逼人的感觉；横向不要超过自己的肩，否则就会变得乱挥乱舞，显得浮躁、不沉稳。反之，手势的幅度太小也不好，这往往会给对方缩手缩脚、缺乏自信的感觉。

3. 目光平和、友好

由于文化背景的差异，各国举目投眼的习俗各异。例如，瑞典人在谈话时喜欢对视，而日本人则喜欢看着对方的脖子，英国人则认为谈话时对视是不礼貌的。但是，不管差异多大，在商务谈判中较好的做法是以平和的目光注视对方的脸与眼。这样做一则表示在认真倾听对方的发言和意见，或者在认真地回答其提出的问题，提出己方的意见；二则可以通过注视对方的脸部表情和眼神来观察对方的心理活动，捕捉对方的思想。不过，最好在谈判前对谈判对手这方面的习惯有一定的了解。

4. 说话的速度要平稳、中速

如果说话的频率过快，尤其在需要翻译人员的情况下，一方面会导致翻译人员跟不上，还会导致对方等待翻译人员的时间太长；另一方面一下子说得太多，对方难以抓住己方说话的意思，也就难以正确地理解己方的话，从而影响谈话的效果。反之，如果说话速度太慢，会给人以吞吞吐吐、欲言又止的感觉，常常容易被人疑为有欺诈之嫌。因此，在陈述己方的意见时应平稳、中速地进行。当然，在有些情况下，为了强调或让对方注意己方的谈话，可在话语之间加入几秒钟的停顿，同时，目光与对方对视交流一下，观察一下对方的反应，效果会更佳。

5. 谈话的音调和音量适当

不同的音调可赋予同一句话不同的含义，同时音调的高低及音量的大小反映了说话者当时的用意、感情与心理活动。例如，升调一般表示惊讶与不满的感情与情绪；而降调则表示遗憾与灰心的心理变化。对一般问题的阐述可以用正常的语调和中等的音量；而在表示自己的立场、观点，特别是与对方有分歧的立场与观点时，就可以通过改变音调和音量来增强说话的力量。总之，音调与音量要与谈判的气氛、谈话的具体内容相适应。

6. 用语准确、恰当

要选择恰当的词语准确表达己方的意思。用语不当往往不能正确地表达本想表达的意思，甚至会使对方曲解己方的意思。而句子结构的安排如何，也会影响到谈话者能否充分地、恰到好处地表达自己的意思。

用语按照商务谈判的阶段可分为寒暄用语、开场用语、交谈用语、结束用语等。

寒暄用语是双方交往中以相互问候为内容的应酬语。例如，初交时常说："幸会！幸会！""见到你，不胜荣幸"等，如果是老相识的话则会说："久违！久违！"

开场用语的目的是使人们注意力集中，因此，开场要话题明确，如"贵方有何意见，有何准备，我们可以先听听"；或者"贵方此行关系重大，将决定合作的成败，希望双方能紧密配合"等。开场用语多用陈述式，也可用感叹式。

交谈是贯穿谈判始终的重要内容，如礼节性交际语言、专业性交易语言、留有余地的弹性语言、威胁劝诱性语言、幽默诙谐性语言等均属交谈用语。另外，表示喜、怒、怨、恶的用语穿插在这些语言中间，使这些语言在运用中注入了谈话人的态度、情绪，如"谈判之所以拖延，主要是贵方技术资料准备不足"，这其间既有商业用语，又混入了抱怨的情绪，表明了说话人的立场。

结束用语是谈吐的压轴语，即在结束用语中既要说出自己对所讲过的问题的评价，同时又要对讲过的议题予以归纳。可见，结束用语在谈判的策略上占有特殊的地位。因此，对结束用语的要求是：①稳健、中肯、切题；②既有肯定，又有否定，且有回旋余地；③不是最后的时刻，不作绝对结论。

7. 注意谈判桌外的交谈礼仪

谈判并非只限于谈判桌前，还有谈判之余，如谈判中的间歇或离开谈判桌之后的闲谈。看似闲谈，但也会对谈判的进展起到意想不到的作用。因此，谈判桌外的交谈礼仪也很重要。

（1）主题选择适宜、文雅、轻松、时尚的话题。文雅是指内容文明、优雅，格调高尚、脱俗，如文学、艺术、哲学、历史、地理、建筑、音乐等。轻松是指谈论的主题是令人愉快、不觉厌倦的话题，如休闲娱乐、旅游观光、名胜古迹、风土人情等。时尚是指以此时、此刻、此地正在流行的事物作为谈判的中心，如网络音乐、股市动荡、汽车价位等。切忌交谈的主题有个人隐私以及捉弄对方、非议旁人、令人反感的话题等。

（2）参加他人谈话时要先打招呼。他人在个别谈话时，不要凑近旁听。若有事需与其中某人交谈时，要等候他人谈完。有人主动与自己谈话时应乐于交谈，发现有人欲和自己交谈时可主动向前询问。第三人参与交谈时，应以握手点头或微笑表示欢迎。谈话中遇有急事需处理或需离开时，应向对方打招呼，表示歉意。

（3）注意交谈中的礼节。交谈中当自己讲话时要给他人发表意见的机会，他人讲话时也应寻找机会适时地发表自己的看法。要善于聆听对方谈话，不要轻易打断他人的发言。一般不谈与话题无关的内容。如果对方谈到一些不便谈论的问题，不要轻易表态，可转移话题。对方发言时，不应左顾右盼，心不在焉，或注视别处，显现不耐烦的样子；不要做看手表、伸懒腰、玩弄东西等漫不经心的动作。交谈时一般不询问妇女的年龄、婚姻状况等，也不能径直询问对方的履历、工资收入、家庭财产、衣饰价格等方面的话题。

第三节　馈　赠　礼　仪

馈赠是商务活动中不可缺少的交往内容，是商务谈判的"润滑剂"。相互馈赠礼品有利于联络感情、增进友谊、促进交往，使双方的合作关系得到巩固和加强。

一、馈赠的目的

1. 为了交际

为了交际目的而选择礼品的一个非常重要的原则就是要使礼品能反映送礼者的寓意和情感，并使寓意和情感与送礼者的形象有机地结合起来。

2. 为了巩固和维系人际关系的"人情礼"

礼尚往来是人之常情，也是交往中的基本礼仪要求。这种情况下以"来而不往非礼也"为基准。因此礼品无论从种类、价值的大小、档次的高低、包装的式样、蕴涵的情义等方面都呈现出多样性和复杂性。

3. 为了酬谢

这类馈赠是为答谢他人的帮助而进行的，因此在礼品的选择上十分强调其物质利益。礼品的贵贱厚薄取决于他人帮助的性质。

二、选择礼品的原则

1. 投其所好

选择礼品时一定要考虑周全，有的放矢，投其所好。可以通过仔细观察或打听了解受礼者的兴趣爱好，然后有针对性地精心挑选合适的礼品，尽量让受礼者感觉到馈赠者在礼品选择上是花了一番心思的，是真诚的。

2. 考虑具体情况

选择礼物要考虑具体的情况或场合，如店庆可送花篮，逢节日可送贺卡等。

3. 礼物的价格不宜过高，但要有特点

一般情况下欧美等国家的外商比较注重礼物的意义价值而不是其货币价值，他们只把礼物看成是友谊和感情的载体和手段，故馈赠价值昂贵的礼物有时效果会适得其反，对方会怀疑此举是否贿赂而另有图谋，会引起对方的戒备心理。礼物的价值多少合适，各国则有所不同。

三、馈赠的礼节

要使双方能愉快地接受馈赠的礼品，并不是一件很容易的事情。即使精心挑选、细心准备的礼物，如果不讲究馈赠的礼仪和艺术，也很难收到预期的效果。因此，谈判人员熟知馈赠礼仪也很重要。

1. 要尊重对方的习俗和文化修养

谈判人员由于所属国家、地区间有较大差异，文化背景有所不同，爱好和要求必然存在差别，馈赠礼品时要了解和尊重对方的习俗和文化修养。例如，在阿拉伯国家，伊斯兰教禁酒，不能以酒作为馈赠礼品；禁止偶像崇拜，最好不要赠送有人像和动物画片的图书或年

历；不能给当事者的妻子送礼品；他们喜爱具有知识性、富有人情味的礼品。在英国，人们普遍讨厌有送礼人单位或公司标记的礼品；白色的百合花象征死亡，菊花只用于万圣节或葬礼，其他花可送人。送给意大利人的礼物应含有某些快乐的味道，如塞满巧克力的银白色糖果桶；也可送精致典雅的礼品，如古典名著或者工艺品。在法国，康乃馨被视为不祥的花朵；只有在办丧事时才使用菊花。在日本，菊花是皇室专用的花，所以普通人不得乱用；荷花被认为是不洁之物，意味着祭奠。德国人重视现实而不喜欢浪漫，因此给他们送花不要送具有浪漫含义的玫瑰花。在俄罗斯，给女主人送花只能是红玫瑰，花束的数目不能是"3"。

2. 要注意礼品的包装

适宜的包装不仅能显示出赠礼人的文化和品位，而且还体现了对对方的尊重，给对方留下美好的印象。外商比较注重礼品的包装。因此，在包装的图案和颜色上，更要考虑不同国家、不同民族的习俗、爱好，以免影响效果。

例如，日本人忌讳包装打上蝴蝶结。他们喜爱红、白、蓝、黄等色，禁忌黑白相间色、绿色、深灰色。

德国人对礼品的包装纸很讲究，忌讳用白色、黑色或咖啡色的包装纸包扎礼品，更忌讳使用丝带作外包装。

埃及人喜欢金字塔、莲花图案，忌穿有星星图案的衣服，连有星星图案的包装纸也不喜欢；喜欢绿色、白色，而忌讳黑色与黄色，蓝色被看作恶魔。

新加坡人一般对红、绿、蓝色很欢迎，视紫色、黑色为不吉利，黑、白、黄为禁忌色；在商业上反对使用如来佛的形态和侧面像；在标志上，禁止使用宗教词句和象征性标志；喜欢红双喜、大象、蝙蝠图案。

英国人忌用大象、黑猫和孔雀图案，认为大象是愚笨的象征，黑猫是不祥之物，孔雀是祸鸟。

法国人忌用墨绿色，因为这是纳粹军服的颜色；忌讳仙鹤。

意大利人忌紫色，喜爱绿色和灰色，国旗是由绿、白、红三个垂直相等的长方形构成。据记载，拿破仑的法国意大利军团在1796年的征战中使用绿、白、红三色旗。这面旗是拿破仑本人设计的。

俄罗斯人忌黑色，较喜欢灰色、青色。

美国一般喜爱浅色，如象牙色、浅绿色、浅蓝黄色、粉红色等；不大喜欢灰暗的颜色；不喜欢蝙蝠，认为那是凶神恶煞的象征。

在巴西，棕色为凶丧之色，紫色表示悲伤。他们认为人死好比黄叶落下，所以不喜欢棕黄色。

沙特人崇尚白色、绿色，忌用黄色；忌讳用带有人像和动物图片的包装纸。

加拿大人喜欢深红色。

3. 要注意时机和场合

一般赠送礼品应选择相见、道别或相应的仪式上。此外，英国人多在晚餐或看完戏之后乘兴赠送，法国人喜欢下次重逢时赠送礼品。我国以在离别前赠送纪念品较为自然。如果为了引起对方惊喜之情，亦可于对方所乘飞机即将起飞或火车即将开动之时赠送礼品，当然这一般适用于特别熟悉的朋友之间。当众向一群人中的某一个人赠礼是不合适的，给关系密切的人送礼也不宜在公开场合进行。只有象征着精神方面的礼品，如花篮、牌匾等才可以在众人面前赠送。

4. 要注意赠礼时的态度和动作

赠送礼品时，态度要平和、友善，动作要落落大方，并伴有礼节性的语言，这样，受礼者才容易接收。

5. 要讲究数字

我国一向以偶数为吉祥，而日本人却以奇数表示吉利。日本人和韩国人忌数字"4"，西方国家通常忌讳"13"这个数字。因此，送水果或其他数量较多的礼物时应注意数字。

应当注意，礼品往往是有一定的暗示作用的，必须小心谨慎，不要因赠送礼品造成误解。例如，我国一般忌讳送梨或钟，因为梨与"离"同音，钟与"终"同音，"送离"和"送终"都是不吉利的字眼；男性对一般关系的女子，不可送贴身内衣、腰带和化妆品，更不宜送项链、戒指等首饰物品，否则极易引起误解。

四、受礼的礼仪

有礼有节的馈赠活动，有利于拉近双方的距离，增加合作机会，因此相互馈赠礼品已成为商务活动中的重要内容。正所谓"礼尚往来"，除馈赠礼品外，商务谈判人员也常会遇到受礼问题。在接受礼品时应注意如下礼仪：

（1）一般情况下不应当拒绝受礼。如果觉得送礼者别有所图，应向他明示自己拒收的理由，态度可坚决而方式要委婉，并表示感谢。

（2）接受礼物时，不管礼品是否符合自己的心意，都应表示对礼物的重视。对贺礼、谢礼以及精美礼物，除中国、日本两国外，对欧美人一定要当面亲自拆开包装，并表示欣赏地赞美一番。

（3）接受了他人的馈赠，如有可能应予以回礼。还礼可以是实物，其礼物一般为对方礼物价值的1/2，也可在适当的时候提及，表示"不忘"和再次感谢对方。

应当注意的是：对于能否接受赠送的礼品要心中有数，因为如果接受了一件礼物，就容易失去对某些事物的一些控制权。在国际商务洽谈中，接受礼物须符合国家和企业的有关规定。

第四节　宴请礼仪

在商务谈判中，为了加强双方的关系和联络双方的感情，谈判双方经常会互相宴请。因此商务谈判人员必须了解有关宴请的礼仪和礼节。

一、宴请的形式

宴请活动的常用形式有宴会、招待会、茶会、工作餐等形式。

1. 宴会

宴会是较为隆重的正餐，按照举行时间可以分为午宴和晚宴，又以晚宴最为隆重。宴会包括国宴、正式宴会、便宴和家宴。国宴是为国家庆典或欢迎外国元首、政府首脑来访而举行的正式宴会，因而规格最高。举行国宴的宴会厅里要悬挂国旗，并演奏国歌和席间乐。正式宴会除不挂国旗、不奏国歌和出席者不同外，与国宴基本相同，对主、宾的座次、餐具、着装、酒水和菜肴的道数等都有比较严格的规定。便宴是非正式宴会，形式比较简单，可以不排座次，不作正式讲话，比较随意和亲切。家宴是指在家中宴请客人。

2. 招待会

招待会是指不准备正餐，但准备食品和酒水饮料的较为灵活的宴请方式。常见的有冷餐会和酒会两种形式。冷餐会即自助餐，其特点是在室内外举行均可，不排座位，菜肴以冷食为主，客人可坐可站，并可自由活动，自由多次取食，酒水可以放在桌上，也可由招待人员端送。酒会以酒和各种饮料为主，并备有少量小吃，由招待人员端送，也可将食品放在桌上，由客人自取。酒会的形式轻松随意，一般不摆座椅，仅置小桌或茶几，以便客人随意走动。酒会举行的时间较为灵活，上午、中午、晚上均可，时间一般持续两三个小时。请柬上往往注明整个酒会持续的具体时间，在这段时间里客人可随意到达或退席，来去自由，不受约束。

3. 茶会

这是一种简单的招待形式。举行的时间多在上午 10 点、下午 4 点左右，以茶和咖啡为主，略备一些点心和风味小吃，一般在客厅进行，不排座席，不用餐具。

4. 工作餐

这是现代交往中经常采用的一种非正式宴请形式，也是一种以谈论工作为目的的宴请形式。一般不邀请客人的配偶以及其他与工作无关的人员，就餐人员可利用进餐时间，边吃边谈问题。在商务谈判中，因日程安排不开时可采用这种形式，而且这种形式往往能缓解某些对抗，促进问题的解决。

二、宴请的安排

（一）方式

宴请的方式主要根据谈判活动的需要来确定。如果是以礼节性为主，采用宴会的形式比较合适；如果是以庆祝性为主，则采用招待会比较合适；如果以讨论某项特定工作为主，则采用工作餐形式为宜。

（二）日期和时间

宴请的时间对主、宾双方都应适宜。一般不要选择对方的重大节假日、有重要活动或有禁忌的日子。例如，对日本人来说，宴请活动安排在有 4 和 9 的日子是不受欢迎的；对伊斯兰教徒来说，遇到斋月是不能参加宴请的；对许多西方人来说，13 和星期五是不吉利的。在日期和时间安排好之后，一般都发请柬，工作餐一般不送。正式宴请的请柬一般要在宴请前 1~2 周发出，以便被邀请者能及早安排；在宴请活动前夕，再对被邀请者能否出席进行确认。

（三）订菜

宴请的菜谱根据宴请规格，在规定的预算标准内安排。选菜不应以主人的喜好为标准，主要考虑宾客的口味、喜好与禁忌，一般以稀缺之物为原则。

（四）席位安排

正式宴会一般需要安排座次，也可以只排部分人的席位，其他人只排桌次或自由入座。席位的安排包括两方面：一是桌次安排，二是座位安排。

1. 桌次安排

桌次的高低按照国际上的习惯应遵循近高远低（离主桌）、右高左低的原则。当桌数较多时，要摆上桌次牌，以免混乱。

2. 座位安排

座位的高低按照国际惯例也遵循近高远低（离主人座位的距离）、右高左低，正对大门为主、背对大门为低的原则。在排座位时还需要注意如下几方面：

（1）先按礼宾次序开列主客双方的名单，然后根据礼宾次序排座位，这是基本的排座依据。千万不能有所缺漏，尤其是宾客的名单。

（2）当遇到主宾身份高于主人时，有时为了表示对其的尊重，可以把主宾摆在主人的位置上，主人则坐在原主宾的位置上，即原主人位子的右侧，第二主人则坐在主宾的左侧。当然按常规排列也可以。

（3）如果主宾的夫人出席，通常与宴会女主人排在一起，即男主宾坐在男主人右上方，其夫人坐在女主人右上方，也可以把主宾夫妇安排在主人的左右两侧。如果宴会主人没有夫人或夫人不出席，可请其他身份相当的女士作第二主人。

（4）国外通常喜欢把男女宾穿插安排，但我国习惯按各人职务、身份排列，以便于谈话。

（5）座位安排还要注意尽量把身份大体相当、专业相同、语言相同的人排在一起；而意见分歧、关系紧张的人应该尽量避免在一起。

图 10-1 ~ 图 10-6 是座位安排的一些范例，可供参考。

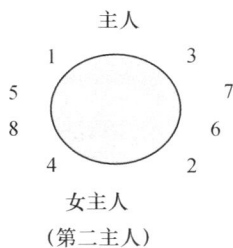

图 10-1　座位安排范例一

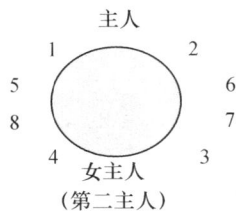

图 10-2　座位安排范例二

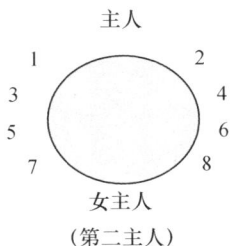

图 10-3　座位安排范例三

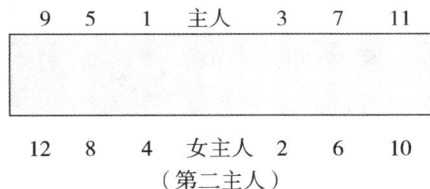

图 10-4　座位安排范例四

对于大型宴会而言，当桌次、座位都排好后，可在请柬上注明，也可以在现场安排专人引导，以免混乱。

	4	8	12	9	5	1	
女主人 （第二主人）							主人
	2	6	10	11	7	3	

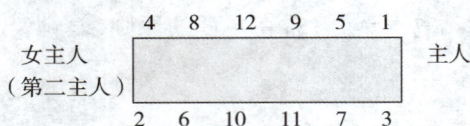

图 10-5　座位安排范例五

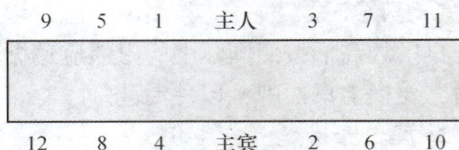

	9	5	1	主人	3	7	11	
	12	8	4	主宾	2	6	10	

图 10-6　座位安排范例六

三、宴会过程

正式宴会的宴宾过程从客人到达开始算起，到客人离席告辞结束为止，大体经历迎接小憩、开宴致辞、席间交流、宴毕欢送四个环节。在这个过程中每个环节也有相应的礼仪要求。

1. 迎接小憩

一般主人应在宴会厅门口迎接客人的到来。客人抵达后，主人应与之握手问好，并由专人将客人引到休息厅。客人到休息厅喝茶小憩，主方人员可陪坐小叙。没有休息厅则可直接进入宴会厅，但不入座。

2. 开宴致辞

客人到达差不多时，尤其主要客人已经到齐时，预定时间一到，即可开宴。开宴时按预先排好的座位由服务人员引导入座，先主要客人后次要客人。宴会开始后，就可以安排宾主双方致辞以表达某种意愿或心情。致辞的时间一般安排在宾主双方入座后，或在热菜之后，甜食之前。冷餐会和酒会的讲话时间很灵活，可相继进行。

开宴致辞一般要轻松幽默、热情简短，并对来宾表示谦虚和敬意。

3. 席间交流

致辞结束后，开始正式用餐。席间宾主及客人之间相互碰杯，并说些祝愿的话。在就餐时，一方面要注意用餐气氛的调节，另一方面还要注意相关的礼仪。

4. 宴毕欢送

一般吃过水果后，主人应向主宾示意，让其做好离席的准备，然后从座位上起立，这是全体离席的信号，即意味着宴会结束。也可以由主人宣布宴会结束。

客人起身告辞，主人应将其送至门口，热情、友好地话别。有时主方人员可以列队门口，与客人一一握手话别，表示欢送。

四、餐桌上的礼仪

1. 餐具的使用

中餐的主要餐具就是筷子。用筷子时要注意握筷的姿势，食指不要翘着；不要每次夹菜之前都舔筷子；一次夹菜不要夹太多；更忌讳夹菜夹得菜汁滴不停；不要用筷子敲餐具或在餐桌上碰齐；不要用筷子扒拉菜，挑肥拣瘦；不要一边说话一边舞动筷子；不要将筷子在菜上晃荡；不要一边用汤匙舀汤一边拿着筷子；更忌讳把筷子插在米饭上。

西餐的最主要餐具就是刀和叉，刀叉的使用有一定的章法。正式的西餐餐具中，一般在正中放一个食盘，盘子的左边放三把叉，右边放三把刀，右外侧再放一把匙。它们的用法是：最外侧的刀叉是餐前食用刀叉，中间的是鱼食的刀叉，最里边的是肉菜的刀叉。用餐时，左手持叉、右手持刀，切割食物时叉应紧紧按住所切的食物，刀紧贴叉边切下以防滑开。一般是切一块、吃一块，切下来的大小应刚好够一口。切割的动作不要太大，以免发出刺耳的响声。进餐时，餐刀刀口应始终朝着自己放置，叉尖朝下，刀叉相交成夹角位置。用餐完毕时，刀叉应并排放食盘的右下方，两者的柄不要伸出太多，其中叉尖应朝上放置。

其余的餐具使用时也要注意礼仪。例如，湿毛巾在宴会开始上来时是擦手的，结束时上来是擦嘴的，不要混淆，两者都不可以用来擦汗。餐巾一般是对折后放在自己的腿上，大三角的顶端向外，绝不可以把它围在脖子上或掖在身体的其他地方。当用餐完毕时，将餐巾放在自己右前方的餐桌面上，当中途离席时要将餐巾放置在自己的椅子面上。餐巾纸一般是用来擦嘴和擦手的，如果不够用，可以索要，但不要用自己的其他用纸。在用水盂洗手时动作幅度一定要小，以免把水溅到他人身上，一般应该用两手轮流沾湿指头，轻轻洗后用毛巾擦干。喝汤时应该把汤舀到自己的汤碗里，用汤匙舀着喝，千万不要发出声音，若汤太烫，唯一的方法就是等它自然冷却。用餐后，尽量不要剔牙，如果要剔牙，也要用手遮住。

2. 用餐礼仪

中餐的上菜顺序是：冷盘→热菜→甜品→水果。用餐时的礼仪包括：用餐时应闭紧嘴巴，不要发出咀嚼的声音。应就近夹菜，不要站起身来夹远处的菜；用转盘时要注意是否有人正在夹菜；吃菜要斯文，每次入口要适量。与人交谈时，一定要等嘴里的食物完全咽下，嘴角和手指擦干净再开口。此外，鱼刺、骨头等菜渣应用筷子接住，放到碟子上，不要随口乱吐。当拒绝他人斟酒时，应该简单地说声："不，谢谢"，或者用手稍稍盖住酒杯，即可表示谢绝。当发生意外，如打翻酱碟，处理的原则是不打乱宴会，即婉言道歉，但不要没完没了地自责，同时要尽快处理。

西餐的上菜顺序是：头盘→汤→副菜→两道主菜→甜品→咖啡或茶。西餐的用餐礼仪有很多和中餐差不多，但它又有自己的讲究和忌讳。吃西餐时，忌讳频繁地向客人敬酒，主人只在宴会开始时，举杯感谢客人的光临就可以了。吃西餐时，不可以将鱼翻转来吃，应该等上面的鱼肉吃完，把鱼刺剔掉后，再吃下面的鱼肉。吃面包应用手掰着吃，而不是用刀叉叉住咬着吃。饭后喝咖啡时，小勺是用来搅拌的，而不是舀咖啡喝的；应该左手拿垫碟，右手拿杯把，端至胸口时，直接用嘴喝。

在宴席上不要谈生意。一方面，宴会厅里人多嘴杂，要防泄密；另一方面，对某些国家的客户来说，如果在宴席上谈生意，会被其误认为己方将酒席当诱饵而加以拒绝，会影响交易的达成。

五、赴宴的礼仪

1. 应邀

接到宴会的邀请后，能否出席，应尽早地答复对方，以便主人安排。对注有"请答复"（R. S. V. P）字样的请柬，无论出席与否，都应迅速答复。对注有"备忘"（To remind）字样的请柬，因其只起提醒作用，可以不答复。在接受邀请之后，不得随意改变。应邀出席一项活动之前，要核实宴请的主人、活动举办的时间及地点、是否邀请了配偶以及主人对服装的要求等，以免失礼。

2. 遵守出席时间

出席宴请活动时，抵达时间的迟早、逗留时间的长短，在某种程度上反映了对主人的尊重程度，这要根据活动的性质及有关习惯来掌握，迟到、早退或逗留时间过短，都被视为失礼或有意冷落主人。

一般客人应略早抵达，身份高者可略晚抵达。有些国家的习惯是正点到达或晚一两分钟抵达。我国的习惯是正点到达或提前数分钟抵达。在席间，确实有事需要提前退席者，应向主人说明后悄然离去或事先打招呼，届时离席。

3. 抵达、入座

抵达宴请地点时，应先到衣帽间脱下大衣和帽子，然后前往主人迎宾处，主动向主人问好。如果宴请属吉庆活动，应表示祝贺。进入宴会时对新老宾客都应笑脸相迎、点头示意，对长辈或身份高的人则表示出尊重。

入座前应先了解清楚自己的桌次、座次，不宜乱坐。如果左右邻座是长者或女士，应先主动协助他们坐下，然后自己再入座，给人以有教养或谦虚的好印象。

4. 进餐

进餐时，第一次动筷要等主人招呼了再开始。如果宴席不只一桌，则不宜在主宾席尚未进餐时率先进餐。夹菜时不要拣大块儿或精食，坚持"先人后己"，宁可少吃一口，不可多贪一勺，否则会降低自己的身份；更不能狼吞虎咽，放口大嚼。遇到从未吃过的菜，在还未了解吃法的情况下，不要抢先动筷，以免闹出笑话来。

5. 祝酒

以主宾身份参加宴请，应了解对方的祝酒习惯，即为何人何事祝酒、何时祝酒等，以便做必要的准备。碰杯时，主人先和主宾碰杯，人多时可同时举杯示意，不一定真的碰上杯。祝酒时应注意不要交叉碰杯。在主人和主宾致辞、祝酒时，全场人员应暂停进餐，停止交谈，注意倾听，不要借机吸烟等。遇到主人或主宾前来本桌敬酒时，应起立举杯。碰杯时，要目视对方，微笑致意。有的大型宴会需奏国歌，这时，应全场起立，肃静，并对国旗行注目礼，军人应行举手礼。

宴会上互相敬酒可表示友好、活跃气氛，但切忌喝酒过量，否则会失言、失态。饮酒一般应控制在自己酒量的1/3为宜。另外，应注意不要强行劝酒，这会被认为是一种不礼貌的行为，在国际交往中尤其如此。

第五节　日常交往的礼仪与礼节

商务谈判人员为了体现其良好的修养、风范和彬彬有礼的风度，熟知并运用日常交往的礼仪与礼节是非常重要的。

一、见面时的礼节

1. 打招呼

打招呼是人们见面时最简便的礼节，最简单的问候语是"早上好""下午好""晚安"或"您好"。日本人打招呼，常用"您早""您好""请多关照"等。而在巴基斯坦及中东信奉伊斯兰教的国家，打招呼的第一句话就"真主保佑"，以示祝福。在泰国、缅甸等信奉佛教的东南亚国家，打招呼的第一句话则是"愿菩萨保佑"。

2. 称呼

研究结果表明，人们最喜欢听的字眼就是自己的名字，特别是听到不太熟悉的人一见面就很自然地道出自己的姓名，会由衷地感到愉悦。这有利于谈判双方的进一步交流。可见见面瞬间正确、清楚地道出对方的姓名和头衔是良好交往开端的第一要素。如果不清楚，可向有关人员了解。由于各国、各民族的语言不同、风俗习惯各异、社会制度不一，因此在称呼上差别很大，如不小心出错了，不仅会使对方不高兴，引起对方的反感，而且会危及谈判的成功。

在对外交往上，对男子一般称先生。对英国人不能单独称"先生"，而应称"×先生"。美国人较随便，容易亲近，很快就可直呼其名。对女士，一般称"夫人""女士""小姐"。对不了解其婚姻情况的女子可称其"女士"。在日本，对妇女一般不称"女士"，而称"先生"。

美国、墨西哥、德国等国没有称"阁下"的习惯。俄罗斯等国还有称"公民"的习惯。

称呼顺序的基本原则是"先长后幼、先上后下、先疏后亲、先外后内"，这样做比较礼貌、得体和周到。

3. 介绍

介绍是交际场合结识朋友的主要方式。在国际商务谈判这样比较正式的场合，通常有两种介绍方式：一般由双方主谈人或主要负责人互相介绍各自的组成人员；在双方主谈人互不相识或不太了解时，一般请中间人介绍双方的情况。

介绍的具体内容应视当时的具体情况而定。一般来说，为他人作介绍时，将姓名、身份、单位（国家）等简要作一说明即可，更详细的内容留待被介绍者双方根据其意愿去交谈。如果是自我介绍，不可贸然直问对方"您贵姓？"而应该自报家门，说明自己的姓名、身份、单位等，并表达出"我很高兴认识您"的愿望。这时，对方自然会告诉自己的姓名。

介绍时，被介绍者除年长者外，男士一般应起立、点头示意，或同时说一声："你好，很高兴认识你！"在介绍时，适时地与对方握手也是表达愿意相识的通常做法。在宴会桌、会谈桌上，无论男士、女士，只在被介绍时微笑、点头示意即可。一般不要将女士引见给男士，除非这位男士是国家和地方的高级领导人，或是一些重要组织的领袖。当初次见面、被介绍或自我介绍时，也可适时交换名片。

正式介绍的国际惯例一般是：先将年轻的介绍给年长的；先将职务、身份较低的介绍给职务、身份较高的；先将男性介绍给女性；先将客人介绍给主人；先将未婚的介绍给已婚的；先将个人介绍给团体。在人多的场合，主人应对所有的客人一一介绍。当两位客人正在交谈时，切勿立即将其中一人介绍给第三人。这一规则在国际商务谈判中很重要。谈判双方中，主方代表应一一见过客方所有人员。另外，对远道而来又是首次洽谈的客人，介绍人应准确无误地把客人介绍给主人。介绍双方认识时，应避免刻意强调一方，否则会引起另一方的反感。

4. 握手

在国际商务谈判中，谈判双方握手已成为习以为常的礼节。握手是大多数国家见面和告别时的礼仪，握手也是表达祝贺、感谢、鼓励及同情、安慰等感情时的常见形式。

握手的先后顺序是：主人、年长者、身份高者、先伸手的女士，客人、年轻者、身份低者、男士见面后先问候，待对方伸手有握手之意时，再行握手礼。

握手时应注意以下几个问题：

（1）握手用力要适度，时间要短。握手应有适当力度，过轻或过重都不适宜。过轻表示冷淡或傲慢；过重又会使人感到疼痛，心理上有一种压迫感。抓着对方的手乱摇甚至辅之以拍肩动作就更不礼貌了。在一般情况下，握手的时间以 3~5s 为宜。特殊情况例外。

（2）握手时应精神集中，注视对方，微笑致意。切忌一边握手，一边注视别处或与他人交谈、左顾右盼。

（3）握手时男子应先脱下手套、摘下帽子；如手套不易脱去或不便脱去，则应表明原因，表示歉意。男士与女士握手时，须先脱下手套；女士也应脱去手套，但地位较高者可不必。女子虽可戴手套握手，但对方是长者或身份较高时，仍应先脱去手套。但女子所戴的装饰性手套例外，因为这种手套为女子服饰的一部分，可以不脱下而行握手礼。

（4）多人同时握手时注意不要交叉，应待别人握完后再行握手礼。到主人家作客，可以只与主人及熟悉的人握手，向其他人点头示意即可。军人戴军帽与人握手时，应先行举手军礼，再行握手礼。

（5）女士如不伸手示意，男士不应主动上前握手。

（6）一天中若多次见面时，只第一次见面时握手即可。

根据各国、各民族的习俗、习惯，见面时除了握手之外，还有其他方式的礼节。日本人习惯于行鞠躬礼，东南亚信奉佛教的国家则喜欢用合十礼；欧美各国在熟人、朋友之间则常常用拥抱礼来表示其热情与亲密。在西方、东欧和阿拉伯国家还常见行亲吻礼。总之，谈判者应先对各国的礼节有所了解，切勿轻率使用。

5. 致意

在公共场合远距离遇到相识的人时，一般应礼貌地致意。通常做法是举右手招呼并点头致意。有时与相识者侧身而过，从礼节上讲，也应说声"你好"；与相识者在同一场合多次会面，只点头致意即可。对有一面之交的人或不相识的人在社交场合均可点头或微笑致意。在两人相遇时，还可以摘帽点头致意，离别时再戴上帽子。男子向女子打招呼，或学生向老师致意时，通常把帽子向上微微一提，以表敬意。

在遇到身份高者时，应有礼貌地点头致意或表示欢迎，不应主动上前握手问候。只有在身份高者主动走近自己伸手时，才可向前握手问候。有时遇到身份高的熟识者，一般也不要径直向前去问候，应待对方应酬活动告一段落后，再前去问候致意。

二、使用名片的礼仪

在日常交往中，人们将名片作为介绍身份的一种手段已成为很普遍的情况。目前使用名片时的礼仪也日益受到关注。

名片一般为 10cm 长、6cm 宽的白色或有色卡片，在社交中以白色名片为佳。名片是自己的替身，是证明一个人自身存在的最有力的证据，它在国际商务谈判活动中必不可少。这不仅是因为书写的外国名字比口头表达的便于记忆，还因为在一些国家和地区，地位和职业显得很重要。在名片上公司的名称以及个人的职位、头衔不要用缩写。到国外，名片最好同时印有中文与当地文字。

在使用名片时应注意如下礼仪：

（1）双手递上名片。若手中拿着名片，则可左手退回，右手去接。

（2）正面朝向对方，以便让对方能一眼看清名片上的内容。

（3）如果坐着，应尽可能起身接受对方的名片。

（4）身份较低者应率先递出个人名片。到别处拜访时，经介绍后再递出名片。

（5）接受名片时应双手去接，并确定其姓名和职务；接受名片时不应随手置于桌上，更不能压上物品。

（6）不能递出污旧或皱褶的名片。

（7）尽量避免在对方的名片上书写不相关的信息，除非经过对方的同意。更不要无意识地玩弄对方的名片。

（8）名片夹或皮夹应置于西服内袋，切忌从裤子的后口袋掏出。

（9）初次见面，对方递过名片并作自我介绍，意欲结识自己时，应双手接过名片，端详片刻装入名片夹或上衣袋中。在感谢对方的同时，将自己的名片交换给对方。如果当时没法交换自己的名片，应说明情况并致歉，事后补上。

这里特别强调的是：外国人是不轻易交换名片的。因此，到国外，一般不要像发传单那样发名片。

三、电话联系的礼仪

在国际商务谈判中，双方互通电话，在礼节上是很讲究的。在谈判双方的休整过程中，一方给另一方打电话，一般是有很重要的事情，双方对此类电话都会很注意。因此，打电话之前应做好准备，打好腹稿，选择好表达方式、语言声调。在通话中，如果是主方，应以客气的语言，请对方找××先生（女士）。对方回话时，要小心询问接话的是否是××先生（女士）。无论在多么紧急的情况下，不可一接通即进行交谈。如果是接听他人的电话，首先应报清自己的通话地点、单位名称和自己的姓氏，然后再进行交谈。每次谈话的内容要求简明扼要、逻辑严谨、节奏适中。关键的地方要放慢语速，询问对方是否听清楚，是否记下来，特别是涉及谈判议程、会谈通知、谈判时间和地址等方面的内容，一定不能马虎，要请对方重复一遍，认真进行核对、纠正，以免出错。

通话时不要随意与身旁的人讲话或同时做别的事情；若迫不得已，应向对方说明，然后尽快将事情处理完毕。恢复通话时，应先向对方致歉后再进行交谈。若在通话中，电话突然中断，应由呼话一方再次拨通，即使中断原因是由接话一方引起的。

由于各国的风俗习惯不同，打电话的方式也不一样，所以更应该考虑如何变换自己的语言习惯，以照顾和适应对方接听电话的方式和方法。

四、拜访的礼仪

国际商务谈判的双方常有一方是来自异地。为联络感情、关照食宿，及时满足其生活需求或表示尊重，一般应由主方到客方的住所去拜访。这种做法同我国传统的"住客看过客"是完全一致的。根据拜访的性质不同，具体可分为礼节性拜访和事务性拜访两种。礼节性拜访不一定有预期的目的，交谈的范围可以很广，方式也可以灵活多样。事务性拜访通常都事先拟订主题，依主题内容的不同，事务性拜访又分为专题性交涉和业务性商谈两种。

对于拜访的礼仪应把握如下几点：

1. 拜访前预约时间

对于确有必要的拜访，一般需要通过电话或书信事先选择好恰当的约会时间。双方在商谈约会时间的过程中，均应用请求和商量的口气，不能用命令的语气强求对方会见，以避免对方早有安排或有重要的事情要做而感到为难。

2. 讲究衣帽服饰及边幅修整

夏天到对方处拜访，天再热也不能只穿背心、短裤或拖鞋登门；冬天进门后要脱去大衣、帽子和围巾，表示来到了温暖的地方；不能说"冷"字。对方邀请坐下，要说"谢谢"；对方倒茶或者咖啡，要双手相接并欠身致谢。主人请抽烟而自己不会时，也要说声："谢谢，我不会。"抽烟者注意不要把火柴、烟头乱扔，烟灰不可弹在地上。

3. 严格遵守约定时间

一般以比约定的时间早到5min为宜，但晚到5min也不为失礼。过早到达会被认为缺乏经济头脑或无事可做；过迟到达则会被理解为对约会的轻视或对约会者的不礼貌。万一碰到意外情况不能准时到达或不能前往时，必须及时通知对方。

4. 及时告辞

拜访的时间一般不能过长。通常要以对方谈话的性质、情绪、双方观点是否一致等为根据，适时告退。若发现主人偷偷看表，意味着已在下"逐客令"；若交谈过程中又来了新客人，则应"前客让后客"，尽快结束所谈问题或改日另谈，向后到的来访者点头示意并与对方告别。对方送出门，应诚恳地请对方留步。分手后，还应回头看看对方是否仍站在门口以目相送，如果尚未回返，要向对方举手示意，客气地催促对方快回。

五、日常交际中的礼仪与礼节

在社交场合相互尊敬、礼貌待人、真诚问候，真心给予对方必要的协助和照料，而尽量不打扰他人，不给周围人带来不适感等，都是人们应当遵守的一般礼节。在商务谈判的日常交往中，谈判者也应遵循这些礼节，表现出礼貌。

1. 敬老尊妇

尊重老人和妇女是一种美德，也是一种社会公德。在许多国家的社交场合和日常交往中，都奉行"老人优先""女士优先"原则。例如，出入车辆、进出电梯或门厅时，应请老人和女士先行；上楼时，老人、女士在先，年轻人、男士在后；下楼时，年轻人、男士在先，老人、女士在后；如果与女士结伴参加活动，进门时，男士应帮助女士开门、关门，或主动帮助女士脱大衣；同桌就餐时，如果两旁坐着老人和女士，男士应主动照顾，帮助其入座就餐；如果与女士在街上行走，男士应走在左侧，并帮女士提拎较重的物品。如果忽视这一点，是非常失礼的。

2. 遵时守约

遵守时间、不失约是商务交往中最基本和最重要的礼节。参加商务谈判中的各种活动，都应按约定的时间到达，不要过早，更不要迟到。到得过早，会使主人因未准备完毕而发窘、难堪；迟到会让主人和其他客人等候过久而失礼。若有特殊原因不能赴约或不能按时赴约，应设法事先通知对方。另外，贸然造访，做不速之客，也属失礼。在商务交往中，守时守约是对对方的尊敬与友好。在现代礼仪中，失约是一种很失礼的行为。

3. 举止适宜

在日常交际中，举止行为要端庄稳重，表情诚恳自然，平易近人。站立时不要将身子歪靠在一旁，不要半坐在桌子或椅子背上。坐时不要摇腿晃脚。坐沙发时，不要躺在沙发上，摆出懒散的姿态，更不要将腿搭到椅子扶手上，甚至坐到扶手上。行走时，脚步要轻，抬头挺胸，不要慌张奔跑。如确遇急事，只可加快步伐。数人同行时，不可勾肩搭背或有意无意地排成队伍。谈话时，手势不宜过多，不要在社交场合放声大笑或高声喊人。在隆重的场合，如举行仪式、听讲演或看演出等，要保持肃静。

4. 吸烟要注意场合

尽管吸烟是一种个人行为，但如果不加注意，有时也会成为不礼貌的行为。主人或在场的多数人或同座身份较高的人不吸烟，又未请吸烟，则最好不要吸烟。在剧场、商店、博物馆等场合不许吸烟，在工作、参观、进餐中一般不吸或很少吸烟，谈判过程中一般也不吸或很少吸烟。在进入谈判厅、会议厅、餐厅等之前，应把烟熄灭。另外，不得将已掐灭的香烟再点燃重吸或放入烟盒内；否则会被认为是很不文明和极丢身份的举动。在某些地方、场合或私人住宅、办公室等，应先询问一下是否允许吸烟，得到肯定答复后再吸烟；如果有女士在场，最好不吸烟。

案 例 分 析

接 待

张一今年大学毕业，刚到一家外贸公司工作，经理就交给他一项任务，让他负责接待一下最近将来公司的一个法国谈判小组。经理说这笔交易很重要，让他要好好接待。

张一想这还不容易，大学时经常接待外地同学，难度不大。于是他粗略地想了一些接待顺序，就准备开始他的接待。张一提前打电话和法国人核实了一下来的人数、乘坐的航班以及到达的时间。然后，张一向单位要了一辆车，用打印机打了一张 A4 纸的接待牌，还特地买了一套新衣服，到花店订了一束花。张一暗自得意，一切都在有条不紊地进行。

到了对方来的那一天，张一准时到达了机场，谁知对方左等不来，右等也不来。他左右看了一下，有几位老外比他还倒霉，等人接比他等得还久。他想，该不会就是这几位吧？于是又竖了竖手中的接待牌，对方没有反应。等到人群散去很久，张一仍然没有接到。于是，张一去问讯处问了一下，问讯处说该国际航班飞机提前了 15min 降落。张一怕弄岔了，赶紧打电话回公司，公司回答说没有人来。张一只好接着等，周围只剩下那几位老外了，他想问一问也好。谁知一询问，就是这几位，小张赶紧道歉，并献上由 8 朵玫瑰组成的一束花，对方的女士看看他，一副很好笑的样子接受了鲜花。张一心想，有什么好笑的。接着，小张引导客人上车，客人们便大包小包地上了车。

张一让司机把车直接开到公司指定的酒店，谁知因为旅游旺季，客房早已客满，而张一没有预订，当然没有房间。张一只好把他们一行拉到一个离公司较远的酒店，这家条件要差一些。至此，对方已露出非常不快的神情。张一把他们送到房间，一心想将功补过的他决定和客人好好聊聊，这样可以让他们消消气。谁知在客人房间待了半个多小时，对方已经有点不耐烦了。张一一看，好像又吃力不讨好了，心想以前同学来我们都聊通宵呢！于是张一告辞，并和他们约定晚上七点饭店大厅见，公司经理准备宴请他们。

到了晚上七点，张一在大厅等，谁知又没等到，张一只好请服务员去通知法国人，就这样，七点半人才陆续来齐。到了宴会地点，经理已经在宴会大厅门口准备迎接客人，张一一见，赶紧给双方作了介绍，双方寒暄后进入宴会厅。张一一看宴会桌，不免有些得意：幸亏我提前做了准备，把他们都排好了座位，这样总万无一失了吧。谁知经理一看对方的主谈人正准备坐下，赶紧请对方坐到正对大门的座位，让张一坐到刚才那个背对大门的座位，并狠狠瞪了张一一眼。张一有点儿莫名其妙，心想：怎么又错了吗？突然，有位客人问："我的座位在哪里？"原来张一忙中出错，把他的名字给漏了。法国人都露出了一副很不高兴的样子。好在经理赶紧打圆场，神情愉快地和对方聊起一些趣事，对方这才不再板着面孔。一心想弥补的张一在席间决定陪客人吃好喝好，频繁敬酒，弄得对方有点尴尬，经理及时制止了张一。席间，张一还发现自己点的饭店的招牌菜——辣炒泥鳅，老外几乎没动。张一拼命劝对方尝尝，经理脸露愠色地告诉小张不要劝，张一不知自己又错在哪里。好在谈锋颇健的经理在席间和客人聊得很愉快，客人很快忘记了这些小插曲。

等双方散席后，经理当夜更换了负责接待的人员，并对张一说："你差点儿坏了我的大事，从明天起，请你另谋高就。"张一就这样被炒了鱿鱼，但他始终不明白自己究竟都错在哪里了？

请分析：

请你帮张一分析一下，他的错处都在哪里？正确的做法应该怎样？

（资料来源：周晓琛.《商务谈判理论与实践》.北京：知识产权出版社，2004：P189-190。）

模 拟 题

进行场景模拟训练，典型场景包括：初次见面、在己方接待对方、拜访客户、宴请、馈赠等等，根据常识和所学知识，进行服饰、举止、谈吐等方面的模拟。模拟完成后，组织同学们互评和老师评价，指出做的比较好的以及不恰当的地方，并给出改进方案。

第十一章

国际商务谈判中的文化差异及谈判风格

在国际商务活动中，经理人员所制定的经营战略及相应的产品、价格、促销和分销渠道等策略基本上都是通过与国外的商业伙伴和客户的谈判来实施的。谈判是国际商务活动的中心，国际商务成功或失败的种子大多是在谈判桌上播下的。鉴于来自同一文化的商业伙伴之间谈判的艰难性，谈判风格差异更趋复杂化的跨文化的国际商务谈判往往会使原本已令人气馁的谈判变得更为艰难。因此，国际商务谈判参与者有必要研究国际商务中的文化差异并自觉地将文化差异因素纳入谈判函数。

第一节　文化差异对国际商务谈判行为的影响

文化差异对国际商务谈判行为的影响集中反映在三个层面上：语言及非语言行为、价值观和思维。

一、语言及非语言行为差异与国际商务谈判行为

语言是由语音、词汇、语法构成的符号系统，是文化的重要载体之一，也构成了不同文化间的重要区别。语言也许是最难把握的文化要素，但是成功的国际商务经营者必须善于交流，不仅要会运用语言，而且要能够透彻理解语言差异。事实上，国际商务中的语言差异往往意味着商务信息上的巨大差异。

语言技能特别是外语技能是国际商务谈判的一个重要工具，其差异性是最直观明了的。解决语言差异问题的方法也很简单，如雇用一位翻译或者用共同的第三语言交谈。模拟谈判研究表明，谈判人员所使用的语言行为在各种文化中具有较高的相似性。但不管如何，差异性还是显而易见的。在不同语言中，作为信息交流技巧的种种语言行为方式的使用频率呈现一定的差异性（见表11-1），如果不了解这些差异，就很容易误解谈判对手所传播的信息，从而影响商务谈判目标的实现。

表 11-1　不同国家语言的各种交流技巧的使用频率

技巧 \ 使用频率（%）	日本	韩国	中国	俄罗斯	德国	英国	法国	巴西	加拿大	美国
承诺	7	4	6	5	7	10	5	3	7	8
威胁	4	2	1	3	3	5	5	2	1	4
推荐	7	1	2	4	5	6	3	5	5	4
警告	2	0	1	0	1	1	3	1	3	1
报偿	1	3	1	3	4	5	3	2	2	2
惩罚	1	5	0	1	2	0	3	3	1	3

（续）

技巧 ＼ 使用频率(%)	日本	韩国	中国	俄罗斯	德国	英国	法国	巴西	加拿大	美国
规范评价	4	3	2	0	1	1	0	1	2	2
保证	15	13	10	11	9	13	10	8	10	13
自我泄露	32	35	36	39	45	37	41	39	33	36
提问	19	21	34	27	11	13	18	22	28	21
命令	8	13	7	7	12	9	9	14	8	6
合计	100	100	100	100	100	100	100	100	100	100

（资料来源：改编自 Philip R. Cateora，Mary C. Gilly，John L. Graham. International Marketing. 15th ed. McGraw-Hill Companies Inc，2011，Philip R. Cateora，John L. Graham. International Marketing. 11th ed. McGraw-Hill Companies Inc，2002，Kitty O. Locker. Business and Administrative Communication. 5th ed. McGraw-Hill Companies Inc，2000，关世杰. 跨文化交流学. 北京大学出版社，1995。）

　　人们在实际交流过程中，除了使用语言符号之外，还使用非语言符号。非语言符号的一个重要特征就是社会性。因此非语言符号的词义和应用在很大程度上受文化的影响。在不同文化下，相同的非语言符号经常具有不同的，有时甚至是完全相反的含义（见表11-2）。

表11-2　两种文化中同一非语言符号的含义对照

点头	同意（中国人）	不同意（希腊人）
摇头	不同意（中国人）	同意（希腊人）
翘大拇指	高度赞扬（中国人）	滚蛋、离开（希腊人）
讲话时抬下巴	自信和礼貌（英国人）	傲慢自大或摆架子（美国人）
双手举过头顶鼓掌	战胜对手后的骄傲（美国人）	友谊（俄罗斯人）

　　非语言行为方面的文化差异往往较为隐蔽，难以被意识到。不同文化间存在着交流技巧的差异，如沉默时段、插话次数和凝视时间差异。在商务谈判中，谈判人员以非语言的更含蓄的方式发出或接受大量的比语言信息更为重要的信息，而且所有这类信号或示意总是无意识地进行的。因此，当外国伙伴发出不同的非语言信号时，具有不同文化背景的谈判对手极易误解这些信号，而且还意识不到所产生的错误。这种不知不觉中所产生的个人摩擦如果得不到纠正，就会影响商务活动的正常展开。

　　在国际商务谈判中语言及非语言行为之间的差异很复杂。就日本、巴西和法国文化而言，日本商人的相互交流风格是最有礼貌的，较多地采用正面的承诺、推荐和保证，而较少采用威胁、命令和警告性言论。其礼貌的讲话风格中最突出的是不常使用"不""你"和面部凝视，但经常保持一段沉默。巴西商人使用"不"和"你"的频率较高，其谈判风格显得较为自由，而且在谈判中似乎不甘寂寞，不时地凝视对方并触碰对方。法国商人的谈判风格显得更为自由，他们使用威胁和警告的频率最高，此外，他们还很频繁地插话以及使用"不"和"你"字眼。可见，唯有弄清楚这些差异，方能避免对日本人的沉默寡言、巴西人的热心过头或者法国人的威胁的误解，从而取得国际商务谈判的成功。

二、价值观差异与国际商务谈判行为

各国商务文化千姿百态，各不相同，其根本原因就在于文化价值观的差异。国际商务谈判中价值观方面的差异远比语言及非语言行为的差异隐藏得深，因此也更难以克服。价值观差异对国际商务谈判行为的影响主要表现为因客观性、时间观、竞争和平等观差异而引起的误解。

（一）客观性

商务谈判中的客观性反映了行为人对人和事物的区分程度。西方人特别是美国人具有较强的客观性，如"美国人根据冷酷的、铁一般的事实进行决策""美国人不徇私""重要的是经济和业绩，而不是人"及"公事公办"等话语就反映了美国人的客观性。因此，美国人在国际商务谈判时强调"把人和事区分开来"，他们感兴趣的主要为实质性问题。

相反，在世界其他地方，"把人和事区分开来"这一观点被看成是一派胡言。例如，在裙带关系十分重要的东方和拉丁美洲文化中，经济的发展往往是在家族控制的领域内实现的。因此，来自这些国家的谈判者不仅作为个人来参与谈判，而且谈判结果往往会影响到这个人，个人品行和实质问题成了两个并非不相干的问题，而且实质上两者变得不可分开。

（二）时间观

不同文化具有不同的时间观念。例如，北美文化的时间观念很强，对美国人来说时间就是金钱；而中东和拉丁美洲文化的时间观念则较弱，在他们看来，时间应当是被享用的。

爱德华 T. 霍尔（Edward T. Hall）把时间的利用方式分为两类：单一时间利用方式和多种时间利用方式。单一时间利用方式强调"专时专用"和"速度"。北美人、瑞士人、德国人和斯堪的纳维亚人具有此类特点。单一时间利用方式就是线性地利用时间，仿佛时间是有形的一样。直率是单一时间利用方式这一文化的表现形式。而多种时间利用方式则强调"一时多用"。中东和拉丁美洲文化具有此类特点。多种时间利用方式涉及关系的建立和对言外之意的揣摩。在多种时间利用方式下，人们有宽松的时刻表、淡薄的准时和迟到概念、意料之中的延期。对付这些就需要有较深的私交和"静观事态发展"的耐心。

因此，在国际商务谈判中，当两个采用不同时间利用方式的经营者遇到一起时，就需要彼此调整，以便建立起和谐的关系，并要学会适应不同时间利用方式的工作方式，这样就可以避免由于"本地时间"与"当地时间"不一致所带来的不安和不满。

（三）竞争和平等观

竞争和平等观对国际商务谈判的影响，可以借助模拟谈判之类的实验经济学的结果来粗略地加以反映。模拟谈判实验观察了来自不同文化的商人小组参加同样的买卖游戏所得到的"谈判蛋糕"。这一模拟体现了商务谈判的精华，即竞争和合作。令 N 为 n 个来自不同文化的商人小组进行模拟买卖所得到的"谈判蛋糕"的观察结果所构成的集合，那么

$$N = \{N_1, N_2, \cdots, N_i, \cdots, N_n\}$$

$$N_i = N_i \ (V_i, \ B_i, \ S_i)$$

式中　N_i——来自第 i 种文化的谈判双方的"谈判蛋糕"；

　　V_i——买方和卖方在模拟中所得的共同利润；

　B_i、S_i——共同利润在买方和卖方间的所得百分比减去50%后的值，即 $B_i + S_i = 0$。

显然，V_i 越大，合作效果越好，反之效果不好；$B_i < 0$，$S_i > 0$ 表明利润分配对卖方有

利，$B_i > 0$，$S_i < 0$ 表明利润分配对买方有利，且 $|B_i|$ 或 $|S_i|$ 越大，利润分配越不平等。

考察模拟实验的结果（见表 11-3）不难发现，就美国文化和日本文化而言，日本人最善于做大"蛋糕"，而美国人的"蛋糕"大小一般。相反，美国人对利润的划分相对而言较日本人公平；日本人划分蛋糕的方式较为有利于买方。事实上，在日本，顾客被看作"上帝"，卖方往往会顺从买方的需要和欲望；而美国的情况完全不同，美国卖方往往将买方更多地视为地位相等的人，这也符合美国社会奉行的平等主义价值观。在许多美国经理看来，利润划分的公平性似乎比利润的多少更为重要。

表 11-3　模拟实验中同一文化内谈判双方的合作效果与利润分配平等程度比较

i　　　国 别 观 察 变 量	日本 1	韩国 2	俄罗斯 3	德国 4	英国 5	法国 6	巴西 7	美国 8
V_i	V_1	V_2	V_3	V_4	V_5	V_6	V_7	V_8
买卖双方合作的效果 （由大到小）	$V_1 > V_5 > V_7 > V_6 > V_8 > V_3 > V_2 > V_4$							
B_i	B_1	B_2	B_3	B_4	B_5	B_6	B_7	B_8
利润分配有利于买方的 程度（由大到小）	$B_2 > B_1 > B_6 > B_5 > B_3 > B_4 > B_8 > B_7 > 0$							

（资料来源：改编自 Philip R. Cateora, John L. Graham. International Marketing. 11th ed. McGraw-Hill Companies Inc, 2002；Kitty O. Locker. Business and Administrative Communication. 5th ed. McGraw-Hill Companies Inc, 2000；关世杰. 跨文化交流学. 北京大学出版社，1995。）

三、思维差异与国际商务谈判行为

进行国际商务谈判时，来自不同文化背景的谈判者往往会遭遇思维方式上的冲突。以东方文化和英美文化为例，两者在思维方面的差异有三。一是东方文化偏好形象思维，英美文化偏好抽象思维。二是东方文化偏好综合思维，英美文化偏好分析思维。综合思维是指在思想上将各个对象的各个部分联合为整体，将其各种属性、方面、联系等结合起来；分析思维是指在思想上将一个完整的对象分解成各个组成部分，或者将其各种属性、方面、联系等区别开来。三是东方人注重统一，英美人注重对立。例如，中国哲学虽不否认对立，但比较强调统一方面；而西方人注重把一切事物分为两个对立的方面。

基于客观存在的思维差异，不同文化的谈判者呈现出决策上的差异性，形成顺序决策方法和通盘决策方法间的冲突。当面临一项复杂的谈判任务时，采用顺序决策方法的西方文化特别是英美人常常将大任务分解为一系列的小任务。将价格、交货、担保和服务合同等问题分次解决，每次解决一个问题，从头至尾都有让步和承诺，最后的协议就是一连串小协议的总和。然而采用通盘决策方法的东方文化则注重对所有的问题整体讨论，不存在明显的次序之分，通常要到谈判的最后才会在所有的问题上做出让步和承诺，从而达成一揽子协议。

例如，在美国，如果一半的问题定下来了，那么谈判就算完成了一半。但是在日本，好像什么事也还没定下来，然后，突然间一切又全定下来了。结果是美国商人常常就在日本人宣布协议之前做出了不必要的让步。美国商人所犯的这种错误反映出来的是双方思维及决策方式上的差异。对于美国商人来说，商务谈判是一个解决问题的活动，双方都满意的交易就是答案。而对于日本商人来说，商务谈判是建立一种长期的、互利的业务关系，经济问题仅仅是谈话的话题而不是内容，谈判进展不能以已经解决了多少问题来衡量，只要建立了一种可行的、和谐的业务关系，细节问题就会自行解决。因此，美国的谈判者必须了解日本商人这种全盘考虑的方法，必须就看似杂乱无章的一揽子问题进行同时谈判做好准备。

第二节　基于文化差异的国际商务谈判对策

由于不同文化的商务谈判风格差异很大，所以在国际商务谈判时，要针对不同文化背景的商业伙伴，强化基于文化差异的国际商务谈判对策体系设计，包括谈判前对策、谈判过程对策和谈判后对策，对于提高国际商务谈判的效率是十分重要的。

一、文化差异与国际商务谈判前对策

(一) 谈判团队的设计

拥有国际商务谈判能手是国际商务谈判成功的一个重要因素，因此必须细心选择代表公司与外国商人谈判的谈判团队。一般地，国际商务谈判人员应具备一些特殊的个性、技能以及认识和适应环境的自我定位能力（见表11-4）。

表11-4　团队成员应具备的素质

素质项目	要　　求
语言技能	有一定的出国经历，能讲外语，便于突破人际隔阂和语言障碍
心理成熟	具备独立工作的能力，必要时能独当一面
情绪稳定	能敏锐意识到不同文化的行为差异而不过分敏感
知识面广	对与谈判工作相关或无关的许多方面都有广泛了解
适应能力	能适应各种谈判环境及工作方式
文化移情	能摆脱本土文化约束并能从本文化反观其他文化，同时对其他文化采取一种超然的态度

此外，谈判团队的设计必须考虑到倾听技巧、总部影响力和班组力量等因素。倾听是商务谈判的一项重要活动。谈判者的首要任务就是收集信息，从而增强创造力。这就意味着应指派专门成员负责"倾听""记笔记"，而无须操心在会晤中的发言问题，从而能尽可能多地理解对手及伙伴的偏好。总部影响力是谈判成功的关键，因此如果请总部高层管理者参加与注重等级制文化的对手的谈判，那么职位在说服和表达开展业务的兴趣方面能起到重要的作用。善于利用班组力量也是谈判成功的重要因素。商务谈判是一个沟通过程，单个谈判者再好的理由也可能敌不过众人点头，而且团队式谈判要比个人式谈判更容易收集详细的信息。例如，日本商人善于带下级经理参加谈判，以便起到观察和认真记笔记的双重培训目的；相反，受独立和个人主义等文化传统影响的美国商人则常常会单枪匹马地与为数不少的对手谈判。

(二) 谈判准备

准备或计划技能对任何谈判都是不可缺少的。鉴于国际商务谈判的时间限制，必须高效地完成准备工作。准备工作包括：①了解谈判背景；②对人和形势的评估；③谈判过程中需要核实的事实；④议事日程；⑤最佳备选方案和让步策略。其中谈判背景又包含：①谈判地点；②场地布置；③谈判单位；④参谈人数；⑤听众；⑥交流渠道和谈判时限。所有这些准备必须考虑到可能的文化差异。例如，场地布置方面的文化差异对合作可能会有微妙的影响。在等级观念较重的文化中，如果房间安排不当、较随便，可能会引起对方的不安甚至恼怒。

再者，参加谈判的人员往往因文化而异，对此要有所准备。美国文化倾向于众人一起来"敲定一个协议"；而日本文化喜欢先与每个人单独谈，如果每个人都同意，再安排范围更广的会谈；俄罗斯人喜欢累计的方法，和一方先谈，达成一项协议，然后前面的两方再邀请第三方，如此进行下去。

最后，谈判时限的控制也很重要。不同文化具有不同的时间观念。因此，在国际商务谈判中，对时间观差异应有所准备。

二、文化差异与国际商务谈判过程对策

一般来说，国际商务谈判过程包含四个阶段：一是寒暄，谈一些与工作不相干的话题；二是交流与工作相关的信息；三是说服；四是让步和达成协议。进入正式商务谈判之前，人们一般都对商务谈判的进程有一种预期。这种预期往往影响着对谈判进展的控制和谈判策略的选择。由于来自不同文化的谈判者在语言及非语言行为、价值观和思维决策方面存在差异性，他们所持有的预期也不尽相同；而不同的预期又会引起这些谈判者在谈判各阶段所花费的时间和精力上的差异。

（一）寒暄

这里的寒暄是指为建立关系或者彼此相识而进行的与谈判"正事"无关的所有活动，其目的是借此了解客户的背景和兴趣，从而为选择适当的后续沟通方式提供重要线索。就美国、日本的文化差异而言，美国文化强调"把人和事区分开来"，他们感兴趣的主要为实质性问题。因此，美国商人花在与工作不相干的交谈或了解外国对手上的时间很少，而与工作相关的信息交流则来得很快。美国人在谈判桌上会讨论一些与生意无关的话题，如天气、家庭、体育、政治等，但他们这样做更多的是出于友好或礼貌而已，通常在五六分钟以后就会进入下一阶段。相反，在看重相互关系的日本文化中，日本人却常常在这一阶段投入大量的时间和费用，着力于先建立合宜的私人关系，然后再谈业务。

（二）交流与工作相关的信息

信息交流应是一个双向沟通的过程；但是有数据表明，跨文化国际商务谈判中的信息交流往往呈现种种不完全性特征。

一是语言差异和非语言行为差异所引起的信息理解错误。许多人能理解具有相同文化背景的伙伴讲话内容的80%～90%——这一事实意味着有10%～20%的信息被误解或听错了。可以想象，当一个人讲第二语言时，不论其流利程度多高、双方认识时间多长，误解或听错的百分比将会急剧上升。而且当第二语言能力有限时，甚至整个会话可能全部被误解。非语言行为方面的文化差异往往较为隐蔽，难以被意识到。当外国伙伴发出不同的非语言信号时，具有不同文化背景的谈判对手极易误解这些信号，而且还意识不到所产生的错误。

二是非语言交流技巧差异所产生的信息不对称。的确，有时为了从谈判对手那里收集信息，会采用"单向型"谈判策略——让外国对手提供信息。但是，由于不同文化间客观存

在着交流技巧差异，如沉默时段、插话次数和凝视时间差异，特别是当这种差异较为明显时，信息不对称就自然产生了。比较日本、法国的文化，不难发现日本式的交流技巧中凝视和插话出现的频率较低，但沉默时段较长；而法国谈判者似乎不甘寂寞，往往会在对方沉默时填补这些沉默时段。

三是价值观差异所引起的信息反馈速度及内容不对称。一方面，不同文化具有不同的时间利用方式：单一时间利用方式或多种时间利用方式。另一方面，不同文化具有不同类型的买方和卖方关系：垂直型和水平型。垂直型买方和卖方关系注重含蓄与面子，而水平型买方和卖方关系依赖于买方的信誉，注重直率和讲心里话。例如，在墨西哥和日本等注重等级的文化中，说话人唯恐破坏非常重要的个人关系，不情愿反馈负面信息。与此相反，德国人负面的反馈信息可能又似乎坦率得让人难以接受。又如，报盘中的价格虚头因文化而异，美国商人希望事情迅速地了结，所以他们的初次报盘往往与他们的实际要价比较接近；但是，在巴西文化中，巴西商人希望谈判时间相对长一些，他们的初次报盘往往会过分大胆。

（三）说服

说服就是处理"反对意见"，去改变他人的主意。说服是谈判的要害所在。但是，人们对说服的认识、说服方式的选用往往因文化而异。在注重垂直型地位关系的文化中，人们往往趋向于将较多的时间和精力花在寒暄以及与工作相关的信息交流上，说服阶段要"争论"的内容就很少。即便进行说服，出于保全面子的心理，他们往往会选择含蓄或幕后的方式，而且说服的方式和结果还与地位关系有关。例如在日本文化中，比较放肆或强硬的谈判战略因为可能会导致丢面子并破坏重要的个人关系，所以较少被使用；但间或地在非正式场合也会被买方使用。

相反，在注重水平型地位关系的文化中，人们信奉坦率、竞争和平等价值观，认为说服是最重要的，谈判的目的就是迅速地暴露不同意见以便加以处理。例如，美国商人往往喜欢在谈判桌上摊牌，急于从信息交流阶段进入到说服阶段。此外，谈判时也倾向于改变对手的思想，更多地使用相对其他文化较多的威慑性的说服战术，并且常常会流露出一种易激动、在其他文化看来可能是比较幼稚的情绪。

（四）让步和达成协议

基于客观存在的思维差异，不同文化的谈判者呈现出决策上的差异，形成顺序决策方法和通盘决策方法间的冲突。当面临一项复杂的谈判任务时，采用顺序决策方法的西方文化特别是英美人常常将大任务分解为一系列的小任务。将价格、交货、担保和服务合同等问题分次解决，每次解决一个问题，从头至尾都有让步和承诺，最后的协议就是一连串小协议的总和。然而采用通盘决策方法的东方文化则要在谈判的最后，才会在所有的问题上做出让步和承诺，达成一揽子协议。

三、文化差异与国际商务谈判后对策

国际商务谈判后对策涉及合同管理及后续交流行为。不同文化对合同的内容、合同的作用存在不同的理解。美国文化强调客观性，注重平等观念，因此，美国人往往依赖界定严密的合同来保障权利和规定义务。结果，美国企业之间的合同常常长达百页以上，包含有关协议各个方面的条款措辞严密，其目的是借此来保障公司不受各种争端和意外事故的伤害。此外，不拘礼节的美国文化一般将合同签署仪式视作既浪费时间又浪费金钱的举动，所以合同常常是通过寄发邮件来签署的。反观那些注重关系的文化，争端的解决往往并不能完全依赖法律体制，相反常常依赖双方间的关系。所以，在这些文化中，书面合同很短，主要用来描述商业伙伴各自的责任，有时甚至写得不严密，仅仅包含处理相互关系的原则的说明而已。即便是针对复杂的业务关系而制定的详细合同，其目的也与美国人所理解的并不相同。此外，注重关系文化的管理者常常希望举行一个由各自执行总裁参加的正式签字仪式。

就后续交流而言，美国文化强调"把人和事区分开来"，感兴趣的主要为实质性问题，所以往往不太注重后续交流。但是在注重个人关系的文化里，保持与大多数外国客户的后续交流被视作国际商务谈判的重要部分。在合同签署很久以后，仍然会进行信件、图片和互访等交流。

第三节　各地区商人的谈判风格

一、亚洲地区商人的谈判风格

（一）日本商人的谈判风格

1. 具有强烈的群体意识，集体决策

日本文化所塑造的日本人的价格观念与精神取向都是集体主义的，以集体为核心。日本人认为压抑自己的个性是一种美德，人们要循众意而行。日本的文化教育人们将个人的意愿融于和服从于集体的意愿。所以，日本人认为，寻求人们之间的关系和谐是最为重要的。任何聚会和商务谈判，如果是在这样的感觉和气氛下进行的，那么它将存在一种平衡，一切也就进行得很顺利。

正因为如此，日本人的谈判决策非常有特点，绝大部分美国人和欧洲人都认为日本人的决策时间很长，这就是群体意识的影响。日本人在提出建议之前，必须与公司的其他部门和成员商量决定，而且过程十分烦琐。日本人的决策如果涉及制造产品的车间，那么决策的酝酿就从车间做起，一层层向上反馈，直到公司决策层反复讨论协商。如果谈判过程协商的内容与其原定的目标又有出入，那么这一程序很可能又要重复一遍。

对于我们来讲，重要的是了解日本人的谈判风格不是个人拍板决策，即使谈判代表有签署协议的权力，合同书的条款仍然是集体商议的结果。谈判过程具体内容的洽商反馈到日本公司的总部。所以，当成文的协议在公司里被传阅了一遍之后，它就已经是各部门都同意的集体决定了。需要指出的是，日本人作决策费时较长，但一旦决定，行动起来却十分迅速。

2. 讲究礼仪，爱面子

日本是个讲究礼仪的社会。日本人所做的一切，都要受严格的礼仪的约束。许多礼节在西方人看起来有些可笑或做作，但日本人做起来却一丝不苟、认认真真。正因为如此，如果外国人不适应日本人的礼仪，或表示出不理解、轻视，那么开展业务时就不可能引起日本人的重视，不可能获得他们的信任与好感。

为了能很好地适应日本人的礼仪，就要在了解日本文化背景的基础上，理解并尊重他们的行为。

首先，日本人最重视人的身份地位。在日本社会中，人人都对身份地位有明确的概念。而且在公司中，即使同一管理层次，职位也是不同的。这些极其微妙的地位、身份的差异常令西方人摸不着头脑；但是，日本人却非常清楚自己所处的地位、该行使的职权，知道如何谈话、办事才是正确与恰当的言行举止。而在商业场合更是如此。

其次，充分发挥名片的作用。与日本人谈判，交换名片是一项绝不可少的仪式。所以，在谈判之前，把名片准备充足是十分必要的。此外，在谈判中，要向对方的每一个人递送名片，绝不能遗漏任何人。

如果日方首先向己方递上名片，切不可急急忙忙塞进兜里，或有其他不恭敬的表示。日本人十分看重面子，最好把名片拿在手中，反复、仔细确认对方的名字、公司名称、电话、地址，既显示了对对方的尊重，又记住了主要内容，显得从容不迫。如果收到对方名片，又很快忘记了对方的姓名，是十分不礼貌的，会令对方不快。同时，传递名片时，一般是职位高的、年长的先出示。另外，如果很随意地交换名片，日本人也认为是一种失礼。

爱面子是日本人最普遍的心理。商务谈判中最突出的表现就是：日本人从不直截了当地拒绝对方。许多西方谈判专家明确指出：西方人不愿意同日本人谈判，最主要的原因就是日本人说话总是拐弯抹角、含糊其辞。我国的谈判者也喜欢采用暗示或婉转的表达方法来提出己方的要求或拒绝对方。另外，当对方提出要求，日本人回答"我们将研究考虑"时，不能认为此事已有商量的余地或对方有同意的表示，它只说明日本人知道了提出者的要求，不愿意当即表示反对，使提出者陷入尴尬的境地。同样，日本人也不直截了当地提出建议，而更多的是把对方引向己方所提的建议，特别是当日本人的建议同对方已经表达出来的愿望相矛盾时，更是如此。

因此，在与日本人谈判时，保全其面子是首要问题。有以下四点需要注意：第一，千万不要直接指责日本人，否则肯定会有损于相互之间的合作关系。较好的方法是把己方的建议间接地表示出来，或采取某种方法让日本人自己谈起棘手的话题，或通过中间人去交涉令人不快的问题。第二，避免直截了当地拒绝日本人。如果不得不否定某项建议，要尽量婉转地表达，或作出某种暗示，也可以陈述己方不能接受的客观原因，但绝对要避免使用羞辱、威胁性的语言。第三，不要当众提出令日本人难堪或其不愿回答的问题。有的谈判者喜欢运用令对方难堪的战术来打击对方，但这种策略对日本人最好不用。如果让其感到在集体中失了面子，那么完满的合作就不存在了。第四，要十分注意送礼方面的问题，赠送礼品在日本较常见。

3. 注重在谈判中建立和谐的人际关系

与欧美商人相比，日本人做生意时特别注重建立个人之间的人际关系，以致许多谈判专家都认为，要与日本人进行合作，朋友之间的友情、相互之间的信任是十分重要的。日本人不喜欢对合同讨价还价，他们特别强调能否与外国合伙者建立可以相互信赖的关系。如果能成功地建立这种关系，几乎就可以签订合同了。因为对于日本人来讲，大的贸易谈判项目有时会延长时间，那常常是为了建立相互信赖的关系，而不是为防止出现问题而制定细则。一旦这种关系得以建立，双方都十分注重保持这种关系的长期性。这种态度常常意味着放弃另找买主或卖主获取眼前利益的做法；而且在对方处于困境或暂时困难时，则乐意对合同条文采取宽容的态度。

在商务谈判中，如果与日本人建立了良好的个人友情，特别是赢得了日本人的信任，那么，合同条款的商议是次要的。欧美人愿意把合同条款写得尽可能具体、详细，特别是双方责任、索赔内容，以防日后纠纷；而日本人却认为，双方既然已经十分信任、了解，一定会通力合作，即使万一做不到合同所保证的，也可以坐下来再谈判，重新协商合同的条款。合同在日本一向被认为是人际协议的一种外在形式。如果周围环境发生变化，使得情况有害于公司利益，那么合同的效力就会丧失。要是外商坚持合同中的惩罚条款，或是不愿意放宽业已签订的合同条款，日本人会极不满。

所以，当外商在同从未打过交道的日本企业洽商时，必须在谈判前就获得日方的信任。公认的最好办法是取得日方认可的、另一个信誉甚佳的企业的支持，即找一个信誉较好的中间人。这对于谈判的成功大有益处。在与日本人的合作中，中间人十分重要。在谈判的初始阶段，或是在面对面地讨论细则之前，对谈判内容的确定往往都由中间人出面，中间人会告诉己方是否有可能将洽谈推向前进。总之，中间人在沟通双方信息、加强联系、建立信任与友谊上都有着不可估量的作用。所以，在与日方洽商时，要千方百计地寻找中间人牵线搭桥。中间人既可以是企业、社团组织、皇族成员、知名人士，也可以是银行、为企业提供服务的咨询组织等。

4. 准备充分，考虑周全，谈判时很有耐心

日本人在谈判中的耐心是举世闻名的。日本人的耐心不仅仅是缓慢，而是准备充分、考虑周全，洽商有条不紊，决策谨慎小心。为了一笔理想交易，日本人可以毫无怨言地等上两三个月，只要能达到预想目标，或取得更好的结果，时间对于他们来讲不是第一位的。

另外，日本人有耐心与他们在交易中注重友谊、相互信任有直接的联系。要建立友谊、取得信任就需要时间。像欧美人那样纯粹业务往来，谈判只限于交易上的联系，日本人不习惯。欧美人认为交易是交易，友谊是友谊，是两码事；而在东方文化中，两者是密切相联的。所以一位美国专家说："日本人在业务交往中，非常强调个人关系的重要性。他们愿意逐渐熟悉与他们做生意的人，并愿意同他们长期打交道。在这一点上，他们同中国人很相像。中国人在谈判中总是为'老朋友'保留特殊的位置。所谓'老朋友'就是那些以前同他们有交往的人，和那些受他们尊重或信任的人介绍来的人。"

耐心使日本人在谈判中具有充分的准备；耐心使他们手中握有利剑，多次成功地击败那些急于求成的欧美人；耐心使他们成功地运用最后期限策略；耐心使他们赢得了每一分利润。所以，与日本人谈判，缺乏耐心，或急于求成，恐怕会输得一败涂地。

（二）韩国商人的谈判风格

1. 重视谈判前的咨询

"知己知彼，百战不殆。"韩国商人深谙此道。他们非常重视商务谈判的准备工作。谈判前，韩国人通常要对对方进行咨询和了解，如经营项目、规模、资金、经营作风以及有关商品的行情等。了解、掌握有关信息是他们坐到谈判桌前的前提条件。一旦韩国商人愿意坐下来谈判，就可以肯定他早已对这项谈判进行了周密准备，胸有成竹了。

2. 注重谈判礼仪和创造良好的气氛

韩国商人很注重谈判礼仪。他们十分在意谈判地点的选择，一般喜欢在有名气的酒店、饭店会晤、洽谈。如果由韩国商人选择了会谈地点，他们定会准时到达，以尽地主之谊；如果由对方选择地点，他们则会推迟一会儿到达。在进入谈判会场时，一般走在最前面的是主谈人或地位最高的人，多半也是谈判的拍板者。

韩国商人比较重视在会谈的初始阶段就创造友好的谈判气氛。一见面总是热情地打招呼，向对方介绍自己的姓名、职务等，就座后，若请他们选择饮料，他们一般会按照对方的喜好进行选择，以示对对方的尊重和了解，然后再寒暄几句与谈判无关的话题，如天气、旅游等，以此创造一个和谐融洽的气氛，尔后才正式开始谈判。

3. 注重谈判技艺

韩国商人逻辑性强，做事喜欢条理化，谈判也不例外。所以，在谈判开始后，他们往往先将主要议题提出来讨论。按谈判各阶段，主要议题一般分为五个方面：阐明各自意图、叫价、讨价还价、协商、签订合同。对于大型谈判，他们更乐于开门见山、直奔主题。韩国商人能灵活地使用谈判的两种手法——横向谈判与纵向谈判。前者是进入实质性谈判后，先列出重要特别条款，逐条协商，取得一致后，再转向对下一条款的讨论；后者是对双方共同提出的条款逐项磋商，逐条讨论，最后达成一个完整的谈判协议。有时也会两种方法兼而用之。在谈判过程中，韩国人远比日本人爽快，但善于讨价还价。有些韩国商人直到最后一刻，仍会提出"价格再降一点儿"的要求。他们也有让步的时候，但目的是在不利形势下，以退为进战胜对手。此外，韩国商人还会针对不同的谈判对象，使用"声东击西""先苦后甜""疲劳战术"等策略，且在完成谈判签约时，喜欢使用合作对象国家的语言、英语、朝鲜语三种文字签订合同，三种文字具有同等效力。

值得注意的是，韩国商人既受儒家文化的影响，也受美国文化的影响。在与韩国人打交道时，应注意两种文化的融合。在韩国不要强行推销，也不要讲话拐弯抹角、含糊不清。因韩国人的个性中既有爱面子、受儒家思想影响很深的一面，又有独立性强、性格直率的一面，所以己方应该客观地介绍情况，容对方做出反应。韩国人不轻易说"不"，所以如果他们不愿意接受己方的建议，会婉转地告诉，而不轻易说"不"。

（三）南亚及东南亚商人的谈判风格

南亚、东南亚包括众多国家，主要有印度尼西亚、新加坡、泰国、菲律宾、印度、马来西亚、孟加拉国等。南亚及东南亚商人随国别不同体现出不同的性格特点，从事商务谈判的方式也有所不同。从总体上来看，这些国家的商人呈现注重关系、强调多种时间利用方式（不包括新加坡）和情感保守的谈判风格。

1. 印度尼西亚商人的谈判风格

由于人口构成的多样性，印度尼西亚商人的谈判风格也是复杂多样的。作为世界上第四大人口大国和最大的伊斯兰国家，印度尼西亚文化非常重视关系，等级制度明显。

首先，印度尼西亚商人注重建立良好的关系。在东南亚国家，在正式谈判之前先对谈判伙伴有一定的了解是关键的开端，有必要在正式谈判之前花上一些时间向谈判对象介绍最近业务上的一些情况。印度尼西亚商人认为关系比将要签署的合同重要得多，因此，他们更愿意通过面对面的商谈来解决问题，而不愿意找律师或求助于书面的协议。

其次，依照当地人的传统习惯，老年人具有较高的社会地位，尤其是年长的男性。听从较高地位的人的意见也是非常重要的，这样可以表示对他们的尊重。年轻的谈判者应该遵从地位较高的印度尼西亚谈判者的意见。

再次，由于印度尼西亚是一个伊斯兰文化的国家，其宗教信仰十分牢固，所以与之进行商务谈判必须特别注意其宗教信仰。

再次，印度尼西亚人非常有礼貌，与人交往也十分小心、谨慎，绝对不讲他人的坏话。在商务谈判时，如果交往不深，双方虽然表面上十分友好、亲密，但与他们心中所想的可能南辕北辙、大相径庭。只有建立了推心置腹的友谊，才能听到他们的真心话，这时他们也往往可以成为十分可靠的合作伙伴。因此，与印度尼西亚人打交道，不能性急，要有耐心，建立友谊是需要时间和过程的。另外，印度尼西亚人与北欧人有相反的特点，那就是印度尼西亚人特别喜欢家中有客人来访，而且无论什么时候访问都很欢迎，不像北欧人那样没有事先约定就不能见面。在印度尼西亚，随时都可敲门拜访以加深交情，这样也有利于商务谈判的顺利进行。

最后，印度尼西亚人喜欢讨价还价。为了避免不希望的损失，在进行谈判出价时，要留有足够的余地。印度尼西亚人谈判常常会拖几个月甚至几年，这样就有足够的时间使谈判对手偏离最初的定价。明智的谈判对手会事先预料到这些，并留有足够的讨价还价的筹码。

2. 新加坡商人的谈判风格

新加坡是连接太平洋和印度洋的咽喉要道，具有十分重要的战略地位。在其种族构成中，华人占绝大多数，其次是马来人、印度人、巴基斯坦人、白人、混血人种等。新加坡华裔有着浓重的乡土观念，同甘共苦的合作精神非常强烈。他们重信义、惜友谊，同时也爱面子。在商务谈判中，他们十分看重对方的身份、地位及彼此关系。"面子"在与新加坡人的商务谈判中具有决定性意义，商务谈判要尽可能以体面的方式进行。在商务谈判中，如遇到重要决定，新加坡华裔商人往往不喜欢做成书面字据，但是一旦签约，绝不违约，并对对方的背信行为会表现得十分痛恨。

与其他东南亚人相比，新加坡人习惯于更加直接地讲话，但是还是尽量避免回答提问或者被要求时直接说"不"。通常，与新加坡人商谈时，不需要精心准备的礼节和几个小时的闲聊，就可以认真地静下心来谈论商务；此外，新加坡的合作者往往会非常准时地参加会议。

在新加坡，谈判的进程比更加具有交易导向的商业文化的国家要慢一些。新加坡人虽然很有礼貌，但同时也是坚持不懈的谈判者。

3. 泰国商人的谈判风格

泰国在东南亚文化和南亚文化之间建立起了一座沟通的桥梁。泰国的风俗习惯、传统惯例以及商业行为等方面都受到中国和印度的影响。由于受到各种各样文化的影响，因此，泰国的市场是一个综合性的市场，对于商业贸易来说十分有利。泰国商人的谈判风格主要体现在以下几个方面：

首先，泰国商人讲究保持融洽气氛，强调关心和考虑他人的需要和感受。在商务谈判中，不同的文化价值观所带来的一个重要问题就是需要保持谈判代表之间的相互协调和友好相处。直接对话有时候会破坏会晤的融洽气氛，所以大多数泰国人都倾向于选择通过翻译人员来进行交谈的方式。西方的访问者由于注意力完全集中在生意方面，所以有时候会采用过于直接的言行或采取过于强硬的销售策略，这样就在无意中冒犯了泰国人。保持心态平和也是他们的一个价值观，所以，泰国商人常常不会表现出愤怒而是常常保持微笑。

其次，泰国商人重视个人面子。他们尽力避免造成冲突或是公开的对峙，避免使用可能使他人难堪或对他人造成羞辱的语言和行为。他们不喜欢告诉他人坏消息，似乎认为隐瞒不好的消息是对对方的尊敬。泰国人认为年长的人具有较高的社会地位，尤其是年长的男士。谈判中对社会地位较高的人表现出适当的尊敬是十分重要的。

再次，泰国商人崇尚艰苦奋斗，勤奋节俭，不愿过分依附他人。他们的生意也大都由家族控制，不信赖外人。同业之间会互相帮助，但不会形成一个稳定的组织来共担风险。与泰国商人进行商务谈判时，应尽可能多地向他们介绍个人及公司的创业历程和业务开展情况，这样会获得他们的好感。然而，与他们结成推心置腹的友谊要花费相当多的时间和努力。当然这种关系一旦建立，他们就会非常信任对方，遇到困难，也会给对方通融。他们喜欢的是诚实、善良、讲情义的合作伙伴，而不仅仅是精明强干的商人。

最后，泰国商人也采用讨价还价的议价行为。因此，作为谈判对手，应准备好进行一系列讨价还价的工作。在公开出价时要注意给日后关于价格或是其他条款所作出的战略上的让步留有一定的余地。与一些以生意为核心的文化体系相比，在泰国决定价格的过程需要花费更多的时间。要记住，在谈判桌上需要有足够的耐心。

4. 菲律宾商人的谈判风格

在南亚国家中，菲律宾的商业文化很独特。虽然菲律宾人的确与东南亚国家联盟各国具有相同的基本价值观、态度和信仰，但在西班牙殖民统治近400年后，又接受了将近一个世纪的美国的强烈影响，菲律宾的文化中已融合了其他重要的特征。

首先，菲律宾商人很注重关系，注重等级，对守时和期限很随便，很关心和谐以及菲律宾人所谓的"良好的人际关系"。如同其他注重关系的国家的人们一样，很多菲律宾人愿意与陌生人谈业务，尤其是想向其销售商品的外国人。菲律宾商人关注社会地位、自尊和尊重他人。正如其他注重等级的社会那样，菲律宾人很尊重老人，尤其是老年男子。对职位高的人表示尊敬很重要。年轻的外国商人应当听从地位较高的菲律宾人士的安排，尤其当后者是买方或潜在的客户时。像亚洲其他国家一样，在菲律宾，客户是"上帝"。

其次，菲律宾商人强调面子和自尊。与其他东南亚国家的人们一样，菲律宾人对表现在脸上的怠慢和表情很敏感。菲律宾人对面子和自尊的传统观念受到西班牙人的荣誉和自尊感的影响很大。菲律宾人总是尽力保持与他人的平和关系，即便事情仅仅是表面上很顺利。对西方谈判者来讲，最容易丢面子或最容易使他人丢面子的是表现得不耐烦、发怒或生气。负面情绪会破坏会见的和谐。

再次，菲律宾商人讲究含蓄。菲律宾商人很有礼貌，总是尽量避免冒犯别人。他们尽力不使用"不"这个生硬的词。他们喜欢间接方式和外交语言。菲律宾人有很多方式可以表达"不"，却不直接说出"不"这个词。他们习惯于用含蓄的说法和迂回的语言来避免冒犯他人，所以，太直率或太直接就会冒犯他们。此外，多数菲律宾人说话很轻柔，且很少打断他人的讲话。他们对大声讲话会感到很惊讶。如果讲话被打断了，他们会认为受到了冒犯。

菲律宾商人还喜欢讨价还价，所以，报价时要多留些余地。聪明的谈判者总是准备大量的谈判筹码，以备最后之需。

最后，在这些环境下做出的最后决策比以交易为中心的情况要花费更多的时间，因此，耐心是与这个国家商人进行谈判的重要条件。

总之，在菲律宾，"入乡随俗"、尊重当地的习俗、保持密切的私人关系、应酬得体、举止有度、言行中展现出良好的修养和十足的信心，是商务谈判成功的基础。

5. 印度商人的谈判风格

印度是个古老的国度，印度商人观念传统、思想保守。印度的企业家，包括技术人员在内，一般不愿把自己掌握的技术和知识教给他人。印度商人在商务谈判中往往不愿做出负责任的决定，遇到问题时会先追究别人的责任。在工作中出现失误、受到指责时，他们会不厌其烦地重复解释。所以，与他们进行商务谈判，合同条款的规定务必严密、细致，力求消除日后发生纠纷的隐患。在没有利害关系时，他们还是比较容易合作的；然而一旦发生利害冲突，他们就会判若两人。印度社会层次分明、等级森严，这与他们古老的宗教教义有关，因此与他们打交道，要尊重这一点。印度商人最擅长使用推延术来消磨对方的意志，从而能够彻底探清对方的底牌。

6. 马来西亚商人的谈判风格

马来西亚的国语是马来语，但是许多人也讲英语，尤其是在一些较为私人的场合。马来西亚商人的谈判风格包括：

首先，在商务谈判中，马来西亚商人强调人际关系的重要性。在进行商务谈判之前，对对方有一些了解是非常必要的。和马来西亚的谈判对象共进午餐是了解对方的好办法，还可以采取一起打高尔夫球或是观光游览等方式来进行初步的沟通。尽可能地让当地的谈判伙伴来决定开始正式商务谈判的最佳时机。在一些讨论激烈的会议当中，马来西亚人会通过非直接的语言来保持人与人之间的良好关系。

其次，马来西亚商人注重礼节、等级制度、社会地位和尊敬程度。按照马来西亚的传统观念，老年人、在组织当中担任重要职务的人以及马来西亚贵族都具有较高的社会地位。年轻一些的商务访问者应该听从那些地位较高的马来西亚人的意见。

再次，马来西亚商人对面子十分敏感。如果某人失去耐心并且发火，将被看成是非常丢面子的事情，并且也使对方丢面子。提出反对意见会破坏会见的融洽气氛，而且会被认为是傲慢自大的表现。来自那些不拘礼节、习惯于直接表达自己意见的国家的访问者，有时会在无意中得罪马来西亚商人。

再次，许多马来西亚商人都喜欢讨价还价。为了避免不希望的损失，开价或提出报价单时要留有一定的余地。有经验的谈判者都会为了达到最终交易目的而在价格上作出一些小小的让步。

最后，马来西亚商人喜欢以面对面商讨的方式来解决争端，而不愿意使用传真或是电子邮件。在解决商业争端的时候，他们更注重关系而不是合同条款。在合同谈判的最初阶段，让律师在幕后比直接参与谈判要更为明智，因为在许多马来西亚商人看来，律师的存在是缺乏相互信任的表现。

7. 孟加拉国商人的谈判风格

孟加拉国的国民绝大部分是伊斯兰教徒，在进行商务谈判时应首先了解这个国家的社会生活和风俗习惯，否则难免因小事而刺伤对方的自尊心，从而妨碍商业活动。

孟加拉国商人注重建立关系，包括与政府官员的关系。与孟加拉国政府官员会面时，一定要做好各种准备，因为时常有助理和秘书跑进来要求签字，有电话打进来，或者朋友和亲戚路过拜访等打断己方精心准备的讲话。对此，最好保持镇定，不能表现出不耐烦。这种行为在单一文化中很不礼貌，但在孟加拉国是很正常的会谈礼节。

按照孟加拉国的商业习惯，由经理制定全部决策。一般来讲，经理从不下放任何权力。因此，如果经理工作非常忙或"出差了"，那么，无论对方的传真或邮件多么紧急，也不会有人回复。

此外，孟加拉国商人很友好、热情，他们喜欢公平交易、自由地讨价还价，所以与他们谈判一定要多花些时间。尽管讨论很激烈，也要在脸上保持微笑，这一点很重要。

二、美洲地区商人的谈判风格

从总体上看，美洲地区商人的谈判风格呈现两种类型：美国和加拿大的以生意为导向、强调单一时间利用方式、情感相对开放的谈判风格；巴西、墨西哥等拉美国家的以关系为导向、强调多种时间利用方式和情感开放的谈判风格。

（一）美国商人的谈判风格

从总体上讲，美国人的性格是外向、随意的。有些研究美国问题的专家将美国人的特点归纳为：外露、坦率、诚挚、豪爽、热情、自信、说话滔滔不绝、不拘礼节、幽默诙谐、追求物质上的实际利益等。美国商人的谈判风格主要有：

1. 自信心强，具有优越感

美国是世界上科学技术最发达的国家之一，国民经济实力也最为雄厚。不论是美国人所讲的语言，还是美国人所使用的货币，都在世界经济中占有重要的地位。英语几乎是国际谈判的通用语言，国际贸易有50%以上用美元结算。所有这些，都使美国人对自己的国家深感自豪，对自己的民族具有强烈的自信感与荣誉感。这种心理在他们的商务活动中充分表现出来。他们在谈判中，自信心和自尊感都比较强，加之他们所信奉的自我奋斗的信条，常使与他们打交道的外国谈判者感到美国人有自我优越感。

美国人的自信还表现在他们坚持公平合理的原则上。他们认为两方进行交易，双方都要有利可图。在这一原则下，他们会提出一个"合理"方案，并认为是十分公平合理的。他们的谈判方式是喜欢在双方接触的初始就阐明自己的立场、观点，推出自己的方案，以争取主动。在双方的洽商中他们一般充满自信，语言明确、肯定，计算也科学、准确。如果双方出现分歧，他们只会怀疑对方的分析、计算，而坚持自己的看法。

美国人的自信还表现在对本国产品的品质优越、技术先进性的毫不掩饰的称赞上。他们认为，如果有十分能力，就要表现出十分来，千万不要遮掩、谦虚，否则很可能被看作是无能的。如果产品质量过硬、性能优越，就要让购买该产品的人认识到。那种到实践中检验的想法，美国人认为是不妥的。

美国谈判对手有着与生俱来的自信和优越感，他们总是十分有信心地步入谈判会场，不断发表自己的意见和权益要求，往往不太顾及对手而显得气势咄咄逼人，而且语言表达直率，喜欢开玩笑。这种心态常常会在谈判桌上形成一种优势，似乎不把对手放在眼里。当谈判不能按照他们的意愿进展时，他们常常会直率地批评或抱怨。这是因为他们往往认为自己做的一切都是合理的，缺少对他人的宽容与理解。

他们坦率外露，善于直接地向对方表露出真挚、热忱的感情，这种情绪也容易感染别人。与其谈判应充分利用这种特点，以创造良好的谈判气氛，并以相应的态度予以鼓励，创造成功机会。

美国人的谈判方式往往让人觉得其傲慢、自信。他们说话声音大、频率快，办事讲究效率，而且很少讲"对不起"。他们喜欢他人按他们的意愿行事，喜欢以自我为中心。"想让美国人显得谦卑、暴露自己的不足，承认自己的无知实在太困难了。"总之，美国人的自信让他们赢得了许多生意，但是有时也让东方人感到了他们的咄咄逼人、骄傲、自大。

2. 讲究实际，注重利益

美国人做交易，往往以获取经济利益为最终目标。所以，他们有时对日本人、中国人在谈判中要考虑其他方面的因素，如由政治关系所形成的利益共同体等表示不可理解。尽管他们注重实际利益，但他们一般不漫天要价，也不喜欢他人漫天要价。他们认为，做买卖要双方都获利，不管哪一方提出的方案都要公平合理。所以，美国人对于日本人、中国人注重友情和看在老朋友的面子上可以通融的做法很不适应。

美国人做生意时更多考虑的是所能带来的实际利益，而不是生意人之间的私人交情。所以亚洲国家和拉美国家的人都有这种感觉：美国人谈生意就是直接谈生意。美国商人不注意在洽商中培养双方的友谊和感情，而且还力图把生意和友谊清楚地分开，所以显得比较生硬。从美国人的角度看，他们对友谊与生意的看法与我国大相径庭。一位美国专家指出，美国人感到：在中国，与中国人谈判，是"客人"与"主人"的谈判，像是到朋友家做客，而不是做生意；中国人掌握着谈判日程和议事内容，有礼貌，或采取各种暗示、非直接的形式请客人先谈，让客人"亮底"；又如谈判出现障碍或僵局时，东道主会十分热情地盛宴招待对方。我国的地主之谊、客气和热情，常使美国的"客人"为顾全情面做出慷慨大方的决策。

美国人注重实际利益，还表现在他们一旦签订了合同，就非常重视合同的法律性，合同履约率较高。在他们看来，如果签订合同不能履约，那么就要严格按照合同的违约条款支付赔偿金和违约金，没有再协商的余地。所以，他们也十分注重违约条款的洽商与执行。

3. 热情坦率，性格外向

美国人属于性格外向的民族。他们的喜怒哀乐大多通过他们的言行举止表现出来。在谈判中，他们精力充沛，热情洋溢，不论在陈述己方观点上，还是表明对对方的立场态度上，都比较直接、坦率。如果对方提出的建议他们不能接受，他们也是毫不隐讳地直言相告，甚至唯恐对方误会。所以，他们对日本人和中国人的表达方式表示了明显的异议。美国人常对中国人在谈判中的迂回曲折、兜圈子感到莫名其妙。对于中国人在谈判中用微妙的暗示来提出实质性的要求，美国人感到十分不习惯。他们常常惋惜，不少美国厂商因不善于品味中国人的暗示，失去了极好的交易机会。

谈判中的直率也好，暗示也好，看起来是谈判风格的不同，实际上是文化差异的问题。东方人认为直接拒绝对方，表明自己的要求，会损害对方的面子，僵化关系；像美国人那样感情爆发、直率、激烈的言辞是情感太外露的表现。同样，东方人所推崇的谦虚、有耐心、有涵养可能会被美国人认为是虚伪、客套、耍花招。

4. 法律意识根深蒂固

美国是一个高度法制的国家。据有关资料披露：平均450名美国人就有一名律师，这与美国人解决矛盾纠纷习惯于诉诸法律有直接的关系。他们这种法律观念在商业交易中也表现得十分明显。美国人认为，交易最重要的是经济利益。为了保证自己的利益，最公正、最妥善的解决办法就是依靠法律，依靠合同。因此，他们特别看重合同，在谈判中会认真讨论合同条款，而且特别重视合同违约的赔偿条款。一旦双方在执行合同条款中出现意外情况，就按双方事先同意的责任条款处理。因此，美国人在商业谈判中对于合同的讨论特别详细、具体，也关心合同适用的法律，以便在执行合同时能顺利地解决各种问题。美国人的这种法律意识与我国的传统观念反差较大，这也反映在中美谈判人员的洽商中。我国的谈判者重视协议的"精神"，而美国人重视协议本身的条文。一遇矛盾，我国的谈判者就喜欢提醒美国伙伴注重协议的精神，而不是按协议的条款办。

美国人重合同、重法律，还表现在他们认为商业合同就是商业合同，朋友归朋友，两者之间不能混淆起来。美国人私交再好，甚至是父子关系，在经济利益上也是会绝对分明的。因此，美国人对我国的传统观念——既然是老朋友，就可以理所当然地要对方提供比他人优惠的待遇、出让更大的利益，表示难以理解。这一点也值得我们认真考虑，并在谈判中加以注意。

5. 注重时间效率

美国是一个高度发达的国家，生活节奏比较快。这使得美国人特别重视、珍惜时间，注重活动的效率。所以在商务谈判中，美国人常抱怨其他国家的谈判对手拖延缺乏工作效率，而这些国家的人也埋怨美国人缺少耐心。

美国企业内各级部门职责分明，分工具体，因此，谈判的信息收集、决策都比较快速、高效。加之美国人个性外向、坦率，所以，他们一般谈判的特点是开门见山，报价及提出的具体条件也比较客观，水分较少。他们也喜欢对方这样做，几经磋商后，两方意见可能很快趋于一致。但如果对方的谈判特点与他们不一致或正相反，那么他们就会感到十分不适应，而且常常把他们的不满直接表示出来，就更显得他们缺乏耐心。谈判对手也就常常利用美国人夸夸其谈、准备不够充分、缺乏必要的耐心等弱点，获取最大利益。当然，美国人的干脆利落，确实很有工作效率。

美国商人重视时间，还表现在做事井然有序，有一定的计划性，不喜欢不速之客造访。与美国人约会，早到或迟到都是不礼貌的。

6. 喜欢进行全盘平衡的"一揽子交易"

所谓一揽子交易，主要是指美国商人在谈判某项目时，不是孤立地谈其生产或销售，而是将该项目从设计、开发、生产、工程、销售到价格等综合起来商谈，最终达成全盘方案。美国文化培养的谈判人员较注重大局，善于通盘运筹。他们虽讲实利，但在权衡利弊时，更倾向于从全局入手。所以，美国谈判对手喜欢先总后分，先定下总交易条件，再谈具体分条件。他们的这种一揽子交易手法，对于开拓谈判思路、打破僵局有一定的积极意义，但显得居高临下、咄咄逼人。

虽然美国谈判对手普遍具有上述的共同特点，但是由于美国地域宽广、种族繁多，不同地域的美国人的处事方式、商业习惯，或多或少有些差异，因此有必要分别研究，才能在谈判中得心应手。

美国的东部，特别是东北部以纽约等大城市为中心，是美国现代文明的发祥地。200多年来，东部一直处于美国政治、经济、金融、贸易活动的领导地位。该地区的人们深受现代文明的熏陶，随时掌握全球经济动态，在谈判中严格按照国际惯例办事，雷厉风行，寸利必争。

美国中西部地区以汽车、电机、钢铁工业及制造业为主，是美国工业的心脏。该地区的人比较保守，同时又比较和蔼朴素，易于交往。如果在准备与他们做生意之前就曾以朋友的身份款待过他们，如邀请他们去过高尔夫球场等娱乐场所，日后与他们进行商业谈判时，会收到很好的效果。这就是"先交朋友，后做生意"的原则。中西部地区有个商业习惯，每年9～11月是他们的黄金采购时间，他们往往把一年所需的进货集中在这个时间段一次采购。

美国南部地区的人待人比较殷勤，和蔼可亲。他们童叟无欺，不记仇，但有时稍显急躁。与其谈判时，必须注意这一点。如果某天在谈判桌上他们气势汹汹地责问，言词激烈、怨声不断，千万要沉得住气，耐心解释，解释完毕，他们就很容易再次坐下来继续交谈。美国南方人较为保守，这一点决定了他们的谈判节奏相对较慢，需要较长时间才能同他们建立良好的商业关系。

（二）加拿大商人的谈判风格

加拿大呈现多元化文化的复杂性。来访者必须弄清楚将要打交道的加拿大商人的文化背景。加拿大居民大多数是英国和法国移民的后裔。在加拿大从事对外贸易的商人也主要是英裔加拿大商人和法裔加拿大商人。英裔加拿大商人大多集中在多伦多和加拿大的西部地区；法裔加拿大商人主要集中在魁北克。英裔加拿大商人同法裔加拿大商人在谈判风格上差异较大。以下对两者分别进行说明。

英裔加拿大商人谨慎、保守、重誉守信。他们在进行商务谈判时相当严谨，一般要对所谈事物的每个细节都充分了解后，才可能答应要求。此外，英裔加拿大商人在谈判过程中喜欢设置关卡，一般不会爽快地答应对方提出的条件和要求，所以从开始到价格确定这段时间的商谈是颇费脑筋的，所谓"好事多磨"，对此要有耐心，急于求成往往不能把事情办好。不过，一旦最后拍板，签订契约，日后执行时违约的事情很少出现。

英裔加拿大商人的谈判者往往是生意导向型的，他们办事作风直接，不太讲究礼仪，非常平等、保守，并且相对强调时间观念。英裔加拿大商人与主流美国谈判者的风格更相似。最明显的区别是英裔加拿大商人不如后者感情外露、表情自信，英裔加拿大商人显得更正式、更保守一些。

与法裔加拿大商人相比，英裔加拿大商人更开放一些，与他们能够进行直接接触，当然引荐也是很有用的。在与英裔加拿大商人接触时，应使用英语发信或传真介绍公司和产品，这样可表明己方很有意向，然后打电话约定日期，由对方确定谈判时间和地点。

法裔加拿大商人不像英裔加拿大商人那么严谨。法裔加拿大商人显得非常和蔼可亲、平易近人、客气大方。但是，一旦坐下来谈判并涉及实质问题时，他们就判若两人，讲话慢慢吞吞，难以捉摸，因此若希望谈判成功需颇具耐心。

法裔加拿大商人对于签约比较马虎，常常在主要条款谈妥之后就急于要求签字。他们认为次要的条款可以等签完字后再谈，然而往往是那些未被引起重视的次要条款成为日后履约纠纷的导火线。因此，与法裔加拿大商人谈判时应力求慎重，一定要在所有合同条款都定得详细、明了、准确之后，才可签约，以避免不必要的麻烦和纠纷。

多数法裔加拿大商人比较讲究礼仪，他们信奉相对关系导向型文化，等级观念强烈，善于表达情感，并且时间观念不强，但比英裔加拿大商人显得含蓄。

从总体上讲，这两种主流的加拿大商人都喜欢缓和的推销方式，不喜欢过分进攻、急进的推销方式。他们反对夸大和贬低产品的宣传，厌烦高低价策略⊖。因此，与其进行商务谈判时，议价要预留一定的盈利空间，保证未来的发展；但是，不要留得过多。

（三）拉美商人的谈判风格

拉丁美洲是指美国以南的美洲地区，包括墨西哥、巴西等国家。由于历史上受宗主国的长期剥削，加上国内政治混乱，政变频繁，拉美许多国家的经济仍很落后，经济单一化严

⊖ 这是指通过部分商品的低定价来吸引消费者，从而增加其他商品销量的策略。

重，贫富分化明显。但是拉美人有着强烈的民族自尊心，以自己悠久的传统和独特的文化而自豪，反对并痛恨那些发达国家商人的趾高气扬、自以为是的态度，希望双方能在平等互利的基础上进行商贸合作。所以，与拉美商人谈判时，要尊重他们的人格，尊重他们的历史。就谈判风格而言，拉美商人呈现固执、关系导向、正式、多种时间利用和情感开放的特点。

首先，拉美商人最突出的性格特点是固执、个人人格至上和富于男子气概，同时他们也比较开朗、直爽，与处事精明敏捷的北美商人有所不同。固执、不妥协的特点体现于拉美商人的商贸谈判中，就是对自己意见的正确性坚信不移，往往要求对方全盘接受，很少主动做出让步；如果他们对他人的某种请求感到不能接受，他们一般也很难转意。个人人格至上的特点使得拉美人特别注意的是谈判对手本人而不是对手所属的公司或者团体。他们对谈判对手的工作能力以及在公司、团体中所处的地位往往是根据对手讲话的语气和神情来判断的。一旦他们认定对方有较强工作能力和工作经验丰富，并且是公司、团体中的重要人物，就会对之肃然起敬，以后的谈判就会比较顺利。拉美商人对男子气概的崇尚使他们瞧不起妇女，他们不喜欢同女性进行谈判。

其次，与崇尚实际利益的美国商人大为不同，拉美商人并不十分注重物质利益，而比较注重感情，追求比较悠闲、恬淡的生活。因此，想与拉美商人做生意，最好先与他们交朋友，一旦成为他们的知己，他们就会优先考虑你作为生意对象。同样，在与拉美商人进行商务谈判时，感情因素也很重要，以公事公办、冷酷无情的态度对待拉美商人是绝对行不通的。

最后，拉美商人信奉多种时间利用方式。即便是谈判做生意，他们也不愿意因之而使一些娱乐活动受到妨碍。在商务谈判过程中，常常会碰到这样的情况：一笔生意正在洽谈中，拉美谈判者却突然休假，使得谈判活动戛然而止。即使心急如焚，也得耐着性子等到谈判对方休完假归来，才能继续谈判下去。在谈判中，他们也常常会慢半拍：当你觉得谈判已到实质阶段了，他们还会认为这仅仅是准备阶段。在洽谈中，常会听到他们说"明天再谈吧"，或是"明天就办"，到了明天，却仍然是同样的话。拉美商人这种处理事务节奏较慢、时间利用率低的情况往往会让性急的外国人无可奈何。但是，如果想用速战速决的办法和拉美商人谈判只会令他们非常恼火，甚至会使他们更加停滞不前，因此，最好的办法还是放慢谈判节奏，始终保持理解和宽容的心境，并注意避免工作与娱乐发生冲突。此外，因为生性散漫，有些拉美商人给人留下责任感不强、信誉较差的印象。因此，要开拓拉美市场，必须有充足的资金。对迟付货款问题，要多花时间耐心催促，但也不必太担心他们赖账。

不过，拉美商人在谈判风格方面也因国而异。下面以墨西哥和巴西为例加以说明。

1. 墨西哥商人的谈判风格

首先，墨西哥商人很看重密切而持久的关系。要想生意成功，私人接触和相互之间的关系很重要。找相关的人帮忙有助于快速解决事情。因此，需要知道在谈判中谁起主要作用。在商务谈判之前，要确保有足够的时间了解商业伙伴。其次，墨西哥人比大多数北美人和斯堪的纳维亚人更看重礼节。再次，不要期望墨西哥商人绝对守时。墨西哥商人在不出意外的情况下，可能会迟到半小时到一个小时。但是拜访者需要绝对准时。任何一天都应避免安排多次会面。再次，墨西哥人通过语言和非语言的方式来交流。在现场讨论过程中他们可能会打断谈话，因为他们并不认为这是一种无礼的行为。最后，墨西哥人擅长讨价还价，谈判过程将漫长而艰难，所以开价时要留出额外的还价空间。

2. 巴西商人的谈判风格

首先，巴西商人重视深厚的、长期的关系。不要指望很快就能进入谈生意的阶段，巴西商人需要时间来了解谈判对手。建立信任的氛围是成功商业关系的前提条件。在谈生意之前，要花费一定的时间来建立良好的、令人愉悦的、放松的关系。进行闲聊的好话题有足球、巴西历史、文学和旅游地，还有己方的家乡等。其次，在巴西，一个人的地位更多地取决于其社会阶层、教育和家庭背景，而不是个人成就。再次，在巴西南部，商务人士越来越看重严格的计划表和准时性，尤其是在圣保罗。再次，巴西商人呈现富于表情的交流风格，他们热情、友好、健谈，善于运用非语言表达方式以及在公众场合表露自己的情绪。最后，巴西商人称得上"杀价高手"，他们不害怕非常直接地拒绝谈判对手的开价。这种直率并不是有意无礼或者发生冲突，只是想让对方知道他们的观点。因此，与其谈判时，要为漫长的谈判程序留出足够的时间；在最初出价时要留足余地，为让步留出空间。

三、欧洲地区商人的谈判风格

欧洲地区商人的谈判风格呈现一定的地区差异性。英国、德国等地商人具有生意导向、非常正式、单一时间利用方式和情感保守的谈判风格，法国、意大利等地商人具有适度生意导向、正式、相对单一时间利用方式和情感开放的谈判风格，俄罗斯商人具有关系导向、正式、多种时间利用方式和情感外向的谈判风格，而波罗的海诸国的商人具有完全生意导向、正式、相对单一时间利用方式和情感保守的谈判风格。

（一）英国商人的谈判风格

英国是世界上率先进入工业化的国家，曾为世界头号经济大国，其经济、政治、军事实力曾经显赫一时。自 19 世纪以来，虽然英国的经济实力被削弱，但英国人的大国民意识仍旧很强，总是一副悠然自得的样子。此外，他们也始终保留着岛国民族的特性，比较保守、怕羞，对新事物比较谨慎，并且显得高傲、矜持，给人难以接近的印象。英国商人的谈判风格主要有：

1. 一般比较冷静、持重

英国商人在谈判初期，尤其在初次接触时，与谈判对手会保持一定的距离，决不轻易表露感情。随着时间推移，他们才与对手慢慢接近、熟悉起来，对手会逐渐发现，他们精明灵活、善于应变、长于交际、待人和善、容易相处。他们常常在开场陈述时十分坦率，愿意让对方了解他们的有关立场和观点；同时也常常考虑对方的立场、行动，对于建设性意见反应积极。英国商界赞同一句话："不要说'这种商品我们公司没有'，应该说'只要您需要，我们尽量替您想办法'。"这不仅反映了英国商人的灵活态度，也表现了他们十足的自信心。他们的自信心很强，还特别表现在讨价还价阶段，如果出现分歧，他们往往固执己见，不肯轻易让步，以显其大国风范、不允许讨价还价的谈判态度。

2. 十分注意礼仪，崇尚绅士风度

英国商人谈吐文明、举止高雅，珍惜社会公德，很有礼让精神。无论在谈判场内还是场外，英国谈判者都很注重个人修养，尊重谈判业务，不会没有分寸地追逼对方。同时，他们也很关注对方的修养和风度，如果对方能在谈判中显示出其良好的教养和风度，就会很快赢得他们的尊重，为谈判成功打下良好的基础。出于古老的等级传统，英国商人的等级观念较强，他们颇为看重同与自己身份对等的人谈问题。因此，与其进行商务谈判时，在对话人的

等级上，诸如官衔、年龄、文化教育、社会地位上都尽可能对等，以求平衡，表示出平等和尊重。这对于推进对话、加强讨价还价力量有一定作用。

英国商人的绅士风度还表现在谈判时不易动怒，也不易放下架子，喜欢谈判具有很强的程序性，一招一式恪守规定。谈判条件既定后不爱大起大落，注意钻研理论并注重逻辑性，喜用逻辑推理表明自己的想法；他们听取意见随和，采纳意见却不痛快。这种外交色彩浓厚的谈判风格常使谈判节奏受到一定制约，但是，简单、直截了当又不失礼貌的谈判手法会使他们为证明自己并不拖拉而配合对方，从而加快节奏。绅士风度常使谈判对手受到一种形象约束，甚至成为他们的心理压力。

3. 行动按部就班，表达谨慎

在商务活动中，英国人招待客人的时间往往较长。在受到英国商人款待后，一定要写信表示谢意，否则会被视为不懂礼貌。在与英国人约会时，若是过去不曾谋面的，一定要先写信告之约会的目的，然后再约时间。一旦确定约会，就必须按时赴约。因为英国人做生意颇讲信用，凡事要规规矩矩，不懂礼貌或不重诺守约是难以与其顺利谈判的。英国商人讨厌那些刻意的宣传和夸大，介绍应该是直接的、切合实际的。

此外，英国是由英格兰、威尔士、苏格兰、北爱尔兰四部分组成。我们提到"英格兰"时，一般是指整个联合王国，但在正式场合使用就显得不妥，因为这样会不自觉地漠视了其他三个民族，所以在正式场合不宜把英国人叫作英格兰人。在和英国人交谈时，话题尽量不要涉及爱尔兰的前途、共和制和君主制的优劣、乔治三世以及大英帝国的崩溃原因等政治色彩较浓的问题。比较安全的话题是天气、旅游、英国的继承制度等。英国人生活比较优越，每年夏冬两季有 3~4 周的假期，他们利用这段时间出国旅游，因此，他们较少在夏季以及圣诞节到元旦这一期间做生意。按照传统，英格兰从 1 月 2 日开始恢复商业活动，在苏格兰则要等到 4 月以后。在这些节假日应尽量避免与英国人洽谈生意。

（二）德国商人的谈判风格

虽然德国的商业惯例存在着南北差异和东西差异，但从整个民族的特点来看，德国人具有自信、谨慎、保守、刻板、严谨、办事富有计划性、工作注重效率、追求完美的性格特征。

1. 谈判准备充分、周到

德国商人严谨、保守的特点使他们在谈判前就往往准备得十分充分、周到。他们会想方设法掌握翔实的第一手资料，他们不仅会调查、研究对方要购买或销售的产品，还会仔细研究对方的公司，以确定对方能否成为可靠的商业伙伴。只有在对谈判的议题、日程、标的物的品质、价格，以及对方公司的经营、资信情况和谈判中可能出现的问题及对应策略做了详尽研究、周密安排之后，他们才会坐到谈判桌前。这样，他们立足于坚实的基础之上，就处于十分有利的境地。德国商人对谈判对方的资信非常重视，因为他们保守，不愿冒风险。因此，如果与德国商人做生意，一定要在谈判前做好充分准备，以便回答对方的提问。

2. 非常讲究效率和准时

德国人认为拖拖拉拉的行为对一个商人来说简直是耻辱。他们的座右铭是"马上解决"。他们觉得判断一个谈判者是否有能力，只需看其办公桌上的文件是否被快速、有效地处理了。如果文件堆积如山，多是"待讨论""待研究"的一拖再拖的事情，那就大可断定该工作人员是不称职的。因此，德国商人在谈判桌上会表现得果断、不拖泥带水。他们喜欢直接表明所希望达成的交易，明确交易方式，详细列出谈判议题，提出内容详尽的报价表，清楚、坚决地陈述问题。

德国人非常看重准时。因此，如果由于一些不可避免的事情耽误了时间，那就一定要尽可能快地打电话给德国谈判对手，再另外约定一个会面的时间。要严格地遵守时间和会议议程，商务会议很少被打断。

3. 思维富于系统性和逻辑性

对德国商人来讲，互相了解是交流的首要目标，他们为自己表达思想的能力感到自豪。德国商人看重直接、坦白、甚至直言不讳的语言。德国商人善于明确表达思想，准备的方案清晰易懂。如果双方讨论列出问题清单，德国商人一定会要求在问题的排序上应体现各问题的内在逻辑关系，否则就认为逻辑不清，不便讨论，并且他们认为每场讨论应明确议题，如果讨论了一上午却不涉及主要议题，他们必会抱怨：意思不清楚，组织无效率。因此，在与德国商人谈判时，追求严密的组织、充分的准备、清晰的论述、鲜明的主题，可以促进谈判效率，在时间的利用、双方误解的减少等方面都可看到谈判效益的改善。

4. 自信而固执

德国商人对本国产品极有信心，在谈判中常会以本国的产品为衡量标准。他们企业的技术标准相当严格，对于出售或购买的产品的质量他们都要求很高，因此外国商人只有让他们相信公司的产品满足交易规定的高标准，他们才会做生意。德国商人的自信与固执还表现在他们不太热衷于在谈判中采取让步方式。他们考虑问题周到、系统，缺乏灵活性和妥协性。他们总是强调自己方案的可行性，千方百计迫使对方让步，常常在签订合同之前的最后时刻还在争取使对方让步。鉴于日耳曼民族这种倔强的个性特点，应尽量避免采取针锋相对的讨论方法，而要"以柔克刚""以理服人"。

5. 崇尚契约，严守信用，具有很强的权利与义务意识

在商务谈判中，德国商人坚持己见，权利与义务划分得清清楚楚；涉及合同任一条款，他们都非常细心，对所有细节认真推敲，要求合同中每个字、每句话都准确无误，然后才同意签约。德国商人对交货期限要求严格，一般会坚持严厉的违约惩罚性条款，外国客商要保证成功地同德国人打交道，就得同意严格遵守交货日期，而且可能还要同意严格的索赔条款。德国人受宗教、法律等因素影响，比较注意严格遵守各种社会规范和纪律。在商务往来中，他们尊重合同，一旦签约，他们就会努力按合同条款一丝不苟地去执行，不论发生什么问题都不会轻易毁约；而且签约后，他们对于交货期、付款期等的更改要求一般都不予理会。德国商人注重发展长久的贸易伙伴关系，求稳心理强，不喜欢做一锤子买卖。

（三）法国商人的谈判风格

1. 谈判风格独一无二

法国的商业文化自成一体，受到来自北欧的日耳曼民族和南方的拉丁种族的共同影响，形成了世界上独一无二的法国谈判风格。例如，法国商人重视关系，但同时又奉行个人主义；法国商人不喜欢过于直接地提出自己的观点，但又很容易发生争执，并且在谈判的过程中，如果他们有不同意见，他们会坦率地提出。再有，尽管"平等主义"一词来自于法语，但是法国仍然是欧洲国家中社会等级制度最为明显的国家。换句话说，法国商人注重关系，语言带有丰富内涵，同时又非常重视社会地位；法国商人性格开朗、眼界宽广，对事物比较敏感，为人友善，处事时而固执，时而随和。

2. 对民族文化富有自豪感

法国商人对本民族的灿烂文化和悠久历史感到无比骄傲。他们时常把祖国的光荣历史挂在嘴边。重视历史的习惯使法国谈判对手也很注意商业与外交的历史关系和交易的历史状况，即过去的交易谈判情况。

法国人为自己的语言而自豪，他们认为法语是世界上最高贵、最优美的语言，因此在进行商务谈判时，他们往往习惯于要求对方同意以法语为谈判语言，即使他们的英语讲得很好，也很少让步，除非他们是在国外谈判或在生意上对对方有所求。所以，要与法国人长期做生意，最好学些法语，或在谈判时选择一名优秀的法语翻译人员。

3. 看重人情味，珍惜人际关系

法国是重视私人关系网络的国家，法国商人很重视交易过程中的人际关系；一般说来，通过内部关系来办事情比通过一般的渠道要容易和迅速得多。法国人在谈论业务之前希望对对方谈判代表有一定的了解，并且建立和谐的关系。但是与其他注重关系的国家不太一样，法国人在正式谈判前不会有太多小的会谈。对法国的历史、文化、艺术或是哲学体系等进行一些探讨是建立和谐关系的好办法。一旦建立起友好关系，法国商人会乐于遵循互惠互利、平等共事的原则。在社会交往中，家庭宴会常被视为最隆重的款待。但无论是家庭宴会还是午餐招待，法国人都将之看作人际交往、发展友谊的时刻，而不认为是交易的延伸。

与法国商人洽谈生意时，不应只畅谈生意上的事务与细节，否则很容易被法国对手视为"此人太枯燥无味，没情趣"。要注意，法国商人大多性格开朗、十分健谈，他们喜欢在谈判过程中谈些新闻趣事，以营造一种宽松的气氛。所以，在谈判中，除非到了最后决定拍板阶段可以一本正经地只谈生意之外，其他时间应多谈一些关于社会新闻和文化艺术等方面的话题，营造出活跃、富于情感的氛围。

4. 偏爱横向式谈判

与美国商人逐个议题磋商的方式不同，法国商人在谈判方式上偏爱横向式谈判，即先为协议勾画出一个轮廓，然后达成原则协议，最后再确认谈判协议各方面的具体内容。他们不如德国商人那么严谨，却喜欢追求谈判结果，不论什么谈判，在不同阶段，他们都希望有文字记录，而且名目繁多，诸如"纪要""备忘录""协议书""议定书"等，用以记载已谈的内容。另外，法国商人习惯于集中精力磋商主要条款，对细节问题不很重视，并且在主要条款谈成之后，便急于求成地要求签订合同，而后又常常会在细节问题上改变主意，要求修改合同，这一点往往令人十分为难。

5. 具有苛刻的质量观

法国商人对商品的质量要求十分严格，条件比较苛刻，同时他们也十分重视商品的美感，要求包装精美。法国商人从来就认为法国是精品的世界潮流领导者，巴黎的时装和香水就是典型代表，因此他们在穿、戴上都极为讲究。在他们看来，衣着可以代表一个人的修养与身份，所以在谈判时，稳重、考究的着装会带来好的效果。

6. 时间观念不强

法国商人在商业往来或社会交际中经常迟到或单方面改变时间，而且总会找许多冠冕堂皇的理由。在法国还有一种非正式的习俗，即在正式场合，主客身份越高，来得越迟。所以，与他们做生意，需学会忍耐。但法国人对于他人的迟到往往不予原谅，对于迟到者，他们会很冷淡，因此，如果有求于他们，千万不要迟到。

（四）意大利商人的谈判风格

1. 强调个人的作用

与法国人不同，意大利商人的国家意识比较淡薄，不习惯提国名，更不愿提故乡的名字。意大利商人非常重视个人的作用。意大利的商业交往大部分都是公司之间的交往。在商业谈判时，往往是出面谈判的人决定一切，意大利商人在交往活动中比其他任何国家的商人都更有个人的自主权。

2. 时间观念不强

意大利商人常常不遵守约会时间。有时，他们甚至不打招呼就不赴约，或单方面推迟会期。他们工作时比较自由，不太追求高效率。但是，他们在做生意时是绝对不会马虎的。意大利商人的谈判代表迟到一会儿并不意味着冒犯对方。因此，当对方迟到的时候，不妨打开公文包，处理一些没有完成的事情，把等候的时间变成工作时间。

3. 注重关系，善于社交

美国人和北欧一些国家的商人喜欢立即着手谈论业务，而意大利商人却希望在谈论商务之前对对方有一定的了解。他们更愿意在谈论商务之前先建立良好的私人关系。意大利商人善于社交，说话投机，但情绪多变，做手势时情绪激动，表情富于变化。他们生气时，情感表达非常强烈。意大利人喜好争论，他们常常会为了很小的事情而大声争吵，互不相让。在谈判合同、进行决策时，他们一般不愿仓促表态，但与日本等国家的谈判手不同的是，他们不仓促表态的原因并非是要与同僚协商，而是因为比较慎重。

4. 看重商品的价格

意大利商人对于合同条款的注重明显不同于德国人，而接近于法国人。他们特别看重商品的价格，谈判时显得寸步不让，而在商品的质量、性能、交货日期等方面则比较灵活。他们力争节约，不愿多花钱追求高品质。

（五）俄罗斯商人的谈判风格

俄罗斯是世界上最大的国家，跨越 11 个时区，也是世界的人口大国，约有 1.5 亿人。俄罗斯商人具有关系导向、正式、多种时间利用方式和情感外向的谈判风格。

1. 注重建立私人关系

关系在对俄贸易中具有关键的作用。就像世界上其他重视关系的国家一样，想要办事，必须有一些良好的私人关系。在俄罗斯，大部分业务都是面对面开展的。经常进行业务上的访问，并且经常打电话进行联系是十分必要的。不过，俄罗斯商人注重关系的含义可能与其他同样重视关系的国家有一些不同，其中最为主要的是语言交流。与东亚和东南亚的一些国家不同，俄罗斯的谈判代表习惯于使用较为直接的语言来表达自己的意思，有时甚至会有些生硬；而东亚和东南亚国家的谈判代表习惯于使用一些间接的、带有丰富内涵的语言。

2. 讲究礼节、社会地位和等级制度

俄罗斯人在欧洲人中是较为重视礼节的，俄罗斯人的礼节表现在穿着、会见以及问候礼仪方面。在组织管理严格的公司中，等级观念十分明显。访问者在衣着和在公众面前的行为等方面都需要遵守特定的礼仪。尤其是等级观念，在与俄罗斯谈判代表首次会面的时候更为重要。

等级观念对于商业访问者的影响主要有两个方面。首先，如果来访的是女性管理人员，她们将会受到特殊的礼遇。由于在俄罗斯，很少有女性能够担任商业组织的重要职位，因此男士们还不太习惯在平等的基础上与女士们交往。其次，不论来访的是男士还是女士，都需要注意，所有重要的决策都是由组织当中最高层的男性领导者做出的。在这个等级观念很强的社会当中，这个特点会减缓谈判进程，并且会造成一定的延迟。因此，在与俄罗斯商人进行谈判的时候，需要明确谈判对象是否是真正的决策者，明确这一点很重要。

3. 常常忽视时间观念，办事拖拉

虽然俄罗斯商人觉得"我们在与外国人进行谈判的时候，我们会尽可能准时"，但大多数来自于时间观念较强的国家的访问者都会说：尽管俄罗斯商人尽力了，但是仍然很少准时。会面常常在预定时间之后一个小时甚至更晚的时候开始，结束的时间也比预定的时间要拖后，并且常常被打断。俄罗斯的高层管理者似乎认为同时进行三个或四个不同内容的谈话是十分正常的。

俄罗斯人绝不会让自己的工作节奏适应外商的时间安排，除非外商提供的商品正是他们急切想要的。在谈判过程中，如果外商向他们发信或打电话征求意见，他们一般不会回答。此外，俄罗斯商人在谈判时，往往喜欢带上各种专家，这样不可避免地会扩大谈判队伍，而且各专家意见不一也会延长谈判时间，拖慢谈判节奏。因此，与俄罗斯商人谈判做生意，耐心比什么都重要。

4. 谈判精明

俄罗斯商人深深承袭了古老的以少换多的交易之道，在谈判桌前显得非常精明。他们很看重价格，会千方百计地迫使对方降价，不论对方的报价多么低，他们都不会接受对方的首轮报价。他们的压价手法多种多样、软硬兼施。例如，他们会以日后源源不断的新订单诱惑对手降价，一旦对方降低了价格，他们就会永远将价钱压在低水平上。另外，他们会"欲擒故纵"，告诉对手："你的开价实在太高，你的竞争者报价都相当低，如果跟他们做生意，现在都快可以达成协议了。"再不然，他们就使出"虚张声势"的强硬招术，如大声喊"太不公平了！"或是梆梆地敲着桌子以示不满。外国商人较为灵活的做法是，事先为他们准备好一份标准报价表，所有价格都有适当溢价，为后面的谈判减价留下后路，以迎合俄罗斯商人的心理。

在谈判过程中，出现双方对峙的情况时，俄罗斯商人甚至还会拍案而起、生气、过于激动、大声叫喊或是走出会议室而暂时中断会谈。对待这些情况的策略就是保持冷静。俄罗斯的谈判代表采取上述行为常常是为了使对手变得不耐烦，那么在这种情况下，对手就需要有足够的耐心。

在当今世界上任何一个国家，签订书面合同都是非常重要的。不过，外国商人需要做好准备，因为俄罗斯的谈判代表很可能在合同签署不久以后就要求就其中的某些条款进行再次谈判。

（六）北欧商人的谈判风格

北欧一般是指芬兰、挪威、瑞典、丹麦、冰岛五个国家。它们有着相似的历史背景和文化传统，它们信奉基督教。现代的北欧国家政局稳定，人们生活水平较高。出于其信仰和民族地位及历史文化，北欧人形成了心地善良、为人朴素、谦恭稳重、和蔼可亲的性格特点。

北欧商人是务实型的，工作计划性很强，没有丝毫浮躁的样子，凡事按部就班，规规矩矩。与其他国家商人相比，北欧人谈判时要显得沉着、冷静得多。他们喜欢有条不紊地按议程顺序逐一进行，谈判节奏较为舒缓。但这种平稳从容的态度与他们反应机敏并不矛盾，他

们善于发现和把握达成交易的最佳时机并及时做出成交的决定。

北欧商人在谈判中态度谦恭，非常讲究礼貌，不易激动，善于同外国客商建立良好关系。同时，他们的谈判风格坦诚，不隐藏自己的观点，善于提出各种建设性方案。他们喜欢追求和谐的气氛，但这并不意味着他们会一味地顺应对方的要求。实际上，北欧商人具有相当的顽固性和自主性，这也是一种自尊心强的表现。

北欧商人不喜欢无休止的讨价还价，他们希望对方的公司在市场上是优秀的，希望对方提出的建议是他们所能得到的最好的建议。如果他们看到对方的提议中有明显的漏洞，他们就会重新评估对方的职业作风和业务能力，甚至会改变对对方企业水平的看法，进而转向别处去做生意，而不愿与对方争论那些他们认为对方应该解决妥当的琐碎问题。另外，北欧商人的性格较为保守，他们更倾向于尽力保护他们现在所拥有的东西。因此他们在谈判中更多地把注意力集中在怎样做出让步才能保住合同上，而不是着手准备其他方案以防作出最大让步也保不住合同的情况出现。

（七）波罗的海商人的谈判风格

任何一个国家的商务文化和谈判风格都是其社会价值观、态度和信仰的反映。波罗的海地区主要包括爱沙尼亚、拉脱维亚和立陶宛。

爱沙尼亚是三个国家当中最北部的，爱沙尼亚人相对来说更崇尚个人主义，以生意为重，在谈判过程中习惯于直接的语言交流，而且在波罗的海诸国中是最为沉默和保守的。这些与北欧国家的特点较为相似。爱沙尼亚商人呈现保守、采取直接的语言风格以及以完成任务为重的谈判风格。立陶宛是三个国家当中最南部的，有时被称为"波罗的海的拉丁种族"。信奉天主教的立陶宛人比爱沙尼亚人更注重团体观念和人与人之间的关系。他们同样喜欢间接的交流方式，但是也愿意表达自己的想法，性格较为开朗。拉脱维亚处在其他两个国家当中，当地人信奉路德教[⊖]，并且长期以来一直受到德国文化的影响。就像其地理位置一样，其商业文化也较为折中。他们以生意为重，习惯于间接的语言，与爱沙尼亚人相比更容易表露情绪；但是有时候比立陶宛人更加直接和保守。

与重视关系的亚洲人、阿拉伯人和拉丁美洲人相比，波罗的海商人更以生意为重，谈判时，通常很快进入谈判状态。

受到等级制度严格的文化的影响，波罗的海诸国谈判代表的着装和行为举止都比较正式，处理业务时比美国人和加拿大人都要正式得多。商务会面一般会准时开始，访问者也必须准时参加。

四、其他地区商人的谈判风格

（一）澳大利亚商人的谈判风格

1. 注重生意和办事效率

通常，澳大利亚商人在与约好的客人第一次见面时，经过简短的寒暄后，就着手进行商业谈判。澳大利亚商人在商务谈判中很重视办事效率。他们派出的谈判人员一般都具有决定权，同时也希望对方的谈判代表同样具有决定权，以免在决策中浪费时间。他们极不愿意把时间花在不能作决定的空谈中，也不愿采用开始高报价，然后慢慢讨价还价的做法。他们采

⊖ 基督教的一个重要派别，是马丁·路德发动宗教改革后形成的，故称路德教。

购货物时大多采用招标方式，以最低报价成交，根本不予对方讨价还价的机会。

2. 具有较强的时间观

毫无疑问，澳大利亚人比南亚和东南亚人时间观念更强，但不如德国人、瑞士人、美国人和日本人。澳大利亚的普通员工一般都很遵守工作时间，不迟到、不早退，但也不愿多加班，下班时间一到就会立即离开办公室。但经理层的责任感很强，对工作也很热心。

3. 待人随和、不拘束，乐于接受款待

澳大利亚商人认为招待与生意无关，是两项活动，可以公私分明。所以与他们交往，不要以为在一起喝过酒生意就容易谈了。恰恰相反，澳大利亚商人在签约时非常谨慎，不大容易签约，但一旦签约，也较少会毁约。他们重视信誉，而且成见较重，加上全国行业范围狭小，信息传递快，如果谈判中有不好的言行就会产生广泛的不良影响。所以谈判人员必须给他们留下美好的第一印象，才能使谈判顺利进行。

（二）非洲商人的谈判风格

按地理习惯，非洲可分为北非、东非、西非、中非和南非五个部分。不同地区、不同国家的人民在种族、历史、文化等方面的差异极大，因而他们的国情、生活、风俗、思想等方面也各具特色。

非洲各国内部存在许多部族。各部族之间的对立意识很强，其族员的思想大都是倾向于为自己的部族效力，对于国家的感情则略显淡漠。与非洲人交往有许多禁忌需要注意，例如，他们崇尚丰盈，鄙视柳腰，因此在非洲妇女面前不能提"针"这个字眼。

非洲各部族内部的生活具有浓厚的大家庭主义色彩。这种风俗使得很少有人愿去积极谋职、努力赚钱，大多数人都将希望寄托在已有职业或家境富裕的族人身上。由此带来的后果就是，许多非洲人工作效率不高，时间观念不是很强。谈判时，他们很少准时到会，即使到了也很少马上开始谈论正事，往往要海阔天空地漫谈一通。外国商人对此要有心理准备。

在非洲诸国中，南非的经济实力最强，黄金和钻石的生产流通是其最大的经济支柱。南非商人的商业意识较强，他们讲究信誉，付款及时。他们一般会派出有决定权的人负责谈判，一般不会拖延谈判时间。

（三）阿拉伯商人的谈判风格

受地理、宗教、民族等问题的影响，阿拉伯人具有一些共同的特点：以宗教划派，以部族为群，通用阿拉伯语，信仰伊斯兰教，有很强的家庭主义观念；脾气很倔犟；比较好客。阿拉伯人喜欢用手势或其他动作来表达思想。阿拉伯人比较注重信誉。他们不希望通过电话来谈生意。阿拉伯人做生意喜欢讨价还价。他们认为没有讨价还价就不是一场严肃的谈判；在日常生活中，无论小店、大店均可以讨价还价。阿拉伯人的生活深受伊斯兰教影响，他们希望与自己洽谈的外商对伊斯兰教及其历史有一些了解。

阿拉伯商人十分好客，任何人来访，他们都会十分热情地接待。因此，谈判过程也常常被一些突然来访的客人打断，外国商人必须适应这种习惯，学会忍耐和见机行事。这样才能获得阿拉伯人的信赖，从而达成交易。

阿拉伯商人不太讲究时间观念，会随意中断或拖延谈判，决策过程也较长。但阿拉伯人决策时间长，不能全归结于他们拖拉和无效率。这种拖延也可能表明他们对谈判对手的建议有不满之处，而且尽管他们暗示了哪些地方令他们不满，谈判对手却没有捕捉到这些信号，也没有作出积极的反应。这时，他们并不当着谈判对手的面说"不"字，而是根本不作任

何决定。他们希望时间能帮助他们达到目的，否则就让谈判的事在置之不理中自然地告吹。

阿拉伯商人喜欢同人面对面地争吵，不喜欢一见面就匆忙谈生意。他们认为，一见面就谈生意不礼貌。他们希望能花点儿时间同谈判对手谈谈社会问题和其他问题，一般要占去15min 或更多的时间，有时要聊几个小时。因此，最好把何时开始谈生意的主动权交给阿拉伯人。

与阿拉伯商人做生意，寻找当地代理商是十分必要的。专家建议，无论同私营企业谈判，还是同政府部门谈判，代理商是必不可少的。这些代理商操着纯正的阿拉伯语，有着广泛的社会关系网，熟悉民风国情，特别是同所要洽商的企业有直接或间接的联系。这些都是外国商人做生意所必需的。阿拉伯人做生意特别重视朋友的关系。与阿拉伯商人交往，很难在一两次交谈中就涉及业务问题。只有经过长时间的交往，特别是与他们建立了友谊后，才可能真正地进行交易谈判。而有中间商从中斡旋，则可大大加快这一进程。

阿拉伯商人通常热衷于讨价还价，并且经常希望他们的合作者在谈判过程中同意对价格和条件做出重大的让步。一些阿拉伯商人用他们可以使谈判对手从开价中偏离的程度，来衡量他们自己在谈判桌前的成功度。所以，与其谈判时，在最初出价时留足余地，为整个漫长的谈判过程留出议价空间，是聪明的选择。

案 例 分 析

【案例分析1】

入 乡 随 俗

设想一下，有一位美国销售人员哈里·斯力克（Harry Slick）开始了他的海外商务旅行。在他的旅程中发生了下列事件：

● 在英格兰，他打电话给一位长期客户，约请他来进行早餐商务会面，这样他就可在中午飞往巴黎。

● 在巴黎，他邀请一位潜在商业客户在银塔餐馆（La Tour d'Argent）吃晚饭，并且这样说："叫我哈里就行了，加奎斯。"

● 在德国，在出席一次重要会议时，他迟到了10min。

● 在日本，他接过客户的名片，看也没看就放进了口袋。

哈里·斯力克能拿到多少订单呢？也许一个都没有，而他的公司却得面对大堆账单。国际商务的成功要求每位商务人员理解并适应当地的商业文化和惯例。以下是经理在各国做生意时，应该了解的一些商业惯例：

● 法国：除了在着装较为随意的法国南部之外，穿着要保守。不要以名来称呼对方，要加上对方的姓氏，因为法国人在陌生人面前往往比较正式。

● 德国：千万要守时。如果美国商人被邀到他人家中做客，应该给女主人带上些鲜花作为礼物，最好不要包装起来。在介绍时，先向女士问好，等对方先伸出手后再与她握手。

● 意大利：要么穿得正式些，要么入乡随俗穿上一套乔治·阿玛尼的服装，要时刻记住意大利商人很注意个人的着装品位。最好提前很久进行会面预约。对意大利的官僚作风要有心理准备，要有耐心。

- 英国：在正式宴会上通常都会有敬酒。如果主人向你敬酒，记得一定要回敬。商务招待一般是在午餐而非晚餐上进行。
- 沙特阿拉伯：尽管男士在见面时可以互吻脸颊致意，但他们决不会在公开场合亲吻一位女士。来自美国的商业女性应该先等对方伸手，再伸出自己的手。如果沙特阿拉伯人请吃点心，最好接受，因为拒绝被视作一种侮辱。
- 日本：除非你对日本式鞠躬礼仪了解很多——如鞠躬的对象、次数、时机等，否则不要轻易行鞠躬礼。这是一种很复杂的礼仪。递名片是另一种礼仪。要随身携带多张名片，用双手递上名片，这样对方很容易看见你的名字，并且要按照职位从高到低递上名片。在日本商人做出决定前，要有所准备，他们会花很长时间完成各项细节事宜后才会做出决定。

（资料来源：查尔斯 M. 富特雷尔. 销售学基础. 9 版. 赵银德，译. 北京：机械工业出版社，2006：P435。）

【案例分析 2】

在日本给顾客赠礼

在日本，互赠礼品的礼仪对于建立长期的友好关系十分重要。在卖主和顾客之间，在有业务关系的公司之间，在日本公司的上下级人员之间，都有互赠礼品的做法。就像礼品很重要一样，礼品的包装也很重要，甚至礼品的购买商店也很重要。

至于送什么礼品，IBM 的温斯·马泰尔（Vince Matal）认为"越奢侈越好"。马泰尔称，这是他在承担了几次购买任务后才领悟到的。当时，他买了书籍之类的不合适的礼品，而对于互赠礼品而言，这些都被视作过于实际或者不能留下深刻印象的。马泰尔发现奢侈品更为适合，如法国巧克力、好酒或者其他难以买到的物品。例如，有一次他带给客户一种蜂蜜甜瓜，"它只值 60 美元，"马泰尔说，"那是进口的甜瓜——好像是从加利福尼亚过来的——我记不得了。但是在日本肯定种不了这种瓜。它被运来时装在一个考究的木盒子里。然后我们又送给他们一瓶包装精良的高档米酒，花了 90 美元。所以我们总共给了价值 150 美元的礼品。这很容易做到，也很合乎常规。"

（资料来源：查尔斯 M. 富特雷尔. 销售学基础. 9 版. 赵银德，译. 北京：机械工业出版社，2006：P436。）

思 考 题

1. 在国际商务谈判中，文化差异所引起的问题反映在哪些方面？
2. 试从语言、非语言行为和价值观角度比较日本人和美国人的商务谈判风格。
3. 试从商务谈判四个阶段的角度比较日本人和美国人的商务谈判风格。

综合案例分析

【案例分析 1】

化工原料价的谈判

卖方：长春某化工厂，出售其×化工原料。

买方：日本×公司，购买×化工原料。

背景：这两家为老客户，买方对卖方的产品很满意，双方的领导均很熟悉。这次，买方来到卖方的所在地长春，一方面了解生产状况，另一方面讨论新的订货。上年度订货价离岸价为 1600 美元/t，这次买方想多压价，目标是每吨降价 100～300 美元。由于该产品较为独特，可比性差，卖方价格空间较大。

谈判组织：买方来了一名采购部经理和一名产品专家，卖方由销售科的负责人和翻译负责谈判。地点就在工厂的会议室。

谈判目标：卖方希望以 1600 美元/t 成交，而买方希望以 1200 美元/t 成交。

请模拟谈判。

【案例分析 2】

调谐器生产线交易条件的谈判

背景：河南 G 工厂委托北京 A 公司采购调谐器生产技术及相关设备。经过探询，A 公司从日本 N 公司和 H 公司得到报价。经过分析，G 工厂与 A 公司决定先与 N 公司谈判。

N 公司与 H 公司报价相当，但 N 公司已在中国广州、北京、东北出售了十几条相似的生产线，同时在谈判中易于比价。

G 工厂投资预算仅 320 万美元，与 H 公司和 N 公司的报价相比相差 35% 左右。G 工厂表示可以减少报价清单中的部分设备，其价值可抵 15% 的差距。A 公司的谈判目标是让 N 公司或 H 公司降价 18%～20%，即可成交。

参加人：我方有 A 公司项目主谈人，G 工厂厂长、技术引进办公室主任、翻译；日方有 N 公司海外部中国课课长、专家 1 人、驻京代表 1 人。谈判地点在 A 公司办公楼会谈室。

请模拟谈判。

【案例分析 3】

M—100 燃料油供应价格谈判

买方：中国石油 A 石油进出口有限公司（以下简称"A 公司"）

卖方：哈萨克斯坦石油 B 炼油厂（以下简称"B 炼油厂"）

产品：M—100 GHOST—99 燃料油（以下简称 M—100 燃料油）

一、市场背景

　　中国近年来发展迅速，对各种原料需求很大，尤其是石油制品，虽然几大油品公司几乎垄断了石油制品的进出口，但由于需求实在很大，仍有许多中小型公司在从事相关进出口业务。为谋求夹缝中的生存，每一批油源对他们都相当重要。

　　哈萨克斯坦是我国几大石油供应国之一，且由于中石油拥有哈萨克斯坦石油50%的股份，其油品对中国出口有95%是通过中石油进出口公司进行的。但由于裙带关系，一些有权势的人在一部分哈萨克斯坦石油的子公司（尤其是炼油厂）中拥有股权。哈萨克斯坦的情况特殊，其油厂分红并不以现金和股权为主，而是每月给予厂方管理人员一定的石油配额，每年因配额所获的油制品销售利润归管理层所有。因此，哈方管理层委托各种中间人代为寻找销路，非常迫切希望能够促成此次谈判成功。

　　油品运输一般经阿拉山口口岸用铁路向国内运输，但国内石油运输车皮并不便捷，且阿拉山口口岸只有5万t的油制品储备仓库。

　　二、买方

　　A公司为中石油下属拥有自主油品进出口权的子公司，中国石油和化学工业联合会理事单位。业务范围：原油、M—100燃料油、D—2航空油及其他油制品进出口贸易。年贸易额约5亿元，对石油公司来说比较小。

　　三、卖方

　　哈萨克斯坦石油B炼油厂，为该公司五大炼油厂之一。年产M—100燃料油150万t，其他油制品产能在百万吨左右。其管理层共有每月1.2万~1.5万t的M—100燃料油自主销售配额，1.2万t绝对有保障。

　　四、经过

　　2008年8月，经哈萨克斯坦商会（哈萨克斯坦的全国性商会，在京驻有60余人，该组织不收取任何费用）介绍，B炼油厂找到了A公司，并在相互提供资质证明及相关材料后签署了以220美元/t、FOB阿拉山口的价格购买1000t M—100燃料油的合同作为试单（由于单子小破例以电汇付款）。这批货已经于2009年1月到华，经检测产品质量合格，双方资质完备，因此双方对进一步合作充满了期待。

　　2009年4月经过又一轮的前期谈判后，双方就一年内每月由B炼油厂向A公司供应5000t M—100燃料油已基本达成共识。但B炼油厂依然要价220美元/t及必须是电汇一次性付清，而A公司方面想以180美元/t的价格购买，并且用信用证作为支付方式。所以双方在价格与付款方式方面还有分歧。

　　B炼油厂方面很重视这个项目，为解决该问题，他们派出了以副厂长为首的代表团来华商谈，并与两名哈萨克斯坦商会高级顾问组成了谈判队伍。A公司方面也相当重视本项目，主管领导王总特地从深圳赶回北京来洽谈。由于该项目对双方都相当重要且利润空间较小，双方都面临着较大压力。

　　此外，B炼油厂目前只答应供应5000t/月，而A公司有购买更多燃料油的意向（1.5万t/月）。

　　五、模拟谈判要求

　　谈判时间与地点：2009年4月29日，中国石油A石油进出口有限公司，北京。

　　客户关系：双方资质完备，已经完成一单交易，合作愉快。并且A公司方面因B炼油厂由哈萨克斯坦商会介绍，所以非常信任对方。而B炼油厂方面也非常信任中方，因此这单生意双方都非常有诚意。

谈判阶段：质量方面已经达成一致。进入最终讨价还价阶段，可当场签署合同。

模拟内容：

(1) 谈判：资料准备；方案准备；组织谈判；进行过程。

(2) 以恰当的方式谈拢该项目，并尽最大努力降低/提高价格。

【案例分析4】

汽轮机转子毛坯延迟交货索赔谈判

近年来我国电力市场迅猛发展，每年新增的机组数量基本上是全世界新增机组数量的80%左右，所以国内几大汽轮机生产厂家都不同程度地出现了毛坯供应紧张的情况。由于SQ公司占有我国电力市场1/3强的份额，所以毛坯供应问题就越发凸显。转子毛坯是汽轮机最重要的毛坯件，工艺复杂，加工周期长，在我国只有几家单位可以生产，但它们的生产计划早已被几大汽轮机生产厂家占满。2002年，SQ公司被迫开始从国外高价进口转子毛坯。主要的供应商有日本、韩国以及欧洲的德国、英国等国家的重工业企业。

2003年，在转子毛坯最紧缺的时候，SQ公司和意大利的SDF公司签订了合作合同。按照合同，意大利SDF公司向SQ公司提供10根转子毛坯，第一根交货期定于2004年9月，之后每月交1根。之后双方进行了较好的技术沟通，双方技术人员也互访了对方企业。2004年6月，第1根转子毛坯即将进行最后的加工，估计将历时2个月，算上船运时间，刚好满足买方要求，但也可能稍有延误。这时，意大利发生了大规模的劳资纠纷，各重工业企业员工在工会领导下纷纷罢工，SDF公司也卷入了这场全国性的罢工潮之中。虽然劳资双方相持40余天后终于化解了矛盾，但是这时，SDF公司已经无法按照SQ公司的要求交货，加上重新整合资源的时间，预计至少将拖期2个月，这将对SQ公司的整体生产计划产生重大的影响。由于双方的合同中有对迟交货的严格巨额罚款，SQ公司决定施行这一处罚条款，一来弥补损失，二来想借此措施向各国供应商发出警告。7月中旬，SQ公司正式向SDF公司开出了达450万美元的罚单。

8天后，SDF厂派出由生产副总裁为首的访问团赴我国与SQ公司进行谈判。谈判围绕罢工事件的定位展开。虽然迟交货已成事实，但是意大利方面认为罢工属于"不可抗力"，按照合同，由不可抗力产生的迟交货不适用处罚条例。双方的关系很微妙：罚金数额虽然不小，但是由于SQ公司也有可能会因此而面对自己的客户罚单和名誉损失，所以，按时交货比高额罚单更加重要；对SDF来说，高额罚款将使利润严重下降，也会带来名誉损失。对于双方而言，由于对方都是自己最重要的长期客户之一，长期稳定的合作关系才是双方利益的基础。如何体面、务实地解决这次争端成了摆在双方谈判小组面前的问题。

模拟谈判目标：

解决赔偿问题，维护双方长期合作关系。

【案例分析5】

门碰延期交货谈判

买方：香港A实业贸易有限公司

卖方：北京B进出口公司

一、背景

2003年年初，北京B进出口公司接到其香港老客户A实业贸易有限公司寄来的门碰样品及询盘，样品是半球形抛光的门碰，材质为纯钢，分为白色、黑色和电镀三种，货物是为欧洲Peterson家居用品连锁商店供货，订货数量240万个。

北京B进出口公司的业务员找到了河北C工艺品厂（乡镇企业），打算让其承担生产任务。C工艺品厂曾是北京B进出口公司出口健身球的生产商之一，考虑到健身球与门碰的外形近似，生产工艺都差不多，估计接此订单应该没问题。C工艺品厂的厂长喜欢搞技术革新，认为只需要将工厂里的机器进行相应的调整便可，答应可以接活。于是北京B进出口公司与香港A实业贸易有限公司于2003年1月14日签署合同，合同规定：

合同单价：每件1.25美元，FOB天津新港。

订货量：白色、黑色、电镀门碰各80万个，共240万个。

总价：300万美元。

质量要求：按照香港A实业贸易有限公司提供的样品加工，如交付的产品与样品有明显不符合，则买方有权拒绝验收，在此情况下，卖方应履行相应的赔偿责任。

产品用20尺集装箱装运，交货期为2003年7月15日前。

逾期交付责任：每延期交付一天，卖方应支付等于合同总价3‰的罚款。

这个订货量是欧洲Peterson家居用品连锁商店一个季度的销售量，也是他们首次从中国订货。买方口头表示，如果第一批合同顺利执行，以后还将继续订货。

由于生产该批货物需要一定投入，北京B进出口公司在2003年2月中旬与C工艺品厂签订了合同，并很快分两次向C工艺品厂汇入共计人民币120万元的预订款。但是，进入3月份后即发生了"非典"（SARS）事件，国内很多地方都采取了封闭和隔离措施，从北京去河北的许多道路都被封闭，村口也设置了障碍，因此北京B进出口公司业务员只能用电话与C工艺品厂进行联系。由于受"非典"影响，厂里工作状态不太正常，双方的沟通也不是太有效。到5月中旬，B进出口公司业务员打电话向C工艺品厂询问产品生产进度及交货准备情况，对方的回答令B进出口公司业务员大吃一惊：由于经过调整的机器对这些半球形门碰几乎起不到抛光作用，因此工厂的工人就用手工进行打磨，每个工人每天只能打磨抛光20个门碰，按此进度，肯定无法在合同规定的交货期内完成任务。于是B进出口公司在敦促C工艺品厂加紧生产的同时，把部分生产任务分包给其他厂家；另外，立即致电香港A实业贸易有限公司，说由于受"非典"影响，要求延期至10月中旬交货。

香港A实业贸易有限公司得知这个要求后，先是要求B进出口公司立即邮寄5个已经加工完成的产品到香港，然后再作答复。5月20日，B进出口公司将C工艺品厂生产的5个门碰寄到香港。A公司仔细将产品与原来的样品进行了比较，看出了河北C工艺品厂在抛光工艺上的差距，但总体而论，觉得产品的质量还是属于可以接受的范围，心里便有了底。

从商务上讲，延期交货将导致错过销售旺季，会给欧洲Peterson家居用品连锁商店带来一定的损失，对此必须向供货方要求一定的补偿。于是，香港A实业贸易有限公司回复北京B进出口公司，提议于5月下旬在香港就延迟交货问题进行谈判，北京B进出口公司同意这一安排。

二、模拟谈判要求

谈判时间、地点：2003 年 5 月 25 日，香港 A 实业贸易有限公司办公室。

谈判任务：围绕卖方提出的延迟交货要求和买方提出的补偿要求进行磋商，达成修改合同的协议。

【案例分析6】

瓷器套装餐具重复发货谈判

买方：毛里求斯 A 贸易公司

卖方：中国驻毛里求斯大使馆经商处（代表山东 B 工艺品进出口公司）

一、背景

2005 年 3 月，山东 B 工艺品进出口公司与毛里求斯 A 贸易公司签署了出售 20 个集装箱瓷器套装餐具合同，每个集装箱 FOB 价格为 5500 美元，交货期为当年 7～8 月，允许溢短装 5%。

7 月初，B 工艺品进出口公司业务员王晓玲在自己的抽屉里发现了那个合同，忘记了自己在一个月之前已经发了货，以为自己差点儿误事，赶紧通知厂家按照合同规定的数量、品种交货，同时赶紧通知船运公司安排装运。货发出后，王晓玲便通知毛里求斯商人，货已经按期发出。毛里求斯商人的回复令王晓玲出了一身冷汗，A 贸易公司称该公司已经在 7 月份收到了 B 公司发送的货物。王晓玲此时赶紧查看资料，发现由于她的工作失误，同样一批货物，她竟然发了两次。于是她赶紧与 A 公司传真联系，请其买下第二批误发的货物，并承诺在今后的贸易中将给予 A 公司一定价格上的折扣，遭到 A 公司的拒绝，拒绝的理由是：毛里求斯人口才 100 多万，市场很小，消化这些瓷器套装餐具需要时间，因此需要租仓库放置这些暂时销售不出去的瓷器，货款本身也将占用 A 公司的资金，除非 B 公司愿意给予货款 30% 的折扣，否则 A 公司很难买下第二批餐具。王晓玲于是联系中国驻毛里求斯大使馆经商处，恳求并委托经商处的人员出面与 A 公司磋商，因为第二批瓷器套装餐具如果再从毛里求斯转运回国，其价值损失太大，还不如就地拍卖。B 公司提出可以给予 A 公司价格上的一定让步。

中国驻毛里求斯大使馆经商处于参赞、一等秘书毛先生、三等秘书赵先生、商务随员小李等均曾在国内从事过国际贸易业务，除随员小李外，均具有丰富的国际贸易知识和经验。受到 B 工艺品进出口公司的委托，为了减少国家损失，经商处决定请毛里求斯 A 贸易公司的商人等来使馆经商处共进午餐并洽谈。经商处建议 A 公司将毛里求斯周边国家作为拓展其市场的战略考虑，并愿意帮助 A 公司通过中国驻马达加斯加大使馆经商处，以及周边国家的中国大使馆经商处的渠道，协助 A 公司建立新的客户渠道、扩大其市场销售范围。于是，双方同意就如何解决瓷器套装餐具重复发货一事进行谈判。

二、模拟谈判要求

谈判时间、地点：2005 年 7 月底，中国驻毛里求斯大使馆经商处。

谈判任务：完成谈判组织（人员配置与分工安排），谈判方案的准备，谈判的主持与展开。

【案例分析7】

速冻板栗丁付款纠纷

买方：韩国 A 食品公司

卖方：北京 B 食品公司

一、背景

北京 B 食品公司与韩国 A 食品公司已有多年的合作历史，B 公司曾向 A 公司出口过糖水桃罐头、速冻草莓等食品，双方合作一直很顺利，彼此也很信任。2007 年，韩国市场上原产于中国河北遵化的速冻板栗丁十分畅销，于是 A 公司要求 B 公司供货，而 B 公司在河北遵化地区有自己的合作工厂，一直在加工速冻板栗丁，并向日本和韩国市场销售。进入2008 年后，速冻板栗丁货源趋于紧张，国际市场行情看涨。

二、经过

2007 年 12 月，B 公司和 A 公司签订了四个货柜速冻板栗丁的合同，单价是 CFR PUSAN（韩国釜山港）1420 美元/t，23t/货柜，付款方式是 T/T。双方约定：A 公司凭 B 公司的装运通知书和提单复印件先电汇货款给 B 公司，B 公司再指示货运代理公司电放提单，A 公司就可以凭电放提单在韩国港口提货。2008 年 1 月第一批两个货柜货品运出后，A 公司直接将货款电汇到绿宝在香港南洋商业银行的美元账户，接着，A 公司很快收到了 B 公司的电放提单，并顺利提货。

2008 年 2 月 16 日，B 公司发运第二批两个货柜速冻板栗丁，于 2 月 17 日到达韩国港口，因为当天是星期日，船运代理公司及其他办事机构公休，冷冻柜开始产生额外的制冷费。2 月 18 日（星期一）上午 A 公司通知 B 公司说，货款已经用 T/T 付出，付款路线是：A 公司——韩国外汇银行——韩国外汇银行大连办事处——美国的中国银行纽约分行——南洋商业银行 B 公司账户，完成这个付款过程大约需要 3 个工作日。A 公司要求 B 公司立即办理电放提单。B 公司考虑到 A 公司以前有过拖延货款的行为，因而在货款没有到账、不能确定 A 公司是否已真正付款的情况下，采取拖延等待的办法。在此期间，A 公司多次催促 B 公司电放提单，B 公司推托说：由于遵化的加工厂没有向货运代理公司支付额外的制冷费用，货运代理公司因此拒绝电放提单。B 公司向 A 公司表示，一定催促加工厂赶快支付这项费用，并承诺 2 月 20 日下午肯定能电放提单（B 公司估计到那时货款肯定已经到账）。实际上，B 公司在 22 日上午才得以确认货款已经到达南洋商业银行 B 公司的账户，于是立即指示货运代理公司向 A 公司电放了提单。

三、纠纷

由于得到 B 公司的通知说 20 日下午肯定能够电放提单，A 公司将集装箱车开到了码头，但是却提不出货物，只好回到工厂。质问 B 公司，B 公司回答说，中间环节拖延了一些时间，21 日肯定电放提单。21 日一早，A 公司又把集装箱车开去码头，还是白白等了一天。最后到 22 日，A 公司才将货品提到。这样来回白跑了几次，产生了额外运输费用。另外，A 公司本来期待在 19 日就能提货，由于拿不到电放提单、提不到货，A 公司的工厂从 20 日开始就停工待料，一直到 22 日提到货后，接着又逢周末，到 25 日才继续开工。A 公司对 B 公司一再拖延电放提单非常不满，而且这个过程给 A 公司造成了车辆额外运输费以及工厂停工待料的损失，于是向 B 公司提出了索赔要求。而 B 公司认为，A 公司改变了惯常的付款路线，使 B 公司没能及时收到货款，导致 A 公司提货晚了几天，还发生了额外的制冷费用，双方都有损失，这一切都起源于 A 公司，索赔的理由不能成立。当然，速冻板栗丁国际市场行情看涨，B 公司也不想为了这点儿纠纷去打官司而毁坏了双方的合作关系，于是，在得知 A 公司要派人来北京磋商上述事宜后，作好了商谈的准备。

四、模拟谈判要求

谈判时间地点：2008 年 3 月 10 日，北京 B 公司。

模拟内容：

（1）根据题目给出的背景事实，展现一场商务纠纷谈判的开场、展开、磋商和解决的过程。

（2）以恰当的方式了结这场纠纷。

【案例分析 8】

绿茶公司合资谈判

A 方：云南省昆明市某品牌绿茶公司

B 方：云南省某建筑建材公司

A 方背景资料：

（1）某品牌绿茶产自美丽而神秘的云南省，它位于中国的西南部，海拔超过 2200m。在那里优越的气候条件下生长出优质且纯正的绿茶，它的茶多酚含量超过 35%，高于其他（已被发现的）茶类产品。茶多酚有益于人体健康，它的功效已经被全世界所认识。人们发现茶多酚能够降脂、降压，减少心脏病和癌症的发病概率。同时，它能提高人体免疫力，并对消化、免疫系统有益。

（2）已注册生产某一品牌绿茶，品牌和创意都十分不错，品牌效应在省内正初步形成。

（3）已经拥有一套完备的宣传策划机制。

（4）已经初步形成了一系列较为顺畅的销售渠道，在全云南省某一知名连锁药房及其他大型超市、茶叶连锁店都有设点，销售状况良好。

（5）品牌的知名度还不够，但相信此品牌在未来几年内将会有非常好的前景。

（6）缺乏足够的资金，需要吸引资金，用于：

1）扩大生产规模。

2）扩大市场，加大宣传力度。

（7）现有的品牌、生产资料、宣传策划、营销渠道等一系列有形资产和无形资产由 A 方估算价值 100 万元人民币。

（除以上内容外，谈判代表还应自行查找一些相应的茶产品、茶叶市场等一系列资料，以供谈判使用）

A 方谈判内容：

（1）要求 B 方出资额度最低 50 万元人民币。

（2）A 方要求保证控股。

（3）对资产评估的 100 万元人民币进行合理解释（提示：包含品牌、现有的茶叶及制成品、生产资料、宣传策划、营销渠道等）。

（4）由 A 方负责进行生产、宣传以及销售。

（5）B 方要求年收益达到 20% 以上，并且希望 A 方能够采取具体措施保证其实现。

（6）B 方要求 A 方对获得资金后的使用情况进行解释。

（7）风险分担问题（提示：例如可以购买保险，保险费用可计入成本）。

（8）利润分配问题。

B 方背景资料：

（1）经营建材生意多年，积累了一定的资金。

（2）准备用闲置资金进行投资，由于近几年来保健品市场行情不错，投资的初步意向为保健品市场。

（3）投资预算额为 150 万元人民币以内。

（4）希望在一年内能够见到回报，并且，年收益率最低为 20%。对保健品市场的行情不甚了解，对绿茶的情况也知之甚少，但 A 方对其产品提供了相应资料。

（5）据调查得知 A 方的绿茶产品已经初步形成了较为畅通的销售渠道，在全云南省某一知名连锁药房销售状况良好，但知名度还有待提高。

（除以上内容外，谈判代表还应自行查找一些相应的茶产品、茶叶市场等一系列资料，以供谈判使用）

B 方谈判内容：

（1）得知 A 方要求出资额度最低 50 万元人民币。

（2）要求由 A 方负责进行生产、宣传以及销售。

（3）要求 A 方对资产评估的 100 万元人民币进行合理解释。

（4）对如何保证资金的安全、资金的投入是否会得到回报的保障措施进行相应的解释。

（5）B 方要求年收益达到 20% 以上，并且希望 A 方能够采取具体措施保证其实现。

（6）B 方要求 A 方对获得资金后的使用情况进行解释。

（7）风险分担问题（提示：例如可以购买保险，保险费用可计入成本）。

（8）利润分配问题。

请模拟谈判。

【案例分析 9】

Multilateral Negotiations Related to the Protection of Intellectual Property Rights（IPR）

Country teams：

the People's Republic of China

the United States of America

the European Union

Switzerland

（Note：Each student should read these materials and the packet of other background articles before the simulation begins. ）

1. Instructions and Background

Instructions

The following background information and instructions are designed to provide students with a working knowledge of international trade issues related to the protection of Intellectual Property Rights (IPR), and of the WTO Dispute Settlement Understanding (DSU).

For purposes of this simulation, certain factual information related to the practices of the negotiating parties has been intentionally developed as hypothetical information, e. g., certain facts and figures have been invented to facilitate a short-term negotiation simulation. The general background and information related to IPR laws, the DSU, trading regimes, and agreements are factual.

Background

The United States (USA) and China have engaged in a series of negotiations since 1989 over the development and enforcement of Chinese intellectual property laws. China passed an initial copyright law in 1990, but it fell short of international standards. China was then party to a series of bilateral agreements - in 1992, 1995 and 1996 - which eventually led to the adoption in 1997 of a copyright law consistent with the Berne Convention, and forceful Chinese action against factories producing pirated CDs, video tapes and software.

The United States and the European Union (EU) each continued bilateral negotiations with China on IPR related issues leading up to China's entry into the WTO in 2001. China, in joining the WTO, was required to bring its domestic laws governing IPR protection into compliance with the WTO Agreement on TRIPs, or the Trade-Related Aspects of Intellectual Property Rights. Doing so also bound China to submit itself to the WTO's dispute settlement regime in the event that its trading practices or level of IPR protection was deemed by other WTO members to have fallen below the standard set by its commitments under TRIPs.

This simulation is organized around a scenario based on real-world IPR compliance concerns raised by China's trading partners in mid-2002, taking into account China's commitments to IPR protection at the time of its WTO accession. The key parties in the simulation are China, the US, the EU, Switzerland and mediators from the WTO Secretariat. The factual scenario, while based on real-world trade data and some factual bilateral meetings between China and its trading partners, reflects a plausible scenario, but is not patterned on any specific bilateral meetings. Some trade data and some interest groups, as noted in the simulation, are fictitious, and are intended to enhance the simulation.

The historical sequence of events as reported by the International Intellectual Property Alliance is as follows:

After United Stales Trade Representative (USTR) placed China on the Priority Watch List in both 1989 and 1990 to encourage it to commence a law reform process, China passed a new copyright law in September 1990 (effective June 1, 1991). That law was incompatible with the Berne Convention and had numerous other defects, and as a result of these inadequacies as well as high and growing losses due to copyright piracy, USTR named China a Priority Foreign Country in April 1991. In January 1992, China and the US settled the resulting Section 301 action by entering into a Memorandum of Understanding (MOU).

This MOU committed China to adopt Berne-compatible regulations to its copyright law and to join the Berne Convention (which China did, effective October 15, 1992) and the Geneva Phonograms

Convention (which it also did, effective June 1, 1993). US works became fully eligible for protection under the 1992 MOU, and China was consequently placed on the Watch List in April 1992. On September 30, 1992, China's Berne-compatible regulations went into effect (but only applied to foreign works, leaving domestic Chinese with less protection for their works than that enjoyed by foreign right holders). China remained on the Watch List in 1993 with International Intellectual Property Alliancel (IIPA) and USTR pushing for passage of legislation to make copyright piracy a criminal offense, as well as to beef up enforcement measures. On November 30, 1993, Ambassador Kantor elevated China to the Priority Watch List due to China's failure to enforce its laws.

In February 1994, IIPA reported significantly increased trade losses, up to $ 823 million for 1993. Due to the absence of criminal penalties and a total lack of enforcement, USTR once again named China as a Priority Foreign Country in June 1994. Though the National People's Congress, through a "Decision" of the Standing Committee, adopted criminal penalties for copyright piracy in July 1994, it was not until 1995 that the Decision was implemented by a set of "Interpretations" issued by the Supreme People's Court.

Meanwhile, US trade losses continued to mount.

On February 4, 1995, the US government announced its intent to impose $ 1.08 billion in retaliatory tariffs to compensate for trade losses due to copyright piracy in China.

This prompted China to take the two-prong approach of threatening its own retaliatory measures, and to begin going after domestic violators. The result of China's renewed efforts was uninterrupted trade with the US, and a temporary dip in recorded IPR violations.

As part of China's WTO accession agreement in 2001, it brought its IPR-related laws into general compliance with the TRIPs Agreement, but enforcement remained shoddy.

Chinese growing economy and lax enforcement led to estimates by the IIPA of trade losses exceeding $ 1.5 billion by rights holders, and put greater pressure on the USTR to act decisively. Arguing that un-enforced laws for IPR protection, and continuing barriers to entry for legitimate rights holders, was a violation of the spirit of China's accession agreement, the US government called on China to step up enforcement and to meet its market opening concessions. The Chinese government claimed that it was in the process of educating officials throughout the country about its WTO commitments, and that it would take time to bring its market to full compliance.

The negotiation simulation is designed to take place during the month of August 2002, following a US threat to seek resolution via the WTO's Dispute Settlement system, but prior to the actual imposition of sanctions. The EU and Switzerland, believing that China's efforts in the area of IPR protection fall short of its WTO commitments, have been asked to join the negotiations. All parties wish to avoid the issue rising to the level of a WTO dispute and would prefer bilateral and multilateral negotiations.

2. General Format for Simulations: Team Configurations and Negotiations Sequencing

2.1 Parties to the Negotiation Simulations

Parties to these negotiation simulations will include country teams and interest groups within the country teams:

the People's Republic of China (PRC):

1) Ministry of Foreign Trade and Economic Cooperation (MOFTEC) - primary governmental ministry representing the PRC in international negotiations.

2) Representatives of Beijing's WTO Center.

3) Association of Chinese Entrepreneurs represented by the Office of the Mayor of Shanghai.

4) Representative of Haier.

USA:

1) USTR-primary US government agency representing US interests.

2) Motion Picture Association of America (MPA).

3) Music Industry Association of America (MIA).

4) Business Software Alliance (BSA).

5) Microsoft Corp.

EU:

1) Director General of the EU for External Relations (EUDG).

2) European Clothing Design and Manufacturers Association (ECDMA).

3) European Intellectual Property Rights Association (EIPRA) (established by members including computer, movie, music, and clothing manufacturers.).

4) Vivendi Group-Owner of French and American music and film production companies.

Government of Switzerland:

1) Office of the Foreign Ministry for Trade (OFMT).

2) Federation of Swiss Watch Industry (FSWI).

3) Intellectual Property Rights Association of Switzerland (IPRAS).

2.2 The Negotiation Process

Individual interest groups (e. g., associations, government agencies, etc.) will meet first to review facts, develop team negotiating goals and strategies, assign research and negotiating roles, and to document all negotiating sessions.

All interest groups will then meet with their country team members. (Country team members may or may not share common interests, goals, etc.) Lead government agencies will seek to reconcile differences and to advance a unified voice in the bilateral or multilateral sessions.

All teams will seek to advance specific negotiating goals and interests. For example, it can be assumed that China seeks acceptance in the international trading community, that it would like to avoid a dispute in the WTO, and that it is committed to an increased level of enforcement in the area of intellectual property rights. Similarly, it can be assumed that the USA, EU, and Swiss governments and constituent manufacturing groups seek enforcement of IPR laws in China and greater access to the Chinese market. Interest groups may differ, however, on appropriate timetables, implementation mechanisms, and enforcement.

All parties will want to consider some or all of the following:

1) Documentation of the scope of the problem.

2) Specific agreements to implement reforms including but not limited to rules, regulations, moni-

toring devices, enforcement mechanisms, legal remedies, etc.

3）Timetables for implementation of agreements reached.

4）Criteria in the field of IPR for Chinese accession to the WTO.

It will also be important to determine the interests of your counterparts including adversaries and allies. You will want to try to build alliances within your country and with other country governments or individual interest groups.

请模拟谈判。

参 考 文 献

[1] 孙庆和，张福春. 实用商务谈判大全 ［M］. 2 版. 北京：企业管理出版社，2005.

[2] 方其. 商务谈判 ［M］. 北京：中国人民大学出版社，2004.

[3] 王海云. 商务谈判 ［M］. 北京：北京航空航天大学出版社，2003.

[4] 王淑贤. 商务谈判理论与实务 ［M］. 北京：经济管理出版社，2003.

[5] 丁建忠. 商务谈判 ［M］. 北京：中国人民大学出版社，2003.

[6] 周晓琛. 商务谈判理论与实战 ［M］. 北京：知识产权出版社，2004.

[7] 卢润德. 商务谈判——理论、技巧、案例 ［M］. 重庆：重庆大学出版社，2003.

[8] 李品媛. 现代商务谈判 ［M］. 3 版. 大连：东北财经大学出版社，2004.

[9] 汤秀莲. 国际商务谈判 ［M］. 天津：南开大学出版社，2003.

[10] 夏国政. 经贸谈判指南 ［M］. 北京：世界知识出版社，1999.

[11] 成志明. 涉外商务谈判 ［M］. 南京：南京大学出版社，1997.

[12] 吴显英，董士波，陈伟. 现代商务谈判 ［M］. 哈尔滨：哈尔滨工程大学出版社，2002.

[13] 万成林，舒平. 营销商务谈判 ［M］. 天津：天津大学出版社，2004.

[14] 马梁. 谈判精英 88 天特训 ［M］. 哈尔滨：黑龙江人民出版社，1999.

[15] 曹浩文. 如何掌握商务礼仪 ［M］. 北京：北京大学出版社，2004.

[16] Charles M Futrell. Fundamentals of Selling ［M］. 9th ed. New York：McGraw-Hill Companies, Inc.,
     2006.

[17] Philip R Cateora and John L Graham. International Marketing ［M］. 11th ed. New York：McGraw-Hill
     Companies, Inc., 2002.

[18] 菲利普 R 凯特奥拉，约翰 L 格雷厄姆. 国际市场营销学 ［M］. 12 版. 周祖城，等译. 北京：机械
     工业出版社，2005.

[19] 路易斯 E 布恩，大卫 L 库尔茨. 当代市场营销学 ［M］. 11 版. 赵银德，等译. 北京：机械工业出
     版社，2005.

[20] 理查德 R 盖斯特兰德. 跨文化商业行为 ［M］. 李东，等译. 北京：企业管理出版社，2004.

[21] 杰弗里·埃德蒙·柯里. 国际商务谈判. 上海：上海外语教育出版社，2002.

[22] 赵银德. 国际商务谈判技巧 ［J］. 企业管理，2002 (11).

[23] 杰弗里·埃德蒙·柯里. 国际谈判——国际商务谈判的策划与运作 ［M］. 2 版. 朱丹，等译. 北
     京：经济科学出版社，2002.

[24] 刘园. 国际商务谈判 ［M］. 北京：对外经济贸易大学出版社，1999.

[25] 张漾滨. 商务谈判与推销技巧 ［M］. 北京：中国商业出版社，1998.

[26] 杨晶. 商务谈判 ［M］. 北京：清华大学出版社，2005.

[27] 樊建廷. 商务谈判 ［M］. 大连：东北财经大学出版社，2001.

[28] 宋贤卓. 商务谈判 ［M］. 北京：科学出版社，2004.

[29] 徐春林. 商务谈判 ［M］. 重庆：重庆大学出版社，2004.

[30] 宫捷. 现代商务谈判 ［M］. 青岛：青岛出版社，2001.

[31] 章瑞华. 现代谈判学 ［M］. 杭州：浙江大学出版社，2000.

[32] 潘肖珏. 商务谈判与沟通技巧 ［M］. 上海：复旦大学出版社，2000.

[33] 蒋春堂，蒋冬梅. 谈判学 ［M］. 武汉：武汉大学出版社，2004.

[34] 杰勒德 I 尼尔伦伯格. 谈判的艺术 ［M］. 曹景行，陆延，译. 上海：上海翻译出版公司，1986.

［35］ 马克态. 商务谈判理论与实务 ［M］. 北京：中国国际广播出版社，2004.

［36］ 周忠兴. 商务谈判原理与技巧 ［M］. 南京：东南大学出版社，2003.

［37］ 颜宏裕. 绝佳谈判术 ［M］. 北京：经济管理出版社，2004.

［38］ 肖胜萍. 决胜谈判桌 ［M］. 北京：中国纺织出版社，2003.

［39］ 曹厚昌. 商务谈判指导 ［M］. 北京：人民日报出版社，1993.

［40］ 王宏伟，陈建梅，张晓霞. 商务谈判 ［M］. 北京：中国商业出版社，1998.

［41］ 甘华鸣，许立东. 谈判 ［M］. 北京：中国国际广播出版社，2001.

［42］ 王捷. 周恩来谈判艺术 ［M］. 天津：天津人民出版社，1993.

［43］ 戴永良. 商业谈判要领 ［M］. 北京：中国戏剧出版社，2001.

［44］ 牟传琳，牟传珩. 谈判学研究 ［M］. 北京：中国华侨出版公司，1991.

［45］ 杜娴. 无敌谈判术 ［M］. 北京：学苑出版社，1989.

［46］ 曾振华，江波，邓虹. 谈判心理学 ［M］. 广州：暨南大学出版社，2002.

［47］ 丁建忠. 商务谈判教学案例 ［M］. 北京：中国人民大学出版社，2005.

［48］ 张柱，张炜. 知己知彼的谈判技巧 ［M］. 广州：广东经济出版社，2004.

［49］ 冯振翼，张秀英. 卡耐基成功说服经典 ［M］. 北京：中国时代经济出版社，2002.

［50］ 刘国柱. 现代商务礼仪 ［M］. 北京：电子工业出版社，2005.

［51］ Kitty O Locker. Business and Administrative Communication ［M］. 5th ed. New York：McGraw-Hill Companies，Inc.，2000.

［52］ Linda Beamer. 全球环境中的跨文化沟通 ［M］. 甘永刚，刘银娜，译. 北京：清华大学出版社，2003.

［53］ 韦斯·特龙彭纳斯，等. 在文化的波涛中冲浪 ［M］. 关士杰，译. 北京：华夏出版社，2003.

［54］ 赵银德. 文化差异对国际商务谈判行为的影响 ［J］. 对外经贸实务，2002（10）.

［55］ 刘园，李志群. 国际商务谈判：理论、实务、案例 ［M］. 北京：中国对外经济贸易出版社，2001.

［56］ 关世杰. 跨文化交流学 ［M］. 北京：北京大学出版社，1995.

机械工业出版社

CHINA MACHINE PRESS

天工讲堂 小程序

微信扫码直接进入小程序 》

平台介绍：

"天工讲堂"是机械工业出版社打造的官方知识学习平台，以数字产品为核心，以技能学习为特色，以提升学生专业知识水平和技能专长为目标；以云服务的方式构建的专属在线教学云平台；可用于开展线上线下混合教学。

荣誉与认证：

国家新闻出版署2019年度数字出版精品遴选推荐计划

中国出版协会2020年出版融合创新优秀案例暨出版智库推优

教育部移动教育APP备案

软件著作权登记证书

信息网络安全二级认证

平台功能特点：

微信小程序端可搜索并直接打开"天工讲堂"，方便用户浏览、搜索、学习。一书一空间的设计理念，涵盖了图书所有数字化资源，方便教师或学生检索或获取。学生可在微信小程序中随时随地利用碎片化时间学习。

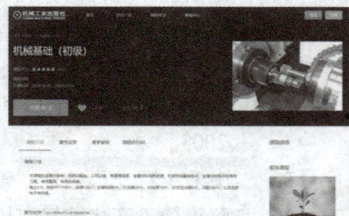

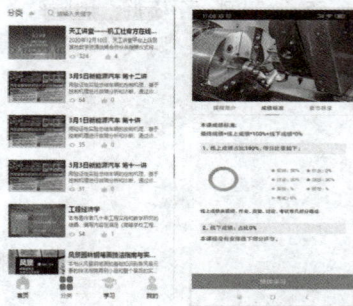

《国际商务谈判》第 3 版（黄卫平　董丽丽主编）
信息反馈表

尊敬的老师：

　　您好！感谢您多年来对机械工业出版社的支持和厚爱！为了进一步提高我社教材的出版质量，更好地为我国高等教育发展服务，欢迎您对我社的教材多提宝贵意见和建议。另外，如果您在教学中选用了本书，欢迎您对本书提出修改建议和意见。

一、基本信息

姓名：_____　性别：_____　职称：_____　职务：_____

邮编：_____　地址：_____

任教课程：_____　电话：_____—_____（H）_____（O）

电子邮件：_____　手机：_____

二、您对本书的意见和建议

　　　（欢迎您指出本书的疏误之处）

三、您对我们的其他意见和建议

请与我们联系：

100037　机械工业出版社·高教分社　常编辑收

Tel：010-88379721（O），68997455（Fax）

E-mail：changay@ 126. com